365일 묵상집

날마다 말씀 한 스푼 Ⅲ

365일 묵상집

날마다 말씀 한 스푼 Ⅲ

초판 1쇄 인쇄 | 2025년 12월 17일
초판 1쇄 발행 | 2025년 12월 26일

지은이 | 임석순
펴낸이 | 임석순
펴낸곳 | 도서출판 하나인

신고번호 | 제25100-2008-000012호
주소 | (우)04904 서울시 광진구 능동로 447
전화 | 02-467-5821
팩스 | 02-463-1435
이메일 | kcch.or.kr@gmail.com

값 20,000원

ISBN 979-11-89693-02-2 03230

365일 묵상집

날마다 말씀 한 스푼 Ⅲ

임석순 지음

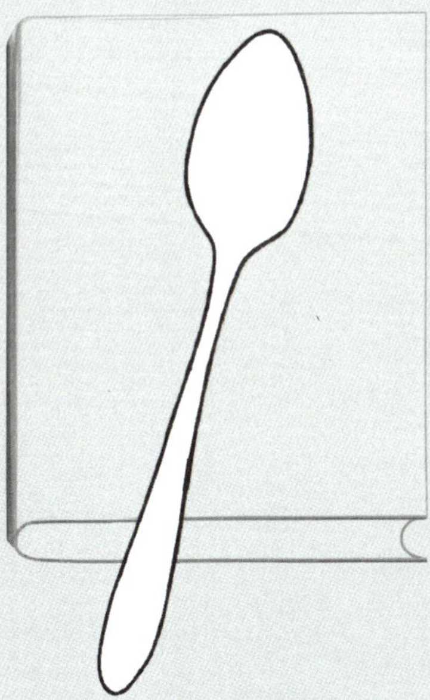

하나인
도서출판

서 문

영혼을 깨우는 가장 깊고 가장 작은 한 스푼

하루라는 시간은 짧고도 길며, 우리를 수없이 많은 선택과 소리의 가운데로 이끌어 갑니다. 현대인은 이전 어느 시대보다 많은 정보를 접하고 더 많은 말을 듣지만, 정작 영혼을 살리는 말씀은 점점 희미해지고 있습니다. 그러나 성경이 말하듯, 사람은 "떡으로만 사는 것이 아니요 오직 하나님의 입에서 나오는 모든 말씀으로" 살아가는 존재입니다. 우리의 영혼은 말씀 없이는 호흡할 수 없으며, 은혜 없이는 하루조차 바로 서기 어렵습니다. 이 책은 바로 그 생명의 호흡을 하루에 한 번, 조용히 들이마시도록 돕기 위해 준비되었습니다.

말씀 한스푼 3권은 성경 66권과 기독교 교리, 그리고 교회 공동체의 삶을 따뜻하고 간결한 언어로 풀어낸 매일 묵상집입니다. 복잡한 신학을 단순화하되 얕아지지 않도록, 성경의 깊이를 일상의 언어로 옮기되 본질이 손상되지 않도록, 개혁주의 신학이 지켜온 말씀의 중심성과 하나님의 주권을 문장 속에 온전히 담고자 했습니다. 말씀은 짧게 제시되지만, 그 안에 담긴 진리와 은혜는 독자의 마음속에서 깊게 스며들어 오래 머물기를 바라는 마음으로 기록했습니다.

밥 한 숟가락이 생명을 유지하게 하듯, 말씀의 한 스푼은 우리의 영혼을 회복시키고 하루를 살아낼 힘을 줍니다. 하나님의 말씀은 단순한 정보가 아니라 영을 살리는 능력이며, 혼란을 바로잡는 진리의 등불이며, 길이 막힌 인생에 다시 열리는 좁은 문입니다. 말씀은 우리를 때로는 책망하고, 때로는 위로하며, 때로는 새로운 소망의 세계로 이끌어 줍니다. 그래서 묵상은 단순한 읽기가 아니라 하나님 앞에 서는 일, 곧 성령께서 우리의 마음을 조용히 만지시도록 내어 드리는 기다림입니다.

이번 권에서는 특별히, 말씀 묵상이 삶으로 흘러가도록 구성했습니다. 짧은 본문 안에 성경이 말하는 구속사적 관점과 교리적 기초를 담으면서, 동시에 독자들이 오늘의 자리에서 즉시 살아낼 수 있는 적용으로 이어지게 했습니다. 하루 묵상은 작고 보잘것없어 보이지만, 그 작은 순종이 쌓여 한 사람의 인생을 바꾸고 한 가정을 세우며, 결국 교회와 시대를 새롭게 하는 은혜의 도구가 됩니다. 하나님은 언제나 작은 것을 통해 큰 일을 이루시는 분이시기 때문입니다.

말씀 한 줄은 때때로 오래된 상처를 조용히 어루만지고, 마음 속 어둠을 서서히 밀어내며, 잊고 지낸 첫사랑을 다시 깨우기도 합니다. 은혜는 언제나 갑작스럽게 혹은 아주 천천히, 그러나 반드시 우리를 찾아옵니다. 어느 날 눈물로 말씀을 읽게 하시고, 또 어느 날은 잔잔한 평안 속에서 하나님이 가까이 계심을 느끼게 하십니다. 이 책이 독자의 영혼 안에서 그런 은혜의 흔적을 남기기를 소망합니다.

말씀을 묵상한다는 것은 결국 하나님 앞에 자신을 열어두는 일입니다. 성령께서 우리의 마음을 밝혀 주시고, 우리 안에 거짓된 욕망을 다스리시며, 말씀을 통해 그리스도의 형상을 이루어 가시는 변화를 경험하는 자리입니다. 독자께서 매일 이 작은 묵상집을 펼칠 때마다, 하나님께서 당신의 영혼에 보이지 않는 씨앗을 심고, 시간이 지나며 그 씨앗이 놀랍게 자라나는 것을 발견하게 되기를 바랍니다.

부디 이 책이
당신의 하루를 말씀으로 깨우고,
당신의 영혼을 하나님께로 돌리며,
당신의 삶을 은혜의 길 위에 세우는 작은 도구가 되기를 기도합니다.

마지막으로, 묵상을 마칠 때마다 조용히 이렇게 기도하면 좋겠습니다.

"주님, 오늘도 제 삶을 말씀으로 깨우시고, 제 영혼을 주님의 뜻 가운데 머물게 하소서. 성령께서 제 마음을 밝혀 주시고, 말씀의 길에서 벗어나지 않게 하옵소서."

당신의 하루하루에
말씀으로 깨어나는 기쁨,
하나님을 더 사랑하게 되는 감격,
영혼이 다시 숨 쉬는 은혜가 풍성하기를 축복합니다.

2025년 12월
저자 임석순 목사

목 차

1월 _ 말씀과 기도생활 _ 009

2월 _ 하나님을 경외함 _ 041

3월 _ 삶을 비추는 말씀 _ 071

4월 _ 하나님과 동행 _ 103

5월 _ 예수님과 함께함 _ 135

6월 _ 말씀과 헌신 _ 167

7월 _ 구원에 이르는 길 _ 199

8월 _ 부활에 대한 소망 _ 231

9월 _ 성령님과 교회 _ 263

10월 _ 서로 사랑하는 교회 _ 295

11월 _ 순종하는 교회 _ 327

12월 _ 감사와 기도생활 _ 359

January

1월

말씀과 기도생활

1월 1일

말씀과 기도로 시작하는 한 해

마태복음 4:4

"사람이 떡으로만 살 것이 아니요 하나님의 입으로부터 나오는 모든 말씀으로 살 것이라"

새해 첫 아침, 차가운 공기가 몸속 깊이 스며들면 우리는 본능적으로 허기를 느낍니다. 하루를 위해 음식을 준비하듯, 우리의 영혼도 새해를 살아내기 위해 반드시 채워야 할 양식이 있습니다. 세상은 눈에 보이고 손에 잡히는 것으로 삶을 정의하려 하지만, 아무리 많은 것을 소유해도 말씀 없이는 영혼의 목마름이 가시지 않습니다. 이는 우리가 창조주 하나님을 의존하며 살도록 지음받은 존재이기 때문입니다. 시편 기자가 "주의 말씀은 내 발에 등이요 내 길에 빛"시 119:105이라 고백했듯, 말씀은 단순한 지식이 아니라 하나님이 친히 우리에게 주시는 생명의 빛입니다. 메마른 땅에 스며드는 단비처럼 말씀은 굳은 마음을 부드럽게 하고, 지친 심령에 새 힘을 불어넣습니다. 말씀 한 구절을 천천히 되뇌는 순간, 은밀히 스며드는 성령의 위로 속에서 상처가 치유되고 영혼이 다시 일어섭니다. 여호수아가 "주야로 묵상하라"수 1:8라고 명령받은 것은 성공을 위한 조건이 아니라 하나님과 동행하는 삶을 위한 길이었습니다. 말씀은 우리의 길을 밝히고, 기도는 그 말씀 앞에서 숨을 고르는 영혼의 호흡입니다. 한 철학자의 말처럼 사람은 빵만이 아니라 '의미'를 먹고 삽니다. 그 의미는 우리 안에서 만들어지는 것이 아니라, 말씀 속에서 주어지고 기도 가운데 지켜집니다. 그러므로 새해 첫날, 작은 결단 하나를 마음에 품으십시오. 말씀과 기도로 하루를 여는 습관. 그 작은 시작이 한 해를 지켜 줄 은혜의 틀을 세웁니다. 결국, 말씀과 기도는 우리가 하나님을 붙드는 것이 아니라, 하나님께서 말씀과 기도로 우리를 붙드시는 은혜의 손길입니다.

주님, 새해의 첫날을 말씀 앞에 엽니다. 우리의 영혼이 하늘의 양식을 먹고 자라게 하시고, 말씀과 기도로 주님의 음성을 따르는 한 해가 되게 하소서. 아멘.

1월 **2**일

기록된 하나님의 말씀

마태복음 24:35

"천지는 없어지겠으나 내 말은 없어지지 아니하리라"

성경은 지나간 시대의 기록이 아니라, 오늘도 우리를 부르시는 하나님의 살아 있는 음성입니다. 창세기부터 요한계시록까지 서로 다른 시대와 배경을 가진 저자들이 기록했지만, 그 모든 책은 한 분 하나님께서 성령으로 감동하셔서 이루신 하나의 이야기, 곧 구속의 드라마입니다. 율법서는 창조와 언약의 빛 아래 인간의 시작을 보여 주고, 역사서는 인간의 불순종 속에서도 결코 약속을 포기하지 않으시는 하나님의 신실하심을 증언합니다. 시가서는 인간의 영혼 깊은 곳에서 길어 올린 고백과 찬양을 담아 우리 마음을 하나님께로 끌어올리고, 예언서는 심판의 어둠 속에서도 메시아의 약속과 새 창조의 소망을 선포합니다. 그래서 성경은 인간이 하나님을 찾아간 발자취가 아니라, 하나님이 죄인에게 먼저 다가오신 자비의 이야기입니다. 수많은 제국과 권세가 무너졌지만, 말씀은 한 번도 꺼지지 않았습니다. 종교개혁의 불길도 결국 "성경으로 돌아가라"는 외침에서 시작되었고, 영적 각성의 시대마다 하나님은 다시 말씀을 통해 교회를 새롭게 하셨습니다. 오늘 우리의 시대가 혼란해 보일지라도, 말씀은 여전히 길을 비추는 등불이며시 119:105, 인간의 근원적 질문에 대해 유일하게 흔들리지 않는 하나님의 대답입니다. 그러므로 우리가 성경을 펼칠 때, 단지 글자를 읽는 것이 아니라 살아 계신 하나님께서 지금, 나에게, 사랑으로 말씀하시는 음성을 듣는 것입니다. 말씀은 읽는 자의 지혜를 열고, 무너진 영혼을 일으키며, 길을 잃은 삶을 다시 하나님께로 돌려세우는 능력입니다. 오늘도 기록된 말씀은 변하지 않는 진리로 우리를 붙들고, 흔들리는 세상 속에서도 하나님 나라의 길을 걷게 합니다.

주님, 변하지 않는 말씀을 우리 손에 맡기신 은혜를 감사합니다.
이 말씀이 오늘 나를 향한 하나님의 음성으로 들리게 하시고, 그 말씀에 순종하며
흔들림 없는 믿음의 길을 걷게 하소서. 아멘.

1월 **3**일

하나님의 사랑의 숨결

요한복음 1:1

"말씀이 곧 하나님이시라"

성경은 오래된 종교 문헌이 아니라, 시대와 언어를 넘어 보존된 하나님의 살아 있는 계시입니다. 그러나 이 말씀이 오늘 우리의 손에 자연스럽게 놓이기까지는 수많은 장애와 고난, 그리고 말씀을 지키려는 영혼들의 헌신이 있었습니다. 틴데일이 원어에서 성경을 번역하며 "모든 사람이 성경을 읽게 하겠다"는 열망으로 목숨을 내놓았고, 커버데일은 그의 작업을 이어받아 성경을 보완해 위대한 성경[The Great Bible]을 출판했습니다. 박해 속에서도 꺼지지 않았던 말씀의 불씨는 마침내 제네바 성경을 거쳐 1611년 킹 제임스 성경[KJV]의 완성으로 이어졌습니다. 이 역사는 한 가지 사실을 증언합니다. 하나님의 말씀은 결코 묶일 수 없는 자유의 말씀이라는 것입니다. 성경 번역은 단순한 언어의 변환이 아니라, 신학과 진리를 지켜내는 깊은 영적 싸움이었습니다. 요한복음 1장 1절 — "말씀이 곧 하나님이시라" — 이 한 문장이 흐려지면 그리스도의 신성과 복음의 중심이 흔들릴 수 있었기에, 단어 하나를 세우기까지도 기도가 필요했습니다. 그러므로 성경을 읽는다는 것은 과거의 글을 읽는 행위가 아니라, 세대를 넘어 울려 퍼진 하나님의 음성 앞에 서는 거룩한 순간입니다. 말씀은 단순한 기록이 아니라, 영혼을 깨우는 하나님의 숨결입니다. "모든 성경은 하나님의 감동으로 되었다"[딤후 3:16]고 고백한 사도의 말처럼, 말씀은 영혼의 호흡이며 삶을 이끄는 빛입니다. 이 말씀을 들을 때 우리의 마음은 흔들리던 자리에서 다시 세워지고, 어둠 속에서도 길을 잃지 않게 됩니다. 말씀은 언제나 우리를 향한 하나님의 사랑의 숨결이며, 우리 안에 생명을 불어넣는 은혜의 호흡입니다.

주님, 성경이 보존되고 번역되기까지 수많은 눈물과 희생이 있었음을 기억합니다. 이 거룩한 말씀을 가볍게 여기지 않게 하시고, 날마다 깊이 묵상하여 하나님의 뜻을 깨닫게 하소서. 말씀을 사랑하고 전하는 삶으로 우리를 이끄소서. 아멘.

1월 4일

창세기 - 창조주이신 하나님

창세기 1:1

"태초에 하나님이 천지를 창조하시니라"

성경의 첫 문장은 놀라울 만큼 단순하면서도, 우주의 모든 역사를 열어젖히는 거룩한 진리의 문입니다. 세상은 우연도, 필연도 아닌 하나님의 의지와 사랑 속에서 시작되었습니다. 혼돈과 공허와 흑암이 깊이 덮고 있던 세계 위에 "빛이 있으라"창 1:3라는 하나님의 말씀이 울릴 때, 빛은 어둠을 가르고 질서를 세우며 세상은 하나님을 향해 열렸습니다. 바다는 경계를 얻고, 땅은 생명을 품고 하늘은 새들로 가득 찼습니다. 시작은 단지 시간의 출발이 아니라, 모든 것이 하나님에게서 흘러나온다는 고백입니다. 하나님은 흙으로 사람을 빚으시고, 거기에 자신의 생기를 불어넣으셨습니다창 2:7. 우리는 단순한 생명체가 아니라, 하나님의 형상을 지닌 존재입니다창 1:27. 시편에 "사람이 무엇이기에 주께서 기억하시나이까"시 8:4라 고백한 것은, 인간 존재가 얼마나 큰 은혜인지 깨달았기 때문입니다. 그러나 이 영광스러운 시작은 인간의 불순종으로 금세 어두워졌습니다. 첫 인류의 타락, 가인의 살인, 홍수, 바벨탑…. 창세기의 서두는 인간의 실패로 얼룩진 기록처럼 보이지만 그 실패의 역사 속에서도 하나님은 한순간도 인간을 포기하지 않으셨습니다. 홍수 속 방주에서, 아브라함의 부르심에서, 야곱의 씨름에서, 요셉의 용서까지 매 순간 하나님은 다시 시작하시는 은혜의 하나님이셨습니다. 인간의 끝처럼 보이는 자리마다 하나님은 또 다른 문을 여셨습니다. 우리의 삶도 그와 같습니다. 창조의 빛과 타락의 그림자가 공존하는 현실 속에서 때로 길을 잃습니다. 그러나 우리의 혼돈 위에도 여전히 "빛이 있으라" 말씀하시는 하나님이 계십니다. "당신들은 나를 해하려 하였으나 하나님은 그것을 선으로 바꾸사"창 50:20라는 요셉의 고백은 오늘 우리에게도 동일한 약속이 됩니다. 하나님은 상처와 실패까지도 새 창조의 재료로 삼으시는 분입니다. 신앙이란 우연에 흔들리는 삶이 아니라, 하나님 섭리 속에 자신을 다시 맡기는 선택입니다. 오늘의 삶을 다시 하나님의 창조 이야기 속으로 들여놓는 순종입니다.

태초의 하나님, 제 혼돈 위에 빛을 창조하신 주님, 오늘도 제 삶의 어둠을 가르고 새 질서를 세우시는 은혜를 경험하게 하소서. 아멘.

1월 **5**일

스스로 계신 하나님

출애굽기 3:14

“하나님이 모세에게 이르시되 나는 스스로 있는 자이니라 또 이르시되 너는 이스라엘 자손에게 이같이 이르기를 스스로 있는 자가 나를 너희에게 보내셨다 하라”

“나는 스스로 있는 자니라.” 떨기나무 불꽃 가운데 들려온 이 이름은 억눌린 자들의 신음 속에 이미 일하던 하나님의 깊은 자기 계시였습니다. 출애굽기는 이름 없는 고통을 ‘기억하신’ 하나님[출 2:24]의 이야기로 시작합니다. 인간의 시선에서는 방치된 고난처럼 보였지만, 하나님의 시선에서는 언약의 때를 준비하는 침묵이었습니다. 개혁신학이 말하듯, 하나님은 스스로 존재하시며[Self-Existence], 변화하지 않으시며[Immutable], 언약을 신실히 이루시는 분이십니다. 모세 앞에서 “스스로 있는 자”라 밝히신 분은 단순히 존재의 기원을 말한 것이 아니라 이름 없는 백성을 스스로 책임지시는 하나님의 선언입니다. 그분이 보내셨기에 모세의 두려움은 사명으로 바뀌고, 히브리 노예들의 신음은 구원의 역사로 재해석되었습니다. 홍해를 여시고, 만나와 물을 주시며, 시내산에서 율법을 주신 모든 사건은 자유가 목적지가 아니라 하나님의 백성으로 빚어지는 거룩한 여정임을 드러냅니다. 금송아지 앞에 무너진 백성을 버리시지 않은 것도 스스로 계신 하나님의 신실하심 때문입니다. 성막을 세우게 하신 하나님은 높고 먼 곳에 계신 분이 아니라, 죄 많은 백성 한가운데 거하시기를 기뻐하시는 임마누엘의 하나님이셨습니다. 오늘 우리의 광야도 다르지 않습니다. 이해할 수 없는 침묵 속에서도, 예측할 수 없는 길 위에서도 하나님은 스스로 계시기에 결코 우리를 의지의 대상으로 바꾸지 않으십니다. 그분은 변함없는 존재로, 신실한 언약자로, 지금도 우리 삶의 불꽃 가운데서 부르시는 하나님이십니다. 그러므로 우리는 두려움보다 은혜를, 상황보다 약속을 붙드는 사람으로 초대받았습니다.

주님, 스스로 계신 하나님. 제 인생의 고요한 광야에서도 변함없이 함께하시는
주님의 신실하심을 믿게 하시고, 두려움 대신 은혜를 붙드는 마음을 주소서.
제 걸음이 언제나 주님이 보내신 길 위에 서게 하소서.

1월 **6**일

성경, 영혼을 깨우는 말씀

로마서 10:17

"믿음은 들음에서 나며 들음은 그리스도의 말씀으로 말미암았느니라"

베드로전서 2:2

"갓난아기들 같이 순전하고 신령한 젖을 사모하라 이는 이로 말미암아 너희로 구원에 이르도록 자라게 하려 함이라"

세상에는 무수한 책이 있지만, 그 어떤 책도 성경처럼 영혼을 깨우는 생명의 숨결을 담고 있지 않습니다. 철학은 인간의 이성을 깊게 하고, 문학은 감정을 흔들며, 역사는 시간을 깨닫게 하지만, 성경은 그 모든 차원을 넘어 하나님이 친히 자기 백성에게 말씀하시는 살아 있는 음성입니다. 성경은 사람이 만든 사상의 기록이 아니라, "성령의 감동으로 된"딤후 3:16 영원한 계시이며, 신자를 다시 태우고 자라게 하는 창조의 능력입니다. 아이가 어머니의 젖으로 자라듯, 신자는 말씀을 통해 자랍니다. 말씀을 멀리하면 영혼은 서서히 힘을 잃지만, 말씀을 가까이하는 자는 성령의 역사 속에서 믿음이 자라납니다. 말씀은 단지 영적 정보가 아니라 믿음을 일으키시는 하나님의 손길이며, 우리 안에서 그리스도의 형상을 빚어 가는 은혜의 도구입니다. 역사를 돌아보면 많은 시대가 성경을 금지하고 불태웠습니다. 그러나 말씀은 억압 속에서 더욱 강렬한 빛으로 타올라 수많은 영혼을 자유로 이끌었습니다. 이는 성경이 인간의 권력에 묶일 수 없는, 하나님의 주권적 능력임을 증언합니다. 어떤 이는 "칼은 몸을 벨 뿐이지만 말씀은 영혼을 깨운다"고 말했습니다. 성경은 단순한 문서가 아니라, 하나님의 숨결을 담은 생명의 강물입니다. 서로 다른 저자와 시대 속에서 기록되었으나, 한 분 하나님이 주시는 일관된 진리가 흐르며, 성령께서 오늘도 그 말씀을 통해 우리를 깨우십니다. 그러므로 성경은 읽고 지나가는 책이 아니라 묵상할 때 빛을 비추고, 기도와 함께할 때 삶을 변화시키는 은혜의 통로입니다. 오늘도 말씀을 가까이하십시오. 조용한 한 음절의 말씀이라도 성령께서 당신의 마음 깊은 곳을 두드리며 영혼을 새롭게 하실 것입니다.

주님, 당신의 말씀이 저희 삶의 유일한 권위가 되게 하시고, 성경 안에서 참된 진리를 깨닫게 하소서. 그 말씀을 더하거나 빼지 않고, 온전히 받아들이며 살아가게 하소서.

1월 7일

거룩하신 하나님

레위기 19:2

"너희는 거룩하라 이는 나 여호와 너희 하나님이 거룩함이니라"

레위기의 이 한 문장은 광야의 고요한 공기를 가르는 명령이자, 백성의 심장 가까이 들려오는 사랑의 부르심이었습니다. 거룩은 차가운 규범의 무게가 아니라, 우리와 함께 살기 원하시는 하나님이 친히 품으시는 관계의 언어입니다. 그래서 레위기의 제사 제도와 정결 규례들은 단지 형식적 예식이 아니라, 죄를 미워하시되 죄인을 포기하지 않으시는 하나님의 성품을 드러냅니다. 번제단의 연기와 속죄제의 피 냄새 속에는 "피 흘림이 없은즉 사함이 없느니라"히 9:22는 공의의 진리가 자리하고, 동시에 죄인의 죄를 덮어 새롭게 하시는 은혜의 향기가 묻어 있습니다. 개혁주의 신학이 말하듯, 거룩은 하나님이 구별하신 은혜의 선물이며, 성령께서 우리 안에서 이루어 가시는 변화의 열매입니다. 정결법과 절기의 규례가 먹고, 쉬고, 관계하고, 일하는 일상 전체를 하나님 앞에 두게 하셨듯, 거룩은 특정한 장소에서만 입는 옷이 아니라 삶 전체에 스며드는 향기입니다. 아우구스티누스의 말처럼 "사랑하라, 그리고 네가 원하는 것을 행하라"는 선언은 사랑이 곧 거룩의 본질임을 비춰 줍니다. 사랑하지 않는 거룩은 형식이고, 사랑으로 불타지 않는 규범은 생명을 낳지 못합니다. 어느 신학자의 말처럼, 거룩은 "하나님의 성품에 동화되는 인간의 응답"입니다. 억지로 자신을 꾸미는 도덕적 완벽이 아니라, 은혜가 우리를 감싸 안아 새롭게 하시는 하나님의 손길에 기꺼이 자신을 내어 맡기는 순종의 열림입니다.오늘 우리의 눈길과 말, 손과 발이 하나님의 거룩하신 숨결에 물들어, 우리가 걷는 자리마다 그분의 향기가 머물기를 소망합니다. 세상이 우리를 통해 하나님을 느끼고, 우리의 일상이 하나님과의 동행의 공간이 되기를 바랍니다.

거룩하신 하나님, 제 일상의 모든 숨결이 주님의 거룩하신 임재로 물들게 하시고, 사랑의 거룩으로 제 존재를 새롭게 빚어 주소서.

1월 **8**일

복과 은혜와 평강을 주시는 하나님

민수기 6:24-26

“여호와는 네게 복을 주시고 너를 지키시기를 원하며, 여호와는 그의 얼굴을 네게 비추사 은혜 베푸시기를 원하며, 여호와는 그 얼굴을 네게로 향하여 드사 평강 주시기를 원하노라”

광야는 끝이 보이지 않는 길이었습니다. 낮에는 타는 듯한 열기, 밤에는 사막의 냉기가 밀려오고, 하루의 이동조차 예측할 수 없는 불확실함이 그들을 감쌌습니다. 그러나 그 여정의 중심에는 언제나 하나님이 계셨습니다. 구름기둥과 불기둥은 단지 길잡이가 아니라, “여호와께서 너희 가운데 거하신다”는 은혜의 표지였습니다. 민수기 6장의 제사장 축도는 그 광야의 한가운데에서 울려 퍼진 하나님의 마음입니다. “여호와는 네게 복을 주시고 너를 지키시기를 원하며.” 개혁주의 신학이 말하듯, 복은 인간의 성취가 아니라 언약을 주도하시는 하나님의 주권적 은혜에서 흐릅니다. 은혜도, 지키심도, 평강도 하나님께서 “원하신다”라고 하실 때 비로소 부어집니다. 이는 하나님이 우리를 향해 단지 명령하시는 분이 아니라, 지키고 싶어 하시는 분이라는 깊은 위로입니다. “그의 얼굴을 비추사 은혜 베푸시기를 원하며.” 하나님이 얼굴을 비추신다는 것은 그분의 호의와 기쁨이 우리에게 향하고 있다는 뜻입니다. 히브리의 축복 언어에서 하나님의 얼굴은 사랑과 보호의 상징이며, 우리 존재를 밝히는 생명의 빛입니다. 광야의 현실은 언제나 메말랐지만, 그 얼굴빛의 은혜는 백성을 거룩한 여정으로 이끌었습니다. “그 얼굴을 네게로 향하여 드사 평강 주시기를 원하노라.” 평강은 상황의 안정이 아니라, 하나님이 나를 바라보고 계신다는 확신에서 자라는 신앙의 열매입니다. 한 수도자가 “광야에서 하나님을 잃지 않은 자만이 도성에서도 하나님을 본다”고 고백했듯, 황량한 날이야말로 하나님의 얼굴빛을 더 또렷이 경험하는 자리입니다. 우리의 광야는 결핍의 공간이 아니라 은혜를 배우는 학교입니다. 그분의 얼굴은 오늘도 우리를 향해 있으며, 그 시선 속에서 평강이 시작됩니다.

주님, 제 광야 같은 하루에도 주님의 얼굴빛이 머물게 하시고,
그 빛에서 흘러오는 은혜와 평강을 누리게 하소서.

1월 9일

하나님을 사랑하라

신명기 6:5

"너는 마음을 다하고 뜻을 다하고 힘을 다하여 네 하나님 여호와를 사랑하라"

신명기는 광야의 끝자락, 약속의 땅을 향한 문턱에서 모세가 남긴 유언과 같은 설교입니다. 사십 년 동안 백성은 만나와 물, 구름기둥과 불기둥, 용서와 인도하심이라는 하나님의 은혜를 수없이 경험했습니다. 그러나 인간의 마음은 연약하여 받은 은혜를 잊고 원망으로 돌아서는 일이 반복되었습니다. 그래서 모세는 떠나기 전, 모든 말씀의 핵심이자 삶의 뿌리를 이루는 단 하나의 명령을 새겨 줍니다. "마음을 다하고 뜻을 다하고 힘을 다해 하나님을 사랑하라." 이 명령은 단순한 감정의 호소가 아니라 언약 백성의 존재 전체를 요구하는 하나님의 부르심입니다. 마음을 다한다는 것은 내면 깊은 곳에서 하나님을 기억하고 그분을 가장 소중한 분으로 여기는 신앙의 중심을 말합니다. 뜻을 다한다는 것은 삶의 방향과 결단이 모두 하나님의 말씀 아래 놓이는 영적 질서를 뜻합니다. 힘을 다한다는 것은 일상의 모든 행위—일하는 손, 걷는 발, 말하는 혀—가 하나님을 영화롭게 하는 삶으로 흘러가는 것을 의미합니다. 개혁주의 신학이 말하듯, 사랑은 율법의 요약이자[롬 13:10], 하나님을 아는 자에게서 흘러나오는 성령의 열매입니다. "사랑은 기억이다"라고 어느 철학자가 말했습니다. 이처럼 참된 사랑은 과거의 은혜를 잊지 않는 데서 시작됩니다. 신명기는 법조문이 아니라 사랑의 언약문이며, 그 사랑을 마음에 새겨 가정과 길에서, 앉고 일어서며, 자녀 세대 속에 전하라고 가르칩니다. 예수님께서 "네 보물이 있는 그곳에 네 마음도 있다"[마 6:21]라고 하신 말씀처럼, 우리의 인생은 우리가 무엇을 사랑하는지에 따라 결정됩니다. 그래서 교부들은 "하나님을 사랑하는 자는 결코 길을 잃지 않는다"라고 고백했습니다. 광야이든 번영의 땅이든, '마음을 다해, 뜻을 다해, 힘을 다해 주님을 사랑하라' 라는 명령은 오늘도 변함없이 우리를 부릅니다. 그 사랑이 우리의 길을 밝히고, 삶을 지탱하며, 존재를 새롭게 할 것입니다.

주님, 제 전 존재로 주님을 사랑하게 하시고, 그 사랑의 언약 안에 머물며 흔들림 없는 길을 걷게 하소서.

1월 **10**일

진리를 증언하는 성경

요한복음 5:39

"너희가 성경에서 영생을 얻는 줄 생각하고 성경을 연구하거니와 이 성경이 곧 내게 대하여 증언하는 것이니라"

시간은 흐르고 사상은 끊임없이 변합니다. 그러나 변하는 모든 것 위에서 흔들리지 않는 진리가 있습니다. 바로 하나님의 말씀, 성경입니다. 세상은 늘 새로운 사조와 해석을 갈망하지만, 성경은 이미 충만한 빛과 영원한 진리를 담고 있습니다. 메이플라워호를 타고 신대륙으로 떠났던 순례자들의 목자 존 로빈슨이 말한 "말씀 안에는 우리가 아직 다 발견하지 못한 더 많은 진리와 빛이 있다"는 고백은 성경 밖의 새로운 계시를 찾으라는 말이 아니라, 성령의 인도하심 속에서 성경의 깊은 층을 더 깊이 탐구하라는 초대입니다. 말씀은 마치 깊이를 알 수 없는 바다와 같습니다. 겉으로 익숙해 보여도 그 속에는 여전히 감추인 빛과 생명이 살아 흐릅니다. 성령께서는 이 진리를 한 겹씩 열어 우리의 영혼을 밝히시고, 예수 그리스도를 더 깊이 알게 하십니다. 그러나 성경 밖에서 새로운 계시를 더하려는 순간 진리는 흐려지고 왜곡됩니다. 예수님이 "성경은 폐하지 못하나니"요 10:35라고 선언하신 이유는 성경이 오류 없는 하나님의 완전한 계시이기 때문입니다. 역사 역시 이 진실을 증언해 왔습니다. 기원전 701년 산헤립의 아시리아 점토 프리즘은 히스기야 시대의 사건을 정확히 기록하며, 성경이 신화가 아니라 역사의 중심에서 호흡한 진리의 기록임을 보여줍니다. 성경은 오래된 글이 아니라 오늘도 살아 역사하는 하나님의 음성입니다. 그 말씀은 영혼을 깨우고, 생명을 불어넣고, 어둠 속에서 길을 밝혀 주는 빛입니다. 한 격언은 말합니다. "성경을 떠난 지혜는 그림자일 뿐이다." 말씀 안에 머무를 때 우리의 삶은 빛 가운데 세워지고, 변하는 세상 속에서도 흔들리지 않는 진리 위에 굳건히 서게 됩니다. 오늘 말씀을 펼치는 순간, 그 말씀을 통해 살아 계신 주님이 조용히 우리 영혼에 말씀하십니다.

주님, 당신의 말씀을 사랑하게 하시고 그 빛을 따라 걷게 하소서.
성령의 인도하심 속에서 영원한 진리 위에 굳게 서게 하옵소서. 아멘.

1월 **11**일

우리와 함께 계시는 하나님

여호수아 1:9

"내가 네게 명령한 것이 아니냐? 강하고 담대하라 … 네가 어디로 가든지 네 하나님 여호와가 너와 함께 하느니라"

모세의 뒤를 이어 약속의 땅을 향해 백성을 이끄는 자리 앞에서, 여호수아는 요단강의 거센 물결과 난공불락의 여리고 성을 바라보며 인간적인 두려움과 책임의 무게에 눌려 있었습니다. 하나님은 그런 그에게 인간적 용기보다 더 깊은 차원의 담대함을 명하셨습니다. "강하고 담대하라." 이 명령은 자기 내면을 추켜세우는 심리적 결단이 아니라, 언약하신 하나님이 실제로 함께하신다는 신학적 토대 위에 선 담대함입니다. 개혁신학이 강조하듯, 우리가 의지할 근거는 우리의 의지가 아니라 언약의 하나님이 친히 임재하신다는 사실입니다. "용기는 두려움이 없는 것이 아니라, 두려움보다 더 큰 가치를 붙드는 것이다"라는 옛 격언처럼, 여호수아는 두려움보다 크신 하나님을 붙들었습니다. 그리고 하나님이 그와 함께하셨기 때문에 요단강이 갈라지고, 여리고가 찬송 속에 무너지고, 해와 달이 멈춘 날이 있었습니다. 우리 앞에도 넘을 수 없을 것 같은 강과 성벽이 있습니다. 그러나 약속의 땅은 우리의 능력으로 쟁취하는 영역이 아니라, 임마누엘의 하나님을 신뢰하며 들어가는 땅입니다. 두려움이 밀려올 때마다 우리는 다시 이 말씀을 붙들어야 합니다. "네가 어디로 가든지 내가 너와 함께하느니라."

주님, 제 앞에 놓인 강과 성벽 앞에서도 당신의 임재를 더 깊이 믿게 하시고,
인간적 담대함이 아니라 하나님과 동행하는 믿음의 담대함으로 살게 하소서.

1월 **12**일

참된 왕이신 하나님

사사기 21:25

"그 때에는 이스라엘에 왕이 없으므로 사람이 각기 자기 소견에 옳은 대로 행하였더라"

사사기의 마지막 문장은 이스라엘 역사의 상처를 압축한 말입니다. 약속의 땅은 순종으로 꽃피어야 했으나, 그 시대는 반복되는 타락과 회개의 순환으로 얼룩졌습니다. 지도자는 있었지만, 참된 왕이신 하나님을 마음의 왕좌에서 밀어낸 채 사람들은 자기 눈에 옳아 보이는 길을 따랐습니다. 그 길은 때로 합리적이고 빛나 보였지만, 끝내는 공동체를 파괴하고 영혼을 황폐하게 만들었습니다. 키에르케고르가 "인간은 자기 자신을 기준으로 삼을 때 가장 비극적이다"라고 말한 것처럼, 인간의 소견은 언제나 죄로 인해 비뚤어져 있습니다. 그러나 사사기의 어둠 속에서도 하나님의 자비는 단 한 번도 멈추지 않았습니다. 에훗, 드보라, 기드온, 삼손 그들은 모두 불완전했지만, 하나님은 그들을 통해 백성을 구원하셨습니다. "내 능력이 약한 데서 온전하여짐이라"고후 12:9라는 말씀처럼, 하나님께서는 인간의 연약함을 통해 하나님의 구속사를 어떻게 이루어 가시는지 보여줍니다. 그래서 사사기의 절망적 기록은 결국, 참된 왕, 예수 그리스도라는 한 방향을 가리킵니다. 인간은 스스로 왕이 되려 할 때 길을 잃고, 하나님을 왕으로 모실 때 비로소 생명의 길을 걷습니다. 오늘도 우리는 너무 쉽게 자신의 소견을 따라 판단하고 결정하려 합니다. 그러나 역사는 증언합니다. 한 시대와 한 공동체의 흥망은 그들이 어떤 왕을 모시고 있는가에 달려 있습니다. 참된 왕을 잃은 시대는 어둠으로 흐르고, 참된 왕을 모신 인생은 말씀의 빛으로 모입니다.

주님, 제 마음의 왕좌를 온전히 당신께 드립니다. 제 소견이 아니라 말씀의 길을 따르게 하시고, 참된 왕 되신 그리스도의 통치를 날마다 경험하게 하소서.

1월 **13**일

어머니의 하나님이 곧 나의 하나님

룻기 1:16

"어머니께서 가시는 곳에 나도 가고 … 어머니의 하나님이 나의 하나님이 되시리니"

사사 시대의 혼란과 기근이 드리운 어둠 속에서, 룻의 고백은 마치 새벽을 여는 별빛처럼 빛납니다. 남편을 잃고, 미래를 보장해 줄 그 어떤 토대도 사라졌지만, 룻은 나오미 곁을 떠나지 않겠다고 선언합니다. 그것은 단순한 인간적 의리가 아니라, "어머니의 하나님이 나의 하나님이 되시리니"라는 신앙의 전향이었습니다. 개혁신학이 말하듯, 믿음은 인간의 감정에서 솟아나는 것이 아니라 하나님의 주권적 부르심에 대한 응답입니다. 룻의 결정은 바로 그 응답이었습니다. 모압 여인이던 그녀가 이스라엘의 하나님을 자신의 하나님으로 고백한 순간, 그녀의 삶은 하나님의 섭리의 강물 속으로 들어갔습니다. 이삭을 줍는 낮은 자리에도 하나님의 손길은 머물렀고, 보아스를 만나는 우연처럼 보였던 장면들은 모두 예정된 은혜의 길이었습니다. 룻의 헌신은 다윗 왕의 족보를 열었고, 결국 메시아 예수 그리스도의 오심을 준비하는 구속사의 한 줄기가 되었습니다. "한 송이의 꽃이 봄을 알린다"는 말처럼, 룻의 작은 믿음은 역사의 계절을 바꾸었습니다. 우리의 현실이 작고 미미하게 보여도, 하나님께 드려진 한 걸음의 사랑과 신뢰는 결코 사라지지 않습니다. 평범한 하루가 은혜의 기록이 되고, 작은 헌신이 영원을 여는 문이 됩니다. 그러므로 우리는 지금의 걸음이 크든 작든, 하나님의 섭리 안에 있다는 사실을 기억해야 합니다.

주님, 제 삶의 작은 선택과 보잘것없어 보이는 걸음도 주님의 큰 구속 이야기 속에 사용하여 주옵소서. 당신을 향한 단단한 신뢰로 오늘의 길을 걷게 하소서.

1월 **14**일

우리의 마음이 향한 곳

사무엘상 16:7

"사람은 외모를 보거니와 나 여호와는 중심을 보느니라"

사무엘상은 혼란스러운 사사 시대를 지나 왕정으로 넘어가는 거대한 전환의 순간을 기록합니다. 백성은 다른 민족처럼 겉으로 강해 보이는 왕을 원했습니다. 사울은 그 기대에 맞는 사람이었습니다. 뛰어난 외모, 큰 키, 사람들의 눈을 사로잡는 능력—그러나 그의 마음은 결국 사람의 시선을 더 의식하였고, 그 결과 그는 하나님의 마음을 놓쳤습니다. 하나님은 겉이 아니라 중심을 보십니다. 이것은 인간의 시선이 아니라 언약의 하나님이 가지신 절대적 기준입니다. 다윗은 들판의 어린 목동, 이름도 이목도 모이지 않는 작은 존재였지만, 하나님은 그의 중심, 곧 하나님만을 향하는 믿음과 순종을 보셨습니다. 개혁주의 신학이 강조하듯, 하나님이 선택하시는 기준은 인간의 능력이 아니라 하나님의 주권적 은혜입니다. 아우구스티누스가 "하나님은 우리의 마음 속 사랑의 질서를 보신다"고 말했듯, 하나님은 우리의 마음이 무엇을 가장 사랑하고 있는지, 그 사랑이 어떻게 질서 잡혀 있는지를 보십니다. 세상은 지금도 겉모습, 성과, 명성을 기준 삼아 사람을 판단합니다. 그러나 하나님은 작은 것에도 충성하며, 눈물로 기도하고, 조용히 순종하는 이들을 세우십니다. 다윗이 골리앗 앞에서 무기가 아니라 하나님에 대한 신뢰로 섰던 것처럼, 진정한 왕의 길은 언제나 중심에서 시작됩니다. 오늘도 하나님은 우리에게 부드럽고도 날카롭게 묻습니다. "너의 마음은 누구를 향하고 있는가?" 사람의 시선에 흔들리는 마음이 아니라, 말씀 앞에서 정직하게 서는 마음 — 그곳에서 하나님 나라는 시작됩니다.

주님, 제 마음이 사람의 눈을 따라 움직이지 않게 하시고, 오직 주님의 시선을 의식하며 살게 하소서. 겉모습보다 중심을, 화려함보다 순종을 더 귀히 여기며 하나님 앞에 진실하게 서게 하옵소서.

1월 15일

영원한 왕국을 소망한 옛 언약

사무엘하 7:16

"너희 집과 나라가 네 앞에서 영원히 보전되고 네 왕위가 영원히 견고하리라 하셨다 하라"

구약의 희생 제사에는 언제나 무겁고 거룩한 의미가 담겨 있었습니다. 아벨의 제사, 노아의 번제, 모세 율법 속에 반복되던 수많은 피 흘림은 단순한 의식이 아니라, "피 흘림이 없은즉 사함이 없다"[히 9:22]는 진리를 가르치며 장차 오실 그리스도의 완전한 대속을 예비하는 그림자였습니다. 인간은 끊임없이 죄에 넘어지고 언약을 깨뜨렸지만, 하나님은 결코 약속을 거두지 않으셨습니다. 광야의 불평, 사사 시대의 혼란, 왕정 시대의 실패 속에서도 하나님은 인류를 구원으로 이끄시는 영원한 계획을 계속 펼쳐 가셨습니다. 이스라엘이 왕을 요구했던 사건은 하나님의 통치를 거부한 비극이었으나, 그 안에서도 하나님은 다윗을 택하시고 "영원한 왕국"을 약속하셨습니다. 다윗의 영광과 추락, 솔로몬의 지혜와 타락, 북이스라엘과 남유다의 멸망은 인간 왕권의 불완전함을 증명했습니다. 그러나 인간의 실패 뒤에는 언제나 하나님의 신실하심이 남았습니다. "사람이 마음으로 자기의 길을 계획할지라도 그의 걸음을 인도하시는 이는 여호와"[잠 16:9]라는 지혜는 역사의 깊은 진실이었습니다. 하나님께서 다윗에게 주신 언약은 세월 속에서 점점 빛을 더해 마침내 예수 그리스도 안에서 완성되었습니다. 인간 왕들의 피 흘림과 무너짐 뒤에, 십자가에서 피 흘리신 참된 왕이 계십니다. 그분은 세상 권세와 비교할 수 없는 영원한 왕이시며, 그분의 나라는 흔들림이 없습니다. 오늘 우리도 여전히 세상의 힘과 방식으로 왕을 세우려는 유혹 앞에 서 있습니다. 눈에 보이는 안정과 성공을 붙잡고 싶지만, 인생의 왕좌는 오직 예수 그리스도를 위해 비워 두어야 합니다. 진정한 평안은 내 뜻이 아니라 하나님의 뜻 아래 머물 때 주어지고, 영원한 왕을 신뢰할 때 우리의 삶은 견고해집니다. 언약의 하나님을 붙드는 사람은 흔들리는 시대 속에서도 흔들리지 않는 길을 걷습니다.

주님, 인간의 왕권이 아닌 영원한 왕이신 예수 그리스도를 바라봅니다. 내 삶의 왕좌를 주님께 내어드리고, 당신의 다스림 안에서 참된 평안과 견고함을 누리게 하소서.
변함없는 언약을 신뢰하며 오늘도 순종의 길을 걷게 하소서. 아멘.

1월 **16**일

살아계신 하나님의 말씀

요한복음 10:35

"성경은 폐하지 못하나니 …"

성경을 읽는다는 것은 단순히 글자를 해석하는 일이 아니라, 살아계신 하나님과 영혼 깊은 곳에서 마주하는 거룩한 사건입니다.

순례자 아버지들의 목자였던 존 로빈슨은 "말씀 안에는 아직 다 발견하지 못한 더 많은 진리와 빛이 있다"고 말했습니다. 이는 성경 밖에서 새계시를 찾으라는 말이 아니라, 성령의 조명 아래 성경 속 감추인 깊이로 더 들어가라는 초대입니다. 성령은 오늘도 익숙한 말씀 속에서 새 빛을 비추십니다. 그러나 분명히 기억해야 할 사실이 있습니다. 새로운 '깨달음'과 새 '계시'는 전혀 다르다는 것입니다. 성경은 이미 완전하여, 인간이 더하거나 덜할 수 없는 하나님의 완전한 말씀입니다[계 22:18-19]. 말씀에서 나오는 통찰은 신앙을 풍성케 하지만, 인간의 생각을 말씀 위에 얹는 순간 진리는 흐려지고 신앙은 위험해집니다. 진리는 인간 해석에서 만들어지는 것이 아니라 하나님 말씀이 스스로 밝히는 빛 속에서 발견됩니다. 신학자 E. J. 영은 "성경은 실수의 책임에서 면제되며 그 모든 가르침은 완전한 진리와 일치한다"고 말했습니다. 만일 성경에 오류가 있다면 하나님도 실수하신다는 결론에 이르지만, 하나님은 완전하시며 변함없으십니다. 예수께서도 "율법의 한 획도 없어지지 아니하고 다 이루리라"[마 5:18] 하시며 절대적 권위를 친히 증언하셨습니다. 성경은 오래된 기록이 아니라 하나님이 오늘도 살아 말씀하시는 숨결입니다. "주의 말씀은 내 발에 등이요 내 길에 빛"[시 119:105]이라는 고백처럼, 말씀은 길을 밝히고 영혼을 깨우는 빛입니다. 오늘도 조용히 말씀 앞에 멈춰 서십시오. 그 자리에서 우리의 마음을 두드리시며, 그분의 말씀을 가장 완전한 길로 제시하십니다. 그 말씀을 따르는 삶이 곧 하나님과 동행하는 길입니다.

주님, 말씀을 통해 참된 진리를 보게 하시고, 그 말씀을 더하거나 빼지 않는 순종의 삶으로 이끄소서. 아멘.

1월 **17**일

변치 않는 하나님의 약속

사무엘하 7:16

"네 집과 네 나라가 내 앞에서 영원히 보전되고 네 왕위가 영원히 견고하리라"

사무엘하는 다윗의 생애를 빛과 그림자 속에서 함께 기록합니다. 다윗의 전쟁 승리와 예루살렘의 확장은 하나님과 동행하는 나라의 영광을 드러냈지만, 바세바 사건과 압살롬의 반역은 인간의 연약함과 죄의 깊이를 가감 없이 보여줍니다. 그러나 인간의 실패가 짙어질수록, 하나님은 그 어둠을 뚫고 더 깊은 은혜의 빛을 비추십니다. 바로 '네 집'과 '왕위'가 영원히 견고하리라는 약속인 다윗 언약입니다. 이 약속은 단지 한 왕조의 정치적 안정이 아니라, 다윗의 후손으로 오실 메시아 예수 그리스도를 통한 구속 약속의 핵심입니다. 인간의 죄와 허물은 무너짐을 가져오지만, 하나님의 언약은 죄보다 강하고, 인간의 실패보다 더 깊습니다. 개혁신학이 말하는 언약의 신실함covenant faithfulness은 바로 이 진리를 설명합니다. "사람은 변하지만 하나님은 변치 않는다"는 고백처럼, 역사의 어둠은 결코 하나님의 빛을 삼킬 수 없습니다[요 1:5]. 우리는 자신의 의로 서는 존재가 아닙니다. 다윗처럼 흔들리고 넘어지는 약한 인생일지라도, 우리를 붙들고 가시는 분은 언약을 이루시는 하나님이십니다. 광야의 신앙 선조들이 약속을 붙들고 길을 걸었던 것처럼, 오늘 우리도 연약함 속에서 언약의 주 되신 그리스도를 의지하며 살아갑니다. 우리가 흔들려도, 하나님이 세우신 약속은 흔들리지 않습니다.

주님, 저의 연약함과 실패에도 불구하고 언약을 이루시는 당신의 신실하심을 더욱 깊이 붙듭니다. 변치 않는 약속 위에 제 삶을 세우게 하옵소서.

1월 **18**일

하나님의 마음, 사람의 마음

열왕기상 8:23

"하늘과 땅에 주와 같은 신이 없나이다. 주께서는 마음을 다하여 주의 앞에서 행하는 종들에게 언약을 지키시나이다"

솔로몬이 성전을 봉헌하던 날, 그는 하늘과 땅을 지으신 하나님 앞에서 고백합니다. 언약을 끝까지 지키시는 신실하신 분, 인간의 변덕과 불성실 속에서도 변치 않는 사랑의 하나님. 그러나 솔로몬이 이토록 깊은 경외로 시작했음에도, 그의 인생은 한 가지 진실을 증언합니다—사람의 마음이 하나님에게서 멀어지는 순간, 어떤 지혜와 어떤 번영도 그를 붙들어 줄 수 없다는 것입니다. 솔로몬은 하나님께 지혜를 구했고, 하나님은 지혜와 함께 부와 명예까지 넘치도록 주셨습니다. 그러나 축복의 절정에서 그는 마음을 다 지키지 못했습니다. 우상의 유혹이 그의 마음을 갈라놓자, 화려한 성전과 번영의 영광도 균열을 피하지 못했습니다. "사람의 마음이 무너지면 성벽은 남아 있어도 나라는 무너진다"는 말처럼, 외형보다 중요한 것은 언제나 하나님께 머무는 중심의 충실함이었습니다. 역사는 우리에게 한 가지를 일깨웁니다. 외적으로 성공한 왕도 마음이 떠나면 무너지고, 초라한 초막에 있던 이들도 하나님께 붙들린 마음 하나로 빛을 잃지 않았습니다. 개혁신학이 강조하듯, 인간의 신실함은 흔들리지만 하나님의 언약은 결코 흔들리지 않습니다. 하나님은 마음을 다해 그 앞에서 행하는 종들에게 언약을 지키시는 분이십니다. 오늘 우리는 이 경고와 위로 사이에 서 있습니다. 형통 속에서 교만하지 않고, 고난 속에서 낙심하지 않으며, 마음을 지켜 하나님께 머무는 삶—그것이 하나님이 받으시는 진정한 성전입니다. 하나님은 여전히 언약을 지키시며, 약속을 붙드는 자들을 결코 버리지 않으십니다.

주님, 형통할 때도 어려울 때도 제 마음이 흔들리지 않고 오직 주님께 머물게 하소서. 제 중심을 지켜 주시고, 변치 않는 당신의 언약을 더욱 깊이 의지하게 하옵소서.

1월 19일

진정한 통치자이신 하나님

잠언 16:9

"사람이 마음으로 자기 길을 계획할지라도, 그의 걸음을 인도하시는 이는 여호와시니라"

역사는 인간의 야망이 쌓아 올린 탑처럼 보이지만, 방향을 정하는 자리는 늘 하늘의 뜻 안에 숨겨져 있습니다. 사람이 마음으로 길을 설계하지만 [잠 16:9], 그 설계의 끝에 발걸음을 두시는 이는 하나님이십니다. 이스라엘은 왕의 목록으로 기억되나, 성경은 왕 너머의 통치자—하나님과 언약하신 백성의 영적 기록입니다. 이스라엘이 남북으로 분열된 시대, 여로보암과 르호보암이 왕좌를 차지했지만, 진정한 보좌는 우상과 권세에 흔들리지 않는 하나님께 있었습니다. 아합이 바알에 마음을 빼앗겼을 때, 하나님은 엘리야를 세우셨고 [왕상 18], 예언자의 말은 시대의 불편을 넘는 생명의 길이 되었습니다. 유다의 선한 왕들은 개혁을 시도했으나 인간의 손은 늘 미완에 머물렀고, 하나님은 예언자들을 통해 "너희는 나를 찾으라 그리하면 살리라" [암 5:4]의 창문을 열어 두셨습니다. 지금도 우리는 자신의 왕좌에서 계획을 쥐려 하지만, 주권의 자리는 변치 않습니다. 어리석은 농부가 마른 땅을 일굴 때 수고는 반복되지만, 하늘의 비가 올 때 생명이 싹트듯이, 하나님의 은혜와 말씀의 계절이 올 때 진정한 순종과 회개는 열매를 맺습니다 [롬 8:28]. 하나님은 섭리로 통치하시되, 우리를 자동인형으로 부르지 않으시고, 말씀과 성령으로 응답하며 걸음마다 부르십니다.

주님, 역사의 참된 통치자이심을 고백합니다. 제 뜻의 왕좌를 내려놓고, 주님의 걸음 안에 정렬되게 하소서. 말씀의 불편한 진리에도 귀를 기울이며, 언제나 십자가의 길로 돌아가는 예배자가 되게 하소서. 아멘.

1월 **20**일

언어의 한계를 넘어서는 성경

베드로후서 1:20-21

"성경의 모든 예언은 사사로이 풀 것이 아니니 … 예언은 언제든지 사람의 뜻으로 된 것이 아니요 오직 성령의 감동하심을 입은 사람들이 하나님께 받아 말한 것임이라"

우리가 오늘 한글로 성경을 읽고 묵상할 수 있다는 사실은 은혜 중의 은혜입니다. 성경이 우리의 언어로 주어지지 않았다면, 우리는 어떻게 하나님의 뜻을 알고 순종의 길을 걸을 수 있었을까요? 성경 번역의 역사는 곧 하나님께서 언어의 장벽을 넘어 자신의 말씀을 백성에게 들려주신 구원의 역사입니다. 위클리프가 위험을 무릅쓰고 라틴어 성경을 영어로 번역했던 이유는 단 하나, "하나님의 말씀은 모든 이의 것이어야 한다"는 확신이었습니다. 그의 헌신은 언어를 바꾼 사건을 넘어, 말씀을 백성에게 돌려주는 영적 개혁이었습니다. 정경의 확정 역시 인간이 성경을 '만든' 일이 아니라, 이미 성령의 감동으로 기록된 말씀의 권위를 교회가 식별한 과정이었습니다. 신약 27권은 교회의 판단으로 권위를 얻은 것이 아니라, 본래부터 진리의 권위를 지닌 하나님의 말씀이었기에 교회가 이를 인정한 것입니다. 말씀은 인간의 의지나 판단에 종속된 것이 아니라, 성령께서 직접 지키시고 보존하신 계시의 선물입니다. "주의 말씀은 내 발에 등이요 내 길에 빛"이라는 시편의 고백처럼시 119:105, 성경은 시대와 국가, 언어의 벽을 넘어 오늘 우리의 영혼에 도달했습니다. 우리가 아무렇지 않게 성경을 펼치는 그 순간 뒤에는 순교자의 피, 무명의 성도들의 눈물, 그리고 하나님의 신실한 보호가 있습니다. 그래서 성경은 단순한 문자나 사상의 기록이 아니라, 우리를 깨우고 새롭게 하시는 하나님의 숨결입니다. 말씀을 펼치는 순간 우리는 과거의 책을 읽는 것이 아니라 지금 우리를 부르시는 하나님의 음성 앞에 서게 됩니다. 말씀은 언어의 한계를 넘어 우리 영혼 깊은 곳을 비추는 하나님의 살아 있는 능력입니다. 그 능력 앞에서 우리는 변화되고, 다시 세상 속으로 그 빛을 전하는 사람으로 부름받습니다.

주님, 우리의 언어로 성경을 읽을 수 있도록 길을 여신 은혜를 감사합니다.
이 말씀이 내 삶을 새롭게 하는 생명의 빛이 되게 하시고, 성령의 감동을 따라 날마다 순종의 길을 걷게 하소서. 아멘.

1월 21일

돌아오라고 부르시는 하나님의 음성

열왕기하 17:13

"여호와께서 … 경고하여 이르시기를 너희는 돌이켜 나의 명령과 율례를 지키라 하셨으나 그들이 듣지 아니하였더라"

열왕기하는 북이스라엘과 남유다의 마지막을 기록한 눈물의 역사입니다. 하나님은 선지자와 선견자들을 끊임없이 보내시며, "돌이키라, 순종하라, 다시 살아나라"고 부르셨습니다. 그러나 그들은 귀를 막고 마음을 닫았습니다. 이 완고함은 결국 북왕국은 앗수르에, 남왕국은 바벨론에 무너지고, 성전은 불타며 백성은 포로로 끌려가는 비극으로 이어졌습니다. 역사는 한 가지 진리를 반복해 말합니다. 교만과 불순종은 반드시 파멸을 부른다. "완고한 마음은 파멸을 재촉한다"는 오래된 말처럼, 하나님을 거역하는 길은 언제나 막다른 골목으로 향합니다. 그러나 인간의 완고함보다 더 깊은 곳에서 하나님의 인내와 자비는 꺼지지 않았습니다. 비록 심판이 임했지만, 하나님은 그 너머에 회복의 길을 준비하셨습니다. 선지자들을 통한 하나님의 음성은 심판의 경고가 아니라 회복으로 이끄는 부르심이었습니다. 개혁신학이 말하듯, 회개의 주체는 인간의 의지가 아니라 하나님의 은혜로 우리를 돌이키시는 성령의 역사입니다. 그래서 하나님의 부르심은 오늘도 우리에게 다가옵니다. "돌아오라, 그리고 살아나라." C.S. 루이스는 "하나님은 우리의 즐거움 속에서는 속삭이시고, 우리의 양심에는 말씀하시며, 고통 속에서는 외치신다"고 했습니다. 우리의 고통과 무너짐마저도 하나님은 은혜의 언어로 바꾸십니다. 오늘 우리는 이 질문 앞에 다시 서야 합니다. 나는 지금 어떤 음성에 귀를 기울이고 있는가? 세상의 소리에 묶여 메말라 가는가, 아니면 하나님의 부르심에 응답하여 다시 살아나는가. 열왕기의 폐허 속에서도 회복의 실마리를 남기신 하나님은 지금 이 순간에도 우리를 부르고 계십니다. 돌아오라는 그 음성은 심판이 아니라 생명으로 초대하는 사랑입니다.

주님, 제 완고한 마음을 깨뜨리시고, 오늘도 부르시는 당신의 음성에 순종하게 하소서. 돌이켜 주님께로 돌아와 새 생명으로 살아나게 하옵소서.

1월 22일

모든 것의 근원이신 하나님

역대상 29:11

"여호와여 광대하심과 권능과 영광과 승리와 위엄이 다 주께 속하였사오니"

역대상은 긴 족보로 시작합니다. 인간의 역사 속에서 잊힌 듯한 이름들이 한 세대에서 다음 세대로 이어지며, 하나님은 그 이름들을 언약의 끈 속에 살아 있게 하십니다. 마치 작은 지류들이 모여 큰 강을 이루고 바다로 흘러가듯, 하나님의 약속은 시대와 사람을 넘어 끊어지지 않고 이어집니다. 다윗의 삶도 그 흐름 안에 있습니다. 그는 전쟁의 영웅이자 정치적 지도자였지만, 역대상은 그를 무엇보다 하나님의 집을 준비하는 예배자로 비춥니다. 성전을 짓지 못했지만, 그의 마음은 온전히 하나님께 향해 있었고, 그의 손길은 성전을 위한 준비에 아낌없이 드려졌습니다. 그의 헌신에 백성들도 기쁨으로 마음을 모았습니다. 그 감격의 자리에서 다윗은 고백합니다. "부와 귀가 주께로 말미암고, 또 주는 만유의 주재시니" 대상 29:12. 우리가 드리는 것조차 사실은 이미 주님께 받은 것이며, 우리의 이름과 세월 자체가 하나님께로부터 흘러온 선물임을 인정하는 고백이었습니다. 한 철학자는 "자신의 것이 없음을 아는 순간, 비로소 자유롭게 줄 수 있다"고 말했습니다. 우리가 가진 시간, 재능, 물질은 내 것이 아니라 하나님이 잠시 맡기신 선물임을 기억할 때, 드림은 손해가 아니라 기쁨이 되고, 우리의 이름도 역사의 뒤안길로 사라지는 것이 아니라 하나님의 언약의 고리에 이어집니다. 개혁신학은 이것을 "청지기 신앙"이라 부릅니다—모든 것의 주인은 하나님이시며 우리는 그분이 주신 것을 그분의 뜻에 따라 사용하는 사람들입니다. 신앙의 본질은 여기에서 시작됩니다. 나의 근원은 누구인가? 내가 붙드는 중심은 무엇인가? 모든 것이 주께로부터 왔음을 잊지 않는 자만이, 기쁨으로 다시 주께 돌릴 수 있습니다.

주님, 제 모든 것의 근원이 당신이심을 잊지 않게 하시고, 맡겨주신 시간과 물질과 마음을 기쁨으로 다시 드리는 삶을 살게 하옵소서.

1월 23일

겸손한 회개와 기도

역대하 7:14

"내 이름으로 일컫는 내 백성이 … 스스로 낮추고 기도하여 내 얼굴을 찾으면 내가 하늘에서 듣고 그들의 죄를 사하고 그들의 땅을 고칠지라"

역대하는 솔로몬의 성전 봉헌으로 시작하여 남유다의 흥망을 따라갑니다. 성전은 하나님께서 백성 가운데 거하시겠다는 은혜의 표징이었지만, 그 은혜는 죄를 묵인하는 면허장이 아니었습니다. 하나님은 솔로몬에게 말씀하셨습니다. "네가 교만하여 떠나면 멸망의 길로 갈 것이나, 겸손히 내 얼굴을 구하면 회복의 길이 열릴 것이다." 역대하는 이 말씀을 역사의 거울처럼 보여줍니다. 히스기야처럼 하나님께 의지한 왕은 회복과 승리를 경험했지만, 므낫세처럼 우상에 자신을 내맡긴 왕은 멸망을 피하지 못했습니다. 아우구스티누스는 "교만은 모든 죄의 어머니이고, 겸손은 모든 은혜의 문이다"라고 말했습니다. 인간의 마음이 교만해질 때 땅은 메말라 가고, 가정과 공동체도 서서히 무너집니다. 그러나 회개와 기도는 단순한 종교적 행위가 아니라 생명을 살리는 호흡이며, 하나님이 다시 일으키시는 통로입니다. 토마스 왓슨이 "회개는 죄를 토해내는 영혼의 해방"이라고 한 것처럼, 하나님 앞에서 낮아진 영혼은 오히려 자유를 얻습니다. 겸손히 엎드린 자를 하나님이 들어 올리시고, 메마른 땅 위에 은혜의 단비를 내리십니다. 황폐한 논밭에 새싹이 돋아나듯, 무너진 자리 위에 기도의 눈물이 떨어질 때 하나님은 다시 생명을 일으키십니다. 그러므로 역대하 7:14는 단지 옛 시대의 약속이 아니라 오늘 우리의 시대를 향한 하나님의 처방입니다. 회복은 언제나, "스스로 낮추고 주의 얼굴을 구하는 데서" 시작됩니다.

주님, 제 교만을 꺾으시고 날마다 주님의 얼굴을 구하게 하소서.
제 삶과 이 땅 위에 회복의 은혜를 부어 주옵소서.

1월 **24**일

심판 가운데서도 일하시는 하나님

예레미야 25:11

"땅이 황폐하여 놀랄 일이 되고, 이 나라들은 칠십 년 동안 바벨론 왕을 섬기리라"

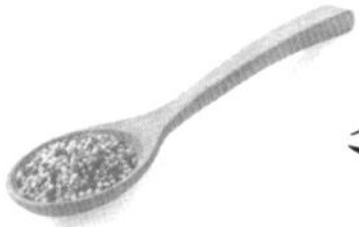

솔로몬 이후 이스라엘의 분열은 단순한 정치적 실패가 아니라, 하나님을 떠난 마음이 남긴 영적 균열이었습니다. 르호보암의 완고함은 북과 남을 갈라놓았고, 형제였던 두 나라는 서로를 향해 칼을 겨누며 350년 동안 깊은 상처를 남겼습니다. 하나님은 수많은 선지자를 보내어 돌이키라 외치셨지만, 백성은 우상을 좇고 언약을 가볍게 여겼습니다. 결국 북이스라엘은 앗시리아에, 남유다는 바벨론에 의해 무너지고 포로가 되었습니다. 이는 분명 하나님의 심판이었지만, 동시에 그분의 공의와 사랑이 만나는 자리였습니다. 사랑하시는 백성을 포기하지 않기 때문에 하나님은 징계를 통해 다시 생명의 길로 부르십니다. 그러나 성경은 심판을 마지막 문장으로 두지 않습니다. 하나님은 바벨론의 칠십 년까지도 구원의 이야기 속에 넣으셨습니다. 이방 땅에서 다니엘과 세 친구를 통해 자신의 영광을 드러내셨고, 예레미야를 통해 "너희를 향한 나의 생각은 평안이요 재앙이 아니니라"[렘 29:11]고 말씀하셨습니다. 포로됨은 무너짐이었으나, 그 무너짐 속에서 하나님을 다시 찾게 하는 은혜의 통로였습니다. 심판조차 하나님의 주권 아래 있으며, 그분의 백성을 정결케 하고 새롭게 하는 손길이 됩니다. 역사는 오늘 우리의 영혼을 비추는 거울입니다. 하나님을 떠난 길은 언제나 황폐함으로 이어지고, 불순종은 삶의 기초를 서서히 무너뜨립니다. 그러나 회개하며 돌아오는 자에게 하나님은 언제나 새 길을 여십니다. "넘어져도 아주 엎드러지지 아니함은 여호와께서 손으로 붙드심이라"[시 37:24]는 약속처럼, 우리의 무너짐이 끝이 아니라 다시 일으키시는 은혜의 시작입니다. 고난이 영혼을 정금같이 단련하듯, 심판 속에서도 일하시는 하나님은 오늘도 우리를 향해 조용히 회복의 문을 여십니다.

주님, 역사의 무너짐 속에서도 회복을 준비하신 하나님의 신실하심을 찬양합니다. 우리의 완고한 마음을 깨뜨리시고 참된 회개로 돌아오게 하시며, 심판 가운데서도 일하시는 주님의 손길을 신뢰하며 살게 하소서. 아멘.

1월 25일

성경은 하나님의 말씀

시편 119:89

"여호와여 주의 말씀은 영원히 하늘에 굳게 섰사오며"

우리 손에 들린 성경은 단순한 고대 문서가 아닙니다. 시간 속에서 사라질 수밖에 있는 원본 대신, 하나님은 세대마다 서기관들을 세우시며 말씀을 정밀하게 보존하셨습니다. 히브리어로 '세는 자'라 불린 그들은 한 글자, 한 획까지 경외함으로 세며 기록했고, 조금의 오류라도 발견되면 사본 전체를 버리고 다시 쓰는 엄격한 과정을 반복했습니다. 떨리는 그들의 손끝은 인간의 기술이라기보다 하나님의 섭리가 흐르는 통로였습니다. 그러나 보존만으로 성경이 되는 것은 아닙니다. 왜 수많은 고대 문서 중 66권만이 성경으로 인정되었을까요? 바울이 말했듯, "모든 성경은 하나님의 감동으로 된 것"딤후 3:16이기 때문입니다. 정경이 되기 위해서는 하나님의 구속 역사를 일관되게 증언해야 하고, 선지자와 사도의 권위를 지녀야 하며, 초기 교회가 성령의 인도하심 속에서 그것을 하나님의 말씀으로 받아야 했습니다. 그 어떤 문서도 이 기준을 온전히 충족하지 못했기에 외경과 아포크리파는 자연스럽게 주변부로 물러났고, 창세기에서 요한계시록에 이르는 66권만이 동일한 하나님, 동일한 구원의 길을 증언하며 시대를 넘어 살아남았습니다. 수많은 별빛 중에서도 북극성이 방향을 잃지 않게 하듯, 성경은 영원을 향한 우리의 길을 밝히는 유일한 기준입니다. 그러므로 우리가 손에 들고 있는 성경은 우연히 남겨진 종이가 아니라, 서기관들의 헌신과 피 위에 성령의 숨결로 보존된 하나님의 살아 있는 음성입니다. "주의 말씀은 내 발에 등이요 내 길에 빛"시 119:105이라는 고백처럼, 말씀은 지식을 넘어 영혼을 비추는 빛입니다. 한 격언은 말합니다. "성경은 우리가 읽는 책이 아니라, 우리를 읽어내는 책이다." 말씀을 사랑과 경외로 받아들이는 자만이 그 속에서 하나님의 뜻을 발견하고 생명의 길을 보게 됩니다. 오늘도 수천 년의 세월을 건너 우리에게 다가온 이 말씀 앞에 무릎을 꿇을 때, 그 빛은 우리의 길을 환히 비추며 영혼을 새롭게 하실 것입니다.

주님, 신실하게 보존된 당신의 말씀을 감사합니다. 이 말씀을 가벼이 여기지 않게 하시고, 날마다 묵상하며 그 속에서 주님의 얼굴을 깊이 만나게 하소서. 아멘.

1월 **26**일

교회 공동체를 세우는 길

에스라 7:10

"에스라가 여호와의 율법을 연구하여 준행하며 율례와 규례를 이스라엘에게 가르치기로 결심하였더라"

바벨론 포로에서 돌아온 백성 앞에 선 에스라는 화려한 정치가도, 기적을 일으키는 선지자도 아니었습니다. 그는 조용히 말씀 앞에 무릎 꿇은 학자이자 제사장이었습니다. 무너진 성전은 다시 세워졌으나, 백성의 마음은 여전히 흩어져 있었고, 공동체의 영혼은 회복이 필요했습니다. 그때 에스라는 세 가지를 결심했습니다. 말씀을 연구하고, 삶으로 순종하며, 백성에게 가르치는 일. 이 결심이 이스라엘의 무너진 심령을 다시 일으킨 토대였습니다. 에스라의 사역은 기적보다 더 깊은 회복의 길이었습니다. 말씀은 단순한 기록이 아니라, 하나님이 자신의 백성에게 보내신 살아 있는 음성입니다. 아우구스티누스가 "성경은 하나님이 우리에게 보내신 편지"라고 말했듯, 말씀은 먼 시대의 문헌이 아니라 지금 우리의 심장을 두드리는 생명입니다. 독일 속담에 "책 없는 집은 창 없는 방과 같다" 했습니다. 말씀 없는 신앙은 빛을 잃은 방과 같고, 중심을 잃은 성전과 같습니다. 개혁신학이 강조하듯, 교회 공동체의 재건은 말씀의 회복에서 시작됩니다. 말씀을 연구하는 것은 지식을 쌓기 위함이 아니라, 하나님을 더 깊이 아는 길이고, 삶으로 순종하는 것은 믿음의 진정성을 드러내는 증거이며, 가르치는 것은 말씀을 공동체 안에 흘려보내는 사명입니다. 외적 환경의 변화보다 먼저 필요한 것은 마음의 회복이며, 그 기초는 언제나 하나님의 말씀입니다. 오늘 우리의 가정과 교회 역시 같은 길을 걸어야 합니다. 말씀을 묵상하고, 작은 일에도 순종하며, 받은 은혜를 나누는 그 삶—그 길이 포로의 상처를 치유하고, 공동체를 다시 세우며, 교회를 하나님 나라의 빛으로 일으킵니다.

주님, 말씀을 연구하고 순종하며 전하는 삶으로 제 믿음과 공동체가 새롭게 세워지게 하옵소서.

1월 27일

내가 여기 서 있습니다

느헤미야 6:3

"내가 이제 큰 역사를 하니 내려가지 못하겠노라"

느헤미야는 무너진 성벽을 다시 세우는 일에 자신의 생명을 걸었습니다. 그 성벽은 단순한 구조물이 아니라 하나님 백성을 보호하는 울타리요, 하나님의 이름을 드높이는 신앙의 표징이었습니다. 그는 모든 일을 기도로 시작했고, "하나님의 선한 손이 나를 도우신다"[느 2:18]라는 확신 속에서 백성을 모았습니다. 그러나 거룩한 일을 향한 길에는 언제나 방해가 따릅니다. 조롱과 협박, 달콤한 타협의 제안들이 몰려왔지만, 느헤미야는 중심을 잃지 않았습니다. "나는 큰일을 하고 있으니 내려가지 않겠다"는 그의 고백은 단호한 결단이자 하나님 앞에서의 믿음의 선언이었습니다. 신앙의 길에도 우리를 흔드는 "사마리아 사람들"이 늘 있습니다. 때로는 주변의 회유가, 때로는 내면의 두려움과 게으름이 우리를 끌어내리려 합니다. 그러나 마르틴 루터가 보름스 회의에서 "나는 여기에 서 있습니다. 그리고 나는 달리 할 수 없습니다"라고 고백했듯, 사명 앞에서는 흔들리지 않는 믿음의 고집이 필요합니다. 아우구스티누스는 "마음을 하나님께 붙들면 세상의 어떤 바람도 흔들 수 없다"고 말했습니다. 우리의 일상적인 섬김도 하나님 앞에서는 결코 작은 일이 아닙니다. 가정을 지키는 일, 교회를 세우는 일, 상처 입은 이웃에게 손을 내미는 일 — 이 모든 것이 느헤미야가 세웠던 성벽의 한 돌과 같습니다. 내려가지 않고 끝까지 붙드는 삶, 포기하지 않고 묵묵히 서 있는 그 자리가 하나님의 이름을 높이는 자리입니다.

주님, 방해와 유혹 한가운데서도 제 사명을 굳게 붙들게 하시고,
"나는 여기 서 있습니다"라고 고백하며 끝까지 달려가게 하옵소서.

1월 **28**일

하나님의 때

에스더 4:14

“네가 왕후의 자리를 얻은 것이 이 때를 위함이 아닌지 누가 알겠느냐”

에스더서는 하나님의 이름이 단 한 번도 등장하지 않지만, 보이지 않는 하나님의 손길이 모든 장면을 움직입니다. 고아로 자라난 한 여인이 바사 제국의 왕후가 된 것은 결코 우연이 아니었습니다. 하나님은 민족의 생사가 걸린 한순간을 위해 오래전부터 그녀의 자리를 준비하고 계셨습니다. “이때를 위함이 아닌지”를 묻는 사촌 모르드개의 질문은 하나님의 주권과 인간의 순종이 만나는 지점에서 울려 퍼진 신학적 선언이었습니다. 침묵은 안전처럼 보였지만, 사실은 사명 앞에서의 도망이었습니다. 그러나 “이때”라는 짧은 단어 안에 하나님이 뜻하신 때의 섭리와 그때를 붙드는 믿음의 결단이 담겨 있었습니다. 우리가 지금 서 있는 자리도 그렇습니다. 부모로서, 교사로서, 목회자로서, 또는 작은 책상 앞의 일꾼으로서 감당하는 모든 자리는 우연히 주어진 것이 아닙니다. 개혁신학은 이것을 ‘소명vocation’이라 부릅니다. 하나님은 우리의 삶 전체를 부르심의 영역으로 부르시며, 평범한 하루조차도 “이때”를 위한 섭리의 조각이 됩니다. 오늘 당신의 작은 용기 하나가 누군가에게 구원의 길이 될 수 있고, 지금의 평범함이 하나님 나라의 위대한 전환점이 될 수 있습니다. 에스더는 두려움 속에서 금식과 기도로 자신을 준비했고, 마침내 “죽으면 죽으리이다”에 4:16라는 결연한 고백으로 왕 앞에 나아갔습니다. 하나님은 그 순종을 통해 멸망의 역사를 구원으로 바꾸셨습니다. 톨스토이가 “위대함은 작은 일의 진실을 외면하지 않는 데 있다”라고 말했듯, 하나님의 때는 특별한 무대가 아니라 평범한 자리에서의 진실하고 작은 순종 속에서 열립니다. 오늘 우리에게 필요한 것은 하나님의 때를 인식하는 눈이며, 그때 앞에서 물러서지 않는 용기입니다. 하나님은 여전히 우리를 그분의 역사의 한 줄기로 부르십니다.

주님, 제 삶의 자리를 우연이 아니라 부르심으로 받아들이게 하시고,
“이때”를 분별하여 순종으로 응답하게 하소서.

1월 29일

영원한 하나님의 말씀

이사야 40:8

"풀은 마르고 꽃은 시드나 우리 하나님의 말씀은 영원히 서리라"

성경은 단순한 종이 기록이 아니라, 시간을 관통해 흐르는 영원의 숨결입니다. '비블리아Biblia' — '책들'이라는 이름을 지녔지만, 이는 흩어진 이야기들의 모음이 아니라 하나님께서 인류에게 보내신 거룩한 계시의 연속이자 살아 있는 증언입니다. 창세기의 모세에서 요한계시록의 사도 요한에 이르기까지 약 1,500년, 40여 명의 서로 다른 저자가 기록했음에도 그 흐름은 한 방향, 곧 하나님의 구속 역사를 향해 잔잔히 이어집니다. 예수님께서 "사람이 떡으로만 살 것이 아니요 하나님의 입으로 나오는 모든 말씀으로 살 것이라"마 4:4 하신 말씀은 성경의 본질을 정확히 드러냅니다. 성경의 원본은 사라졌지만, 하나님은 당신의 말씀을 보존하시기 위해 세대마다 경건한 서기관들을 세우셨습니다. 그들은 글자를 옮기는 자가 아니라 두려움과 떨림으로 일한 하나님의 도구였습니다. 단어를 세고 줄을 확인하며 한 획이라도 어긋나지 않도록 심혈을 기울였습니다. 이것은 단지 인간의 수고가 아니라 하나님의 섭리가 그들의 손끝을 통해 흘러간 증거였습니다. 아우구스티누스는 "성경은 하나님이 인간에게 보내신 사랑의 편지"라 했고, 루터는 "성경은 그리스도께로 인도하는 구유"라 고백했습니다. 성경은 단순한 보존 문서가 아니라 오늘도 우리에게 살아 말씀하시는 하나님의 음성입니다. 구약에서 신약까지 흐르는 모든 문장은 결국 한 이름, 예수 그리스도를 향해 모입니다. 한 철학자가 "책은 인간을 만들지만 성경은 인간을 새롭게 만든다"고 말했듯, 성경을 읽는 일은 지식을 얻는 행위가 아니라 하나님과의 만남, 곧 삶이 다시 빚어지는 은혜의 순간입니다. 말씀을 펼칠 때마다 우리는 길을 찾고, 빛을 발견하며, 하나님의 사랑 속으로 다시 들어갑니다. 풀은 마르고 꽃은 시들지만, 하나님의 말씀은 오늘도 우리의 영혼을 새롭게 일으키는 영원한 생명입니다.

주님, 시대를 넘어 우리에게 다가온 당신의 말씀을 깊이 사랑하게 하시고,
묵상할 때마다 우리의 영혼이 새로워지게 하소서. 아멘.

1월 **30**일

정금을 얻기 위한 단련

욥기 23:10

"내가 가는 길을 그가 아시나니 그가 나를 단련하신 후에는 내가 정금 같이 나오리라"

욥기의 언어는 인간 고난의 가장 깊은 심연을 비춥니다. 하루아침에 재산과 자녀, 건강을 잃은 욥은 차라리 이유라도 알 수 있기를 바랐으나, 하나님은 오랜 침묵으로 응답하셨습니다. 친구들은 원인을 찾아 정죄하며 욥을 더욱 무너뜨렸지만, 욥은 이해할 수 없는 억울함 속에서도 이 한 구절을 붙들었습니다. "내 길을 그가 아신다." 이것은 체념이 아니라 전적인 신뢰의 고백이었습니다. 때로 고난은 설명되지 않는 질문으로 남고, 현실은 해석되지 않은 어둠처럼 보입니다. 그러나 개혁신학이 강조하듯, 하나님은 고난의 허락자임과 동시에 그 고난을 통해 우리를 빚어 가시는 주권적 아버지이십니다. 불에 던져진 금이 불순물을 잃고 더 깊은 빛을 발하듯, 시련은 영혼의 불순물을 태워 정금 같은 믿음을 남기게 합니다. "고난은 은혜의 위대한 교사다"라는 말처럼, 눈물은 헛되지 않고, 하나님의 침묵은 부재가 아니라 더 깊은 만남을 준비하는 시간입니다. 욥은 모든 것이 무너진 자리에서도 하나님이 "그의 길을 알고 계심"을 붙들었습니다. 이것이 바로 믿음의 정수입니다. 이유를 이해하지 못해도, 길이 보이지 않아도, 하나님은 우리의 걸음을 잊지 않으시며, 보이지 않는 곳에서 우리의 영혼을 연단하고 계십니다. 그래서 우리는 눈물조차 주님께 맡길 수 있습니다. 오늘 설명되지 않는 고난 속에 서 있다면, 하나님께서는 우리를 그 자리에서 정금처럼 빚어내고 계십니다. 그래서 고난은 끝이 아니라 하나님이 우리를 다시 세우시는 공방입니다.

주님, 제 길을 아시는 당신을 신뢰합니다. 이해할 수 없는 고난 속에서도 저를 정금처럼 단련하시는 당신의 손길을 믿으며 서게 하옵소서.

1월 **31**일

내게 부족함이 없습니다

시편 23:1

"여호와는 나의 목자시니 내게 부족함이 없으리로다"

시편은 인간 영혼의 사계절을 담은 노래입니다. 기쁨과 감사, 두려움과 절망, 회개와 소망이 하나로 얽혀 숨 쉬는 곳—그 중심에 다윗의 이 고백이 있습니다. "여호와는 나의 목자시니." 고대 근동에서 목자는 단순한 직업이 아니라 생명을 책임지는 존재였습니다. 양은 스스로 길을 찾지 못하고, 위험을 감지하지 못하며, 자신을 지킬 힘도 없습니다. 그러므로 양에게 목자는 단순한 보호자나 안내자가 아니라 전부였습니다. 다윗이 "내게 부족함이 없다"고 고백한 이유는 상황이 완전했기 때문이 아니라, 목자가 누구신가에 근거한 신뢰였습니다. 하나님은 우리를 푸른 초장과 잔잔한 물가로 인도하시며 쉼을 주십니다. 그러나 동시에 사망의 음침한 골짜기를 지나가게도 하십니다. 신앙은 이 두 길 모두가 하나님의 인도하심 안에 있다는 것을 배우는 여정입니다. 골짜기에도 그러나 "그의 지팡이와 막대기"가 함께하기에 두려움은 평안으로 바뀝니다. 한 수도자는 "풍랑이 없는 바다가 목적이 아니라, 주님과 함께 있다는 사실이 목적이다"라고 고백했습니다. 삶은 때때로 원수 앞에서의 식탁처럼 긴장과 불안이 담겨 있고, 눈물의 밤과 길 잃은 순간도 포함합니다. 그러나 개혁신학이 말하듯, 하나님은 목자이실 뿐 아니라 언약의 목자이시며, 그분의 동행은 우리의 결핍을 풍성으로 바꾸는 능력입니다. 어느 시인은 "하나님이 계신 자리에는 황무지도 동산이 된다"고 했습니다. 부족함이 없는 이유는 삶의 조건이 완전해서가 아니라, 우리의 목자가 완전하시기 때문입니다. 오늘도 우리가 그 목자의 손길을 의지한다면, 길이 어두워도 그 길은 평안의 길이 됩니다. 부족함 없는 삶은 상황이 아니라 동행에서 시작됩니다.

주님, 제 목자가 되어 오늘도 부족함 없는 길로 인도하시고, 어떤 자리에서도 당신의 동행을 누리게 하옵소서.

February

2월

하나님을 경외함

2월 1일

하나님을 경외하는 것

잠언 1:7

"여호와를 경외하는 것이 지식의 근본이거늘, 미련한 자는 지혜와 훈계를 멸시하느니라"

잠언은 인생의 갈림길마다 놓인 이정표와 같습니다. 올바른 길과 잘못된 길, 지혜와 미련, 겸손과 교만이 날카롭고도 맑은 언어 속에 대비됩니다. 그 모든 권면의 뿌리는 이 한 구절에 스며 있습니다. "여호와를 경외하는 것이 지식의 근본이거늘." 경외란 하나님을 단순히 두려워하는 감정이 아니라, 하나님을 하나님 되시게 인정하며 그 앞에 바르게 서는 믿음의 태도입니다. 개혁주의 신학은 이를 '언약적 경외'라 부릅니다. 하나님의 거룩하심을 인식할 때 비로소 인간은 자신이 피조물임을 깨닫고, 교만은 꺾이고, 지혜의 문이 열립니다. 그래서 아무리 지식을 쌓아도 하나님을 경외하지 않는 삶은 결국 방향을 잃습니다. 최신 장비를 갖춘 배일지라도 나침반이 없다면 바다에서 길을 잃는 것처럼 말입니다. 반대로 하나님을 경외하는 마음은 삶 전체를 관통하는 지혜의 원천이 됩니다. 솔로몬이 "스스로 지혜롭게 여기지 말지어다 여호와를 경외하며 악을 떠나라"[잠 3:7]라고 한 말은 지성이 아니라 중심의 문제임을 드러냅니다. 참된 지혜는 겸손에서 시작되고, 참된 겸손은 하나님 앞에서 나를 아는 데서 비롯됩니다. 그래서 경외는 두려움이 아니라 생명의 질서이며, 하나님이 주시는 지혜로 오늘의 길을 비추는 빛입니다. 오늘도 수많은 선택 앞에서 잠언은 묻습니다. "너의 판단을 움직이는 지혜의 근원은 무엇인가?" 우리의 지식이 아니라, 여호와를 경외하는 마음이 생각과 말과 행동을 이끌게 하십시오. 그때 하나님은 우리의 길을 곧게 하시고[잠 3:6], 혼란의 시대 속에서도 바른 길을 걸어가게 하십니다.

주님, 지식의 시작도, 삶의 방향도, 지혜의 깊이도 모두 주를 경외함에서 나옴을 고백합니다. 오늘도 부족한 우리를 겸손히 주 앞에 세우시고, 당신의 거룩을 아는 마음으로 생각과 행동을 이끌어 주소서. 아멘.

2월 **2**일

경외하는 것이 사람의 본분이다

전도서 12:13

"일의 결국을 다 들었으니 하나님을 경외하고 그의 명령들을 지킬지어다 이것이 모든 사람의 본분이니라"

전도자는 인생이 줄 수 있는 것들을 끝까지 맛본 사람입니다. 지혜도, 쾌락도, 업적도, 권세도 모두 경험한 뒤 그는 담담하게 말합니다. "헛되고 헛되다." 그러나 이 고백은 허무에의 굴복이 아닙니다. 오히려 인간의 한계를 직면하게 하며, 영원으로 시선을 들어 올리는 은혜의 통로입니다. 아무리 눈부신 성취라도 하나님과 분리된 삶은 바람을 붙잡으려는 손끝처럼 허공을 쥘 뿐입니다. 예수께서 "사람이 온 천하를 얻고도 제 목숨을 잃으면 무엇이 유익하리요"라고 하신 말씀은 인간의 영광이 얼마나 연약한지, 그리고 무엇으로 영혼이 살아나는지 정면으로 드러냅니다. 전도서의 결론은 단순하면서도 깊습니다. 인간의 본분은 하나님을 경외하고 그의 명령을 지키는 것, 이 한 가지입니다. 여기서 경외는 위축된 두려움이 아니라, 하나님의 거룩하심과 선하심 앞에서 삶의 중심을 다시 정렬하는 언약적 태도입니다. 개혁주의 신학은 인간이 하나님을 경외할 때 비로소 창조의 목적을 회복한다고 말합니다. 하나님을 경외하지 않는 지혜는 길을 잃고, 하나님을 경외하는 마음은 생명의 샘이 됩니다. 시편 기자의 말처럼 "여호와를 경외하는 자에게는 부족함이 없다"시 34:9는 선언은 억압이 아니라 자유로의 초대입니다. 우리의 인생은 나그네처럼 잠시 스치는 길입니다. 허무의 그림자 속에서 길을 잃지 않으려면 영원하신 하나님께 눈을 고정해야 합니다. 마치 광야에서 별빛 하나가 길을 비추듯, 하나님 경외는 일상의 선택을 바로잡는 나침반이며, 흔들리는 마음을 정화하는 바람입니다. 오늘도 '본분'이라는 단어 앞에서 마음이 반듯해지기를 바랍니다. 하나님을 경외하는 이 단순한 진실이 우리의 영혼을 다시 세웁니다.

주님, 허무에 머무는 인생이 아니라, 당신을 경외함으로 본분을 다하는 삶으로 우리를 이끄소서. 영원하신 당신 앞에서 삶의 중심을 새롭게 하고, 매 순간 주의 뜻을 따르는 은혜를 허락하소서. 아멘.

2월 3일

하나님과 우리는 서로를 소유한 관계

아가 2:16

"내 사랑하는 자는 내게 속하였고 나는 그에게 속하였도다 그가 백합화 가운데에서 양 떼를 먹이는구나"

아가서는 성경 안에서 가장 고요하고도 대담한 사랑의 시입니다. 들판의 향기, 포도원의 바람, 서로를 부르는 신랑과 신부의 목소리 속에 인간의 사랑을 넘어서는 더 깊은 실재가 비칩니다. 바로 하나님과 그 백성 사이의 언약적 사랑입니다. 아가의 말들은 단순한 감정의 노래가 아니라, 하늘의 사랑이 인간의 언어를 입고 내려온 듯한 은유입니다. "그는 내게 속하였고 나는 그에게 속하였다"는 고백은 소유의 집착이 아니라, 서로를 온전히 내어주고 받는 언약적 헌신의 신비를 담고 있습니다. 개혁주의 신학은 이 표현을 '언약의 상호성'이라 설명합니다. 하나님은 우리를 향해 "너는 내 것이라"[사 43:1] 선언하시고, 성도는 성령의 은혜 안에서 "나는 주님의 것"이라고 응답합니다. 우리의 소유가 하나님께 있는 것이 아니라, 우리가 그분께 속한 자로 불린다는 것, 이것이 구원의 본질입니다. 아우구스티누스가 "하나님을 떠난 인간의 마음은 쉼이 없다"고 고백한 것은 바로 이 속함의 진리를 말합니다. 영혼은 사랑의 근원에게 돌아가지 않으면 안식을 얻지 못합니다. 마치 한 꽃이 햇빛을 향해 고개를 들어야만 피어나듯, 영혼도 주님의 사랑 안에 뿌리를 내려야 생명을 누립니다. 사랑은 하나님께 속한 자에게 주어지는 가장 깊은 정체성입니다. 우리는 세상이 정의하는 성공보다, 주께 속했다는 한 마디에서 더 깊은 위로와 기쁨을 얻습니다. 오늘도 마음을 그분께 향하십시오. 그분에게 속한 자는 흔들리지 않습니다. 이미 세상이 줄 수 없는 평안과 기쁨이 그 안에 있습니다.

주님, 제 마음이 온전히 주께 속하여 흔들리지 않는 사랑 안에 머물게 하소서.
당신의 언약적 사랑이 오늘의 삶을 이끌고, 모든 생각과 선택을 붙드시옵소서. 아멘.

2월 **4**일

그리스도의 오심을 기다린 옛 언약

누가복음 24:27

"이에 모세와 모든 선지자의 글로 시작하여 모든 성경에 쓴 바 자기에 관한 것을 자세히 설명하시니라"

구약성경은 고대의 연대기나 도덕적 교훈집이 아니라, 태초부터 이어진 하나님의 구원 이야기이며, 예수 그리스도의 오심을 향해 조용히 준비된 거룩한 무대입니다. 아브라함에게 주신 "네 씨로 말미암아 모든 족속이 복을 받으리라"[창 12:3]는 약속은 한 민족의 번영을 넘어, 장차 메시아 안에서 열방이 누리게 될 구원의 복을 미리 비춘 빛이었습니다. 출애굽의 해방은 단순한 역사 사건이 아니라, 예수께서 죄와 죽음의 권세에서 자기 백성을 건지실 구속의 모형이 되었고, 다윗의 왕국은 불완전했지만 영원한 왕이신 그리스도를 예비하는 그림자였습니다. 이사야의 고난받는 종[사 53장], 예레미야가 말한 새 언약[렘 31:31], 다니엘이 본 인자와 그의 나라[단 7:13-14]까지 율법과 시와 예언은 각기 다른 음색을 지녔지만, 모두 한 중심을 향해 흐르는 황금실처럼 그리스도를 가리킵니다. 그러므로 바울이 사도행전 28:23에서 구약으로 예수를 증언한 것은 우연이 아니라, 성경 전체가 처음부터 끝까지 그리스도를 향해 열려 있기 때문입니다. 이스라엘의 반복된 불순종 속에서도 포기하지 않으신 하나님은 "나는 변하지 아니한다"[말 3:6]고 선언하시며, 기다리시는 사랑으로 메시아의 길을 준비하셨습니다. 한 신학자의 말처럼 "구약은 그리스도의 발자취가 새겨진 길이고, 신약은 그 얼굴이 드러난 창"입니다. 그러므로 우리가 구약을 읽을 때 단순한 옛 기록 속을 걷는 것이 아니라, 우리를 위해 준비된 구원의 길 위에서 조용히 다가오시는 예수의 발걸음을 듣는 것입니다. 옛 언약은 결국 우리를 신약의 빛으로 이끄는 은혜의 등불입니다.

주님, 구약 곳곳에 새겨진 그리스도의 발자취를 보게 하시니 감사합니다.
옛 언약을 통해 드러내신 구속의 깊이를 깨닫게 하시고, 성경을 펼칠 때마다 더욱 분명히 그리스도를 알고 따르게 하소서. 아멘.

2월 5일

너희는 위로하라

이사야 40:31

"오직 여호와를 앙망하는 자는 새 힘을 얻으리니 독수리가 날개치며 올라감 같을 것이요 달음박질하여도 곤비하지 아니하겠고 걸어가도 피곤하지 아니하리로다"

광야 같은 세상에서 우리는 자주 지치고 무너집니다. 유다가 무너지고 백성이 포로로 끌려갔던 것처럼, 우리 역시 삶의 돌이킬 수 없는 폐허 앞에 설 때가 있습니다. 그러나 바로 그 무너짐 한가운데서 하나님은 뜻밖의 말씀을 주십니다. "너희는 위로하라." 하나님의 위로는 현실을 부정하는 감정적 위로가 아니라, 언약을 붙드는 새로운 시작입니다. '여호와를 앙망한다'는 말은 단순히 시간이 지나기를 기다리는 소극적 인내가 아니라, 시선을 들어 하나님께 소망의 기대를 거는 적극적 믿음의 행위입니다. 절망의 무게가 우리를 끌어내릴 때, 하나님의 약속을 바라보는 순간 역전이 시작됩니다. 독수리가 폭풍을 이용해 더 높은 공중으로 올라가듯, 하나님을 앙망하는 자는 고난을 짓누르는 것이 아니라 그것을 딛고 올라갑니다. 성경이 바울을 통해 "소망은 우리를 부끄럽게 하지 않는다"롬 5:5고 말한 이유는, 소망이 인간의 심리적 위안 때문이 아니라, 하나님의 신실하심에 근거한 약속이기 때문입니다. 개혁주의 신학은 바로 이 지점을 강조합니다. 우리의 힘은 소진되지만, 하나님의 능력은 소진되지 않습니다. 인간의 끝자락에서 은혜의 시작이 열립니다. 그래서 믿음의 길은 달릴 때 곤비하지 않고, 걸을 때 피곤하지 않는 길이 됩니다. 우리의 능력 때문이 아니라, 주께서 우리를 붙드시는 능력 때문입니다. 오늘도 마음이 주저앉는 자리에 계신다면, 시선을 들어 하나님을 앙망하십시오. 주님의 날개 아래에서 새 힘이 시작됩니다. 우리의 힘이 다하는 그 자리에서, 하나님이 주시는 힘이 열린다는 이 거룩한 역설을 붙드십시오. 그분의 위로는 우리를 다시 일으켜 세우고, 하늘의 소망을 향해 걸어가게 하십니다.

주님, 제 힘이 소진될 때마다 눈을 들어 주를 앙망하게 하시고, 당신이 주시는 새 힘으로 오늘의 길을 다시 걷게 하소서. 아멘.

2월 6일

하나님을 신뢰하는 기다림의 신앙

예레미야 29:11

"여호와의 말씀이니라 너희를 향한 나의 생각을 내가 아나니 평안이요 재앙이 아니니라 너희에게 미래와 희망을 주는 것이니라"

눈물의 선지자 예레미야는 멸망이 코앞에 다가온 예루살렘을 바라보며 이 약속을 선포했습니다. 백성은 우상을 좇고, 지도자들은 진리를 외면했으며, 도시는 무너지는 소리로 가득했습니다. 그러나 하나님의 말씀은 폐허 한 가운데서 뜻밖의 방향을 가리킵니다. 심판은 버림이 아니라 정결을 위한 길이었고, 포로의 현실은 끝이 아니라 회복의 시작이었습니다. 하나님은 재앙의 자리에서 있는 백성에게 평안과 미래와 희망을 약속하셨습니다. 고난은 신자의 삶에서 낯선 길이 아닙니다. "폭풍은 나무의 뿌리를 깊게 한다"는 말처럼, 하나님은 고통의 시간을 건너뛰게 하지 않으시고 그 속에서 우리를 자라게 하십니다. 개혁주의 신학은 이 과정을 '섭리 안의 훈련'이라 말합니다. 눈에 보이는 문이 모두 닫히는 상황에서도 하나님의 문은 여전히 열려 있습니다. 그 문은 언제나 선을 향해 있습니다. 우리의 삶에도 예기치 않은 무너짐이 찾아옵니다. 건강이 흔들리고, 관계가 깨어지고, 미래가 안개처럼 흐려질 때 우리는 버려진 듯 느낍니다. 그러나 하나님은 여전히 "너희를 향한 나의 생각을 내가 안다"고 말씀하십니다. 그 생각은 파멸이 아니라 평안이고, 절망이 아니라 소망입니다. 한 설교자가 말했듯, "하나님의 뜻은 늦지도 일러지도 않게 이루어진다." 그러므로 신자의 기다림은 단순한 시간의 경과가 아니라, 하나님의 선하심을 신뢰하며 오늘의 현실을 해석하는 믿음의 태도입니다. 하나님의 계획은 언제나 신자의 발걸음을 미래로 이끄는 은혜의 길입니다. 우리가 붙잡아야 할 것은 완성된 답이 아니라, 선함으로 인도하시는 하나님의 마음입니다. 그분의 마음을 신뢰할 때 기다림은 고통이 아니라 소망이 됩니다.

주님, 제 삶의 무너짐 속에서도 당신의 선하신 계획을 신뢰하게 하시고,
평안과 희망을 붙드는 믿음을 주소서. 아멘.

2월 **7**일

주의 성실하심이 크시도소이다

예레미야 애가 3:22-23

"여호와의 인자와 긍휼이 무궁하시므로 우리가 진멸되지 아니함이니이다 이것이 아침마다 새로우니 주의 성실하심이 크시도소이다"

예레미야 애가는 무너진 성전, 무너진 성벽, 흩어진 백성의 절망 위에서 흘린 눈물의 시입니다. 모든 것이 사라진 듯 보였고, 백성의 죄는 심판을 불러왔으며, 땅에는 탄식의 먼지만 남아 있었습니다. 그러나 바로 그 폐허의 자리에서 예레미야의 입술에서 가장 빛나는 고백이 흘러나옵니다. "우리가 진멸되지 아니함이니이다." 이것은 현실의 낙관이 아니라, 하나님의 변함없는 성품에 대한 믿음에서 비롯된 선언입니다. 개혁주의 신학은 하나님의 인자[hesed]와 긍휼[raḥămîm]을 언약적 사랑의 뿌리로 설명합니다. 그렇기에 하나님의 백성은 심판 속에서도 소멸되지 않습니다. 하나님의 자비는 마르지 않는 샘물이며, 그분의 긍휼은 폐허보다 깊고 죄보다 넓으며, 절망보다 오래 지속됩니다. 인생의 가장 깊은 밤이라 할지라도 새벽은 반드시 찾아옵니다. 그리고 그 새벽마다 주님의 성실하심은 새 옷처럼 우리의 영혼을 다시 덮으십니다. 어둠이 빛을 이길 수 없듯, 절망은 하나님의 인자를 끊을 수 없고, 무너짐은 그분의 성실하심을 지울 수 없습니다. 우리의 실패와 고통은 종종 끝처럼 느껴집니다. 그러나 믿음의 사람은 그 끝에서 하나님의 시작을 봅니다. "새벽은 가장 깊은 어둠 뒤에 온다"는 고대의 격언처럼, 하나님의 성실하심은 우리를 어제의 눈물에서 오늘의 소망으로, 폐허의 자리에서 다시 일으키는 능력입니다. 애가는 단순한 슬픔의 기록이 아니라, 무너진 땅 위에 울려 퍼지는 소망의 노래입니다. 오늘도 마음 속에 무너진 돌무더기가 있다면, 그 자리에 이 고백을 세우십시오. "주의 성실하심이 크시도소이다." 그 고백이야말로 하나님께서 우리를 새롭게 하시는 가장 깊은 힘입니다.

주님, 폐허 속에서도 아침마다 새로워지는 당신의 인자와 성실하심을 잊지 않게 하시고, 그 신실한 사랑을 붙드는 믿음을 주소서. 아멘.

2월 **8**일

하나님이 주시는 새 영과 새 마음

에스겔 36:26

"또 새 영을 너희 속에 두고 새 마음을 너희에게 주되 너희 육신에서 굳은 마음을 제거하고 부드러운 마음을 줄 것이며"

바벨론 포로기의 어둠 속에서 들려온 하나님의 말씀은 잿더미 위에 울린 희망의 울림이었습니다. 땅을 잃고, 성전이 무너지고, 미래가 사라진 듯 보였으나 하나님은 단순히 무너진 구조물을 회복시키는 약속을 먼저 주지 않으셨습니다. 그분은 폐허의 중심, 인간의 마음의 깊은 곳을 향해 말씀하셨습니다. 돌처럼 굳어버린 마음을 제거하고, 다시 숨 쉬고 뛰는 부드러운 마음을 주겠다고 선언하신 것입니다. 개혁주의 신학은 이 약속을 성령의 중생과 갱신으로 이해합니다. 인간의 가장 근본적인 문제는 상황이 아니라 마음이며, 그 마음은 인간 스스로 고칠 수 없기에 하나님이 새 영을 주셔야만 변화가 일어납니다. 아우구스티누스가 "주님을 향해 불타는 마음만이 진정 살아 있는 마음이다"라고 말한 것도 같은 고백입니다. 환경이 변하지 않아도 하나님이 주시는 새 마음이 생기면 삶의 방향은 완전히 달라집니다. 얼어붙은 땅에 봄비가 내리면 숨겨진 씨앗이 깨어나듯, 성령이 임하시면 죽은 뼈도 살아 일어납니다[겔 37:10]. 그래서 우리의 기도는 단순히 형편의 변화에 머물 수 없습니다. 하나님 앞에서 내면이 새로워지는 은혜를 갈망해야 합니다. 굳은 자아가 부드럽게 깨어지고, 말씀에 순종할 힘이 마음 속에 자라나야 합니다. 참된 변화는 밖에서 안으로 오는 것이 아니라, 안에서 밖으로 흘러나옵니다. 하나님의 영이 우리 안에 거하실 때, 우리는 고난 중에도 감사할 수 있고, 불안한 세상에서도 담대히 설 수 있습니다. 주께서 주시는 새 마음은 은혜의 새 일을 담아내는 그릇입니다. "새 술은 새 부대에" 담아야 하듯[마 9:17], 하나님이 주시는 새 영은 우리 안에 새로운 순종, 새로운 방향, 새로운 생명을 일으킵니다. 오늘도 그 새 일을 이루시는 하나님께 우리의 마음을 내어드립시다.

주님, 제 안에 새 영을 부어 주시며 굳은 마음을 제거하시고, 주의 뜻에 순종할 부드러운 마음을 허락하소서. 아멘.

2월 **9**일

뜻을 세우고 마음을 정하는 신앙

다니엘 1:8상

"다니엘은 뜻을 정하여 왕의 음식과 그가 마시는 포도주로 자기를 더럽히지 아니하리라 하고"

바벨론 왕궁의 한복판, 눈부신 영광과 성공의 문이 활짝 열려 있는 자리에서 다니엘은 누구도 쉽게 선택하지 않는 길을 택했습니다. 제국이 제공하는 편안함과 특권의 손짓 앞에서 그는 타협이 주는 달콤함보다 하나님 앞의 거룩을 더 소중히 여겼습니다. 이는 단순한 금식이나 문화적 거부가 아니라, 언약 백성으로서 자신을 지키려는 깊은 신앙의 결단이었습니다. 개혁주의 신학은 이런 결단을 '성화의 시작'으로 봅니다. 성화는 위기의 순간에 갑자기 나타나는 힘이 아니라, 조용히 반복되는 일상의 작은 선택 속에서 길러지는 은혜입니다. 다니엘이 젊은 날 세운 이 작은 결단은 훗날 사자굴과 풀무불 앞에서도 흔들리지 않는 신앙의 뿌리가 되었습니다. "사람이 떡으로만 살 것이 아니요 하나님의 입으로 나오는 모든 말씀으로 살 것이라"마 4:4는 말씀처럼, 다니엘은 생명의 길이 어디에 있는지 명확히 알고 있었습니다. "인생의 운명은 큰 선택보다 작은 결심의 반복에서 빚어진다"는 말이 있습니다. 성도의 삶도 그렇습니다. 오늘 우리가 내리는 작은 결단들은 내일의 영적 굳건함을 준비하는 보이지 않는 토대가 됩니다. 유혹 앞에서 스스로에게 물어야 합니다. "나는 무엇을 위해 뜻을 정하고 있는가?" 세상의 달콤한 제안이 거룩을 흐린다면, 다니엘처럼 단호히 거절할 수 있는 경건의 힘이 필요합니다. 한 청년이 시험장에서 부정행위를 거절해 눈앞의 합격을 잃었지만, 그 정직이 그의 인생 전체를 밝힌 것처럼, 거룩을 택하는 작은 선택은 장차 큰 역사의 방향을 결정합니다. 하나님은 뜻을 정한 마음을 귀히 보십니다. 우리가 보이지 않는 작은 자리에서 거룩을 선택할 때, 하나님은 그 결단을 사용해 우리의 길을 지키시고, 그분의 큰일에 참여하는 증인으로 세우십니다.

주님, 작은 일에서부터 마음을 정하게 하시고, 어떤 상황에서도 거룩을 선택하며 당신을 기쁘시게 하는 삶을 살게 하소서. 아멘.

2월 **10**일

구원의 약속을 소망한 옛 언약

요한복음 1:29

"세상 죄를 지고 가는 하나님의 어린 양을 보라"

구약성경은 단순히 고대 이스라엘의 역사나 종교적 제의의 기록이 아니라, 태초의 창조에서 십자가의 완성에 이르기까지 이어지는 하나님의 구원 이야기입니다. 하나님은 아브라함에게 눈에 보이지 않는 미래를 약속하셨고, 그는 그 말씀 하나를 붙들고 미지의 길을 걸었습니다. 요셉의 억울함과 눈물, 모세의 광야 40년, 그리고 유월절 밤 문설주에 바른 어린 양의 피는 모두 장차 오실 메시아의 그림자였습니다. 인간의 타락과 회복, 심판과 자비가 이어지는 구약의 긴 여정은 결국 하나의 중심을 향해 흐릅니다. 바로 "세상 죄를 지고 가는 하나님의 어린 양"이신 예수 그리스도입니다. 시편의 노래와 잠언의 지혜, 선지자들의 외침은 서로 다른 음색을 지녔지만, 그 아래 흐르는 주제는 한결같았습니다. 이사야는 상한 갈대를 꺾지 않으시는 종을 보았고[사 42장], 예레미야는 새 언약을 예언했으며[렘 31:31], 스가랴는 죄를 씻을 샘이 열릴 날을 바라보았습니다[슥 13:1]. 구약의 모든 희생 제사와 번제단의 피는 불완전한 인간의 손을 넘어, 장차 오실 완전한 어린 양의 피를 가리키는 예표였습니다. 그러므로 구약은 기다림의 책이며, 구속을 향한 하나님의 일관된 사랑의 역사입니다. 어둠이 짙어질수록 빛은 더 선명해지듯, 인간의 실패가 깊어질수록 하나님의 약속은 더욱 분명하게 드러났습니다. 요한의 선포 — "보라, 하나님의 어린 양" — 은 수천 년의 기다림이 마침내 눈에 보이는 은혜가 된 순간이었습니다. 오늘 우리가 구약을 읽을 때, 단지 옛이야기를 살피는 것이 아니라, 우리의 구주를 향해 열려 있는 구원의 길을 다시 걷는 것입니다. 그 길 위에서 우리의 마음은 다시 소망을 얻고, 믿음은 새 힘을 부여받습니다.

주님, 구약 속에 새겨진 구원의 약속을 통해 우리의 길을 비추어 주시니 감사합니다. 믿음의 조상들처럼 주님의 약속을 굳게 붙들게 하시고, 하나님의 어린 양 예수 안에서 완전한 구속과 참 소망을 날마다 누리게 하소서. 아멘.

2월 **11**일

하나님을 아는 것을 원하노라

호세아 6:6

"나는 인애를 원하고 제사를 원하지 아니하며 번제보다 하나님을 아는 것을 원하노라"

호세아의 삶은 하나님의 마음이 한 사람의 이야기로 스며든 예언이었습니다. 배신과 상처, 심판과 회복이 교차하는 그 삶 속에서 하나님은 언약을 깨뜨린 이스라엘을 향한 당신의 집요한 사랑을 드러내셨습니다. 음란한 아내 고멜을 끝까지 사랑했던 호세아의 걸음은, 마음을 돌이키지 않는 백성을 향해 포기하지 않으시는 하나님의 사랑을 비추는 거울이었습니다. 그분은 형식적 제사보다 마음 깊은 곳에서 흘러나오는 인애와 진실한 관계를 원하십니다. 이스라엘은 제물을 드렸지만, 그 사랑은 아침 구름처럼 금세 사라졌습니다. 그러나 하나님의 사랑은 흔들리지 않고 끝내 회복으로 향했습니다. 개혁주의 신학은 이 말씀을 '언약적 신실함'에 대한 요청으로 해석합니다. 하나님은 단순한 종교적 행위가 아니라, 그 행위가 흘러나오는 마음의 방향성을 요구하십니다. 아우구스티누스가 "하나님을 사랑하라, 그리고 네가 원하는 대로 하라"고 말한 것도 같은 의미입니다. 사랑이 중심이 되면 삶 전체가 하나님을 닮아가고, 그 사랑 안에서 행하는 의무는 짐이 아니라 기쁨이 됩니다. "사랑 없는 의무는 무거운 짐이고, 사랑 있는 의무는 기쁨의 노래"라는 말처럼, 우리의 예배가 습관의 반복으로 머물지 않고 하나님을 아는 친밀함과 이웃을 향한 인애로 채워질 때 신앙은 생명력을 얻습니다. 하나님은 우리의 손에 쥔 제물보다, 우리의 마음에서 피어나는 사랑과 진실을 더 귀히 여기십니다. 호세아의 시대처럼 오늘도 주님은 조용히 묻습니다. "네가 나를 아느냐? 네 사랑은 어디서부터 흐르고 있느냐?" 우리의 대답이 제사가 아니라 사랑, 의무가 아니라 은혜, 습관이 아니라 친밀함이 되기를 소망합니다. 하나님을 아는 지식 위에 흘러나오는 인애의 삶이 오늘 우리의 신앙을 새롭게 하게 하십시오.

주님, 제 신앙이 형식에 머물지 않고, 주님을 아는 사랑과 인애로 깊어지게 하시며, 모든 행위가 은혜에서 흘러나오게 하소서. 아멘.

2월 **12**일

상한 마음으로 드리는 예배를 받으시는 하나님

요엘 2:13

"너희는 옷을 찢지 말고 마음을 찢고 너희 하나님 여호와께로 돌아올지어다 그는 은혜로우시며 자비로우시며 노하기를 더디하시며 인애가 크시사 뜻을 돌이켜 재앙을 내리지 아니하시나니"

요엘서는 메뚜기 떼가 지나간 황무지에서 시작됩니다. 들판은 타버린 재처럼 남았고, 포도주는 말라붙었으며, 백성의 얼굴에는 굶주림과 공포의 그림자가 드리워져 있었습니다. 그러나 그 절망의 먼지 속에서 하나님은 놀라운 음성으로 부르십니다. 재앙이 지나가기만을 바라보는 수동적 기다림이 아니라, 심령 깊은 곳에서 주께 돌아오라는 적극적인 초청입니다. 옷을 찢는 일은 누구나 할 수 있지만, 교만의 껍질을 찢고 마음을 가르는 일은 쉽지 않습니다. 참된 회개는 바로 그 자리, 마음이 찢어지는 고백에서 시작됩니다. 아우구스티누스는 "하나님은 상한 마음의 제사를 멸시하지 않으신다"고 말했습니다. 외형의 종교적 행위는 사람의 눈을 속일 수 있으나, 하나님 앞에서는 오직 낮아진 마음, 상한 심령, 은혜를 갈망하는 내면만이 새 길을 엽니다. 겨울 끝에 얼어붙은 땅이 갈라져야 봄의 새싹이 오르듯, 우리의 완고한 마음이 찢어질 때 비로소 성령의 생기가 스며듭니다. 요엘은 약속합니다. 하나님께 돌아오는 백성 위에 다시 비를 주시며, 메마른 밭에 새 열매를 맺게 하시며, 심지어 "내 영을 만민에게 부어 주리라"욜 2:28 하고 선언하십니다. 이것은 옛 이스라엘에게만 주신 약속이 아니라, 오늘을 사는 우리에게도 주어진 희망의 서약입니다. 진정한 회복은 상황의 변화에서 오지 않습니다. 언제나 마음의 변화에서 시작됩니다. 아무리 인생의 옷자락을 찢어도 마음이 굳어 있다면 변화는 일어나지 않습니다. 그러나 눈물로 마음을 찢어 주 앞에 엎드릴 때, 절망의 자리에서조차 은혜의 새 날이 밝아옵니다. "사람은 외모를 보거니와 여호와는 중심을 보시느니라"삼상 16:7는 말씀처럼, 하나님은 상한 마음을 통해 우리를 새롭게 빚으시며, 메뚜기가 먹어버린 세월까지도 회복시키십니다.

주님, 제 마음을 찢어 주께 드리오니, 은혜와 새 생명으로 제 삶을 회복하소서. 아멘.

2월 **13**일

정의가 넘치고 공의가 흐르는 예배

아모스 5:24

"오직 정의를 물 같이, 공의를 마르지 않는 강 같이 흐르게 할지어다"

아모스의 시대는 겉으로는 평안과 번영이 넘쳤으나, 그 번영의 그림자 아래에는 가난한 자들의 신음이 감추어져 있었습니다. 제단 위에는 화려한 제사가 올려졌지만, 거리에는 억울함이 풀리지 않은 자들의 울부짖음이 메아리쳤습니다. 하나님은 예배의 형식보다, 예배자의 삶에서 흘러나오는 정의와 공의를 찾으셨습니다. 정의란 억눌린 자의 권리를 회복하는 것이며, 공의란 하나님의 성품에 합한 질서를 삶의 자리에서 세우는 것입니다. 그래서 잠언은 말합니다. "의를 따라가는 자는 생명에 이르고"[잠 21:21]. 신학적으로도 이는 개혁주의 신앙의 핵심과 맞닿아 있습니다. 하나님은 예배와 삶을 분리하지 않으시는 분이시며[사 1:11-17], 참된 경건은 이웃 사랑의 실천 속에서 드러난다고 하셨습니다[약 1:27]. 마치 흐르지 않는 강이 도시를 메마르게 하듯, 정의가 멈춘 신앙은 그 자체로 생기를 잃습니다. 아무리 아름다운 찬송과 정교한 공적예배가 있어도, 그 뒤에 무관심과 불의가 흐른다면 하나님은 그 예배를 기뻐받지 않으십니다. 오히려 작은 사랑의 실천, 말없이 드리는 눈물의 중보, 약자를 향한 한 걸음의 배려가 강물처럼 흘러 세상을 적실 때, 그것이 곧 하늘이 기뻐하시는 예배가 됩니다. 마더 테레사는 이렇게 말했습니다. "우리가 행하는 작은 사랑이 세상을 바꾼다." 정의와 공의가 흐르는 공동체 위에 그리스도의 향기가 머무르고, 그 향기는 교회가 드릴 수 있는 가장 순전한 찬송이 됩니다. 우리의 삶이 멈추지 않는 은혜의 강이 되어, 메마른 세상 속을 적시는 생명의 강물로 흘러가기를 소망합니다.

주님, 제 예배가 단지 입술의 고백에 머물지 않게 하시고, 정의와 공의의 삶으로 흘러가게 하소서. 저의 작은 실천이 당신의 사랑의 강물이 되어 세상을 적시게 하시고, 그 강물 위에 주님의 나라가 드러나게 하소서. 아멘.

2월 **14**일

여호와의 날을 기다리는 교회

오바댜 1:15

"여호와께서 만국을 벌할 날이 가까웠나니 네가 행한 대로 너도 받을 것인즉 네가 행한 것이 네 머리로 돌아갈 것이라"

오바댜는 성경에서 가장 짧은 책이지만, 그 메시지는 누구보다 깊고 무겁습니다. 에돔은 형제 이스라엘이 고난의 골짜기에 있을 때 손을 내밀지 않았습니다. 그들의 상처를 덮어주기는커녕 그 불행을 비웃으며 스스로의 이익을 챙겼습니다. 하나님은 이런 불의를 결코 눈감지 않으십니다. '여호와의 날'은 단순히 심판을 의미하는 날이 아니라, 하나님의 공의가 온전히 드러나는 날, 억울함이 해소되고 깊은 상처가 치유되는 회복의 날입니다. 그날은 사람이 심은 대로 거두는 날이며, 교만한 자는 낮아지고 낮아진 자는 높아지는 날입니다. 그래서 잠언은 말합니다. "사람의 교만은 멸망의 선봉이요 겸손은 존귀의 앞잡이니라"잠 16:18. 우리는 종종 원수의 몰락을 바라며 마음속에 은밀한 기쁨을 품기도 합니다. 그러나 하나님은 "원수가 넘어질 때 즐거워하지 말라"잠 24:17고 명령하십니다. 다윗이 사울의 죽음을 듣고 조롱하지 않고 오히려 애가를 부른 것은, 하나님의 사람이 걸어야 할 길이 무엇인지 우리에게 보여줍니다. 개혁주의 신앙이 강조하듯, 역사는 하나님의 주권 아래 흐르며, 인간의 악함과 교만이 잠시 승리하는 것처럼 보여도 결국 하나님의 공의가 모든 것을 바로 세우십니다. 거대한 제국 바벨론도 결국 흙먼지처럼 사라졌습니다. 그러나 종살이하던 이스라엘은 하나님의 손에 붙들려 역사의 증인이 되었습니다. 오늘 우리에게도 주어지는 교훈은 분명합니다. 보복의 칼을 움켜쥐는 대신, 하나님의 때를 신뢰하며 기다리는 인내의 길을 걸어야 한다는 것입니다. 여호와의 날은 반드시 오며, 그날은 모든 불의가 멈추고 하나님의 공의가 강물처럼 흐르는 날이 될 것입니다.

주님, 제 마음에 자리한 교만과 보복의 욕망을 비워주소서. 여호와의 날이 반드시 오고, 그날에 주님의 공의가 온전히 드러남을 믿고 기다리게 하소서. 인내로 하나님의 때를 바라보며, 오늘도 겸손과 사랑의 길을 걷게 하소서. 아멘.

2월 **15**일

용서할 수 없는 자를 용서하는 사랑

요나 4:2

"주께서는 은혜로우시며 자비로우시며 노하기를 더디하시며 인애가 크시사 뜻을 돌이켜 재앙을 내리지 아니하시는 하나님이신 줄을 내가 알았음이니이다"

요나서는 도망치는 선지자와 끝까지 추적하시는 하나님의 이야기입니다. 요나는 악명 높던 니느웨가 심판받기를 원했습니다. 그의 분노는 충분히 이해할 만했지만, 하나님은 요나의 마음보다 더 크고 깊으신 자비의 하나님이셨습니다. 폭풍과 큰 물고기, 뜨거운 햇볕과 시들어버린 박넝쿨까지 사용하시며 하나님은 요나의 굳어진 마음을 흔드셨습니다. "사람의 분노는 하나님의 의를 이루지 못한다"[약 1:20]는 말씀처럼, 요나의 좁은 마음은 하나님의 무한한 자비 앞에서 결국 무너져 내립니다. 요나는 마침내 고백합니다. 하나님은 은혜로우시며, 자비로우시며, 노하기를 더디하시며, 인애가 크신 분이라고. 이는 단순한 감정적 표현이 아니라, 출애굽기 34장에 계시된 하나님의 성품을 다시 확인하는 고백입니다. 개혁주의 신학은 바로 이 하나님의 성품을 구속사 전체를 관통하는 중심으로 이해합니다. 하나님은 선택된 소수에게만이 아니라, 회개하는 모든 자에게 자비를 베푸시는 분입니다. 한 철학자는 "용서할 수 없는 자를 용서하는 것이 진정한 용서"라고 말했습니다. 우리의 삶에도 니느웨처럼 피하고 싶은 이름이 있습니다. 외면하고 싶은 사람, 무너지기를 바라는 누군가. 그러나 하나님은 바로 그들에게도 은혜를 베푸시기를 기뻐하십니다. "원수를 사랑하라"[마 5:44]는 예수님의 명령은 단순한 도덕적 요청이 아니라, 하나님의 마음을 닮아가라는 초대입니다. 참된 신앙은 자신의 분노를 하나님의 거룩한 뜻인 양 포장하는 것이 아니라, 하나님의 끝없는 자비 앞에 무릎 꿇는 자리에서 시작됩니다. 우리의 용서는 늘 한계에 부딪히지만, 하나님은 용서의 근원이시며, 그분 안에서 우리는 비로소 용서할 힘을 얻습니다. 요나가 경험한 하나님은 오늘 우리에게도 동일하게 속삭이십니다. "나는 너보다 더 넓고 깊은 사랑을 가진 하나님이다."

주님, 제 마음의 좁은 경계를 허물어 주시고, 용서할 수 없던 마음에 당신의 넓고 깊은 자비를 부어주소서. 제가 받은 은혜로 다른 이들을 품게 하시고, 당신의 사랑이 제 삶을 통해 흘러가게 하소서. 아멘.

2월 **16**일

하나님이 원하시는 세 가지

미가 6:8

"사람아 주께서 선한 것이 무엇임을 네게 보이셨나니 여호와께서 네게 구하시는 것은 오직 정의를 행하며 인자를 사랑하며 겸손하게 네 하나님과 함께 행하는 것이 아니냐"

하나님은 화려한 제물과 번듯한 제사보다, 예배자의 삶에서 흘러나오는 향기를 더 귀히 여기십니다. 미가서가 말하는 '세 가지' 정의, 인자, 겸손은 단순한 도덕적 덕목이 아니라 하나님을 아는 자에게서 흘러나오는 존재의 열매입니다. 정의는 억울한 이의 편에 서는 것입니다. 잠언은 말합니다. "입을 열어 공의로 재판하며 곤란한 자와 궁핍한 자를 신원하라"잠 31:9. 정의는 침묵을 깨는 용기이며, 약자의 눈물을 외면하지 않는 하나님의 마음을 행하는 것입니다. 개혁주의 신앙은 바로 이 정의를 하나님의 언약적 성품의 표현으로 이해합니다. 인자헤세드는 단순한 친절을 넘어, 언약 안에서 서로를 붙드는 충성스러운 사랑입니다. 마틴 루터 킹Martin Luther King Jr은 "미움은 미움을 몰아낼 수 없다, 오직 사랑만이 그것을 몰아낸다"라고 말했습니다. 인자는 바로 이 사랑의 깊은 능력입니다. 깨어진 관계 위에 다리를 놓고, 상처 난 마음을 감싸는 하나님 사랑의 흔적입니다. 겸손은 하나님 앞에서 자신을 낮추고 그분의 길을 따르는 태도입니다. "하나님이 교만한 자를 물리치시고 겸손한 자에게 은혜를 주신다"약 4:6. 겸손은 자신을 비하하는 것이 아니라, 하나님의 주권을 인정하는 신앙의 고백입니다. 모든 시대의 하나님 사람들은 이 길을 걸었습니다. 성공 앞에서도 자신을 낮추고, 불의 앞에서 침묵하지 않으며, 미움 앞에서 사랑을 선택한 이들이 세상의 빛이 되었습니다. 결국, 정의와 인자와 겸손은 하나님을 아는 사람의 삶에서 자연스레 흘러나오는 하늘의 향기이며, 시대가 달라져도 변하지 않는 하나님의 길입니다. 하나님은 오늘도 화려한 것이 아닌, 이 세 가지를 통해 자신과 동행하는 백성을 찾고 계십니다. 작은 선택 하나가 우리의 발걸음을 하나님께로 향하게 하고, 우리의 삶을 하나님의 선하심의 통로로 만듭니다.

주님, 오늘도 정의와 인자와 겸손이 제 삶의 말과 행동이 되게 하소서.
세상의 흐름이 아니라 주님의 마음을 따라 걷게 하시고, 그 길에서 당신과 함께 동행하는 은혜를 누리게 하소서. 아멘.

2월 **17**일

구약성경과 교회

요한복음 5:39

"너희가 성경에서 영생을 얻는 줄 생각하고 성경을 연구하거니와 이 성경이 곧 내게 대하여 증언하는 것이니라"

구약성경은 우연히 모아진 고대 문서가 아니라, 하나님께서 수천 년의 역사 속에서 당신의 백성에게 맡기신 계시의 흐름입니다.

모세의 율법에서 시작된 말씀은 예언서와 성문서로 확장되며, 언약의 하나님이 어떤 분이신지, 그분이 어떻게 죄인에게 자비를 베푸시는지를 깊고 넓게 드러냅니다. 예수님 시대에 유대인들은 이 말씀을 "율법·예언서·성문서"로 묶어 읽었고, 그리스도께서는 이 전체를 하나님의 권위 있는 말씀으로 인용하셨습니다. 그러므로 우리가 손에 쥔 39권의 구약은 단지 이스라엘의 기록이 아니라, 성령의 감동으로 보존된 하나님의 계시이며, 그 중심에 오실 메시아가 선명히 흐릅니다. 개혁주의 전통은 성경을 "하나님의 감동으로 된"딤후 3:16 완전한 말씀으로 고백합니다. 구약의 이야기들은 단순한 역사나 교훈이 아니라, 그리스도를 향한 그림자이자 약속입니다. 창세기의 희미한 새벽빛에서부터 선지자들의 절규에 이르기까지, 모든 본문은 결국 우리를 십자가와 부활로 이끌며 하나님의 구원 계획을 증언합니다. 아우구스티누스가 말한 것처럼, 성경은 하나님이 우리에게 보내신 사랑의 편지입니다. 우리는 그 편지를 연구하는 사람으로 머물지 않고, 그 사랑을 듣고 순종하는 사람으로 부름받았습니다. 그러므로 구약을 펼칠 때마다 우리는 오래된 글자를 읽는 것이 아니라, 오늘도 역사 속에서 우리를 부르시는 하나님의 마음을 만납니다. 말씀을 가까이하는 자는 흔들리지 않으며, 그 말씀을 따라 걷는 자는 결국 생명의 길로 인도함을 받습니다. 매 순간 말씀 한 줄이 내 삶의 방향을 세우고, 내 영혼의 숨결이 되기를 구합니다.

주님, 구약 속에 흐르는 당신의 지혜와 은혜를 깊이 깨닫게 하소서.
말씀이 단순한 기록이 아니라 오늘 나를 향한 사랑의 부르심임을 알게 하시고,
그 말씀 앞에 겸손히 순종하는 믿음을 살게 하소서. 아멘.

2월 **18**일

환난의 날에 피할 산성이신 하나님

나훔 1:7

"여호와는 선하시며 환난 날에 산성이시라 그는 자기에게 피하는 자들을 아시느니라"

나훔의 예언은 한때 요나의 선포 앞에서 회개했던 니느웨가 다시 폭력과 교만으로 가득 차 무너져 내리는 장면을 우리에게 보여줍니다. 인간의 권세와 제국의 성벽은 얼마나 견고해 보일지라도 결국 시간과 진리 앞에서 무너집니다. 아우구스티누스가 말한 것처럼, "하나님 안에 거하는 영혼만이 무너지지 않는다"는 고백이 나훔의 메시지에 깊게 스며 있습니다. 여호와는 선하시며, 환난의 날에 흔들리지 않는 산성이십니다. 사람의 도움, 제도의 안정, 재물의 여유는 위기의 날에 우리를 온전히 지켜주지 못합니다. 그러나 주님께 피하는 자를 하나님은 아신다고 하셨습니다. 이 '안다'는 단순한 인식이 아니라, 히브리적 의미의 '관계적 아심', '사랑으로 붙드심'을 의미합니다. 곧 하나님은 피하는 자를 품고 보호하시는 분이라는 언약의 약속입니다. 고대의 성벽은 외적을 막을 수 있었지만, 불안한 영혼을 지키지 못했습니다. 참된 피난처, 무너지지 않는 산성은 오직 하나님뿐입니다. 그래서 마르틴 루터는 종교개혁의 격랑 속에서 "내 주는 강한 성이요"를 고백했습니다. 하나님의 이름은 우리의 요새이며, 그분의 품은 폭풍 속에서도 흔들리지 않는 평화의 자리입니다. 오늘도 나훔의 음성은 우리에게 묻습니다. "환난의 날에 너는 어디로 피하느냐?" 세상의 권세가 흔들리고 삶의 기초가 불안해질 때, 우리 영혼이 의지할 유일한 곳은 주님의 품입니다. 그분 안에 거할 때 두려움은 힘을 잃고, 영혼은 깊은 평안을 누립니다. 하나님은 선하십니다. 그리고 그 선하심은 환난 속에서 더욱 선명히 드러납니다.

주님, 환난의 날에도 당신만이 제 산성이심을 믿고 당신께 피하게 하소서.
헛된 의지처를 내려놓고, 선하시며 변치 않으시는 주님의 품 안에서 참된 평안과
안전을 누리게 하소서. 아멘.

2월 **19**일

구원의 하나님으로 인한 기쁨

하박국 3:17-18

"비록 무화과나무가 무성하지 못하며 … 나는 여호와로 말미암아 즐거워하며 나의 구원의 하나님으로 말미암아 기뻐하리로다"

하박국서는 "어찌하여 악이 번성합니까?"라는 선지자의 탄식으로 문을 엽니다. 이 질문은 오늘을 사는 우리에게도 깊게 다가옵니다. 그러나 하나님은 하박국에게 즉각적인 상황의 변화를 주기보다, 더 깊은 신뢰의 자리로 초대하십니다. "의인은 그의 믿음으로 살리라"합 2:4. 믿음은 현실이 밝아졌기 때문에 가능한 감정이 아니라, 변치 않는 하나님을 바라볼 때 가능한 신앙의 고백입니다. 개혁주의 신학이 말하는 '오직 믿음'은 바로 이런 하나님 중심의 신뢰에서 흘러나옵니다. 하박국의 마지막 노래는 놀라운 역설로 가득합니다. 무화과의 열매도 없고, 포도나무가 비어 있으며, 밭은 황폐하고, 외양간의 소마저 사라진 절망의 풍경 속에서도 그는 여호와로 인해 기뻐한다고 노래합니다. 스펄전C. H. Spurgeon의 말처럼, "믿음은 태양 아래보다 깊은 밤중에 더 빛난다." 풍요가 가져오는 기쁨이 아니라, 하나님 자신이 기쁨의 근원이 되실 때, 믿음은 현실을 넘어 영혼의 깊은 곳에서 흔들리지 않는 노래를 부릅니다. 역사 속에서도 이 믿음은 살아 있었습니다. 나치 감옥에 갇힌 본회퍼는 "세상은 모든 것을 빼앗을 수 있으나 하나님을 빼앗을 수 없다"고 고백했습니다. 결핍 속에서도 더욱 빛나는 이 고백은 하박국의 노래와 같은 선을 따라 흐릅니다. 상황은 메말라 있을지라도, 구원의 하나님이 계시기에 우리는 여전히 노래할 수 있습니다. 우리의 기쁨은 환경이 아니라 하나님으로부터 시작됩니다. 하박국은 절망의 땅에서 새로운 시각을 얻었습니다. 환경이 아니라 하나님이 기쁨의 이유가 되는 삶, 이것이 참된 신앙의 자리입니다. 오늘 우리의 삶이 황폐해 보일지라도, 구원의 하나님을 바라보는 그 순간, 영혼의 어둠 속에서도 기쁨의 불빛이 피어오릅니다.

주님, 변하는 환경이 아니라 변치 않는 하나님으로 인해 기뻐하는 믿음을 제게 주소서. 결핍 속에서도 주님을 바라보는 눈을 주시고, 구원의 하나님으로 인해 오늘도 노래하게 하소서. 아멘.

2월 **20**일

그가 너로 말미암아 기뻐하시리라

스바냐 3:17

"너의 하나님 여호와가 너의 가운데에 계시니 그는 구원을 베푸실 전능자이시라 그가 너로 말미암아 기쁨을 이기지 못하시며 너를 잠잠히 사랑하시며 너로 말미암아 즐거이 부르며 기뻐하시리라"

스바냐서는 강렬한 심판의 선포로 시작합니다. 교만과 불의, 우상숭배는 반드시 무너지고 여호와의 날은 하나님을 떠난 자들에게 두려움이 될 것이라고 말합니다. 그러나 심판의 메시지에서 멈추지 않고, 마지막 장에 이르면 놀라운 반전이 펼쳐집니다. 하나님이 우리 가운데 계시며, 전능으로 구원을 이루시고, 우리로 인해 기뻐하신다는 은혜의 선언입니다. 이는 멀리서 무심하게 바라보는 하나님이 아니라, 함께 울고 함께 기뻐하시며 우리를 품으시는 하나님의 모습입니다. 마치 아버지가 어린 자녀를 안고 흔들어 주며 노래하듯, 하나님은 "너로 말미암아 즐거이 부르며 기뻐하신다"고 하십니다. 이 표현은 단순한 은유가 아니라, 언약 백성을 향한 **하나님의 사랑의 정동**情動을 드러냅니다. 개혁주의 신학이 강조하듯, 하나님의 사랑은 감정적 변덕이 아니라 언약적 신실함에서 흐르는 변치 않는 사랑입니다. 하나님이 우리 가운데 계신다는 사실은 흔들리는 세상 한복판에서 우리의 가장 큰 안전판이 됩니다. 파스칼은 "인간의 위대함은 하나님과의 관계 안에서만 드러난다"고 했습니다. 그리고 아우구스티누스는 "우리 마음은 주님 안에서 안식하기 전까지 쉼이 없다"고 고백했습니다. 스바냐의 약속은 이 신앙의 진리를 다시금 우리 영혼 깊이 새기게 합니다. 심판을 넘어 회복을 약속하시는 하나님, 그분의 임재는 두려움 대신 평안, 절망 대신 소망을 심습니다. 세상은 여전히 흔들리지만, 우리 안에 계시는 하나님은 변하지 않으시며 그분의 기뻐하시는 노래는 우리의 영혼을 붙드는 은혜의 힘이 됩니다. 오늘도 하나님께서는 우리를 하나님 사랑의 품 안에서 살아가도록 부르십니다.

주님, 제 가운데 계시는 당신의 임재를 잊지 않게 하시고, 당신이 저로 인해 기뻐하신다는 이 신비한 은혜 안에서 머물게 하소서. 당신의 노래가 제 영혼의 힘이 되게 하소서. 아멘.

2월 **21**일

하나님의 집을 먼저 세우라

학개 1:8

"너희는 산에 올라가서 나무를 가져다가 성전을 건축하라 그리하면 내가 그것으로 말미암아 기뻐하고 또 영광을 얻으리라 여호와가 말하였느니라"

포로에서 돌아온 백성은 무너진 성전 앞에서도 자신의 집을 먼저 세우는 일에 몰두했습니다. 하루하루의 생계를 이유로, 현실의 무게를 핑계로, 하나님의 집은 황폐한 채 방치되어 있었습니다. 하나님은 그들의 마음 깊은 곳을 찌르며 말씀하십니다. "이 때가 과연 나의 집을 방치할 때냐?"학 1:4. 이는 단순한 건축 공사의 문제가 아니라 삶의 중심에 누구를 모실 것인가를 묻는 질문이었습니다. 성전 건축은 하나님께 예배드릴 공간을 만드는 일을 넘어, 하나님의 영광을 삶의 우선순위에 두겠다는 신앙 고백이었습니다. 산에 올라가 나무를 가져오는 수고는, 하나님을 위해 땀 흘리겠다는 헌신의 몸짓이었고, 하나님을 기쁘시게 하려는 사랑의 행위였습니다. 한 옛말처럼 "사람의 집은 그 사람을 말하고, 하나님의 집은 우리의 마음을 말한다"는 지혜가 있습니다. 마음의 성전이 무너져 있다면, 아무리 삶의 외형이 화려해도 영혼은 공허할 뿐입니다. 오늘 우리는 바쁜 일정과 무거운 현실 속에서도 내면의 성전을 다시 세우라는 부르심 앞에 서 있습니다. 첫사랑이 무너진 자리, 기도가 식어버린 자리, 말씀의 자리가 빈틈으로 남아 있는 곳들을 다시 일으켜 세우라는 하나님의 초대입니다. 개혁주의 신앙이 강조하는 '하나님 중심성'은 바로 이 우선순위의 회복에서 시작됩니다. 주님의 집을 먼저 세울 때, 하나님은 그 안에서 기뻐하시며 영광을 받으십니다. 그리고 그 영광은 다시 우리의 영혼을 살리고, 가정과 교회를 새롭게 세우는 은혜로 흘러갑니다. 참된 만족은 내가 쌓아올린 집이 아니라, 주님의 집이 내 삶 안에 세워질 때 주어집니다. 하나님이 기뻐하시는 그 자리에서 우리의 심령도 다시 살아납니다.

주님, 제 삶의 우선순위를 새롭게 하소서. 바쁜 현실 속에서도 주님의 집을 먼저 세우는 믿음의 사람이 되게 하시고, 무너진 내면의 성전을 다시 일으켜 주님의 기쁨이 되는 삶을 살게 하소서. 아멘.

2월 **22**일

오직 하나님의 영으로 되느니라

스가랴 4:6

"이는 힘으로 되지 아니하며 능력으로 되지 아니하며 오직 나의 영으로 되느니라"

무너진 성전 앞에서 손을 내린 백성에게 하나님은 다시 방향을 바로잡아 주십니다. 사명은 엄중하고 현실은 척박하지만, 하나님은 분명히 말씀하십니다. "그 일을 완성하는 이는 너희가 아니라 나의 영이다." 이 선언은 성경의 모든 구원 이야기 속에서 반복된 진리입니다. 홍해 앞에서 이스라엘은 길을 만든 것이 아니라 길을 주신 하나님을 본 것이었고, 어린 다윗은 돌멩이의 힘이 아니라 여호와의 영으로 승리를 경험했습니다. 십자가의 어둠 속에서도 부활의 새벽을 여신 분은 인간의 의지나 열정이 아니라 삼위 하나님이셨습니다. 금등대의 불이 꺼지지 않은 이유는 기름이 끊임없이 부어졌기 때문입니다. 우리의 영혼도 그렇습니다. 성령의 기름이 공급되지 않으면 신앙은 금세 무너지고, 사명은 짐이 되며, 마음의 등불은 이내 꺼져 버립니다. 그러나 성령의 임재가 스며들면 닫힌 문은 다시 길로 바뀌고, 무거운 손은 다시 힘을 얻으며, 무너진 심령은 일어나 찬송합니다. 개혁주의 신학은 이 사실을 '성령의 주권적 사역'이라 부릅니다. 구원도, 성화도, 사명도 결국 성령께서 이루시는 은혜의 역사입니다. 그러므로 우리는 우리의 열심을 내려놓는 것이 무력함이 아니라, 성령의 능력을 위한 자리 비움임을 배워야 합니다. 오늘 우리의 계획이 흔들리고 마음의 힘이 빠질 때, 잠언은 다시 속삭입니다. "사람의 마음에는 많은 계획이 있어도 오직 여호와의 뜻만이 완전히 서리라." 인간의 능력은 모래성과 같지만, 성령이 불어오면 불가능은 약속으로 바뀌고, 다시 걸을 힘이 생기며, 꺼져가던 마음이 빛으로 일어섭니다. 결국 하나님의 일은 하나님의 영으로만 완성됩니다.

주님, 제 힘과 능력을 내려놓고 성령의 공급에 제 삶을 맡깁니다. 제 안에 꺼지지 않는 등불을 밝히시고, 맡기신 사명을 끝까지 이루게 하소서. 오직 주의 영으로, 오늘도 새 길을 열어 주소서.

2월 23일

돌아오라고 부르시며 기다리시는 하나님

말라기 3:7

"내게로 돌아오라 그리하면 나도 너희에게로 돌아가리라"

말라기는 하나님 백성이 신앙의 불꽃을 잃고 형식만 남은 시대에 주어진, 마지막 부르심입니다. 그들은 여전히 성전을 오가고 제사를 드렸지만, 그 마음의 중심은 이미 하나님에게서 멀어졌습니다. 언약의 감격은 희미해지고, 신앙은 습관과 관성 속에 갇혀 있었습니다. 그러나 하나님은 그들의 메마른 의식을 책망하시기보다 먼저 다정하게 초대하십니다. "돌아오라." 떠난 쪽은 사람이었지만, 돌아오라는 부르심은 언제나 하나님이 먼저 주십니다. 이것이 은혜입니다. 돌아온다는 것은 단순히 종교적 행위를 다시 반복하는 것이 아니라, 마음의 방향을 하나님께로 돌리는 회심回心입니다. 개혁주의 신학이 말하는 '회개'란 죄에서 떠나 하나님께로 방향을 틀어 돌아오는 삶 전체의 전환입니다. 어느 영성가는 "하나님께 가는 길은 먼 여정이 아니라 단 한 걸음의 돌이킴"이라고 말했습니다. 우리의 신앙도 때로는 익숙함 속에서 굳어지고, 사역조차 무감각해질 때가 있습니다. 그러나 하나님은 멀리 계시지 않습니다. 오히려 속삭이듯 말씀하십니다. "네가 나를 떠났을지라도 나는 너를 버리지 않았다." 하나님의 부르심은 곧 약속이기도 합니다. 우리가 한 걸음만 돌이키면, 하나님은 백 걸음이라도 뛰어오셔서 우리를 안으십니다. 탕자의 비유에서 아버지가 달려가 아들을 품었듯이, 하나님은 멀찍이 서서 판단하시는 분이 아니라, 돌아오는 자를 보기만 하면 달려오시는 분이십니다. 신앙의 회복은 거창한 결단이 아니라 오늘 하루의 작은 순종, 마음 한 조각을 다시 주께 드리는 데서 시작됩니다. 우리가 돌이키는 그 순간, 하나님은 이미 우리의 곁에 오셔서 은혜의 문을 여십니다.

주님, 제 마음이 형식에 묶이지 않게 하시고, 오늘 다시 주님께로 돌이키게 하소서. 떠난 걸음을 멈추고 돌아서는 순간, 이미 제 곁에 서 계신 하나님을 보게 하소서.

2월 **24**일

회복을 위한 시련과 연단

예레미야 24:5-7

"이스라엘의 하나님 여호와께서 이와 같이 말씀하시니라 … 나는 그들의 하나님이 되리라"

에스라 1:2-3

"바사 왕 고레스는 말하노니 … 그는 예루살렘에 계신 하나님이시라"

바벨론 유수는 단순한 징벌이 아니었습니다. 유다 포로들을 "좋은 무화과"라 부르신 것은, 하나님이 그들을 버리지 않으시겠다는 선언이었습니다. 그래서 낯선 땅에서의 고통은 절망이 아니라, 하나님께서 새로운 마음을 빚으시고 "전심으로 내게 돌아오게 하겠다"고 약속하신 은혜의 과정이었습니다. 역사적으로는 바사 왕 고레스의 칙령으로 회복이 시작되었습니다. 그는 "하늘의 하나님 여호와께서 나에게 명령하사 예루살렘에 성전을 건축하라 하셨다"스 1:2고 선포하며 백성들을 귀환하게 했습니다. 그러나 진정한 회복은 성전 건물의 재건이 아니라 무너졌던 예배자의 마음을 다시 일으키는 일이었습니다. "내 집은 황폐하였으나 너희는 각각 자기 집에만 힘을 쏟았느니라"는 학개 선지자의 외침은 오늘 우리에게도 깊은 경종을 울립니다. 에스라와 느헤미야가 백성을 말씀과 공동체로 다시 세운 것처럼, 우리 역시 먼저 무너진 내면의 성전을 닦아야 합니다. 연단은 우리를 하나님 앞에 홀로 서게 만드는 은혜의 도구이며, 그 끝에는 "내 이름을 경외하는 너희에게 의의 태양이 떠올라 그 날개 아래 치유함이 있으리라"는 말라기 말씀이 있습니다. 그분의 손길을 신뢰할 때, 연단은 두려움이 아니라 은혜로 바뀝니다.

주님, 고난 속에서도 우리를 다듬으시는 당신의 손길을 믿습니다.
유배와 같은 시기를 지나며 더욱 온전한 예배자로 서게 하시고, 의의 태양 아래서 새 힘과 소망을 얻게 하소서. 아멘.

2월 **25**일

신약성경과 교회

시편 19:7-9

"여호와의 율법은 완전하여 영혼을 소성시키며 여호와의 증거는 확실하여 우둔한 자를 지혜롭게 하며"

신약성경은 단순한 역사 기록이 아니라, 예수 그리스도의 삶과 죽음, 부활과 복음의 성취를 증언하는 거룩한 말씀입니다. 27권의 기록은 예수님의 승천 후 불과 수십 년 안에, 그분을 보았던 사도들과 그 직계 제자들의 증언 속에서 탄생했습니다. AD. 397년 교회가 신약 27권을 정경으로 확정한 사건은 성경에 권위를 "부여한" 일이 아니라, 이미 하나님의 말씀으로 인정받아 온 것을 성령의 인도하심 아래 확인한 과정이었습니다. 초대교회는 구약 39권을 이미 하나님의 말씀으로 받아들였고, 예수님과 사도들도 그 말씀을 절대적 권위를 지닌 하나님의 음성으로 인용하셨습니다. 그러나 복음이 확장되고 사도들이 세상을 떠나면서, 교회는 더 이상 육성으로 들을 수 없는 가르침을 기록으로 남겨야 했습니다. 이리하여 신약성경은 단순한 문서가 아니라, 하나님께서 교회에 주신 가장 크고 신실한 선물로 탄생했습니다. 사도들의 가르침과 서신은 회람되며 교회를 세우고, 시대가 바뀌어도 변치 않는 진리의 빛을 비추었습니다. 고대 철학자는 "잉크로 기록된 말은 죽지 않는다"고 했지만, 성경은 잉크로 남은 글 이상입니다. 성경은 성령의 감동으로 기록된 하나님의 살아 있는 음성입니다. 그러므로 오늘 우리가 신약성경을 읽는 것은 과거의 글을 되풀이하는 일이 아니라, 오늘의 우리에게 말씀하시는 하나님을 듣는 일입니다. 말씀은 어둠 속에서 길을 밝히고시 119:105, 우리의 영혼을 깨우며 삶을 새롭게 빚어냅니다. 수많은 신앙의 선배들은 이 말씀 위에 집을 짓고, 고난 속에서도 흔들리지 않는 위로와 소망을 얻었습니다. 그러므로 신약성경은 우리가 손에 쥔 한 권의 책이 아니라 교회의 생명이며, 하나님께서 인류에게 주신 영원한 선물입니다. 우리가 날마다 이 말씀을 묵상할 때 성령께서는 그 말씀을 마음 깊은 곳에 심으시고, 고난의 파도 속에서도 흔들리지 않는 믿음으로 우리를 세우십니다.

주님, 신약성경을 통해 복음의 진리를 우리에게 주신 은혜를 감사합니다.
이 말씀이 오늘 우리의 영혼을 깨우는 살아 있는 음성이 되게 하시고,
날마다 그 말씀에 뿌리내려 흔들림 없는 믿음으로 살게 하소서. 아멘.

2월 **26**일

왕으로 오신 예수님

마태복음 18:12

"너희 생각에는 어떠하냐 만일 어떤 사람이 양 백 마리가 있는데 그 중의 하나가 길을 잃었으면 그 아흔아홉 마리를 산에 두고 가서 길 잃은 양을 찾지 않겠느냐"

마태복음이 증언하는 예수님의 왕권은 세상의 왕좌와 전혀 다른 빛을 지닙니다. 성경이 보여주는 왕 예수는 금관이 아니라 가시관을 쓰신 분이며, 권력으로 백성을 억누르는 대신 상한 갈대를 꺾지 않으시고 꺼져가는 심지를 끄지 않으시는 자비의 왕[마 12:20]이십니다. 그분의 통치는 높아지는 데서가 아니라 끝까지 낮아지는 데서 드러났습니다. 예수께서 친히 밝히신 오심의 목적은 "잃어버린 자를 찾아 구원하는 것"[눅 19:10]이었습니다. 역사는 스스로를 높이기 위해 백성을 희생한 왕들의 이야기로 가득하지만, 고대의 격언이 말하는 "참된 왕은 백성을 위해 자신의 생명을 바친다"는 진리를 온전히 성취하신 분은 오직 예수 그리스도뿐입니다. 그분은 길 잃은 양 한 마리를 찾으시는 목자처럼[마 18:12-14], 우리 한 사람 한 사람을 목숨처럼 여기시며 십자가의 가장 깊은 골짜기까지 내려가셨습니다. 개혁주의 신학이 강조하듯, 구원은 인간의 노력에서 비롯된 것이 아니라 오직 그리스도의 대속적 사랑에서 솟아난 완전한 은혜의 선물입니다. 예수님의 섬김은 단순한 봉사의 모범이 아니라 생명을 내어주는 희생의 사랑이었고, 바로 그 낮아짐 안에서 왕의 참된 영광이 드러났습니다. 한때 잃어버린 자였던 우리 모두는 이제 그분의 사랑을 받은 자로서, 다시 세상 곳곳에서 방황하는 영혼들에게 다가가라는 부르심을 받습니다. 왕이신 그리스도의 통치는 권력이 아니라 사랑이며, 그분을 따르는 우리의 길도 낮아짐과 섬김을 통해 가장 선명해집니다. 잃어버린 자를 찾아가는 삶, 그것이 왕을 따르는 백성의 길입니다.

주님, 잃어버린 자를 끝까지 찾아 품으신 왕의 사랑을 본받아, 제 삶이 구원의 통로가 되게 하소서. 낮아짐 속에서 당신의 영광을 드러내게 하소서.

2월 **27**일

섬기는 종의 모습으로 오신 예수님

마가복음 10:45

"인자가 온 것은 섬김을 받으려 함이 아니라 도리어 섬기려 하고 자기 목숨을 많은 사람의 대속물로 주려 함이니라"

마가복음은 숨 가쁘게 이어지는 장면들 속에서도 예수께서 걷고 계신 단 하나의 길을 선명하게 비춥니다. 그 길은 세상의 왕좌가 아니라 종의 자리였습니다. 예수님의 섬김은 단순한 친절이나 모범이 아니라, 죄의 사슬에 묶인 우리를 자유롭게 하시기 위한 대속적 섬김이었습니다. **"대속물"**λύτρον이라는 단어가 보여주듯, 그분의 섬김은 값을 치르는 희생, 곧 우리 대신 생명을 내어주는 속죄의 사랑이었습니다. 개혁주의 신학이 말하듯, 그리스도의 죽음은 단지 감동적 희생이 아니라 하나님의 공의를 만족시키는 완전한 속죄였습니다. 세상은 힘과 인정, 자리를 높이는 영광을 좇지만, 하나님 나라의 길은 자기 비움과 낮아짐에서 시작됩니다. 예수께서 "낮아지는 자가 높아진다"눅 14:11고 하신 말씀은 단순한 윤리적 교훈이 아니라, 하나님 나라의 질서가 세상과 정반대임을 알리는 선언입니다. 한 철학자가 "남을 위해 자신을 잃을 때 오히려 자신을 발견한다"고 했던 말은 십자가의 비밀과 닮아 있습니다. 예수님은 자신을 비우심으로 오히려 가장 충만한 영광을 드러내셨습니다. 제자는 스승의 발자취를 따르는 사람입니다. 그러므로 우리의 일상, 사역, 관계, 사랑하는 모든 영역은 섬김의 정신으로 채워져야 합니다. 눈에 보이지 않는 희생이 공동체를 살리고, 묵묵한 헌신이 가정을 세우며, 들리지 않는 기도가 교회를 붙듭니다. 밤새 아이를 돌보는 어머니의 손길처럼, 섬김은 세상에서 가장 조용하지만 가장 강한 힘입니다. 주님께서 종의 모습으로 오셨듯, 우리도 날마다 나를 비우고 이웃을 세우는 길을 선택해야 합니다. 그 길에서 십자가의 사랑은 가장 깊고 아름답게 빛납니다.

주님, 제 삶을 섬김의 통로로 사용하시고, 저를 통해 십자가의 사랑이 드러나게 하소서. 낮아짐으로 당신의 영광을 증언하는 참된 제자의 길을 걷게 하소서.

2월 **28**일

우리를 찾아오신 인자이신 그리스도

누가복음 19:10

"인자가 온 것은 잃어버린 자를 찾아 구원하려 함이니라"

누가복음은 예수님의 마음을 가장 따뜻하게 드러내는 복음서입니다. 예수님의 발걸음은 언제나 중심에서 밀려난 이들을 향했습니다. 경건한 자들만이 아니라, 세리와 죄인, 병든 자와 버려진 자들이 그분의 친구가 되었습니다. 예수님은 단지 그들을 불쌍히 여기신 것이 아니라, 하나님 아버지의 품으로 다시 데려오시기 위해 가까이 다가가셨습니다. 개혁주의 신학이 말하는 '구원의 은혜'는 단지 죄 사함이라는 선언에서 멈추지 않고, 깨어진 관계를 회복시키며, 잃어버린 자를 하나님의 잔치로 이끄는 포괄적 회복의 은혜입니다. 고대의 지혜는 "참된 왕은 백성을 위해 생명을 바친다"고 말했지만, 역사 속 왕들은 백성을 희생하여 스스로를 높이곤 했습니다. 그러나 예수님은 정반대의 길을 걸으셨습니다. 상한 갈대를 꺾지 않으시고 꺼져가는 심지를 끄지 않으시는[마 12:20] 참된 왕, 잃어버린 자를 품기 위해 낮아지신 왕이십니다. 삭개오를 찾으신 주님은 세상 사람들에게 보잘것없어 보이던 그의 집을 구원의 자리, 영광의 자리로 바꾸셨습니다. 복음은 스스로 하나님께 올 수 없는 사람들에게 먼저 다가가 이름을 부르며, 상처 난 마음 속에 새 생명을 심습니다. 잃어버린 양 한 마리를 찾기 위해 광야 끝까지 가시는 목자처럼[눅 15:4-7], 구원은 기다림보다 찾아감에서 시작됩니다. 그러므로 교회와 성도는 세상 속으로 들어가야 합니다. 주님이 잃은 자들을 환대하셨듯, 우리의 일상 또한 잃어버린 영혼을 품는 자리여야 합니다. 한 영혼이 천하보다 귀하다는 말씀[마 16:26]은 오늘도 우리의 걸음을 비추는 등불입니다. 오늘, 우리의 발걸음이 주님의 발걸음을 닮아가며, 잃어버린 이들을 향해 깊은 사랑으로 다가가기 원합니다.

주님, 잃어버린 영혼을 향한 당신의 시선과 발걸음을 제 삶에 심어 주소서.
오늘도 한 영혼을 향해 다가가 그리스도의 사랑을 전하는 사람으로 살게 하소서.

2월 **29**일

살아있는 헌신으로 드리는 예배

레위기 1:3-4

"그 예물이 소의 번제이면 흠 없는 수컷으로 회막 문에서 여호와 앞에 기쁘게 받으시도록 드릴지니라 그는 번제물의 머리에 안수할지니 그를 위하여 기쁘게 받으심이 되어 그를 위하여 속죄가 될 것이라"

예루살렘 성벽 앞에 서서 기도하는 이들의 모습에는 단순한 전통을 넘어 하나님께 가까이 나아가고자 하는 영혼의 떨림이 스며 있습니다. 이마와 손에 말씀을 묶는 행위도 신명기 6장에 따른 단순한 의식이 아니라, "하나님의 말씀이 삶의 중심에 있어야 한다"는 절박한 신앙의 고백이었습니다. 그러나 거룩하신 하나님 앞에 다가가는 길은 언제나 인간의 열심이 아니라, 하나님께서 여신 방식 — 희생을 통한 속죄 — 를 통해서만 가능합니다. 레위기의 번제는 온전한 헌신의 상징이었습니다. 흠 없는 수컷을 드린다는 것은 단순히 좋은 제물을 선택하는 것이 아니라, 하나님께 가장 귀한 것을 드리겠다는 삶의 고백이었습니다. 제물 위에 손을 얹는 안수는 죄를 제물에게 전가하는 행위였고, 그 희생을 통해 하나님과의 화목이 이루어졌습니다. 아벨의 제사는 받으셨어도 가인의 제사를 받지 않은 이유는 제물의 종류가 아니라 하나님께서 정하신 방식에 순종하였는가의 문제였습니다. "예배는 인간이 꾸민 공연이 아니라, 하나님께서 받으시는 순종의 응답"이라는 말이 진실입니다. 오늘 우리의 예배도 이 진리에서 벗어나지 않습니다. 예배는 우리가 만든 형식에 의해 완성되는 것이 아니라, 예수 그리스도의 십자가에서 이미 완전해진 희생 안에서 참됨을 얻습니다. "세상 죄를 지고 가는 하나님의 어린 양"요 1:29이신 그리스도의 피가 우리를 하나님께 나아가게 하는 유일한 문입니다. 그러므로 예배는 건물 안의 한 시간이 아니라, 십자가 앞에서 마음을 번제로 올리는 삶 전체입니다. 우리의 일상이 제단이 되고, 평범한 하루가 향기가 될 때, 비로소 우리는 하나님이 기뻐하시는 산 제사를 살게 됩니다.

주님, 우리의 예배가 습관적 형식이 되지 않게 하시고, 어린 양의 희생 안에서 누리는 은혜를 깊이 맛보게 하소서. 오늘도 우리의 마음과 삶 전체가 산 제사로 드려지게 하시며, 매 순간을 예배로 살아가게 하소서. 아멘.

M a r c h

3월

삶을 비추는 말씀

3월 1일

말씀이 허락된 민족

시편 119:105

"주의 말씀은 내 발에 등이요 내 길에 빛이니이다"

우리가 오늘 한글로 성경을 펼쳐 읽는 일은 너무 자연스러워 보이지만, 그 뒤에는 하나님의 섭리와 수많은 이들의 헌신이 촘촘히 얽혀 있습니다. 조선 말기, 국경을 넘어 몰래 들어오던 성경은 이 땅의 어둠 속에 비추어진 첫 빛이었습니다. 1816년 영국 선교사들의 시도가 있었고, 1882년 존 로스 선교사는 평양 상인들과 함께 최초의 한글 신약을 번역했습니다. 완전하지 않았지만, 백성의 언어로 하나님의 말씀을 들려준 최초의 복음의 울림이었습니다. 나라가 쇠락하고 미래가 보이지 않던 시절, 그 말씀이 가난한 민중의 가슴에 희망의 씨를 뿌렸습니다 말씀은 교회를 세우고, 교회는 학교를 세워 민족의 영혼을 깨웠습니다. 글을 모르던 이들이 성경을 배우며 글을 익혔고, 글을 통해 세상을 보고, 세상을 넘어 하나님을 바라보았습니다. 신사참배의 폭압 속에서도 성경을 숨겨 읽던 성도들의 뜨거운 눈물, 전쟁의 폐허 속에서도 무너진 예배당에서 들리던 성경 낭독은, 이 민족의 가장 깊은 곳에서 하나님의 나라가 조용히 자라고 있음을 보여준 증거였습니다. 그러므로 우리가 오늘 편안히 성경을 펼칠 수 있다는 것은 결코 우연이 아닙니다. 선교사들의 땀, 성도들의 고난, 그리고 하나님께서 이 땅에 베푸신 신실한 은혜가 모여 이루어진 선물입니다. 변하지 않는 말씀은 시대의 격랑 속에서도 이 나라를 붙들어온 등불이었고, 지금도 여전히 우리 민족의 미래를 밝히는 빛입니다. 한 권의 성경은 단순한 종이의 묶음이 아니라, 하나님께서 한 민족의 운명 속에 심으신 하늘의 씨앗입니다.

주님, 말씀이 이 땅에 뿌리내리기까지 흘려진 눈물과 헌신을 기억하게 하소서.
우리가 성경을 값없이 누리되 결코 가볍게 여기지 않게 하시고, 날마다 그 말씀 속에서 이 민족과 교회의 소망을 보게 하소서. 아멘.

3월 **2**일

길이요 진리요 생명이신 그리스도

요한복음 14:6

"예수께서 이르시되 내가 곧 길이요 진리요 생명이니, 나로 말미암지 않고는 아버지께로 올 자가 없느니라"

예수님의 이 선언은 단순한 교리적 문장이 아니라, 그분의 존재 전체가 드러나는 위대한 자기 계시입니다. 인류의 철학자들은 길을 말했고, 종교 지도자들은 진리를 해석했으며, 성인들은 삶의 원리를 제시했습니다. 그러나 예수님은 단지 길을 보여주시거나 진리를 설명하시거나 생명을 가르치시는 분이 아니라, 그 자체로 길이시고, 진리이시며, 생명이십니다. 길이란 방황하는 자의 발걸음을 바로잡고, 진리는 혼돈 속에서 질서를 세우며, 생명은 죽음의 장벽을 넘어 영원을 열어 줍니다. 역사 속 왕들이 백성을 위해 죽는다고 말했지만, 실제로는 백성을 희생시킨 경우가 많았습니다. 그러나 예수님은 전혀 다른 방식으로 왕이 되셨습니다. 스스로를 내어주심으로 우리에게 하나님께 가는 길을 여셨고, 십자가에서 하나님의 진리를 이루셨으며, 부활로 생명을 주셨습니다. 이것이 개혁주의 신학이 말하는 대속적 은혜요, 오직 그리스도를 통한 구원의 배타적이면서도 은혜로운 선언입니다. 예수님 안에서 신앙은 추상적 개념이 아니라 인격적 만남이 됩니다. 신앙의 본질은 우리가 무엇을 아는가가 아니라, 누구를 아는가에 달려 있습니다. 길이신 그분 안에서 우리의 방황은 멈추고, 진리이신 그분 안에서 혼란은 소멸되며, 생명이신 그분 안에서 죽음은 패배합니다. 그러므로 오늘 우리는 지식을 넘어, 그분을 바라보고, 그분 안에 거하고, 그분을 따르는 삶으로 나아가야 합니다. 참된 길은 그분의 발걸음 속에 있고, 참된 진리는 그분의 음성 속에서 빛나며, 참된 생명은 그분의 품 안에서만 흐릅니다.

주님, 길이요 진리요 생명이신 그리스도 안에 오늘도 온전히 거하게 하시고,
그분을 바라보며 흔들림 없이 걸어가게 하소서.

3월 **3**일

교회의 기초가 된 말씀

에베소서 2:20

"너희는 사도들과 선지자들의 터 위에 세우심을 입었고, 그리스도 예수께서 친히 모퉁잇돌이 되셨느니라"

하나님의 계시는 시간이 흐르며 점진적으로 드러났습니다. 율법과 성막, 그리고 선지자들의 음성은 앞으로 오실 분을 가리키는 등불이었습니다. 그러다가 "때가 찼을 때"[갈 4:4], 하나님께서는 예수 그리스도 안에서 최종적이고 완전한 계시를 주셨습니다. 그분은 하나님을 눈에 보이게 하신 살아 있는 말씀이며, 인류 구원의 정점입니다. 사도들은 이 계시를 증언한 단회적 직분의 사람들이었습니다. 그들이 성령의 감동 아래 남긴 말씀이 오늘 우리가 붙드는 성경이며, 교회는 이 터 위에만 바로 세워질 수 있습니다. 시대의 철학과 유행은 흔들리지만, 사도와 선지자의 터 위에 놓인 교회는 결코 무너지지 않습니다. 우리가 믿는 교회의 기초가 사람의 생각이 아니라 하나님의 계시라는 사실이 우리에게 큰 평안을 줍니다. 역사 속에서 하나님은 자신의 말씀을 신실히 보존하셨습니다. 4세기 필사본인 코덱스 시나이티쿠스는 성경 본문이 놀라운 정확성으로 이어져 왔음을 증언합니다. 한 시대가 가고 제국이 사라져도 말씀은 변함없이 오늘 우리의 손에 들려 있습니다. "풀은 마르고 꽃은 시드나 우리 하나님의 말씀은 영원히 서리라"[사 40:8] 하신 약속 그대로입니다. 토머스 왓슨은 "성경은 하나님이 사람들에게 내리신 사랑의 편지"라고 했습니다. 세상의 많은 목소리와 사상은 바람처럼 흩어지지만, 하나님의 말씀은 우리의 영혼을 붙들어주는 영원한 반석입니다. 그러므로 오늘도 우리는 변하는 세상의 소리가 아니라, 변치 않는 말씀 앞에 서야 합니다. 그 말씀을 붙드는 순간, 성령께서 우리의 눈을 열어 길을 비추어 주십니다.

주님, 영원히 흔들리지 않는 말씀 위에 우리의 삶과 교회를 세우게 하소서.
세상 소리에 요동하지 않고, 그리스도라는 모퉁잇돌 위에서 진리와 생명을 누리며 살게 하소서. 아멘.

3월 **4**일

성령의 임재로 복음의 증인된 삶

사도행전 1:8

"오직 성령이 너희에게 임하시면 너희가 권능을 받고 … 내 증인이 되리라"

사도행전은 부활하신 주님의 약속으로 문을 엽니다. 제자들은 여전히 두려움 속에서 숨죽여 있었지만, 성령께서 임하시는 순간 그들의 삶은 전혀 다른 궤적을 그리기 시작했습니다. 성경이 말하는 '권능'은 인간의 열정이나 지혜의 강화가 아니라, 성령께서 주시는 하늘의 능력, 곧 하나님이 친히 역사하시는 통로로 세워지는 은혜입니다. 옛 교부들이 "성령의 불길은 연약한 심령을 용기로 바꾼다"고 고백한 것처럼, 오순절의 바람은 닫힌 문을 열고 주저앉은 발걸음을 다시 일으켜 세웠습니다. 증인이 된다는 것은 단순히 복음을 말로 전하는 사역을 뜻하지 않습니다. 개혁주의 신학이 강조하듯, 증인의 삶은 성령의 내주와 충만이 만들어내는 인격 전체의 변화, 곧 존재 자체가 복음의 증거가 되는 삶입니다. 초대교회는 화려한 제도나 안전한 환경 위에 세워지지 않았습니다. 오직 이 약속을 믿고 기다린 자들에게 임하신 성령의 능력, 그리고 그 능력을 따라 순종한 삶 위에 세워졌습니다. 강한 바람은 촛불을 꺼뜨릴 수 있지만, 등불의 불길은 더욱 밝아지게 합니다. 박해와 결핍, 불확실한 현실조차 성령의 바람 앞에서는 복음의 빛을 더 선명하게 드러내는 도구가 됩니다. 그러므로 오늘 우리의 기도는 더 좋은 조건이나 환경을 구하는 것이 아니라, 더 깊은 성령의 임재를 구하는 것이어야 합니다. 성령께서 임하시면 연약함은 담대함으로, 작고 평범한 일상은 복음의 제단으로 변합니다. 주님께서는 성령을 통해 우리를 그분의 증인으로 세우십니다. 이것이 사도행전이 오늘 우리에게 여는 삶의 부르심입니다.

주님, 성령의 권능으로 제 삶을 채우시어, 오늘도 말과 행동과 존재로 복음을 증언하는 증인이 되게 하소서.

3월 **5**일

하나님의 감동으로 기록된 성경

디모데후서 3:16

"모든 성경은 하나님의 감동으로 된 것으로 교훈과 책망과 바르게 함과 의로 교육하기에 유익하니"

고린도전서 2:13

"우리가 전하는 것은 사람의 지혜에서 나온 말이 아니라 성령께서 가르쳐 주신 말이니라"

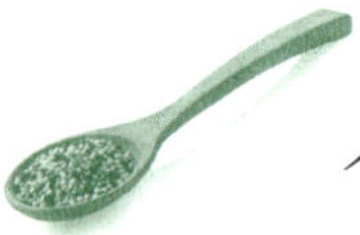

성경은 오래된 종이에 남겨진 흔적이 아니라 하나님의 숨결이 스며 있는 생명의 언어입니다. 인류는 수많은 책을 통해 시대의 지혜를 전해 왔지만, 성경은 인간의 사유를 넘어 하나님의 마음과 뜻이 직접 새겨진 계시입니다. 개혁주의 전통이 말하듯, 성경은 성령께서 영감을 주셔서 저자들의 지성과 경험, 개성과 문체를 존중하시면서도 오류 없이 기록하게 하신 결과물입니다. 그래서 시편에는 영혼의 울음과 노래가 담겨 있고, 예언서에는 하늘의 불꽃 같은 메시지가 흐르며, 복음서에는 역사와 신학이 한 줄기로 얽혀 있습니다. 서로 다른 색채 속에서도 한 분 하나님의 구원 이야기가 일관되게 흘러갑니다. 역사를 보면 성경은 억압과 박해 속에서 수없이 금지되었지만, 하나님의 말씀은 결코 묶이지 않았습니다. 사람들은 목숨을 걸고 성경을 지켰습니다. 왜냐하면, 그들은 성경은 인간의 말이 아니라, 영혼을 일으키는 하나님의 숨결이라는 것을 알았기 때문입니다. 세상이 말하는 책의 빛은 어둠을 비추는 등불에 지나지 않지만, 성경은 어둠을 걷어내고 새벽을 여는 태양입니다. 말씀이 우리 안에 스며들면 잠들어 있던 마음은 깨어나고, 혼란스러운 길 위에 빛이 비취며, 우리의 생각은 바로잡히고 영혼은 새로워집니다. 오늘 말씀을 펼치는 그 조용한 순간, 성령께서 우리 마음 깊은 곳을 두드리시며 우리를 진리와 생명의 길로 이끄십니다. 하나님은 오늘도 성경을 통해 우리를 깨우시고, 바로 세우시고, 그리스도를 닮아가도록 조용히 빚어 가십니다.

주님, 당신의 숨결이 담긴 말씀을 날마다 제 마음 깊은 곳에 새기게 하시고,
그 말씀 안에서 제 영혼이 다시 살아나게 하소서. 아멘.

3월 6일

부끄럽지 않은 복음

로마서 1:16

"내가 복음을 부끄러워하지 아니하노니, 이 복음은 모든 믿는 자에게 구원을 주시는 하나님의 능력이 됨이라"

복음은 단순한 교리나 종교적 표어가 아니라, 인간의 심연을 뒤흔들고 세상의 방향을 새롭게 바꾸는 하나님의 능력입니다. 바울이 "부끄러워하지 않는다"고 고백한 것은 단순한 담대함이 아니라, 그 복음이 자신의 존재를 뿌리째 새롭게 만든 진리라는 깊은 확신의 선언입니다. 당시 로마 제국은 권세와 철학, 부와 군사력을 자랑했지만, 바울은 그 모든 것보다 복음이 더 강한 능력임을 보았습니다. 인간의 눈에는 미련해 보이는 십자가가, 하나님의 지혜와 권능이라는 사실을 깨달았기 때문입니다[고전 1:18]. 복음은 인간의 무력함을 폭로하는 동시에, 십자가에서 드러난 하나님의 의와 부활의 생명을 선물합니다. 개혁주의 신학이 말하듯, 복음은 인간 안의 가능성을 일깨우는 메시지가 아니라, 인간이 결코 스스로 세울 수 없는 하나님의 의를 믿음으로 받게 하시는 은혜의 소식입니다. 이 능력은 특정 민족이나 계층의 것이 아니라, "모든 믿는 자에게" 동일하게 임하는 하나님의 보편적 은혜입니다. 그래서 복음은 언제나 낮은 곳으로 흐르며, 상한 갈대를 꺾지 않고 꺼져가는 심지를 끄지 않으시는 그리스도의 손길처럼, 절망 속에 있는 자들에게 새 생명을 불어넣습니다. 역사는 이 복음을 붙든 사람들에 의해 바뀌어 왔습니다. 황제의 권세 앞에서도, 검투장의 피비린내 속에서도, 믿음의 사람들은 복음이야말로 칼보다 강하고 금보다 귀한 능력임을 증언했습니다. 참된 왕은 백성을 위해 목숨을 바친다는 고대의 지혜는 오직 예수 그리스도 안에서 완전히 성취되었습니다. 그분은 자신의 생명을 내어주심으로 모든 믿는 자에게 구원의 문을 여셨습니다. 그러므로 오늘 우리는 복음을 부끄러워하지 않고, 세상의 조롱 앞에서도 이 진리를 붙들며 살아야 합니다. 복음은 사상이나 철학이 아니라 생명이며, 이 생명이 우리를 새롭게 합니다.

주님, 세상의 시선 앞에 흔들리지 않고 복음을 부끄러워하지 않는 믿음으로 살게 하소서. 제 삶이 복음의 능력을 드러내는 살아 있는 증거가 되게 하소서.

3월 **7**일

십자가의 도가 하나님의 능력이라

고전 1:18

"십자가의 도가 멸망하는 자들에게는 미련한 것이요 구원을 받는 우리에게는 하나님의 능력이라"

고린도 교회는 은사와 지식이 넘쳤지만, 그 풍성함이 오히려 분열과 자랑의 근원이 되었습니다. 사람들은 세상의 지혜와 탁월한 언변을 높이 평가했으나, 바울은 그런 모든 인간적 자랑을 무너뜨리며 복음의 중심에 오직 십자가를 다시 세웁니다. 세상 눈에 십자가는 패배처럼 보입니다. 힘을 잃은 왕, 버려진 자, 성공할 수 없는 길처럼 보입니다. 그러나 하나님은 바로 그 약함을 통해 능력을 드러내셨습니다. 개혁주의 신학이 말하듯, 십자가는 단순한 희생의 상징이 아니라 하나님의 주권적 구원 계획의 결정적 사건, 곧 택한 자들을 위해 예수 그리스도께서 대속 사역을 완성하신 자리입니다. 세상의 왕들은 종종 백성을 희생시키며 자신의 영광을 세우지만, 참된 왕이신 예수는 자신의 생명을 내어주심으로 잃은 자를 찾아 품으셨습니다. 그 낮아짐의 길은 부활의 능력을 잉태하는 능력의 길이 되었고[요 12:24], 그 은혜는 모든 인간적 자랑을 무너뜨리고 오직 하나님께서만 영광 받으실 길을 열었습니다. 교회의 일치와 능력 역시 인간적 전략이 아니라 십자가에 깊이 뿌리내릴 때 회복됩니다. 우리의 사역도, 우리의 믿음도, 우리의 변화도 십자가에서만 자라납니다. 그러므로 오늘도 우리는 이 길을 묵묵히 걷습니다. 좁고 낮아 보일지라도 그 길에서만 하나님의 지혜와 능력이 우리의 삶 속에 머물기 때문입니다.

주님, 세상의 눈에는 미련해 보일지라도 십자가의 능력을 삶과 사역의 중심에 두게 하시고, 그 은혜 안에서 날마다 새 힘을 얻게 하소서. 우리의 자랑은 사라지고 오직 그리스도만 드러나는 삶이 되게 하옵소서.

3월 **8**일

내 은혜가 네게 족하다

고후 12:9

"내 은혜가 네게 족하도다. 이는 내 능력이 약한 데서 온전하여짐이라"

바울의 길은 화려한 사역의 여정이 아니라, 깊은 눈물과 설명하기 어려운 약함의 연속이었습니다. 그는 '육체의 가시' 앞에서 세 번이나 주께 간구했지만, 하나님은 그것을 제거하지 않으시고 은혜의 충분함을 약속하셨습니다. 개혁주의 신학이 말하듯, 여기서의 은혜는 단순한 위로가 아니라 하나님의 주권적이고 지속적인 언약의 공급, 연약한 인간을 통해 하나님의 능력이 드러나도록 붙드시는 능동적 은혜입니다. "족하다"는 말은 부족함이 사라진다는 뜻이 아니라, 부족함 가운데서조차 하나님의 은혜가 더 크고 더 깊게 흐른다는 선언입니다. 강한 자는 자신을 의지하지만, 성도는 약함 속에서 하나님을 더 전적으로 의지하며 그분 안에서 참된 힘을 얻습니다. 세상은 성공을 능력의 증거로 여길지라도, 하나님 나라는 오히려 상처와 실패의 틈 사이로 흘러드는 은혜를 통해 확장됩니다. 어둠 속에서 작은 등불이 더욱 선명하게 빛나듯, 우리의 약함은 수치가 아니라 은혜가 빛나는 창窓이 됩니다. 바울은 약함을 숨기지 않았습니다. 오히려 그 약함이야말로 그리스도의 능력이 머무는 자리라 고백했습니다. 우리가 가장 낮아지는 순간, 주의 손은 가장 높이 우리를 붙드십니다. 그러므로 오늘 우리는 힘을 내려놓고 은혜에 기대는 법을 배웁니다. 그 자리에서 비로소 우리의 자랑은 사라지고 하나님의 능력이 우리 안에서 온전히 역사하시는 기쁨이 드러납니다.

주님, 제 약함을 부끄러워하지 않게 하시고, 그 가운데 온전히 드러나는 주님의 능력을 신뢰하게 하소서. 은혜에 기대는 자리에서 참된 담대함과 위로를 누리게 하옵소서.

3월 9일

내 안에 계신 그리스도

갈 2:20

"내가 그리스도와 함께 십자가에 못 박혔나니, 그런즉 이제는 내가 사는 것이 아니요 오직 내 안에 그리스도께서 사신 것이라"

바울의 이 고백은 복음의 심장부이자, 개혁주의 신학이 말하는 '칭의와 성화의 연합된 삶'을 가장 선명하게 보여 줍니다. 인간은 율법의 행위로 결코 의롭다 하심을 얻을 수 없습니다. 우리의 의는 불완전하며, 우리의 노력은 구원의 근거가 될 수 없습니다. 오직 그리스도의 십자가와 부활의 은혜만이 우리를 의롭게 하시는 절대적 토대입니다. 그러므로 믿음은 자기 의지를 강화하는 행위가 아니라, 자기 의를 내려놓고 그리스도께 전적으로 의지하는 신적 의존의 길입니다. "의인은 믿음으로 말미암아 살리라"롬 1:17는 선언은 바로 이 절대의존적 신앙을 가리킵니다. 신앙은 예수님을 본받아 도덕적으로 조금 더 나아지는 수준이 아닙니다. 복음은 '외적 모방'이 아니라 그리스도와의 인격적 연합입니다. 옛 자아는 십자가에서 죽고, 이제는 그리스도의 생명이 우리 안에서 살아 움직입니다. 그분의 뜻이 우리의 방향이 되고, 그분의 사랑이 우리의 관계를 새롭게 엮으며, 그분의 생명이 우리의 선택을 이끌어 갑니다. 이것이 바로 성령께서 이루시는 새 생명의 질서입니다. 사람은 결국 자기가 붙드는 것에 의해 살아갑니다. 세상의 부와 명예를 붙드는 자는 결국 그 무게에 눌려 쇠잔하지만, 십자가를 붙드는 자는 오히려 자유와 생명을 얻습니다. 마치 씨앗이 흙 속에서 자신을 깨뜨릴 때 비로소 열매가 맺히듯, 나의 자아가 깨지고 비워질 때 비로소 그리스도께서 더 분명히 드러납니다. 오늘 우리의 말과 생각과 행동 속에서 우리가 드러나는 것이 아니라, 그리스도의 향기가 스며 흐르는 것 — 그것이 복음의 열매이며 참된 자유입니다.

주님, 제 안에 사시는 그리스도의 생명이 오늘 제 모든 생각과 선택을 이끌어 가게 하시고, 제 삶이 나 자신이 아니라 그리스도를 드러내는 복음의 자리 되게 하옵소서.

3월 **10**일

성경과 교회

디모데후서 3:16

"모든 성경은 하나님의 감동으로 된 것으로 교훈과 책망과 바르게 함과 의로 교육하기에 유익하니"

성경은 인간의 지혜나 종교적 감정이 모여 만들어진 기록이 아니라, 영원히 변치 않는 하나님의 뜻이 숨결이 되어 다가온 말씀입니다. 우리가 붙잡고 있는 66권의 성경을 '정경正經'이라 부르는 이유는, 그 단어가 그리스어 카논kanon—'규칙', '표준'—에서 왔기 때문입니다. 성경은 시대마다 흔들리는 문화나 사상 속에서 변하는 의견이 아니라, 인생의 길을 재고 존재의 진실을 비추는 절대적 기준입니다. "주의 말씀은 내 발에 등이요 내 길에 빛"이라는 시편의 고백처럼, 말씀은 세상이 흔들릴 때에도 희미해지지 않는 하늘의 등불입니다. 키르케고르는 "성경은 연구의 대상이 아니라 삶의 지침"이라 했습니다. 성경은 머리로만 아는 지식이 아니라 전 존재를 요구하는 순종의 길입니다. 교회가 성경에 권위를 부여한 것이 아니라, 성경은 본래부터 하나님의 말씀으로서 권위를 지닌 말씀입니다. 인간의 동의나 거부로 그 권위가 강화되거나 약해지지 않습니다. "풀은 마르고 꽃은 시드나 하나님의 말씀은 영원히 서리라"사 40:8는 선언처럼, 말씀은 세월의 풍화를 견디며 남아 있는 하나님의 살아 있는 음성입니다. 세상의 가치와 사상은 끊임없이 바뀌지만, 하나님의 말씀은 시대를 건너 흔들림 없이 서 있는 반석입니다. 한 신학자는 "성경은 인간의 의견이 아니라 하나님의 심장"이라고 말했습니다. 그러므로 우리가 성경을 펼칠 때, 우리는 활자 너머에서 하나님의 마음과 의지를 마주하는 것입니다. 오늘도 성경을 펼치는 순간 하나님은 그 말씀으로 우리를 부르시고 위로하시며, 걸어가야 할 길을 다시 보여 주십니다. 우리의 감정은 흔들리고 현실은 변하지만, 말씀은 우리를 붙드시는 하나님의 견고한 손입니다. 변하는 세상 위에서 변하지 않는 진리를 붙드는 것, 그것이 교회의 생명이며 우리의 믿음의 길입니다.

주님, 성경을 단순한 책이 아니라 생명의 말씀으로 받게 하시고, 날마다 그 말씀 속에서 주님의 음성을 듣게 하소서. 우리의 믿음을 진리 위에 굳게 세워 주소서. 아멘.

3월 **11**일

값없이 주신 하나님의 은혜로운 선물

엡 2:8-9

"너희가 그 은혜에 의하여 믿음으로 말미암아 구원을 받았으니 이것이 너희에게서 난 것이 아니요 하나님의 선물이라. 행위에서 난 것이 아니니 이는 누구든지 자랑하지 못하게 함이라"

구원은 인간의 힘으로 빚어낼 수 없는 전적인 하나님의 작품입니다. 우리는 어느 순간에도 스스로 의롭다 할 만한 근거를 가진 적이 없으며, 선한 행위나 도덕적 실천이 하늘 문을 여는 열쇠가 될 수 없습니다. 개혁주의 신학이 강조하듯, 구원은 오직 하나님의 은혜에 의해, 믿음을 통하여, 그리스도 안에서 주어지는 전적인 은혜의 역사입니다. 믿음조차 우리가 만들어낸 조건이 아니라, 하나님께서 우리에게 허락하신 선물입니다. 그러므로 구원은 우리의 공로를 더하거나 뺄 수 없는 하나님의 절대적 은혜입니다. 은혜는 받을 자의 자격을 보고 주어지는 것이 아니라, 주시는 분의 마음과 주권에서 흘러나옵니다. 그래서 은혜를 깨달은 사람에게는 자랑이 사라지고 감사가 남습니다. 우리는 은혜로 빚어진 새로운 피조물이며, 하나님께서 친히 새 삶을 조형하시는 "그의 만드신 바라"[엡 2:10]는 진리가 우리의 정체성이 됩니다. 교만은 은혜의 빛을 흐리지만, 겸손은 은혜의 광채를 더 선명하게 드러냅니다. "나의 나 된 것은 하나님의 은혜라"[고전 15:10]는 바울의 고백은 결국 모든 성도의 노래입니다. 오늘 내가 선 자리가 공로의 자리가 아니라 은혜의 자리임을 기억할 때, 우리의 삶은 감사의 향기를 품게 됩니다. 그 은혜를 아는 자의 걸음은 조용하지만 깊고, 자신을 드러내지 않지만 복음을 전하는 발걸음이 됩니다. 은혜가 나를 빚었고, 은혜가 나를 세우며, 은혜가 오늘의 나를 살립니다.

주님, 구원의 은혜를 잊지 않게 하시고, 그 은혜로 오늘을 살며 감사와 겸손으로 주님을 드러내게 하옵소서.

3월 12일

기쁨의 근원이신 그리스도

빌립보서 4:4

“주 안에서 항상 기뻐하라. 내가 다시 말하노니 기뻐하라”

바울은 감옥이라는 절망의 자리에 있으면서도 기쁨을 명령합니다. 빌립보서는 ‘옥중서신’이면서 동시에 ‘기쁨의 편지’라 불립니다. 이는 기쁨이 환경에 근거하지 않고, 오직 주님과의 관계에서 흘러나는 은혜임을 보여줍니다. 개혁주의 신학이 말하듯, 기쁨은 인간이 스스로 만들어내는 감정이 아니라, 그리스도 안에 연합된 자에게 성령이 주시는 열매입니다. 세상은 조건이 맞을 때 기쁨을 말하지만, 바울의 기쁨은 어떤 조건도 뿌리째 흔들 수 없는 ‘주 안에 있는 자의 기쁨’입니다. 감옥의 차가운 벽을 마주하고 있었지만, 바울의 영혼은 자유했습니다. 왜냐하면 기쁨의 근원이 자기 안에 있지 않고, 변함없이 자신을 붙드시는 그리스도께 있었기 때문입니다. 예수께서 “내 기쁨을 너희 안에 두려 함이라”[요 15:11] 말씀하셨던 것처럼, 이 기쁨은 세상이 줄 수도 빼앗을 수도 없는 은혜입니다. 행복은 외부에서 찾아가는 것이 아니라, 주께 뿌리내린 마음 안에서 피어나는 꽃입니다. 바울의 기쁨은 고난의 땅에서 더욱 향기를 내었고, 그 향기는 시대를 넘어 오늘 우리에게까지 퍼지고 있습니다. “항상 기뻐하라”[살전 5:16]라는 명령은 현실을 부정하라는 말이 아니라, 현실보다 크신 하나님을 바라보라는 초대입니다. 상황이 아니라 주님께 기쁨을 두는 사람은 흔들리지 않습니다. 그 기쁨은 세상 속에서 가장 강력한 복음의 증언이 됩니다. 오늘 우리의 기쁨도 환경의 파도에 흔들리는 감정이 아니라, 주님 안에 고정된 기쁨이 되기를 원합니다.

주님, 제 기쁨의 근원이 언제나 주님이 되게 하시고, 어떤 상황 속에서도 주 안에서 기뻐하는 은혜를 누리게 하옵소서.

3월 **13**일

하나님의 나라를 바라보는 성도

골로새서 3:1-2

“그러므로 너희가 그리스도와 함께 다시 살리심을 받았으면 위의 것을 찾으라. 거기는 그리스도께서 하나님 우편에 앉아 계시느니라. 위의 것을 생각하고 땅의 것을 생각하지 말라”

부활하신 그리스도와 연합한 성도는 이미 새로운 생명으로 옮겨진 존재입니다. 개혁주의 신학은 이것을 ‘새 창조의 질서’ 안으로 들어온 자의 정체성이라 말합니다. 그러나 세상은 끊임없이 우리의 시선을 땅으로 끌어당기려 합니다. 눈에 보이는 소유, 성취, 인정은 황금처럼 빛나 보이지만, 결국 바람처럼 사라질 것들입니다. 인간은 자신이 바라보는 것의 모습이 되어 갑니다. 땅의 것을 바라보면 그 한계와 허무 속에 갇히지만, 위의 것을 바라보면 영원한 생명의 빛 안에서 변화됩니다. “위의 것을 찾으라”는 명령은 현실을 도피하라는 말이 아닙니다. 오히려 하늘의 시선을 가지고 이 땅을 충실하게 살아가라는 초대입니다. 하나님 우편에 앉아 계신 그리스도를 바라보는 것은 우리의 삶을 그분의 다스림 아래 두는 행위이며, 성령께서 오늘도 우리의 마음을 위로 들어 올려 그 질서 안에 거하게 하십니다. 초대 교회의 성도들은 고난 속에서도 하늘을 바라보았고, 그들의 흔들리지 않는 삶은 “주께 시선을 고정하는 자는 흔들리지 않는다”는 진리를 증거했습니다. 우리가 마음을 위에 둘 때, 땅의 관계와 일, 선택까지도 새로워집니다. 모든 영역이 하늘의 빛에 비추어지고, 세상 속에서도 하늘의 조화를 이루게 됩니다. 신앙은 단순히 무엇을 버리는 문제가 아니라 무엇을 바라보며 사는가의 문제입니다. 바라봄이 곧 삶을 빚습니다.

주님, 제 시선을 위에 두어 오늘의 모든 선택과 걸음이 그리스도의 빛 안에서 이루어지게 하시고, 하늘의 질서로 이 땅을 살아가게 하옵소서.

3월 **14**일

기쁨과 기도와 감사는 성도의 호흡

데살로니가전서 5:16-18

"항상 기뻐하라, 쉬지 말고 기도하라, 범사에 감사하라"

"항상 기뻐하라, 쉬지 말고 기도하라, 범사에 감사하라." 이 세 구절은 신앙인의 삶을 구성하는 세 개의 단단한 기둥이 될 뿐만 아니라, 성도의 영혼에서 흘러나오는 하나의 호흡입니다. 바울은 단순한 도덕적 명령을 내리는 것이 아니라, 그리스도 안에 있는 자가 누리게 되는 존재의 리듬을 보여줍니다. '항상 기뻐하라'는 현실의 무게를 부정하라는 말이 아닙니다. 주님의 변함없는 사랑과 구속의 은혜가 기쁨의 근원이 됨을 보라는 초대입니다. 그래서 진정한 기쁨은 환경의 밝고 어두움에 흔들리지 않습니다. 시편 기자가 "여호와를 기뻐하라 그가 네 마음의 소원을 이루어 주시리로다"[시 37:4]라고 노래한 것처럼, 기쁨은 상황에서 솟는 감정이 아니라 하나님 안에서 피어오르는 은혜의 열매입니다. '쉬지 말고 기도하라'는 무릎 꿇는 시간이 길어지라는 뜻이 아니라, 하루 전체를 하나님 앞에서 사는 삶, 곧 코람 데오Coram Deo의 영성을 말합니다. 어거스틴이 "기도는 영혼의 호흡"이라 했듯, 성도는 하루의 모든 순간을 하나님을 향한 내적 움직임으로 살아갑니다. 숨처럼 기도하고, 기도처럼 숨 쉬는 삶 — 그것이 성령께서 우리 안에 이루시는 신비입니다. '범사에 감사하라'는 감사할 만한 일이 있을 때 감사하라는 조건부 명령이 아닙니다. 이유를 이해하기 전이라도 하나님을 신뢰함으로 드리는 믿음의 고백입니다. 욥이 "주신 이도 여호와시오 거두신 이도 여호와시니"[욥 1:21]라고 고백했던 이유는, 상황이 선해서가 아니라 하나님이 선하셨기 때문입니다. 세상은 조건이 맞아야 기뻐하고, 필요할 때만 기도하며, 이유가 있어야 감사하지만, 성도는 그 반대로 삽니다. 기쁨·기도·감사는 선택이 아니라, 십자가와 부활 안에 거하는 자에게서 자연스럽게 흘러나오는 영적 호흡입니다. 이 호흡 속에서 우리는 하나님의 뜻의 중심으로 조용히 걸어 들어갑니다.

주님, 기쁨과 기도와 감사를 제 영혼의 숨결로 삼게 하소서. 어떤 상황에서도 주님을 바라보는 신뢰가 흔들리지 않게 하시고, 그리스도 안에서 주시는 변함없는 은혜로 날마다 살아 숨 쉬게 하옵소서. 아멘.

3월 **15**일

사랑과 인내는 영원한 소망으로

데살로니가후서 3:5

“주께서 너희 마음을 인도하여 하나님의 사랑과 그리스도의 인내에 들어가게 하시기를 원하노라”

바울은 흔들리던 성도들에게 이 한 문장을 권면이 아니라 기도로 남겼습니다. 종말의 약속과 현실의 고난 사이에서 마음이 지쳐 갈피를 잡지 못하던 이들에게 필요한 것은 더 많은 정보나 전략이 아니라, 주께서 직접 마음을 이끄시는 은혜였기 때문입니다. 신앙의 중심은 언제나 인간의 의지가 아니라 하나님의 인도하심입니다. ‘하나님의 사랑에 들어간다’는 것은 사랑을 지식으로 아는 차원을 넘어 그 사랑으로 세상을 해석하는 눈을 얻는 것입니다. 고난은 여전히 우리를 흔들지만, 사랑은 고난을 삼켜 의미로 바꾸는 하나님의 방식입니다. 그래서 사랑 안에 머무는 사람은 상황을 절망으로 읽지 않고, 하나님의 손길을 더 깊이 찾습니다. ‘그리스도의 인내에 들어간다’는 것은 십자가를 끝까지 지신 주님의 길을 마음 깊이 품고 따라가는 것입니다. 개혁주의 전통은 이 인내를 성도의 견인perseverance of the saints이라 부릅니다. 성도는 스스로 버티는 존재가 아니라, 하나님이 붙드심으로 끝까지 가는 존재입니다. 그 인내는 체념이 아니라 순종이며, 포기가 아니라 사랑으로 세상을 품는 적극적인 충성입니다. 한 알의 밀알이 죽어야 열매를 맺듯요 12:24, 사랑과 인내로 걸어간 길은 결국, 영원한 소망의 결실로 이어집니다. 그래서 종말을 기다린다는 것은 단순히 시간을 흘려보내는 대기가 아니라, 오늘을 견고한 사랑과 인내로 채우는 믿음의 삶입니다. 주께서 우리의 마음을 이 은혜의 자리로 인도하실 때, 세상의 흔들림 속에서도 우리의 걸음은 하나님 나라의 소망을 향해 조용히 흔들림 없이 나아갑니다.

주님, 제 마음을 당신의 사랑과 그리스도의 인내 속에 깊이 머물게 하시며,
흔들리는 세상 속에서도 끝까지 믿음을 지키는 성도가 되게 하옵소서. 아멘.

3월 **16**일

성경만으로 충분하다

시편 19:1

"하늘이 하나님의 영광을 선포하고 궁창이 그 손으로 하신 일을 나타내는도다"

로마서 1:20

"창세로부터 그의 보이지 아니하는 것들 … 그의 영원하신 능력과 신성이 만물에 분명히 드러나 있으므로 그들이 변명하지 못할지니라"

우리는 눈으로 하나님을 직접 볼 수 없지만 하나님은 결코 인간을 어둠 속에 홀로 두지 않으셨습니다. 바람에 흔들리는 나뭇잎, 해질 무렵 붉게 물드는 하늘, 별빛이 흐르는 밤의 고요함까지도 모두 하나님의 존재를 속삭이는 일반 계시입니다. 그러나 죄로 흐려진 우리의 눈은 그 속에 담긴 영광을 온전히 읽어내지 못합니다. 그래서 하나님은 우리를 불쌍히 여기시고 자연보다 더 선명한 특별 계시, 곧 성경을 주셨습니다. "모든 성경은 하나님의 감동으로 된 것."[딤후 3:16] 성경은 인간의 사상이나 종교적 통찰을 모아놓은 기록이 아니라, 하나님의 숨결이 스며 있는 생명의 말씀입니다. 그리고 그 특별 계시는 예수 그리스도 안에서 절정에 이르렀습니다. 그분은 말씀이 육신이 되어 오신 분이며[요 1:14], 하나님의 뜻을 가장 완전하게 드러내신 마지막이자 완전한 계시이십니다. 하나님은 시대마다 자신의 말씀을 지켜오셨습니다. 어떤 신학자는 "태양을 보기 위해 등불이 필요 없듯, 성경은 다른 빛을 필요로 하지 않는다"고 말했습니다. 그 안에는 이미 구원과 경건에 필요한 모든 빛이 충만하기 때문입니다. 그러므로 성경을 넘어 새로운 계시를 찾으려는 마음은 결국 인간의 욕망일 뿐입니다. 파스칼이 말했듯, "하나님을 아는 길은 이성의 사다리가 아니라 계시의 손길"입니다. 우리는 성경을 펼칠 때 과거의 기록을 읽는 것이 아니라, 지금도 살아 말씀하시는 하나님을 만납니다. 그 말씀은 우리의 삶을 이끄는 가장 완전한 길이며, 우리의 영혼을 새롭게 하는 하나님의 선물입니다.

주님, 성경을 통해 당신을 드러내심에 감사드립니다. 오늘도 말씀 속에서 주의 음성을 듣게 하시고, 그 말씀을 따라 걸어가는 순종의 길로 우리를 이끄소서. 아멘.

3월 **17**일

말씀을 맡은 자가 가진 품격

디모데전서 4:12

"누구든지 네 연소함을 업신여기지 못하게 하고 오직 말과 행실과 사랑과 믿음과 정절에 있어서 믿는 자에게 본이 되라"

세상은 늘 사람을 나이와 경력, 외적인 조건으로 가늠하지만, 하나님께서 말씀의 종에게 요구하시는 권위는 조건에서 오지 않고, 삶에서 흘러나옵니다. 젊다는 사실은 약점이 아니라, 하나님께서 빚어 가시는 그릇의 깊이를 드러내는 자리입니다. 그래서 바울은 디모데에게, 그리고 오늘을 사는 모든 사역자에게, 복음의 가르침보다 복음의 삶을 먼저 보이라고 권합니다. '말'은 단순한 언어가 아니라 진리를 담는 그릇입니다. 말 속에 복음의 향기가 없다면 그 어떤 지식도 힘을 잃습니다. '행실'은 교리의 그림자이며, 우리의 삶은 우리가 믿는 말씀의 신실한 표지판이 됩니다. '사랑'은 조건 없이 흘러야 하는데, 이것이야말로 성령이 주시는 가장 확실한 증거입니다. '믿음'은 흔들림 없는 중심을 말하고, '정절'은 세상의 유혹 속에서 하나님의 거룩을 지키는 영적 품위입니다. 본이 된다는 것은 자신을 드러내는 일이 아니라, 삶의 결마다 그리스도를 비추는 투명한 거울이 되는 것입니다. 그래서 교회에는 화려한 언어보다 묵직한 삶을, 큰 소리보다 하나님의 말씀을 일상에서 살아낸 자의 조용한 권위가 필요합니다. 종교개혁 전통이 강조해 온 '말씀의 일상화'는 바로 이러한 삶의 본으로 이루어집니다. 사람들은 우리의 말보다 우리의 삶을 먼저 읽습니다. 연소함도, 한계도, 부족함도 핑계가 될 수 없습니다. 하나님께서 세우신 자리에서 말과 행실, 사랑과 믿음, 정절의 모든 결마다 주님을 드러낼 때, 우리의 존재는 그 자체로 복음의 증언이 됩니다.

주님, 제 삶이 나이와 조건을 넘어 복음의 본이 되게 하시고, 말과 행실, 사랑과 믿음, 정절 속에 그리스도의 향기를 담아 내게 하옵소서. 아멘.

3월 **18**일

끝까지 달려가는 믿음의 여정

디모데후서 4:7

"나는 선한 싸움을 싸우고 나의 달려갈 길을 마치고 믿음을 지켰으니"

바울의 마지막 고백은 한순간 타오른 열정의 기록이 아니라, 끝까지 견딘 믿음의 여정을 담은 영혼의 결산입니다. 신앙은 단거리 질주가 아니라 넘어지고 다시 일어서며 꾸준히 나아가는 마라톤입니다. 세상은 속도를 자랑하지만, 하나님께서 기뻐하시는 것은 방향의 바름과 끝까지 달려가는 충성입니다. 바울이 말한 '선한 싸움'은 누군가를 향한 공격이 아니라 죄와 유혹, 낙심과 싸우는 내적 전쟁입니다. 개혁주의 전통이 말하는 '성도의 견인'Perseverance of the Saints처럼, 마지막까지 믿음을 지켜내는 것은 우리의 의지가 아니라 하나님이 붙드심으로 가능해지는 은혜의 기적입니다. 우리는 흔들릴 수 있지만, 하나님은 흔들리지 않으십니다. "선을 행하다가 낙심하지 말라. 때가 이름에 거두리라"갈 6:9는 약속처럼, 믿음의 길은 화려한 전진보다 끈질긴 인내가 핵심입니다. 금메달이 순간의 속도보다 완주한 자에게 주어지듯, 믿음의 상급도 끝까지 지킨 이에게 주어집니다. 그래서 성도의 영광은 시작에 있지 않고 끝에 있습니다. 주님이 맡기신 길을 걷는 사람은 실패와 눈물 속에서도 복음을 굽히지 않습니다. 그는 속도가 아니라 방향과 충성으로 한 걸음씩 나아갑니다. 인생의 결산 날, 바울처럼 "나는 믿음을 지켰다"라고 고백할 수 있다면 그 자체가 천국의 영광입니다. 그러므로 오늘도 허물 많은 우리에게 필요한 것은 완벽함이 아니라 포기하지 않는 성실함입니다. 작은 싸움에서의 작은 승리들이 모여, 결국 우리의 걸음을 마지막까지 옮기게 합니다. 끝까지 달려가는 것이 가장 큰 순종이며, 주님 앞에 드릴 수 있는 가장 큰 영광입니다.

주님, 제 생의 마지막 순간까지 믿음을 지키며 달려가는 종이 되게 하시고, 선한 싸움을 끝까지 완주하는 은혜로 붙들어 주옵소서. 아멘.

3월 19일

선한 일의 본을 보이는 교회

디도서 2:7

"범사에 네 자신으로 선한 일의 본을 보이며 …"

이 말씀은 목회자나 지도자만을 향한 요구가 아니라, 모든 성도에게 주어지는 부르심입니다. 세상은 우리의 설교보다 우리의 삶을 먼저 읽습니다. 아우구스티누스가 "사람들은 책보다 사람을 읽는다"고 말했듯, 복음이 입술에 머무는 동안은 메아리처럼 공허하지만, 삶 속에서 드러날 때 비로소 진정한 설득력을 갖습니다. 디도가 보여야 할 '선한 일의 본'은 단순한 도덕적 선행이 아닙니다. 그것은 복음이 우리 안에 심어 놓으신 새 성품이 구체적 행동으로 피어나는 열매입니다. 예수께서 "너희는 세상의 빛이라"[마 5:14]고 하신 선언처럼, 성도의 말과 행동, 관계와 선택 속에 그리스도의 인격이 자연스럽게 묻어나야 합니다. 세상 사람들은 교회의 교리보다 성도의 삶의 향기에 먼저 주목합니다. 그래서 우리의 일상은 복음을 감추는 장식이 아니라, 복음을 투명하게 비춰내는 그릇이어야 합니다. 소크라테스가 "말로 가르치지 말고 삶으로 보여주라"고 했던 말은 인간의 지혜에서 비롯된 것이지만, 그 의미는 복음 안에서 더 깊은 차원을 획득합니다. 말씀이 몸이 되어 오신 예수 그리스도께서 바로 본으로 가르치신 분이기 때문입니다. 물론 이러한 본은 하루아침에 완성되지 않습니다. 은혜 안에서 꾸준히 길들여지고, 성령의 손에 의해 다듬어지는 과정입니다. 우리가 걸어가는 작은 길 위에 남긴 조용한 발자국 하나가, 누군가에게는 복음을 향한 길잡이가 됩니다. 말보다 삶이 앞서고, 가르침보다 본이 먼저 서는 길을 택할 때, 복음은 사람들의 마음속에 잔잔히 뿌리를 내립니다. 교회의 힘은 프로그램이 아니라, 삶으로 복음을 살아내는 성도 한 사람에게서 시작됩니다.

주님, 제 삶이 복음을 아름답게 드러내는 선한 본이 되게 하시고, 일상의 모든 흔적 속에서 그리스도의 향기가 흘러나오게 하옵소서. 아멘.

3월 **20**일

우리 모두는 하나 된 한 가족

빌레몬서 1:16

"이후로는 종과 같이 아니하고 … 사랑받는 형제로 둘지라"

복음은 인간의 관계를 새롭게 빚어내는 재창조의 능력을 가지고 있습니다. 바울이 빌레몬에게 한 요청은 단순한 사면의 부탁이 아니었습니다. 그는 오네시모가 다시 돌아올 때, 과거의 신분과 실패를 기준으로 판단하지 말고, 그리스도 안에서 새롭게 주어진 정체성 — 사랑받는 형제로 받아들이라고 권면했습니다. 복음은 언제나 사람을 과거로 묶지 않고, 새로운 미래로 부르시는 하나님의 시선을 열어 줍니다. "하나님은 외모로 사람을 취하지 아니하신다"[롬 2:11]는 선언처럼, 복음은 인간 사이에 놓인 장벽 — 신분, 상처, 배경, 잘못 — 을 허물고 새로운 공동체를 세우는 힘입니다. 세상의 많은 지도자들은 백성을 희생시키며 자신을 지키려 했지만, 오직 예수 그리스도만이 자신을 희생하여 버림받은 자들을 품으시고, 잃어버린 자를 사랑받는 가족으로 변화시키셨습니다. 바울이 빌레몬에게 요청한 것도 바로 이 복음의 눈, 곧 용서와 화해의 시선이었습니다. 오늘 우리의 삶에도 여전히 '오네시모'가 있습니다. 마음에 상처를 남긴 사람, 멀어진 관계, 혹은 변화되기를 바라지만 여전히 서투른 누군가. 때로는 그 '오네시모'가 바로 어제의 나 자신이기도 합니다. 그러나 복음은 우리에게 원망의 그림자 대신, 형제와 자매의 눈으로 바라보는 은혜의 빛을 주십니다. 십자가는 사람을 고발하는 자리가 아니라, 하나 되게 하시는 하나님의 사랑이 머무는 자리입니다. 복음의 능력은 죄 사함에서 멈추지 않고, 깨진 관계를 새롭게 회복시키며, 우리가 그리스도 안에서 한 가족임을 선포합니다. 교회는 바로 이 화해의 은혜가 살아 움직이는 장소입니다. 서로를 형제로 받아들이는 순간, 우리는 이미 하나님 나라의 가장 아름다운 표지를 드러내고 있는 것입니다.

주님, 복음의 눈으로 사람을 바라보게 하시고, 과거를 넘어 사랑받는 형제로 품는 은혜를 제 마음에 가득 채워 주옵소서. 아멘.

3월 **21**일

오직 주님만 바라보는 믿음

히브리서 12:2

"믿음의 주요 또 온전하게 하시는 이인 예수를 바라보자"

히브리서의 이 권면은 단순한 위로가 아니라, 흔들리던 성도들의 영혼을 붙잡아 주는 신앙의 중심 고백이었습니다. 우리의 믿음은 인간의 결단에서 시작되지 않고, 예수 그리스도 안에서 시작되고 그분 안에서 완성됩니다. 그분은 십자가의 고난을 끝까지 견디셨고, 수치와 부끄러움까지 인내하셔 마침내 하나님의 보좌 우편에 앉으신 영광의 주이십니다. 고대의 현자들이 "시선이 머무는 곳에 영혼이 이끈다"고 말했듯, 신앙의 본질은 무엇을 바라보는가에 달려 있습니다. 우리의 눈이 세상의 무게와 염려에 고정되면 마음도 그 무게 아래 눌리지만, 예수께 고정되면 영혼은 하늘의 방향으로 이끌립니다. 믿음의 여정은 단거리 질주가 아니라 끝까지 견뎌야 하는 영적 마라톤입니다. 달리는 자가 결승선을 응시하듯, 성도는 인생의 모든 순간마다 예수를 바라보아야 합니다. 예수를 바라볼 때 그분의 인내가 우리의 인내가 되고, 그분의 승리가 우리의 소망이 됩니다. 세상은 끊임없이 우리의 눈을 흔들지만, 신앙의 비밀은 마지막 순간까지 그분을 응시하는 데 있습니다. 상한 갈대를 꺾지 않으시고 꺼져가는 심지를 끄지 않으셨던 주님[마 12:20], 잃어버린 한 마리 양을 끝까지 찾으시는 선한 목자이신 주님[눅 15:4]은 언제나 우리의 시선이 머물 자리입니다. 진정한 용기는 두려움이 없어서가 아니라, 두려움과 흔들림 속에서도 끝까지 바라보는 믿음의 지속성입니다. 개혁주의 신학이 말하는 '성도의 견인[Perseverance of the Saints]'도 바로 이 시선의 지속을 통해 하나님이 붙드시는 은혜의 신비를 드러냅니다. 오늘 우리의 눈이 상황이나 나 자신의 부족함이 아니라, 믿음의 주 되신 예수 그리스도께 고정되기를 원합니다. 그 시선이 우리를 지탱하고, 결국 믿음의 완성으로 인도할 것입니다.

주님, 제 시선을 끝까지 주께 고정하게 하시고, 믿음의 길을 흔들림 없이 완주하도록 붙들어 주소서. 아멘.

3월 **22**일

약속을 이루신 은혜의 기록

요한복음 15:3-4

“너희는 내가 너희에게 말한 말로 이미 깨끗하여졌으니. 내 안에 거하라 나도 너희 안에 거하리라”

신약성경은 하나님께서 약속하신 구원이 역사 속에서 실체가 된 은혜의 기록입니다. 구약이 언약과 예언의 그림자로 메시아를 기다리게 했다면, 신약은 그 약속이 예수 그리스도 안에서 완전히 성취된 복음의 빛입니다. 복음서는 하나님이 사람이 되신 사건을 보여주며, 사도행전은 성령께서 교회를 세상 속으로 보내신 은혜의 첫 숨을 기록합니다. 서신서는 그리스도 안에 있는 삶이 무엇인지, 은혜로 구원받은 자가 어떻게 새 사람으로 살아가는지를 가르치고, 계시록은 새 하늘과 새 땅을 향한 하나님의 최종적 승리를 보여줍니다. 히브리서의 고백처럼, “예수 그리스도는 어제나 오늘이나 영원토록 동일하시니라.” 신약의 기록은 과거의 문헌이 아니라 지금도 살아 역사하시는 주님을 증언하는 현재형의 말씀입니다. 복음은 단순한 정보가 아니라 생명을 일으키는 능력입니다. 바울이 “복음은 모든 믿는 자에게 구원을 주시는 하나님의 능력”[롬 1:16]이라 고백한 이유가 여기에 있습니다. 하나님은 세상의 지혜가 아닌 십자가의 약함 속에 당신의 능력을 감추셨고, 그 약함이 죽음을 깨뜨리는 승리가 되었습니다. 참된 믿음은 지식에 머물지 않고 삶을 새롭게 합니다. 야고보는 행함 없는 믿음이 죽은 것임을 경고했고, 베드로는 고난 속에서도 흔들리지 않는 소망을 드러냈습니다. 복음은 언제나 작은 곳, 약한 곳에서 시작되어 세대를 넘어 삶을 변화시키는 불씨가 됩니다. 그래서 신약의 모든 기록은 결국 오늘 우리의 가슴을 밝히는 은혜의 불꽃입니다. 그러므로 우리의 일상은 복음을 증언하는 자리입니다. 성령께서 기록하신 말씀은 우리를 깨끗하게 하고, 주님 안에 거하는 삶으로 이끕니다. 우리가 그분 안에 머물 때, 우리의 존재 자체가 그리스도의 향기가 되고, 세상 속에 남겨지는 우리의 발자국이 은혜의 흔적이 됩니다.

주님, 신약의 말씀 속에 하나님 나라의 은혜를 보여주시니 감사합니다.
복음이 내 안에 살아 움직여 삶을 변화시키게 하시고, 그 은혜를 따라 오늘도 주님 안에 거하게 하소서. 아멘.

3월 23일

들은 말씀을 실천하는 신앙

야고보서 1:22

"너희는 말씀을 행하는 자가 되고 듣기만 하여 자신을 속이는 자가 되지 말라"

야고보서는 신앙을 삶의 자리로 끌어내리는 날카롭고도 따뜻한 영적 거울입니다. 그는 단순한 지식의 축적이나 감정적 동의가 신앙의 전부가 아님을 분명히 합니다. 말씀을 듣기만 하고 행하지 않는 것은, 거울 속에서 자신의 얼굴을 뚜렷이 보았으면서도 돌아서자마자 잊어버리는 사람과 같다고 말합니다[약 1:23-24]. 참된 믿음은 반드시 삶의 형태로 드러나는 실재이며, 은혜의 열매입니다. 예수께서 "그들의 열매로 그들을 알리라"[마 7:20]고 하신 것처럼, 믿음은 말보다 삶으로 증명됩니다. 세상은 우리의 설교보다 우리의 발걸음, 우리의 손길, 우리의 일상적 결정을 먼저 읽습니다. "행동은 말보다 큰 소리를 낸다"는 말은 진리이지만, 복음 안에서는 더 깊은 의미를 갖습니다. 이는 율법적인 부담을 더하려는 것이 아니라, 은혜로 붙들린 영혼에게서 자연스럽게 흘러나오는 삶의 향기를 말합니다. 야고보가 말한 '행함'은 인간적 성취가 아니라, 새 마음을 받은 자가 드러내는 변화의 흔적입니다. 작은 순종은 인격을 세우고, 그 인격은 곧 복음을 드러내는 투명한 통로가 됩니다. 초대 교부 아우구스티누스가 "당신의 삶이 복음이 되게 하라"고 말한 것처럼, 일상의 작은 친절, 조용한 희생, 진실한 사랑의 손길은 말씀의 씨앗이 되어 누군가의 마음에 보이지 않는 변화를 일으킵니다. 개혁주의 신학은 구원을 오직 은혜로 받되, 그 은혜는 반드시 삶의 열매를 낳는다고 가르칩니다. 그러므로 행함은 구원의 조건이 아니라 구원의 결과 즉, 은혜의 흐름이 삶에 닿을 때 자연스럽게 피어나는 영적 꽃과 같습니다. 오늘 하루도 말씀을 마음에 새기고, 작은 실천으로 그 진리를 살아낼 때, 우리의 삶은 조용하지만 깊은 방식으로 복음을 증명하게 될 것입니다.

주님, 말씀을 듣는 데 머물지 않고, 작은 순종이라도 기꺼이 행하며 복음을 드러내는 삶을 살게 하옵소서. 아멘.

3월 **24**일

택하신 족속, 왕같은 제사장

베드로전서 2:9

"오직 너희는 택하신 족속이요 왕같은 제사장들이요 거룩한 나라요 그의 소유된 백성이니 …"

고난 속에 흩어져 살던 성도들에게 베드로가 들려준 이 선언은 단순한 위로가 아니라, 존재의 근본을 새롭게 세우는 정체성의 복음이었습니다. 세상은 그들을 연약하고 하찮게 여겼지만, 하나님은 그들을 친히 택하시고 왕같은 제사장으로 세우셨으며, 거룩한 나라로 구별하셨습니다. 고난 앞에서 흔들리지 않기 위해 우리는 내가 누구인지를 기억해야 합니다. "자기를 아는 자만이 세상을 이길 수 있다"는 말처럼, 성도의 힘은 정체성의 뿌리에서 흘러나옵니다. 베드로전서 전체의 메시지는 고난 속에서도 소망을 잃지 않고, 거룩한 삶을 통해 그리스도의 영광을 드러내라는 부르심입니다[벧전 1:6-7, 2:21]. 제사장은 하나님과 사람을 잇는 다리였듯, 성도는 세상 속에서 하나님의 빛과 사랑을 드러내는 통로입니다. 초기 교부 크리소스톰은 "교회는 세상의 빛이며, 세상은 교회를 통해 하나님의 빛을 본다"고 말했습니다. 성도의 정체성은 세상을 향한 하나님의 빛의 창문이 되는 것입니다. 우리가 '그의 소유된 백성'이라는 말은 하나님께 단지 소유물로 속한다는 의미가 아니라, 하나님의 사랑과 목적 안에 붙들린 존재임을 뜻합니다. 하나님은 우리를 어두움 속에서 불러내어 그분의 기이한 빛 안으로 옮기셨고, 우리의 삶을 통해 그분의 아름다운 덕을 선포하게 하셨습니다. 그러므로 우리의 존재 이유는 어두운 곳에 빛을 비추고, 무너진 자리에서 희망을 노래하는 것입니다. 작은 말 한마디, 작은 손길, 십자가를 따르는 하루의 순종 속에 하나님의 영광이 드러납니다.

주님, 저를 택하신 족속이요 왕같은 제사장으로 불러주심에 감사합니다.
제 정체성을 잊지 않고, 세상 속에서 주님의 빛과 사랑을 아름답게 선포하게 하옵소서.
아멘.

3월 **25**일

영광의 날을 바라보는 지식

베드로후서 3:18

“오직 우리 주 곧 구주 예수 그리스도의 은혜와 그를 아는 지식에서 자라가라. 영광이 이제와 영원한 날까지 그에게 있을지어다. 아멘”

베드로후서의 마지막 권면은 신앙이 결코 멈추지 않는 자라남의 여정임을 일깨워 줍니다. 믿음은 한순간의 결단으로 완성되지 않고, 평생에 걸쳐 깊어지고 넓어지는 살아 있는 생명입니다. 이 성장은 두 가지 토양 위에서 이루어집니다. 하나는 은혜, 다른 하나는 그리스도를 아는 지식입니다. 먼저, 은혜는 신앙의 출발점이자 종착점입니다. 우리의 처음도, 걸음걸이도, 마지막 숨결도 모두 주님의 은혜에 달려 있습니다. 은혜 없는 신앙은 뿌리 없는 나무와 같아 금세 메말라 버립니다. 개혁주의 전통이 말하는 ‘전적 은혜solely by grace’의 진리는, 우리의 성장이 인간의 의지나 열심이 아니라 그리스도 안에서 흘러오는 은혜의 강물 위에 놓여 있음을 선포합니다. 그리고 ‘그를 아는 지식’은 단순한 정보나 개념이 아닌, 인격적 교제 속에서 자라나는 친밀한 아는 지식ἐπίγνωσις입니다. 말씀을 통해, 기도를 통해, 순종과 섬김의 발걸음 속에서 우리는 주님을 더 깊이 알아 갑니다. 지식이 은혜 없이 자라면 교만을 낳고, 은혜가 지식 없이 흐르면 피상적인 열심이 되기 쉽습니다. 두 가지가 함께 자랄 때 비로소 신앙은 깊어지고 견고해집니다. 신앙의 성장은 속도가 아니라 방향이 중요합니다. 우리의 목표는 언제나 예수 그리스도이시고, 그분께 한 걸음 더 가까이 나아가는 삶이 성도의 길입니다. 씨앗이 흙 속의 보이지 않는 시간들을 지나 뿌리를 내리듯, 우리 영혼도 보이지 않는 은혜와 지식의 깊은 곳에서 조용히 자랍니다. 하나님은 그 보이지 않는 시간 속에서 우리를 다듬고 빚으십니다. “영광이 이제와 영원한 날까지 그에게 있을지어다”라는 베드로의 마지막 고백은, 우리의 성장의 목적지가 결국 하나님께 돌아가는 영광임을 선포합니다.

주님, 은혜와 주님을 아는 지식에서 날마다 자라가게 하시고, 우리의 삶이 영광의 날을 바라보며 더욱 깊어지고 견고해지게 하옵소서. 아멘.

3월 **26**일

은혜로 허락된 선물

시편 119:89

"여호와여 주의 말씀은 영원히 하늘에 굳게 섰나이다"

우리가 오늘 아무런 장벽 없이 성경을 펼칠 수 있다는 사실은 너무 익숙해져 그 은혜의 깊이를 잊기 쉽습니다. 그러나 이 한 권의 성경은 수백 년 동안 이어진 눈물과 피, 그리고 말씀을 지키려 했던 믿음의 헌신이 켜켜이 쌓여 우리 손에 놓인 거룩한 선물입니다. 위클리프[J.Wycliffe]가 라틴어 성경을 영어로 번역하며 "말씀은 모든 이의 것이어야 한다"는 확신을 외쳤을 때, 그는 교회의 박해 속에서도 백성에게 하나님의 말씀을 돌려주려 했습니다. 그의 번역 성경이 불태워졌어도, 주님이 선언하신 "내 말은 없어지지 아니하리라"[마 24:35]는 약속은 꺼지지 않았습니다. 뒤이어 틴데일[W.Tyndale]은 "어린 농부라도 성경을 읽게 하겠다"는 열망으로 신약을 원어에서 번역했습니다. 그는 박해 끝에 화형당했지만, 마지막 기도는 "하나님, 왕의 눈을 열어 주소서"였습니다. 그리고 단 2년 뒤, 영국 전역에 영어 성경이 배포되었습니다. 말씀 번역의 역사는 단순한 지적 작업이 아니라, 하나님이 당신의 백성에게 말씀을 들려주시기 위해 언어의 장벽을 넘어 역사 속에서 친히 일하신 구속의 여정이었습니다. 우리가 오늘 자연스럽게 읽는 이 성경은, 실제로는 순교자의 피와 무명의 신실한 이들의 기도 위에 놓인 은혜의 결실입니다. 말씀은 그 어떤 권세도 지울 수 없는 하나님의 영원한 진리이며, 시대를 지나며 수없이 공격받았지만 결코 사라지지 않았습니다. "주의 말씀은 내 발에 등이요 내 길에 빛"[시 119:105]이라는 고백이 오늘 우리의 삶에도 여전히 유효한 이유는, 하나님이 그 말씀을 친히 지키셨기 때문입니다. 그러므로 성경을 펼치는 일은 단순한 신앙 습관을 넘어, 은혜의 특권입니다. 말씀이 우리의 마음을 깨우고 삶을 새롭게 비추는 빛이 되어, 우리의 길을 바르게 세웁니다. 그 빛 앞에 머무는 사람은 흔들리지 않습니다.

주님, 우리 손에 성경을 허락하시기까지 역사 속에서 일하신 당신의 신실하심을 찬양합니다. 말씀을 지키기 위해 생명을 드린 믿음의 선배들을 기억하게 하시고, 그 은혜를 헛되이 하지 않도록 날마다 말씀을 사랑하고 순종하게 하소서. 아멘.

3월 **27**일

그리스도 안에서 시작하신 하나님의 사랑

요한일서 4:19

"우리가 사랑함은 그가 먼저 우리를 사랑하셨음이라"

사랑의 근원은 언제나 하나님께 있습니다. 우리가 품는 사랑은 우리의 결심이나 감정의 산물이 아니라, 먼저 다가오신 하나님의 선행적 은혜Prevenient Grace에 대한 응답입니다. 성경은 요한일서 전체에서 사도 요한을 통해 "하나님은 사랑이시라"요일 4:8 선언하며, 하나님의 사랑이 성도의 정체성과 삶의 방향을 결정하는 근원적 힘임을 증언합니다. 우리는 죄 가운데 방황하며 하나님을 등지고 있었지만, 하나님은 단 한 번도 우리를 버리지 않으셨습니다. "우리가 아직 죄인 되었을 때 그리스도께서 우리를 위하여 죽으심으로 하나님께서 우리에 대한 사랑을 확증하셨느니라"롬 5:8. 십자가의 사랑은 단순한 호의나 감정이 아니라, 자기를 내어주신 절대적 헌신이며, 우리의 존재를 새롭게 다시 빚어내는 창조적 사랑입니다. 이 사랑을 깊이 아는 사람은 더 이상 사랑을 계산하지 않습니다. 세상은 사랑을 주고받는 거래처럼 이해하지만, 복음 안에서 사랑은 처음부터 끝까지 은혜로 흐르는 강물입니다. "사랑은 받아야만 배울 수 있다"는 말처럼, 하나님의 선행적 사랑을 깨달을수록 우리는 사랑하기 어려운 이를 사랑하게 되고, 용서할 수 없던 이를 품게 됩니다. 사랑의 능력은 나의 결심에서 나오지 않고, 그분이 먼저 우리에게 흘려보내신 사랑에서 흐릅니다. 개혁주의 신학은 하나님의 사랑이 우리 사랑의 원인이며, 우리의 사랑은 그분 사랑의 결과라는 은혜의 질서를 강조합니다. 그래서 사랑은 성도의 의무이기 전에, 은혜로 변화된 존재가 자연스레 흘려보내는 필연적 열매입니다. 오늘 우리는 사랑의 원천이 하나님께 있음을 기억하며, 받은 사랑을 나누는 통로로 살아가야 합니다. 사랑은 흘려보낼 때 완성되고, 나눌 때 깊어지며, 베풀 때 더욱 밝아지는 하나님의 빛입니다.

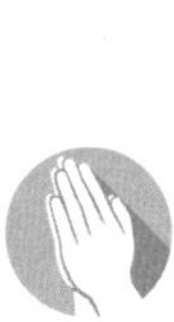

주님, 먼저 주신 사랑을 잊지 않게 하시고, 그 사랑을 기꺼이 이웃에게 흘려보내는 삶을 살게 하옵소서. 아멘.

3월 **28**일

나누어질 수 없는 진리와 사랑

요한이서 1:6

"사랑은 이것이니 우리가 그 계명을 따라 행하는 것이요 …"

짧지만 밀도 높은 요한이서는 교회의 본질을 꿰뚫는 한 가지 진리를 전합니다. 진리와 사랑은 결코 분리될 수 없다는 것입니다.

세상은 사랑을 감정으로 받아들이고, 진리를 지적인 동의로 여길 때가 많지만, 성경은 사랑을 계명을 따라 걷는 순종의 길로 정의합니다. 사랑은 느낌이 아니라 삶으로 드러나는 신실한 행위입니다. "사랑 없는 진리는 칼과 같고, 진리 없는 사랑은 길 잃은 불빛과 같다"는 말처럼, 진리는 사랑 안에서 따뜻해지고, 사랑은 진리 안에서 방향을 얻습니다. 요한은 당시 교회 안팎을 흔들던 거짓 가르침과 미혹 속에서 성도가 붙들어야 할 가장 단순하면서도 본질적인 해답을 제시합니다. 진리에 뿌리내린 사랑, 사랑으로 증명되는 진리 — 이 둘이 하나가 될 때, 교회는 흔들림 없이 선 자리를 지킵니다. 어떤 이는 사랑을 마음속에 피어오르는 따뜻한 느낌으로 한정하지만, 성경은 사랑을 순종의 행동으로 증언합니다. 부모의 사랑이 말이 아니라 헌신과 희생으로 드러나듯, 성도의 사랑 또한 말씀을 따라 걷는 발걸음 속에서 진짜가 됩니다. 감정으로서의 사랑은 멈추고 흐르지 않으면 곧 사라지지만, 진리 안에서 순종으로 드러나는 사랑은 자라고, 깊어지고, 지속되는 사랑입니다. 개혁주의 전통은 하나님을 아는 참 지식이 반드시 삶의 열매를 낳는다고 가르칩니다. 진리가 머리에만 머물러 있을 때는 사랑할 힘이 없지만, 진리가 마음을 적실 때 사랑은 자연스럽게 흘러나옵니다. 진리와 사랑은 성도의 두 날개이며, 두 기둥이며, 두 선물입니다. 오늘 우리의 사랑이 머물러 있는 감정으로 멈추지 않기를. 진리를 잃은 선의나, 사랑 없는 경직된 신앙으로 흐르지 않기를. 말씀의 빛을 따라 순종하며 드러내는 사랑, 그 사랑이 성도의 일상 속에서 조용히 피어오르기를 소망합니다.

주님, 제 사랑이 말에 머물지 않고 말씀에 대한 순종으로 증명되게 하시며,
진리와 사랑이 제 삶 안에서 온전히 하나 되게 하옵소서. 아멘.

3월 **29**일

진리 안에서 행하는 기쁨

요한삼서 1:4

"내가 내 자녀들이 진리 안에서 행한다 함을 듣는 것보다 더 기쁜 일이 없도다"

사도 요한의 마지막 편지라 할 수 있는 요한삼서는, 교회 안에서 진리와 사랑이 어떻게 삶이 되는가를 보여주는 따뜻한 영적 기록입니다. 요한은 세상적 성공이나 외적인 성취가 아니라, 사랑하는 자녀들이 진리 안에서 행한다는 소식이 자신에게 가장 큰 기쁨이라고 고백합니다. 이는 부모의 마음이자, 목자의 마음이자, 하나님의 마음에 가장 가까운 고백입니다. '진리 안에서 행한다'는 것은 단순히 교리적 동의나 머리의 지식을 뜻하지 않습니다. 진리가 삶 속에서 살아 움직이는 것, 곧 말과 행동, 태도와 관계, 하루의 작은 선택들 안에서 복음이 호흡한다는 뜻입니다. 진리는 아는 것으로 완성되지 않고, 살아낼 때 빛이 됩니다. 그 삶 속에서 진리는 사랑을 입고, 사랑은 진리를 견고하게 합니다. 요한삼서는 진리와 사랑이 신자의 일상에서 분리될 수 없음을 강조합니다. 교회의 사역 역시 외형적 확장보다 진리로 인한 사람의 변화에 있습니다. 복음은 인간의 내면을 새롭게 하며, 그 변화가 세상을 향한 빛이 됩니다. 잃은 양을 끝까지 찾는 목자의 이야기는 바로 이 진리의 기쁨을 가장 잘 드러냅니다. 누군가가 진리 안에 뿌리내리고 걸어가는 모습을 보는 기쁨 — 그것이야말로 하늘의 기쁨이며 목자의 기쁨입니다. 결국 인생의 마지막에 남는 진정한 기쁨은 내가 쌓은 업적이 아니라, 사랑하는 이들이 진리 안에서 걷는 모습을 바라보는 것입니다. 그들의 걸음이 바로 나의 기쁨이 되고, 우리의 순종이 서로의 기쁨이 되는 공동체가 교회입니다. 오늘 우리는 누군가의 기쁨이 되기 위해, 다시 진리 위에 굳게 서서 그 길을 묵묵히 걸어가야 합니다. 한 걸음의 순종이 또 한 사람의 믿음을 세우고, 그 믿음이 교회를 세우며, 교회는 세상 속에 잔잔한 빛을 흘려보냅니다.

주님, 오늘도 진리 안에 굳게 서서, 주님께도 사람들에게도 기쁨이 되는 삶을 살게 하옵소서. 아멘.

3월 **30**일

믿음의 목적지인 긍휼과 사랑

유다서 1:21

"하나님의 사랑 안에서 자신을 지키며, 영생에 이르도록 우리 주 예수 그리스도의 긍휼을 기다리라"

유다서는 교회가 거짓 가르침과 혼란에 흔들리던 시대에 주어진 짧지만 강력한 경고와 위로의 서신입니다. 그 중심에는 신자가 믿음을 지키는 길이 단순히 외부의 위협을 막는 데 있지 않고, 하나님의 사랑 안에 자신을 두는 것이라는 깊은 진리가 놓여 있습니다. 사랑 안에 거한다는 것은 감정적 위안을 말하는 것이 아니라, 하나님의 은혜를 기억하며 마음을 지키고, 공동체 안에서 그 사랑을 흘려보내는 능동적이고 성숙한 신앙의 위치입니다. "진정한 요새는 높은 성벽이 아니라 하나님의 사랑이다"라고 한 교부의 말처럼, 오직 하나님의 사랑 안에 거한 이들만이 흔들리지 않았습니다. 하나님의 사랑은 우리의 정체성과 안전, 그리고 지속할 힘의 근원입니다. 동시에 유다는 성도에게 "우리 주 예수 그리스도의 긍휼을 기다리라"고 권합니다. 이는 수동적 대기가 아니라, 영생을 향한 소망을 단단히 붙드는 적극적 신뢰입니다. 씨앗이 겨울 속에서도 봄을 기다리며 생명을 품고 있는 것처럼, 성도는 거짓과 유혹의 어둠 속에서도 주님의 긍휼을 바라보며 하루를 살아갑니다. 개혁주의 신학은 하나님의 사랑과 긍휼이 구원과 성도의 견인의 근원임을 강조합니다. "은혜를 잊는 순간 죄가 싹트고, 긍휼을 바라보는 자리에 소망이 자란다"는 말처럼, 사랑과 긍휼 사이에 자신을 세우는 것이 신앙의 길입니다. 결국 하나님의 사랑은 우리의 피난처이고, 주님의 긍휼은 우리가 향하는 목적지입니다. 이 믿음의 여정을 끝까지 달려갈 힘은 외부에서 오는 것이 아니라, 하나님 안에 거할 때 솟아나는 내적 충만함에서 나옵니다. 사랑 안에 머무르고, 긍휼을 바라보는 자만이 흔들림 속에서도 견딜 수 있습니다.

주님, 하나님의 사랑 안에 저를 지켜 주시고, 주님의 긍휼을 바라보며 흔들림 없는 믿음으로 끝까지 걸어가게 하옵소서. 아멘.

3월 **31**일

주님이 모든 눈물을 닦아주시는 날

요한계시록 21:3-4

"보라, 하나님의 장막이 사람들과 함께 있으매 … 그들의 눈에서 모든 눈물을 닦아 주시니 다시는 사망이 없고 애통하는 것이나 곡하는 것이나 아픈 것이 다시 있지 아니하리니 …"

요한계시록의 절정은 두려운 심판의 그림자가 아니라, 새 하늘과 새 땅에 임하시는 하나님 나라의 찬란한 임재입니다. 인류의 역사는 눈물과 전쟁, 상실과 상처로 얼룩져 왔지만, 하나님의 이야기는 절망으로 끝나지 않습니다. 마지막 장면은 어둠이 아니라 빛으로 가득 찬 회복의 장면입니다. 하나님이 친히 장막을 치시고 우리 가운데 거하시며, 우리의 눈에서 눈물을 닦아 주시는 이 장면은 단순한 위로가 아니라 죄와 죽음이 더 이상 자리할 수 없는 영원한 전환점입니다. 옛 철학자가 "인간의 눈물은 역사의 강을 이룬다"고 했지만, 계시록은 그 강이 마침내 하나님의 손길 앞에서 완전히 마른다고 선언합니다. 우리의 삶은 종종 짙은 안개 속을 걷는 것 같지만, 성경은 마지막에 펼쳐질 완전한 도착지, 곧 새 예루살렘의 영광을 미리 보여줍니다. 성도는 이 소망을 붙들고 오늘의 고난을 견디며, 불완전한 현실 너머에 다가올 완전한 회복과 안식을 바라봅니다. 광야에서 하늘의 만나를 바라보며 걸었던 이스라엘처럼, 우리는 장차 임할 새 예루살렘을 향해 믿음으로 천천히, 그러나 확실하게 걸어갑니다. 개혁주의 전통이 말하듯, 종말은 두려움의 순간이 아니라 하나님의 약속이 온전히 성취되는 은혜의 절정입니다. 모든 눈물을 닦아주시는 그날을 아는 사람은, 오늘의 눈물 속에서도 이미 임재의 장막 아래 살고 있음을 고백할 수 있습니다. 그러므로 우리는 눈물의 골짜기를 지나도 절망하지 않습니다. 주님이 닦아주실 마지막 눈물, 더 이상 울 일이 없는 나라, 죽음이 더는 이름을 남기지 못하는 새 시대를 바라보며 지금의 걸음을 이어갑니다. 미래의 영광이 오늘의 고난을 이기게 하고, 다가올 위로가 현재의 슬픔을 견디게 합니다.

주님, 눈물을 닦아주시는 그날을 바라보며 오늘의 길을 소망 가운데 걷게 하시고, 임재의 장막 아래에 있다는 믿음으로 흔들림 없이 살아가게 하옵소서. 아멘.

A p r i l

4월

하나님과 동행

4월 **1**일

인간의 신 개념을 넘어 계시의 하나님께

시편 50:21

"너는 내가 너와 같은 줄로 생각하였도다. 그러나 내가 너를 책망하여 네 죄를 네 눈앞에 드러내리라"

인간은 본능적으로 신을 찾는 존재입니다. 그러나 그 탐구는 언제나 인간의 한계를 벗어나지 못했습니다. 고대인은 자연을 신으로 만들었고, 현대인은 자아와 성취, 소유와 감정을 신의 자리에 올려두었습니다. 때로는 교회 안에서도 하나님을 우리의 틀 안에 가두고, 그분의 영광을 우리의 이해만큼 축소시키며 "하나님도 나와 같으실 것"이라 속삭입니다. 그러나 성경은 단호히 말씀하십니다. "너는 내가 너와 같은 줄로 생각하였도다." 인간이 만든 신 개념은 결국 인간 자신의 그림자일 뿐, 무한하신 하나님을 담아낼 수 없습니다. 하나님은 "나는 스스로 있는 자니라"출 3:14고 하신 분, 그 누구에게서 기원하지 않으신 자존自存하시는 하나님이십니다. 그분은 인간의 사상 속에서 만들어지는 관념이 아니라, 말씀 속에서 스스로를 드러내신 계시의 하나님, 곧 초월과 임재가 동시에 완전한 분이십니다. 그러므로 참된 신앙은 내가 만든 작은 신상을 깨뜨리는 것에서 시작됩니다. 인간의 철학과 감정이 아무리 섬세해도 어둠을 밝히는 별빛에 지나지 않습니다. 오직 말씀 가운데 자신을 비추시는 하나님만이 새벽을 여는 태양처럼 우리를 진리로 인도하십니다. 아우구스티누스의 고백처럼, "주님 안에서만 우리의 마음은 안식을 얻습니다." 인간이 만든 신 개념은 결국 불안과 공허를 남기지만, 계시 속의 하나님을 만날 때 영혼은 비로소 쉼을 얻고, 진리의 빛 앞에서 다시 살아납니다. 오늘도 성경을 펼쳐 귀를 기울이는 이는 상상의 신이 아닌, 살아 계신 하나님 앞에 서게 됩니다. 그분은 우리를 새롭게 하시는 거룩한 주님이십니다.

주님, 제 마음속에서 만들어낸 왜곡된 신 개념을 내려놓고, 말씀 속에서 스스로를 드러내신 영원하신 하나님을 바로 알게 하소서. 제 생각이 아니라 계시의 빛으로 제 영혼을 비추시고, 참되신 하나님 앞에 겸손히 서게 하소서. 아멘.

4월 2일

섭리의 하나님을 바라보다

시편 103:19

"여호와께서 그의 보좌를 하늘에 세우시고 그의 왕권으로 만유를 다스리시도다"

인생의 길 위에서 우리는 종종 예기치 않은 사건 앞에 멈춰 서며, 그것을 우연이나 불운으로 받아들입니다. 그러나 성경은 역사의 깊은 심부에서 일하시는 하나님을 증언합니다. "하나님이 모든 것을 합력하여 선을 이루신다"롬 8:28는 말씀은 차갑고 기계적인 운명론이 아니라, 살아 계신 창조주께서 지금 이 순간도 사랑으로 세계를 붙들고 계신다는 위대한 선언입니다. 고대의 격언에 "왕의 손길은 가장 작은 풀잎에도 닿아 있다" 했듯, 하나님의 주권은 광대한 역사뿐 아니라 한 사람의 작은 일상까지도 세밀하게 관통합니다. 욥은 한순간에 모든 것이 무너지는 절망 속에서도 "주신 이도 여호와시요 취하신 이도 여호와시니"욥 1:21라 고백했습니다. 이는 포기한 자의 체념이 아니라, 보이지 않는 섭리의 손길을 신뢰한 믿음의 고백입니다. 우리 눈에 혼돈처럼 보이는 순간조차, 하나님의 계획 안에서는 정밀하게 맞물린 톱니바퀴와 같습니다. 토마스 왓슨이 "하나님의 섭리는 성도의 지팡이이자 악인의 사슬이다"라 말한 것처럼, 섭리는 성도에게는 평안을 주고 악을 꾀하는 자에게는 한계를 두는 하나님의 선하신 통치입니다. 요셉의 이야기는 이 진리를 가장 밝게 비춥니다. 형제들의 악한 계획 속에서도 그는 고백합니다. "당신들은 나를 해하려 하였으나 하나님은 그것을 선으로 바꾸사"창 50:20. 인간의 죄와 어둠이 드리운 자리조차 하나님의 섭리는 은총의 빛으로 뚫고 지나갑니다. 그러므로 믿음의 사람은 역경 속에서도 "주께서 다스리신다"는 고백으로 흔들리지 않습니다. 현실은 흔들려도, 보좌에 앉아 다스리시는 하나님은 흔들리지 않으시기 때문입니다. 오늘 우리에게 필요한 것은 상황의 해석이 아니라, 보좌에 앉으신 하나님을 바라보는 눈입니다. 그분의 섭리는 우리의 두려움을 진정시키고, 절망의 골짜기에서도 감사의 숨결을 불어넣습니다.

전능하신 하나님, 제 삶의 상처와 혼돈 속에서도 일하시는 주님의 섭리를 신뢰하게 하소서. 두려움 대신 평안을 주시고, 모든 순간 속에서 주께서 다스리심을 바라보게 하소서. 아멘.

4월 **3**일

거룩하신 하나님 앞에 서다

이사야 6:3

"거룩하다 거룩하다 거룩하다 만군의 여호와여 그의 영광이 온 땅에 충만하도다"

하나님을 묘사하는 성경의 언어 가운데 가장 높고 압도적인 표현은 거룩입니다. 하나님의 사랑은 거룩한 사랑이며, 그분의 정의는 거룩한 정의입니다. 거룩이란 모든 악과 불의에서 완전히 분리되신 절대적 순결, 그 어떤 흠도 없는 완전한 도덕적 아름다움을 뜻합니다. 그래서 성경은 하나님의 본질을 설명할 때 무엇보다 먼저 "거룩하다"는 고백을 앞세웁니다. 하늘 보좌 주위의 네 생물은 밤낮 쉼 없이 "거룩하다 거룩하다 거룩하다"[계 4:8]라고 외치며, 인간의 언어로 담을 수 없는 하나님의 절대적 순수함을 노래합니다. 그 거룩 앞에 서는 순간, 우리는 자신의 불결함과 부족함을 깊이 자각하게 됩니다. 이사야가 성전에서 하나님의 영광을 본 후 "화로다 나여 망하게 되었도다"[사 6:5]라고 고백한 것처럼, 거룩의 빛은 우리의 그림자를 낱낱이 드러냅니다. 밝은 햇빛 아래 작은 티끌이 선명해지듯, 하나님의 거룩 앞에서 인간의 본 모습이 드러나는 것입니다. 그러나 그 빛은 우리를 파괴하려는 불이 아니라 정결하게 하고 새롭게 하는 은혜의 불입니다. "너희를 부르신 이가 거룩하니 너희도 거룩하라"[벧전 1:15]는 부르심은 공포가 아니라 은혜의 초대입니다. 하나님이 거룩하심으로 우리를 그 형상으로 빚어가시는 능력의 선언입니다. 거룩하신 하나님을 아는 지식은 두려움을 넘어 경외로 우리를 이끕니다. 그래서 예배는 의무가 아니라 감격의 응답이 되고, 무릎 꿇음은 억압이 아니라 자유가 됩니다. 영국의 신학자 패트릭이 말한 것처럼 "경외는 두려움의 종착지가 아니라 사랑의 시작"입니다. 거룩 앞에서 우리는 더 이상 삶의 주인도, 심판관도 아닌, 창조주 앞에 선 한 피조물로서 감사와 찬송을 고백하게 됩니다. 그 거룩은 우리의 최악을 드러내되 동시에 우리를 의의 길로 이끄는 회복의 빛이 됩니다. 이 진리가 마음에 새겨질 때, 우리의 삶 전체가 예배가 되고, 일상의 호흡조차 경건의 고백으로 변화됩니다.

거룩하신 주님, 제 영혼을 정결케 하시고 주님의 거룩을 닮아가게 하소서.
두려움이 아닌 감사와 경외로 날마다 주 앞에 예배하는 자 되게 하소서. 아멘.

4월 **4**일

하나님은 변함이 없으신 분

시편 50:21

"너는 내가 너와 같은 줄로 생각하였도다"

인간은 창조될 때부터 무엇인가를 경배하도록 지음 받은 존재입니다. 그러나 그 예배의 방향은 언제나 곧바로 참 하나님께 향하지 않았습니다. 고대의 이방 민족들은 태양과 달을 신격화했고, 이스라엘조차 금송아지를 만들며 눈에 보이는 것에 안도했습니다[출 32:4]. 오늘을 사는 우리는 더 세련된 형태로 우상을 만들 뿐입니다. 자아와 자존심, 소유와 성취, 심지어 종교적 열심마저도 자기 의지와 욕망을 투사하여 신의 자리에 올려놓습니다. 그래서 우리는 하나님을 우리의 기대와 취향의 틀 안에 가두려 하며, 마치 하나님도 우리 같으시리라 오해합니다. 그러나 성경은 선언합니다. "사람의 길이 자기 보기에는 정직하여도 여호와는 마음을 감찰하시느니라"[잠 21:2]. 참 하나님은 인간의 상상 속에서 만들어진 그림자가 아니라, 세상이 생기기 전부터 스스로 계신 영원하신 분입니다. 출애굽기 3장 14절에서 "나는 스스로 있는 자니라" 하신 하나님은 존재의 근원이시며, 누구에게 의존하지 않는 자존하시는 분입니다. 인간이 만든 신은 결국 인간의 욕망을 닮아 우리의 마음을 옭아매지만, 계시 속에서 자신을 드러내신 하나님은 우리를 진정한 자유로 이끄십니다. 그러므로 신앙의 여정에서 가장 먼저 해야 할 일은, 마음 깊은 곳에 숨어 있는 우상을 무너뜨리는 것입니다. 그리고 말씀 속에서 자신을 나타내신 하나님을 경배하는 자리로 돌아오는 것입니다. 진정한 예배는 상상의 하나님 앞에서 드리는 형식이 아니라, 살아 계신 하나님 앞에서 떨림과 기쁨으로 드리는 영적 응답입니다. "하나님은 영이시니 예배하는 자는 영과 진리로 예배할지니라"[요 4:24]는 말씀은 우리가 만들어낸 하나님이 아니라, 계시의 빛 속에서 자신을 보여주시는 하나님께 나아오라는 초대입니다. 하나님은 변하지 않으시고, 인간의 기분이나 바람에 따라 요동하지 않으십니다. 그분이 변함이 없으시기에 우리의 믿음은 흔들리지 않는 반석 위에 서고, 우리의 예배는 참된 경배가 됩니다.

참되신 하나님, 제 안에 숨어 있는 모든 우상을 무너뜨리시고, 말씀 속에서 자신을 드러내신 하나님만 바라보게 하소서. 제 예배가 상상의 산물이 아니라, 살아 계신 하나님께 드리는 진실한 경배가 되게 하소서. 아멘.

4월 **5**일

하나님을 아는 길

시편 89:6

"하늘에서 주와 같은 자 누구며, 주와 같이 비교될 자가 땅에도 없나이다"

인간의 영혼 가장 깊은 자리에는 "하나님은 어떤 분이신가?"라는 본능적 갈망이 자리합니다. 그러나 그 길은 인간 스스로 발견할 수 있는 길이 아닙니다. 아우구스티누스가 고백했듯, "주께서 우리를 주를 위하여 지으셨으니, 우리의 마음은 주 안에서 안식하기 전에는 평안을 얻지 못합니다." 인간이 상상해 만든 신 개념은 언제나 자신의 욕망과 두려움을 닮아 있기에 참 하나님을 왜곡합니다. 그래서 성경은 이러한 모든 시도를 우상이라 부르며, "너는 나 외에는 다른 신들을 네게 두지 말라"[출 20:3]고 단호히 명하십니다. 하나님을 아는 유일한 길은 인간의 추측이나 감정이 아니라, 하나님께서 친히 자신을 드러내신 계시, 곧 말씀입니다. 성경은 하나님이 거룩하시며 동시에 사랑이시고, 전능하시며 신실하시며, 변함없으시고 선하신 분임을 증언합니다. 이것은 머릿속의 정보가 아니라, 삶을 새롭게 하고 영혼을 일으키는 능력입니다. 하나님을 안다는 것은 더 많이 아는 것이 아니라, 더 깊이 사랑하는 것입니다. 참된 신학은 영혼을 차갑게 하는 지식이 아니라, 하나님을 경외하게 하고 마음을 겸손하게 하며, 삶 속에서 순종으로 열매 맺게 하는 지식입니다. 하나님을 아는 지식은 우리 안의 교만을 부수고, 마음속 우상을 무너뜨리며, 예배를 더욱 진실하게 만듭니다. 그 지식은 우리의 걸음을 하나님 영광을 향한 길로 이끌고, 인간의 연약한 시선을 하나님의 위엄과 아름다움으로 들어 올립니다. 하나님을 아는 것은 단순히 '아는 것'이 아니라 '변화되는 것'이며, 그분 안에서 다시 태어나는 길입니다.

지혜와 진리의 하나님, 제 눈을 열어 말씀 속에 감추어진 주님의 영광을 보게 하소서. 아는 만큼 더 깊이 사랑하게 하시고, 깨닫는 만큼 순종하게 하시며, 모든 지식이 주를 경외함으로 열매 맺게 하소서. 아멘.

4월 **6**일

계시의 하나님과 예배자의 자리

요한계시록 15:4

"거룩하신 하나님이여, 주를 경외하지 아니할 자 누구리이까"

하나님은 영원 전부터 스스로 존재하시는 분이십니다. 어느 것에도 의존하지 않으시며, 만물은 그분의 뜻과 능력 안에서만 존재합니다[행 17:28]. 그러나 우리는 너무 쉽게 이 위대하신 하나님을 우리의 좁은 이해의 틀 안에 가두려 합니다. 우리의 한계를 곧 하나님의 한계로 착각하고, 우리의 욕망을 하나님의 뜻처럼 포장하며, 우리의 기대를 하나님의 계획 위에 올려놓습니다. 이는 결국 고대인들이 손으로 만든 우상 앞에 엎드렸던 모습과 다르지 않습니다[사 44:9-20]. 참된 예배는 상상 속의 하나님을 섬기는 행위가 아니라, 계시 속에서 자신을 드러내신 하나님 앞에 서는 일입니다. 성경은 하나님이 거룩하시며, 변함없으시고, 사랑과 공의로 충만하신 분임을 명확히 보여 줍니다[말 3:6; 시 145:17]. 아우구스티누스는 "하나님을 떠난 인간의 마음은 쉼을 얻지 못한다"고 고백했습니다. 우리가 계시에 붙들릴 때 비로소 우리의 영혼은 안식을 찾고, 예배자의 자리에서 무릎을 꿇게 됩니다. 예배는 억지의 행위가 아니라, 경이와 사랑에서 흘러나오는 감사의 응답입니다. 오직 하나님만이 전능하시며, 오직 하나님만이 거룩하시다는 진리가 마음에 새겨질 때 우리의 찬송은 습관에서 벗어나 뜨거운 고백으로 바뀝니다. 경외 없는 종교는 결국 허무로 흐르지만, 경외 있는 신앙은 삶 전체를 변화시키는 능력이 됩니다. 하나님을 깊이 알수록 우리는 더 겸손히, 더 뜨겁게, 더 순전하게 그분을 예배하게 됩니다. 예배란 결국 하나님을 아는 지식이 사랑과 순종으로 흘러나오는 자리이며, 인간의 교만이 무너지고 하나님의 영광만이 드러나는 자리입니다.

거룩하신 주님, 제 시선을 세상의 욕망에서 거두어 오직 주의 영광에 고정하게 하소서. 제 예배가 의무가 아니라 사랑의 응답이 되게 하시고, 날마다 더 깊은 경외와 감사로 주 앞에 서게 하소서. 아멘.

4월 7일

보좌에 앉으신 그리스도

이사야 6:3

"거룩하다 거룩하다 거룩하다 만군의 여호와여 그의 영광이 온 땅에 충만하도다"

선지자 이사야는 성전에서 보좌에 앉으신 주님을 보았습니다. 그 순간 천사들의 찬송은 단순한 노래가 아니라, 영원 전부터 존재하신 하나님의 절대적 거룩을 드러내는 우주의 울림이었습니다. 그 빛 앞에서 이사야는 "화로다, 나는 입술이 부정한 자로다"사 6:5라 고백합니다. 하나님의 거룩은 인간의 연약과 죄성을 가차 없이 비추며, 스스로 의롭다 여기는 마음을 무너뜨립니다. 그러나 사도 요한은 이 광경을 이렇게 해석합니다. "이사야가 예수의 영광을 보고 그에 대하여 말한 것이라"요 12:41. 곧 이사야가 본 이는 단지 막연한 신적 존재가 아니라, 창세 전부터 영광 가운데 계신 예수 그리스도이십니다. 우리는 종종 예수님을 온유한 목자로만 기억하지만, 그분은 동시에 천군천사가 얼굴을 가리며 경배하는 만군의 왕이십니다. 그 분 앞에서 피조물은 누구도 스스로를 높일 수 없습니다. 사람의 운명은 무엇을 경외하느냐에 따라 결정됩니다. 세상의 권세와 유행은 계절처럼 바뀌지만, 보좌에 앉으신 그리스도의 영광은 흔들림 없이 온 땅에 충만합니다. 교회 역사 속 모든 부흥은 이 거룩에 압도되어 무릎 꿇은 한 사람의 심장에서 시작되었습니다. 하나님 앞에 무너진 자리에서 새로운 공동체와 새로운 시대가 열렸습니다. 그러므로 예수를 믿는다는 것은 단순한 종교적 선택이 아니라, 존재 전체를 보좌에 앉으신 주 앞에 두는 일입니다. 그 앞에서 우리는 무너지고, 동시에 은혜로 다시 세워집니다. 경외는 우리를 작게 만들지 않습니다. 오히려 거룩 앞에 설 때, 우리는 참된 중심을 회복하고 삶의 질서가 제자리를 찾습니다.

거룩하신 주 예수여, 주님의 영광을 가볍게 여기지 않게 하시고, 제 삶이 날마다 경외와 찬양의 제물이 되어 주님의 보좌 앞에서 새롭게 서게 하소서.

4월 **8**일

말씀이 육신이 되어 우리 가운데 오심

요한복음 1:14

"말씀이 육신이 되어 우리 가운데 거하시매 …"

성육신은 단순한 교리가 아니라 기독교 신앙의 심장입니다. 하나님이 멀리서 구원을 선언하신 것이 아니라, 죄인 한가운데로 친히 내려오신 사건입니다. 창조주께서 피조물의 몸을 입으셨고, 영원하신 분이 시간 속으로 들어오셨으며, 무한하신 하나님이 인간의 가슴 안으로 스며드셨습니다. 절대적 주권자가 아기의 울음으로 세상에 오신 이 사건은 모든 종교와 사상으로 설명할 수 없는 하나님의 사랑의 낮아짐입니다. 바울은 이 신비를 이렇게 고백합니다. "그는 근본 하나님의 본체시나 … 자기를 비워 종의 형체를 가지사 사람들과 같이 되셨고"빌 2:6-7. 성령으로 잉태되어 동정녀 마리아에게서 나신 것은 인간의 욕망이 아니라 하나님의 주권적 은혜의 역사였습니다. 만일 그가 다른 사람처럼 태어났다면 죄의 본성을 피할 수 없었을 것입니다. 그러나 그리스도는 죄 없이 나시어 율법을 온전히 이루시고, 우리를 대신해 완전한 순종의 길을 걸으셨습니다. 어느 신학자의 말처럼 "성육신은 무한한 사랑이 가장 낮은 자리로 흘러내린 사건"입니다. 역사 속 어떤 군주도 백성을 위해 스스로를 희생하지 않았습니다. 오히려 백성을 희생시킨 왕들이 가득합니다. 그러나 참된 왕이신 예수께서는 잃은 자를 찾아 스스로 낮아지셨습니다마 18:11. 성육신은 하나님이 멀리 계시지 않음을, 지금도 가까이 계셔 우리 가운데 거하심을 밝히 증언합니다. 그리스도가 거하시는 자리, 곧 우리의 삶이 성전이 됩니다. 그분이 우리 가운데 오셨기에, 우리는 더 이상 방황하는 존재가 아니라 하나님과 동행하는 거룩한 백성입니다. 성육신은 단지 옛 이야기의 한 장면이 아니라, 오늘도 우리 삶을 품고 계신 임마누엘의 계속되는 역사입니다.

하늘 보좌를 떠나 저를 위해 사람이 되신 주님, 제 삶이 주님이 거하시는 성전이 되게 하시고, 그 사랑의 신비 앞에 날마다 경외와 감사로 살게 하소서.

4월 **9**일

자기를 비워 종의 형체를 가지신 분

빌립보서 2:6-7

"자기를 비워 종의 형체를 가지사 사람들과 같이 되셨고"

예수 그리스도는 참 하나님이시며 동시에 참 사람이십니다. 이 신비로운 연합은 단순한 교리가 아니라, 우리의 구원을 위해 반드시 필요한 하나님의 지혜입니다. 참 하나님이시기에 그는 "세상 죄를 지고 가는 하나님의 어린 양"[요 1:29]으로서 무한한 가치를 지닌 희생을 드리실 수 있었고, 참 사람이시기에 "우리와 똑같이 시험을 받으신"[히 4:15] 자리에서 인간의 고통과 죽음을 몸소 감당하실 수 있었습니다. 초기 교부 아타나시우스는 "하나님이 사람이 되신 것은 사람이 하나님과 연합하기 위함이다"라고 말했습니다. 그리스도의 성육신은 인간 역사 가운데 가장 깊은 신비이자 은혜의 중심입니다. 하나님은 멀리서 세상을 바라보는 구경꾼이 아니라, 나사로의 무덤 앞에서 눈물을 흘리시고[요 11:35], 겟세마네에서 땀방울이 피가 되기까지 기도하신 우리의 형제이십니다. 그분은 우리를 위해 고통을 가르치신 것이 아니라, 고통 속으로 직접 들어오셨습니다. 십자가 위에서 그는 죄 없는 사람으로서, 그러나 무한히 거룩한 하나님으로서 우리를 대신해 죽으셨습니다. 만약 그의 신성과 인성이 완전하게 연합되어 있지 않았다면, 구원은 불가능했을 것입니다. 신성만으로는 우리를 대신할 수 없고, 인성만으로는 무한한 속죄를 이루실 수 없기 때문입니다. 참 사람이신 하나님, 참 하나님이신 사람이 오직 그리스도 한 분뿐입니다. "참된 사랑은 함께 들어주는 것이다"라는 말처럼, 예수께서는 단순히 교훈을 주신 분이 아니라, 우리의 짐을 함께 져 주시는 분이십니다. 이 은혜를 진실로 아는 사람은 옛 삶과 죄의 습관으로 되돌아갈 수 없습니다. 바울의 고백처럼 "내가 그리스도와 함께 십자가에 못 박혔나니 … 이제는 내가 사는 것이 아니요 오직 내 안에 그리스도께서 사시는"[갈 2:20] 새로운 생명으로 부름받습니다.

참 하나님이자 참 사람으로 오셔서 저를 대신하여 죽으신 주님의 사랑을 날마다 깊이 묵상하게 하시고, 제 삶이 그 은혜에 합당한 순종과 헌신으로 채워지게 하소서.

4월 **10**일

하나님의 나라가 임하는 때가 이르렀다

마가복음 1:14-15

"때가 찼고 하나님의 나라가 가까이 왔으니 회개하고 복음을 믿으라"

예수님의 공생애는 단순한 가르침이나 위로의 말로 시작되지 않았습니다. 예수께서는 갈릴리에서 첫 메시지로 "하나님의 나라가 이미 가까이 왔다"고 선포하셨습니다. 이는 단순한 약속이 아니라, 하나님이 지금 여기에서 다스리기 시작하셨다는 선언입니다. 세상의 왕국은 힘과 폭력으로 지배하지만, 하나님의 나라는 은혜와 진리로 통치합니다. 예수께서 행하신 일들—병든 자의 치유, 귀신 들린 자의 해방, 상처받은 자의 회복, 가난하고 소외된 자의 포용—이 모든 것은 하나님의 나라가 임했다는 표징이었습니다[눅 4:18-19]. 그러나 그 나라는 기적의 현장만을 의미하지 않습니다. 죄인이 마음을 돌이켜 하나님을 주님으로 모실 때 그 자리에서 하나님의 통치가 열립니다. 그래서 예수께서는 회개와 믿음을 하나님의 나라에 들어가는 문으로 제시하셨습니다. 어거스틴은 "내 마음이 주 안에서 쉴 때까지는 참 평안을 찾지 못한다"고 고백했습니다. 하나님 나라가 임한다는 것은 현실을 벗어난 이상향이 아니라, 지금 이 순간 내 마음이 꺾이고 그리스도가 주로 자리하시는 실제적 다스림입니다. 복음이 들려질 때, 하나님 나라가 문을 열고, 마음이 변화될 때 삶의 질서가 새롭게 세워집니다. 역사 속 모든 부흥도 이 복음의 능력이 사람의 심장을 사로잡을 때 시작되었습니다. "사람이 빵만으로 살 것이 아니요, 하나님의 입에서 나오는 모든 말씀으로 살 것이라"[마 4:4]는 말씀처럼, 인간의 진정한 삶은 복음을 믿고 하나님의 나라에 속할 때 비로소 열립니다. 그 나라는 내일이 아니라 오늘, 먼 곳이 아니라 내 마음에서 임합니다.

주님, 제 마음이 주의 나라가 임하는 자리 되게 하시고, 오늘도 회개와 믿음으로 하나님의 다스림 아래 살게 하소서.

4월 **11**일

십자가로 확증된 하나님의 사랑

로마서 5:8

“우리가 아직 죄인 되었을 때에 … 하나님께서 우리에 대한 자기의 사랑을 확증하셨느니라”

십자가는 인간의 가장 깊은 죄와 하나님의 가장 깊은 사랑이 맞부딪힌 자리입니다. 인간의 왕들은 금관을 쓰고 찬양을 받지만, 참된 왕이신 예수께서는 가시관을 쓰시고 조롱을 받으셨습니다. 그분은 죽음이 필요 없는 분이셨지만, 우리를 위해 죽음을 기꺼이 선택하셨습니다. 사랑은 계산하지 않는다는 사실을 십자가는 가장 분명하게 증언합니다. 우리가 여전히 하나님을 외면하고, 죄 가운데 헤매고 있을 때조차 그분의 사랑은 멈추지 않았습니다. 성경은 “사람이 친구를 위하여 자기 목숨을 버리면 이보다 더 큰 사랑이 없나니”요 15:13라 말합니다. 십자가는 바로 그 사랑의 절정입니다. 십자가를 바라보는 자는 단순히 고난의 모습을 보는 것이 아니라, 하나님의 마음 깊은 곳을 들여다보는 자입니다. 역사 속 수많은 왕은 백성을 위해 자신을 내어주기보다 백성을 희생했지만, 오직 예수 그리스도만이 자신을 희생하여 백성을 살리셨습니다. “그가 채찍에 맞음으로 우리가 나음을 입었도다”사 53:5. 십자가 앞에서 이 고백은 더 이상 교리의 문장이 아니라, 생명의 문이 됩니다. 십자가는 인간의 절망이 끝나는 자리이며, 동시에 구원의 새벽이 가장 밝게 올라오는 자리입니다. 우리의 한계가 드러나는 지점에서 하나님의 사랑은 가장 선명하게 빛납니다. 그러므로 십자가는 비극의 상징이 아니라, 오늘 우리를 살게 하는 생명의 근원입니다. 우리의 죄를 덮는 은혜의 강이자, 다시 살아갈 힘을 공급하는 사랑의 샘입니다. 십자가를 붙드는 사람은 결코 옛사람으로 돌아갈 수 없으며, 하나님의 사랑에 사로잡혀 새로운 삶으로 부름받습니다.

주님, 십자가의 사랑이 날마다 제 심령을 새롭게 하여, 제 삶이 그 사랑에 합당한 순종과 감사로 채워지게 하소서.

4월 **12**일

그리스도의 부활을 증거하는 신앙

누가복음 24:34

"주께서 살아나셨다 하니"

부활은 기독교 신앙의 중심이며 심장입니다. 예수께서는 십자가의 고통과 무덤의 어둠을 넘어 사흘 만에 일어나셨습니다. 이것은 단순한 기적이 아니라, 죄와 죽음의 지배를 완전히 무너뜨리신 하나님의 궁극적 승리입니다. 바울의 고백처럼 "사망아 너의 승리가 어디 있느냐? 사망아 네가 쏘는 것이 어디 있느냐"고전 15:55라는 외침은 부활 앞에서 실제가 됩니다. 죽음이 마지막 말이 아니라는 것을, 부활이 하나님 나라의 결정적 선언임을 보여줍니다. 부활하신 주님은 두려움 속에 숨어 있던 제자들에게 찾아오셔서 "너희에게 평강이 있을지어다"요 20:19고 말씀하셨습니다. 절망의 문을 두드린 것은 죽음이 아니라 주님의 평강이었습니다. 부활은 어둠의 끝에서 새벽이 열리는 하나님의 방식이며, 실패와 낙심의 골짜기를 지나더라도 다시 시작할 용기를 주는 하나님의 선물입니다. "아침은 가장 어두운 밤을 지나야 온다"는 말처럼, 부활은 그 말의 실체입니다. 가장 깊은 절망 속에서도 하나님은 여전히 새날을 준비하십니다. 역사 속 수많은 신앙의 선배들이 감옥과 고난 중에도 흔들리지 않았던 이유는, 부활이 단지 과거의 사건이 아니라 지금도 살아 역사하는 현재의 능력이기 때문입니다. 그들은 부활이 약속이 아니라 현실임을 믿었고, 자신들의 삶 자체가 부활의 증거가 되었습니다. 오늘 우리 역시 죽음을 이기신 주님의 생명 안에 부름받았습니다. 우리는 이미 새로운 피조물로 살아가며, 삶의 모든 영역에서 부활의 흔적을 드러내는 사람들입니다. 그러므로 우리의 고백 역시 바울의 그 찬송이 되어야 합니다. "우리 주 예수 그리스도로 말미암아 우리에게 승리를 주시는 하나님께 감사하노니"고전 15:57.

부활의 주님, 제 삶이 깊은 어둠을 넘어서는 소망의 증거가 되게 하시고, 날마다 부활의 능력으로 살게 하소서.

4월 13일

기쁨으로 기다리는 종말론적 신앙

요한계시록 22:12

"보라 내가 속히 오리니 …"

예수님은 반드시 다시 오십니다. 그날은 역사의 종결이 아니라, 모든 눈물이 씻기고 의가 거하며, 하나님과 사람이 영원히 함께 사는 완전한 회복의 날입니다[계 21:4, 벧후 3:13]. 성경이 말하는 종말은 파괴의 그림자가 아니라 회복과 완성의 빛을 향한 약속입니다. 그러므로 신앙의 여정은 기다림 속의 삶입니다. 그러나 이 기다림은 멈춤이 아니라, 오늘을 거룩하게 살아내는 긴장입니다. 재림 신앙은 추상적 미래의 교리가 아니라, 지금 우리의 삶을 빚어내는 능동적 힘입니다. "의인은 내일을 두려워하지 않는다"는 말처럼, 하늘을 향해 열린 마음은 현실을 피하지 않고 더 깊이 사랑하며 더 치열하게 살아갑니다. 주님께서 "속히 오리라"고 하신 약속은 지연이 아니라, 사랑의 인내입니다. "아무도 멸망하지 아니하고 다 회개하기에 이르기를 원하신다"[벧후 3:9]는 말씀처럼, 재림의 지연은 하나님의 오래참음이며, 한 영혼이라도 더 구원하기 위한 은혜의 시간입니다. 그러므로 기다림 자체가 은혜입니다. 우리는 세상의 불의와 혼란 속에서도 "주 예수여 오시옵소서"[계 22:20]라 고백하며, 그날처럼 오늘을 살아가도록 부름받았습니다. 참된 종말 신앙은 도피가 아니라 현재를 더욱 충만하게 살아가는 힘입니다. 시간의 주인이신 주님 앞에서 날마다 거룩함을 추구하며, 주신 사명을 감당하고, 영원의 빛으로 오늘을 밝히는 삶 — 그것이 재림을 기다리는 성도의 길입니다. 종말은 두려움이 아니라, 사랑하는 주님과의 만남이라는 희망의 이름을 가지고 있습니다. 기다림은 소극적 체념이 아니라, 순종과 섬김, 그리고 영혼을 준비하는 창조적 행위입니다. 주님의 발자국 소리가 가까워지는 그날을 바라보며, 우리는 오늘을 더 깊이 사랑하며 살아갑니다.

다시 오실 주님, 오늘을 그날처럼 살게 하시고, 재림의 소망이 제 삶을 빛나게 하소서.

4월 **14**일

우리 안에 거하시는 성령님

디모데후서 1:7

“하나님이 우리에게 주신 것은 두려워하는 마음이 아니요 오직 능력과 사랑과 절제하는 마음이니”

성령은 우리를 움직이는 추상적 에너지가 아니라, 인격을 가지신 하나님이십니다. 예수께서 약속하신 보혜사 성령은 우리를 가르치시고[요 14:26], 진리를 증언하시며[요 15:26], 죄를 깨닫게 하시고[요 16:8], 마침내 모든 진리 가운데로 인도하십니다[요 16:13]. 인격을 가지셨기에 그분은 기뻐하시고 슬퍼하시며[엡 4:30], 우리와 교제하시고 사랑하십니다. 그러므로 우리는 성령을 ‘그것’이라 부를 수 없습니다. 성령은 삼위일체 하나님의 세 번째 위격, 곧 인격적 하나님이십니다. 아우구스티누스는 “성령은 사랑 그 자체이시다”라고 고백했습니다. 사랑은 인격과 인격의 만남에서 피어나는 꽃이듯, 성령님의 임재는 우리를 감싸시는 사랑의 품입니다. 마치 친구의 한마디가 마음의 어둠을 몰아내듯, 성령의 세밀한 음성은 두려움을 몰아내고 능력과 사랑과 절제의 마음을 심어 주십니다. 성령의 역사는 감정의 폭발이나 기적의 현상에만 제한되지 않습니다. 무엇보다도 그분은 우리 안에 거하시며, 우리의 생각과 성품을 변화시키시는 인격적 하나님이십니다. 성령을 무시한 신앙은 영혼 없는 껍데기와 같습니다. 신앙은 기계적 순종이 아니라, 인격과 인격이 만나는 친밀한 교제 속에서 자라갑니다. 성령은 우리를 억압하는 두려움에서 건져내시고, 하나님을 아버지라 부르게 하며[롬 8:15], 우리의 연약함을 도우사 말할 수 없는 탄식으로 기도하게 하십니다[롬 8:26]. 그러므로 성령 안에서 사는 삶은 두려움 대신 능력, 자기중심 대신 사랑, 방황 대신 성령이 주시는 거룩한 절제로 채워지는 삶입니다.

성령님, 오늘도 제 마음 깊은 곳에서 말씀하시고, 두려움 대신 능력과 사랑과 절제의 은혜를 부어 주셔서 제 삶이 주님의 뜻 안에서 살도록 이끌어 주소서.

4월 **15**일

하나님이신 성령님

고린도후서 3:17

"주의 영이 계신 곳에는 자유가 있느니라"

성령은 단순한 힘이나 에너지가 아니라 참 하나님이십니다. 예수께서 참 하나님이시듯, 성령 또한 전능하시고, 전지하시며, 어디에나 계시는 하나님이십니다. 시편 기자는 "내가 주의 영을 떠나 어디로 가리이까"[시 139:7]라 고백하며, 인간의 깊은 곳까지 성령께서 함께하심을 노래했습니다. 사도 바울은 "성령이 말씀하셨다"[행 28:25]라 증언하며, 성령이 지성과 인격을 가지신 참 하나님이심을 분명히 드러냅니다. 성령은 모든 것을 통찰하시며[고전 2:10], 하늘과 땅에 충만하시고[시 139:7-10], 능력으로 새 일을 행하십니다[롬 15:19]. 성경이 불과 바람, 비둘기로 성령을 비유하는 것은 그분이 막연한 힘이 아니라, 혼돈 속에 질서를 세우고, 절망 속에 새 생명을 일으키시는 창조의 하나님이심을 보여줍니다. 창세 전부터 세상을 움직이신 그 영이 오늘도 우리의 심령 깊은 곳에서 새로운 창조를 이루십니다. 성령 없는 신앙은 마른 뼈와 같습니다. 그러나 성령의 불이 임하면 꺼져 있던 영혼이 깨어나고, 어둠 속에 있던 마음에 생명과 진리가 밝아옵니다. 바람이 나뭇잎을 흔들 듯, 성령은 우리의 일상 속 사소한 순간들조차 흔들어 거룩한 흔적을 남기십니다. 성령을 단순한 위로의 바람 정도로 축소하지 말아야 합니다. 그분은 예배받으실 하나님이시며, 우리의 순종과 신앙 전체가 향해야 할 분입니다. "성령의 자유는 방종이 아니라 하나님 안에서의 충만"이라는 고백처럼, 성령 안에 거하는 자만이 죄의 속박을 벗고 참된 자유를 누립니다. 교회의 모든 사역과 우리의 모든 기도와 찬양은 성령 하나님을 향한 예배가 될 때 비로소 살아 있습니다.

성령 하나님, 제 안에 주의 거룩한 불을 붙여 주시고, 제 삶 전체가 주님의 임재가 머무는 성전이 되게 하소서.

4월 **16**일

거듭난 영혼을 영원한 생명으로 이끄시는 성령 하나님

요한복음 3:6-7

"영으로 난 것은 영이니 … 거듭나야 하겠다 하시는 말을 놀랍게 여기지 말라"

인간의 노력과 지혜로는 결코 영원한 생명에 이를 수 없습니다. 교육은 사람을 교양 있게 만들고, 문화는 삶을 풍요롭게 할 수 있지만, 그것이 영혼을 새롭게 하지는 못합니다. 거듭남은 인간의 손으로 만들어지는 변화가 아니라, 성령의 숨결로 이루어지는 창조의 사건입니다. 에스겔 골짜기에서 마른 뼈들이 하나님의 영이 임할 때 살아난 것처럼[겔 37:5], 성령은 죽은 영혼에 새 생명의 숨을 불어넣으십니다. 성 어거스틴이 "우리 마음은 주 안에서 안식할 때까지 불안하다"고 고백한 이유도, 성령이 심어주시는 갈망 없이는 인간의 영혼이 참된 안식에 이를 수 없기 때문입니다. 성령은 죄를 깨닫게 하시고[요 16:8], 그리스도의 의를 보여 주시며, 심판을 알리십니다. 따라서 거듭남은 단순히 도덕을 조금 고치는 일이 아니라, 전 존재가 해체되고 다시 태어나는 영적 탄생입니다. 어둠에서 빛으로 옮겨지는, 죽음에서 생명으로 건너가는 하나님의 역사입니다. 루터는 "사람은 스스로를 하나님께로 이끌어 갈 수 없다. 오직 성령께서만 그를 움직이신다"고 말했습니다. 그처럼 우리의 영혼이 겨울 땅처럼 메말라 있을 때, 성령의 단비는 굳은 땅을 갈라 새싹을 틔우며, 하나님을 향한 전인적 순종과 사랑의 삶으로 이끌어 주십니다. 거듭난 사람의 삶은 옛사람의 껍질을 벗어내고, 그리스도의 생명 안에 뿌리내리는 새로운 시작입니다. 그리고 그 생명은 성령이 우리 안에서 시작하시고 완성하시는 은혜의 길입니다.

성령님, 제 안에 새 마음과 새 영을 창조하시고, 성령의 생명으로 살게 하셔서 하나님만을 향한 순종과 사랑의 길로 날마다 이끄소서.

4월 **17**일

내주하시는 성령, 하나님의 세밀한 인도

로마서 8:14

"하나님의 영으로 인도함을 받는 사람은 곧 하나님의 아들이라"

성령은 우리 곁을 지나가시는 손님이 아니라, 그리스도를 믿는 순간 우리 안에 영원히 거하시는 하나님의 임재이십니다[롬 8:9]. 그분은 우리의 가장 숨은 생각까지 아시는 분이시며, 말씀과 기도를 통해 우리의 걸음을 거룩으로 이끄시는 참된 주인이십니다. 고대의 지혜자들은 "길을 잃었을 때는 가장 깊은 내면의 목소리를 들으라"고 말했지만, 성도에게 그 '내면의 목소리'는 곧 성령의 세미한 음성입니다. 성령의 인도는 번개처럼 한순간에 오기도 하고, 계절이 바뀌듯 오래 기다림 속에서 천천히 열리기도 합니다. 그러나 그 인도의 공통된 표지는 분명합니다. 그분은 우리에게 불안을 주지 않으시고 평안을 주십니다[요 14:27]. 혼란이 아니라 질서를, 욕망이 아니라 거룩을 낳으십니다. 말씀을 펼칠 때 빛을 비추시고[시 119:105], 기도할 때 우리의 마음을 지키시며[빌 4:6-7], 우리의 뜻을 하나님의 뜻에 맞추어 새롭게 빚으시는 분입니다. 그러므로 우리는 성령을 소멸하거나[살전 5:19] 그분을 슬프게 하는 삶을 조심해야 합니다[엡 4:30]. 오히려 어린아이가 아버지 손을 꼭 잡듯, 매 순간 겸손히 성령의 손에 자신을 내어 맡겨야 합니다. 아우구스티누스는 "나를 다스리시는 분을 따를 때 비로소 나는 자유롭다"고 고백했습니다. 참된 자유는 내 뜻을 관철하는 데 있지 않고, 성령께 길을 열어 드릴 때 주어지는 선물입니다. 오늘도 성령은 말씀의 등불과 기도의 숨결로 우리를 인도하십니다. 우리가 순종으로 응답하면 그 길은 비록 좁아 보일지라도 생명으로 넓어지고, 우리의 걸음은 미약해 보여도 하나님 나라를 향한 흔적이 됩니다.

성령님, 제 마음의 귀를 열어 주님의 세미한 음성을 듣게 하시고, 오늘의 모든 걸음마다 주님의 뜻을 분별하며 순종하게 하옵소서.

4월 **18**일

우리의 구원을 증언하시는 성령 하나님

로마서 8:16

"성령이 친히 우리 영과 더불어 우리가 하나님의 자녀인 것을 증언하시나니"

구원의 확신은 인간의 의지나 감정의 결로 만들어지는 것이 아닙니다. 그것은 삼위 하나님 중 성령께서 친히 우리 영 안으로 스며들어 새겨 주시는 은혜의 역사입니다. 성령께서는 단지 객관적 진리를 외부에서 알려 주는 분이 아니라, 그 진리가 나의 진리가 되게 하시는 분입니다. 그러므로 우리의 확신은 인간의 자기암시가 아니라 하나님 자신에 의해 보증된 은혜의 인침[엡 1:13]입니다. 바울은 "하나님의 사랑이 우리 마음에 부음 바 됨이니"[롬 5:5]라고 했습니다. 어머니가 아이를 품에 안고 "너는 내 아들이다"라고 속삭이듯, 성령께서는 우리의 영혼 깊은 곳에서 조용히 그러나 끊어지지 않는 음성으로 말씀하십니다. 고난이 밀려올 때도, 마음이 흔들릴 때도 그 음성은 희미해지지 않습니다. 오히려 가장 어두운 골짜기에서 더욱 밝게 빛나는 내적 등불이 됩니다. 초대교회의 성도들이 박해 속에서도 찬송하며 죽음 앞에서도 담대할 수 있었던 이유는 상황이 아니라 정체성 때문이었습니다. 그들은 자신이 하나님의 자녀라는 성령의 증언을 붙잡았습니다. 오늘도 그 확신은 우리의 영혼을 흔들어 깨웁니다. 바람은 보이지 않지만 나뭇잎을 흔들며 존재를 드러내듯, 성령의 내적 증언은 눈에 보이지 않으나 우리의 삶을 움직여 하나님을 아버지라 부르게 합니다. 참된 용기는 두려움이 사라지는 데 있는 것이 아니라, 하나님의 사랑이 더 크게 들리는 데 있습니다. 그러므로 오늘도 조용히 마음 깊은 곳에 귀 기울이십시오. 성령께서 말씀하십니다. "너는 내 사랑하는 자녀다." 그 음성이 우리의 구원의 확신이며, 영원한 담대함의 근원입니다.

성령님, 제 영혼에 하나님의 자녀 된 신비한 기쁨과 확신을 날마다 새롭게 부어 주옵소서. 어떠한 상황 속에서도 그 음성을 잃지 않게 하시고, 아버지의 사랑 안에서 담대히 살아가게 하소서.

4월 19일

은사는 각 사람에게 나타내시는 성령 하나님의 일하심

고린도전서 12:7

"각 사람에게 성령을 나타내심은 유익하게 하려 하심이라"

성령의 은사는 인간의 타고난 재능을 조금 더 빛나게 하는 장식이 아닙니다. 그것은 하늘에서 내려오는 숨결처럼, 인간의 능력으로는 열 수 없는 새로운 지평을 여는 하나님의 역사입니다. 방언과 예언, 지혜와 지식, 섬김과 치유, 가르침과 권면 등 다양한 은사가 각 사람에게 다르게 주어지는 까닭은, 교회라는 한 몸을 더욱 풍성하고 아름다운 조화로 세우기 위함입니다. 성경이 말한 것처럼 "몸은 하나인데 많은 지체가 있고 … 지체는 여럿이어도 한 몸"고전 12:12입니다. 은사는 다르지만 목적은 하나입니다. 은사는 나를 드러내는 무대가 아니라, 나를 비우고 그리스도를 드러내는 도구입니다. 고대의 격언에 "재능은 빛을 발하지만, 덕은 그 빛을 지속시킨다"는 말이 있습니다. 은사가 사랑과 덕을 잃을 때에는 교만의 불꽃이 되어 공동체를 해치지만, 사랑과 함께할 때에는 어두운 골목을 밝히는 등불이 되어 교회를 세웁니다. 초대교회에 성령이 임하셨을 때 사람들은 각기 다른 언어로 말했으나, 그 핵심은 하나였습니다. "우리가 우리 말로 하나님의 큰 일을 말함"행 2:11. 성령이 주시는 은사는 언제나 하나님의 영광을 향하는 흐름을 가지고 있습니다. 그러므로 은사를 사용한다는 것은 자기 과시의 자리에 서는 것이 아니라, 십자가 앞에서 "내가 약할 그 때에 곧 강함이라"고후 12:10는 고백에 서는 것입니다. 우리에게 주어진 모든 은사는 결국 교회를 세우고 이웃을 살리며, 복음을 확장하게 하려는 하나님의 사랑의 통로입니다. 은사가 클수록 그릇은 더 낮아지고, 은혜가 깊을수록 마음은 더 부드러워집니다. 성령께서 각 사람에게 은사를 주시는 목적이 '유익하게 함'에 있음을 기억할 때, 우리는 은사를 자랑이 아니라 섬김으로 드리게 됩니다.

성령님, 제게 주신 은사를 교만의 근거가 아니라 사랑의 도구로 사용하게 하시고, 주님의 영광과 이웃의 유익을 위해 겸손히 드리는 삶이 되게 하옵소서.

4월 **20**일

성령의 은사가 맺는 열매

갈라디아서 5:22-23

"오직 성령의 열매는 사랑과 희락과 화평과 오래 참음과 자비와 양선과 충성과 온유와 절제니"

성경은 은사의 다양함을 말하지만, 열매는 하나의 성령께서 맺으시는 통합된 성품임을 일깨웁니다. 은사는 능력의 분출이지만, 열매는 인격의 성숙입니다. 성령의 열매란 곧 그리스도의 성품이 우리 안에 천천히, 그러나 확실하게 빚어져 가는 과정입니다. 나무가 계절을 이기고, 햇살과 비, 바람을 견디며 열매를 맺듯이, 우리 또한 순종과 훈련, 넘어짐과 회복 속에서 다듬어집니다. 주님이 "나를 떠나서는 너희가 아무것도 할 수 없음이라"요 15:5 하신 말씀처럼, 열매는 인간의 근면이나 성취의 산물이 아니라, 주님께 붙어 있을 때 저절로 맺히는 은혜의 결과입니다. 우리는 때로 진리를 내세우며 사랑을 잃고, 담대함을 이유로 온유를 잃습니다. 그러나 성령께서는 우리의 거친 모서리를 다듬어 균형 잡힌 성품으로 빚으십니다. "나무는 열매로 알고, 사람은 행실로 알 수 있다"는 말처럼, 성령의 열매는 세상이 그리스도를 보게 하는 투명한 거울입니다. 은사는 사라질 수 있으나고전 13:8, 열매는 영원한 하나님 나라의 삶을 미리 보여 주는 표징입니다. 그러므로 열매 맺는 삶은 개인의 성취가 아니라, 타락으로 훼손된 하나님의 형상이 우리 안에 회복되고 있다는 은혜의 신호입니다. 우리의 일상은 눈에 띄지 않아도, 성령의 열매가 스며드는 순간마다 세상 속에서 조용히 복음이 증언됩니다. 사랑이 말보다 앞서고, 온유가 분노를 누르고, 자비가 상처를 감싸며, 절제가 우리를 보호할 때 사람들은 우리의 능력이 아니라 우리 안에서 역사하시는 하나님을 봅니다. 이것이 성령께서 은사를 넘어 열매를 맺게 하시는 뜻입니다.

성령님, 제 안에 주님의 열매가 조용히 그러나 풍성하게 맺혀 세상이 제 안에서 그리스도의 모습을 보게 하옵소서. 제 행실을 통해 하나님의 형상이 드러나게 하시고, 모든 열매가 오직 주님께 영광이 되게 하소서.

4월 **21**일

삼위의 하나님

디모데전서 2:5

"하나님은 한 분이시니"

우리는 세 신을 믿지 않습니다. 성경은 분명히 선포합니다. "여호와는 오직 유일한 여호와시니"[신 6:4]. 그러나 이 한 분 하나님은 성부와 성자와 성령, 세 위격으로 존재하십니다. 이는 인간의 논리나 수학적 공식으로는 결코 풀어낼 수 없는 신비이며, 오직 계시의 빛 아래에서만 그 윤곽을 희미하게나마 더듬을 수 있는 하늘의 진리입니다. 예수님의 세례 장면을 떠올려 보십시오. 성자는 요단강 물 위에 서 계시고, 하늘에서는 성부의 음성이 울려 퍼지며, 성령은 비둘기같이 임하셨습니다[마 3:16-17]. 세 위격이 동시에 역사하시지만, 본질은 하나이신 하나님이십니다. "태초에 말씀이 계시니라"[요 1:1]는 선언과 "우리 하나님은 한 분이시니"[딤전 2:5]는 고백은 서로를 비추며, 한 분 하나님의 신비를 더욱 깊이 드러냅니다. 아우구스티누스는 삼위일체를 설명하며 "우리는 이해하기 위해 믿는 것이 아니라, 믿음으로써 이해하게 된다"고 말했습니다. 마치 태양을 정면으로 바라볼 수 없지만 태양빛으로 모든 것을 볼 수 있는 것처럼, 삼위일체 하나님은 설명의 대상이 아니라 예배의 대상입니다. 인간의 이성으로는 완전히 이해할 수 없으나, 그 신비 앞에 무릎을 꿇는 자는 오히려 더 깊은 지혜에 이르게 됩니다. 삼위 하나님은 추상적 교리가 아니라, 우리를 겸손하게 하며 동시에 무한한 위로를 주는 은혜의 신비입니다. 성부의 사랑, 성자의 구속, 성령의 위로와 인도하심 속에서 우리는 구원의 풍성함을 경험합니다. 신앙은 결국 이 신비 앞에서 머리로 올라가려 하기보다, 마음으로 낮아져 경배하는 자리로 나아가는 것입니다.

삼위 하나님, 제 이성의 한계를 인정하고 주님의 영광 앞에 겸손히 무릎 꿇게 하소서. 이해하려 하기보다 예배하게 하시고, 신비 속에서 오히려 더 깊은 평안과 위로를 누리게 하소서. 아멘.

4월 **22**일

삼위일체 하나님의 신비로움

마태복음 28:19

"그러므로 너희는 가서 모든 민족을 제자로 삼아 아버지와 아들과 성령의 이름으로 세례를 베풀고"

삼위일체는 인간의 추론이나 사유만으로는 결코 도달할 수 없는 하나님의 거룩한 신비입니다. 하나님께서 스스로를 계시하실 때에만 우리는 그 신비의 한 조각을 바라볼 수 있습니다. 창세기의 시작에서 하나님은 "우리의 형상을 따라 사람을 만들자"[창 1:26]고 말씀하시며, 이미 그 내적 교제가 얼마나 풍성한지를 암시하셨습니다. 이사야는 성전 환상 속에서 성부의 영광을 보았고[사 6:3], 요한은 성자 안에서 하나님의 마음과 사랑을 눈으로 보고 귀로 들었습니다[요 1:14]. 사도행전은 성령께서 권능으로 임하셔서 교회를 세우시는 장면을 생생히 기록합니다[행 1:8]. 이렇게 성부, 성자, 성령은 분리되지 않으시되 구별되시며, 구별되시되 하나로 일하셔서 구속사를 완성하십니다. 고대 교부들은 이 조화로운 연합을 "페리코레시스"perichoresis, 곧 사랑의 춤이라고 불렀습니다. 서로를 밀어내지 않으면서도 온전히 품고, 각각의 위격이 사역하시되 한 본질로 완전히 일치하는 신비한 연합입니다. 이는 인간의 논리로는 끝내 설명할 수 없는 영역입니다. 아우구스티누스가 "삼위일체를 설명하려 할 때마다 나는 바닷물을 손바닥에 담으려는 듯한 무력함을 느낀다"고 고백한 이유도 여기에 있습니다. 그러나 인간의 한계는 절망이 아니라 은혜를 더 깊이 인식하는 지점입니다. 우리의 이해가 닿지 못하는 바로 그 자리에서 하나님의 무한한 사랑과 높고 깊은 신비가 드러납니다. 삼위 하나님을 아는 지식은 차가운 교리를 배우는 것이 아니라, 성부의 품에 안기고, 성자의 은혜 안에 구속되며, 성령의 위로와 능력 속에서 살아가는 삶의 경험입니다. 이 신비는 우리를 고립에서 끌어내어 하나님의 영원한 교제 속으로 초대합니다. 그래서 삼위일체는 이해의 문을 두드리는 지식이기 전에, 경외와 예배로 들어가는 문입니다.

성부와 성자와 성령이여, 제 작은 영혼을 주님의 영원한 교제 속에 머물게 하시고, 이 신비 앞에서 더욱 겸손하고 더욱 사랑하는 자로 살아가게 하소서. 아멘.

4월 **23**일

측량할 수 없는 무한하신 하나님

로마서 11:33

"그의 판단은 측량치 못할 것이며"

인간의 이성은 찰나와 한계 속에 갇힌 작은 그릇과 같습니다. 아무리 넓혀 보아도 무한한 바다를 담기에는 언제나 부족합니다. 아우구스티누스가 삼위일체의 신비를 탐구하던 중, 작은 구멍에 바닷물을 옮기려는 소년을 보며 깊이 깨달았던 것도 바로 이 사실입니다. 하나님의 지혜와 섭리를 모두 파악하려는 인간의 시도는, 바다를 손안에 움켜쥐려는 것과 다르지 않습니다. 성경은 "나의 생각은 너희의 생각과 다르며"사 55:8라고 말씀하십니다. 이는 단순히 하나님의 생각이 우리의 범위를 벗어난다는 선언이 아니라, 그 알 수 없음 속에서 경외와 신뢰의 자리로 초대하는 부르심입니다. 우리가 믿는 하나님은 측량할 수 없는 지혜와 끝을 알 수 없는 사랑의 하나님이시며, 우리의 작은 질문과 흔들리는 마음조차도 그분의 넓은 품 안에서 의미를 얻습니다. "지혜는 모든 것을 아는 데서 오지 않고, 알 수 없음 앞에 머무는 데서 시작된다"는 말이 있습니다. 참된 신앙은 모든 것을 이해하는 데서 자라지 않습니다. 오히려 인간의 이성이 멈추는 그 자리에서, 하나님 앞에 무릎을 꿇으며 그분의 신실하심을 바라보는 데서 성장합니다. 삼위일체의 신비, 구원의 섭리, 창조의 질서는 어느 하나 인간의 지성만으로는 담아낼 수 없습니다. 그러나 우리가 다 헤아릴 수 없어도, 하나님은 언제나 신실하시며, 그분의 뜻은 선하고 완전합니다. 우리가 의지하는 것은 지식의 완전함이 아니라, 하나님의 변함없는 사랑의 완전함입니다. 그래서 신앙은 경외와 신뢰라는 두 날개로 날아올라, 측량할 수 없는 하나님의 품 안에서 참된 자유를 누립니다.

무한하신 하나님, 제가 다 이해하지 못할지라도 온전히 주를 신뢰하게 하시고,
주님의 넓은 품 안에 평안히 머물게 하소서. 아멘.

4월 **24**일

우리에게 은혜와 사랑을 주시는 삼위일체 하나님

고린도후서 13:13

"주 예수 그리스도의 은혜와 하나님의 사랑과 성령의 교통하심이 너희 무리와 함께 있을지어다"

삼위 하나님의 은혜와 사랑과 교제는 신앙의 여정을 감싸는 하늘의 선물입니다. 성부의 사랑은 창세 전부터 우리를 택하셨고[엡 1:4], 그 사랑은 성자의 십자가에서 완전하게 드러났습니다. "우리가 아직 죄인 되었을 때에 그리스도께서 우리를 위하여 죽으심으로"[롬 5:8], 하나님께서는 조건 없는 헌신의 사랑을 확증하셨습니다. 성자의 은혜는 한때의 사건에 머물지 않고 지금도 살아 역사하며, 넘어지고 지치는 우리에게 새 힘을 주십니다. "내 은혜가 네게 족하도다"[고후 12:9]라는 말씀은 오늘의 상처와 피로 속에서도 여전히 새벽빛처럼 다가옵니다. 그리고 성령은 이 사랑과 은혜를 우리의 마음에 인치시며[엡 1:13-14], 믿음의 공동체 안에서 교제하게 하십니다. 아우구스티누스는 "사랑이 삼위일체의 끈"이라고 말했습니다. 이는 성부와 성자와 성령께서 서로를 영원히 사랑으로 묶으시는 것처럼, 그 사랑의 교제 속으로 우리를 끌어들이신다는 신비를 보여 줍니다. 때로 우리는 어둠 속에서 고립감과 분리를 경험하지만, 성령의 은밀한 위로는 닫힌 창틈을 스치는 바람처럼 우리 영혼을 다시 일으켜 세우며 성부와 성자의 품 안으로 이끕니다. "세 겹 줄은 쉽게 끊어지지 아니하느니라"[전 4:12]는 말씀처럼, 우리의 구원은 삼위 하나님의 완전한 일치 속에 견고히 붙들려 있습니다. 세상은 자주 관계의 끈을 놓쳐버리지만, 삼위일체 하나님 안의 교제는 변하지 않는 영원의 끈입니다. 그러므로 우리의 하루도 이 사랑과 은혜와 교제의 흐름 속에 머물 때, 순간은 단순한 시간이 아니라 하나님의 영원과 맞닿는 깊은 호흡이 됩니다.

주님, 제 하루가 삼위 하나님의 사랑과 은혜와 교제 속에 머물게 하시고,
그 신비한 은혜의 흐름 안에서 평안과 감사로 살아가게 하소서. 아멘.

4월 25일

값없이 주신 은혜의 헤아릴 수 없는 가치

에베소서 2:18

"이는 그로 말미암아 우리 둘이 한 성령 안에서 아버지께 나아감을 얻게 하려 하심이라"

구원은 단순한 영적 감동이 아니라, 삼위 하나님께서 함께 이루어 내신 영원한 사랑의 결실입니다. 성자는 우리에게로 내려오셔서 길과 진리와 생명이 되셨고[요 14:6], 성령은 그 길 위를 걸을 힘을 주시며 우리의 연약함을 대신 탄식하십니다[롬 8:26]. 성부는 잃어버린 자를 향해 달려오시는 아버지로서 우리를 품으십니다[눅 15:20]. 그러므로 구원은 값없이 주어졌으나 결코 값싼 것이 아닙니다. 루터의 말처럼 "은혜는 무료지만, 절대로 값싼 은혜가 아니다." 그리스도의 십자가는 그 값을 분명히 보여줍니다. 삼위 하나님의 사역은 서로 뒤엉키지 않지만 분리되지도 않는, 신비한 조화를 이루며 우리를 아버지께로 이끄십니다. 마치 거친 바다를 건너는 배가 항해사의 지혜와 노 젓는 이의 수고와 바람의 힘이 함께할 때 목적지에 도달하듯, 우리의 구원은 삼위 하나님의 일치된 사랑 속에서 완성됩니다. 그러므로 믿음의 사람에게 감사는 선택이 아니라 존재의 호흡입니다. 감사 없는 신앙은 마른 나무와 같지만, 감사하는 신앙은 삼위 하나님의 생명 안에서 타오르는 불꽃입니다. 고난의 밤에도 이 은혜는 흔들리지 않습니다. "풍랑이 클수록 항해사의 지혜는 더 빛난다"는 말처럼, 인생의 폭풍 속에서 하나님의 은혜는 더 선명하게 드러납니다. 오늘 우리는 그 품 안에서 하나 됨을 누리며, 용납과 용서로 하나님의 자녀답게 살아가도록 부름 받았습니다.

삼위 하나님, 값비싼 은혜로 저를 구원하여 아버지께 나아가게 하심을 감사합니다.
이 은혜를 잊지 않게 하시고, 감사와 순종으로 끝까지 주의 길을 걷게 하소서.

4월 **26**일

하나님 앞에서 그를 경배하라

요한계시록 14:7

"그를 경배하라"

예배는 삼위일체 하나님의 신비 앞에 서는 경외의 응답입니다. 우리는 성부 하나님께 예배를 드리되, 성자 예수 그리스도를 통하여 나아가며, 성령의 인도하심 안에서 예배합니다. 그러므로 예배는 단지 '드리는 행위'가 아니라, 존재 전체가 하나님께 향하는 근원적 고백입니다. "하나님은 영이시니 예배하는 자가 영과 진리로 예배할지니라"[요 4:24]는 말씀처럼, 예배는 지식의 완전함보다 마음의 정직함과 경외의 깊이를 요구합니다. 어거스틴은 "하나님을 예배하지 않는 마음은 늘 불안하다"라고 했습니다. 이는 창조주 앞에서 피조물의 자리를 잃을 때, 인간은 필연적으로 흔들릴 수밖에 없다는 고백입니다. 신비는 설명으로 닫히는 문이 아니라, 경외로 열리는 문입니다. 태양을 끝까지 바라볼 수 없지만 그 빛과 온기를 온몸으로 느끼듯, 삼위 하나님께 가까이 갈수록 우리의 영혼은 더 밝아지고 더 따뜻해집니다. 루터가 종교개혁의 중심을 "코람 데오, 하나님 앞에서"라고 요약한 것도 이 때문입니다. 사람 앞이 아니라 하나님 앞에 선다는 의식이 예배를 새롭게 하고, 예배는 다시 삶을 새롭게 합니다. 그래서 한 선교사의 고백처럼 "예배 없는 선교는 공허하고, 선교 없는 예배는 불완전합니다." 참된 예배는 곧 파송이며, 성전에서 드린 예배는 가정과 일터에서의 예배로 이어져야 합니다. "너희 몸을 하나님이 기뻐하시는 거룩한 산 제물로 드리라"[롬 12:1]는 말씀은 결국 '삶 전체가 예배'임을 가르칩니다. 삼위일체 하나님의 광휘 앞에 무릎이 저절로 굽혀지는 순간, 우리는 이미 그분의 사랑 안에 서 있는 사람들입니다. 예배는 우리가 하나님께 나아가는 길이 아니라, 하나님이 먼저 우리를 품으시는 은혜의 자리입니다.

삼위 하나님, 제 평생의 예배가 경외와 사랑으로 깊어지게 하시고, 성전에서의 예배가 삶의 예배로 이어져 세상 속에서 주님의 빛을 드러내게 하소서.

4월 **27**일

창조는 삼위일체 하나님의 일하심이다

창세기 1:2

“하나님의 영이 수면 위에 운행하시니라”

창조의 첫 장면은 삼위일체 하나님의 신비로운 조화를 보여 줍니다. 성부는 말씀하시고, 성자는 그 말씀의 실재가 되시며, 성령은 그 말씀 위에 생기와 질서를 불어넣으십니다. 요한의 고백—“태초에 말씀이 계시니라”요 1:1—는 창조의 방식이 곧 구원과 성화의 길에서도 동일하게 작동함을 증언합니다. 구원은 사건이 아니라, 성부의 영원한 계획과 성자의 희생, 그리고 성령의 내적 역사로 직조된 거룩한 교향곡입니다. 아우구스티누스는 “내 영혼이 불안한 까닭은 하나님 안에서 안식할 때까지 방황하기 때문”이라 고백했습니다. 창조 초기에 성령이 혼돈과 공허 위를 운행하셨듯, 우리의 내면이 어둠과 공허에 잠길 때에도 그분의 숨결은 멈추지 않습니다. 구속은 죄로 죽은 영혼을 다시 살리는 새 창조이며, 성화는 매일의 삶 속에서 그리스도의 형상이 빚어져 가는 지속적 창조입니다. 성경은 확신 있게 말합니다. “너희 안에서 착한 일을 시작하신 이가 그리스도 예수의 날까지 이루실 줄을 확신하노라”빌 1:6. 우리의 인생이 우연의 흔적이 아니라 삼위 하나님의 손길 속에 있다는 약속입니다. 예술가가 마지막 붓질까지 작품을 포기하지 않듯, 하나님은 우리의 실패와 상처조차 성령의 바람 속에서 정결케 하시며 결국은 하나님 나라의 아름다움으로 완성하십니다. 그러므로 신앙인은 인생의 모든 단계를 성부의 섭리, 성자의 구속, 성령의 성화의 바람 속에서 해석하며 살아갑니다. 우리의 혼돈은 그분 안에서 질서가 되고, 우리의 공허는 생명이 됩니다.

삼위 하나님, 제 생애의 처음과 끝, 그리고 그 사이 모든 순간을 주님의 손으로 빚어 주소서. 제 혼돈을 질서로, 공허를 생명으로 바꾸시는 주의 숨결을 오늘도 제 삶 위에 부어 주옵소서.

4월 **28**일

불순종이 시작된 죄

로마서 5:12

"그러므로 한 사람으로 말미암아 죄가 세상에 들어오고 죄로 말미암아 사망이 들어왔나니 이와 같이 모든 사람이 죄를 지었으므로 사망이 모든 사람에게 이르렀느니라"

창조의 시작에서 하나님은 모든 것을 선하시게 지으셨습니다. 그러나 사탄은 그 선함을 의심하게 만드는 말을 속삭였습니다. "정녕 죽지 아니하리라"는 거짓과 "하나님과 같이 되리라"는 유혹은 창조주에 대한 불신을 심은 씨앗이었습니다. 아담과 하와는 이 속임수에 넘어갔고, 그들의 불순종은 곧 인류의 본성이 되었습니다. 죄는 본래 외부에서 온 침입자였지만 이제는 사람 안에 뿌리내려 세대를 이어 흐르고 있습니다. 성 어거스틴은 인간의 마음을 "하나님 안에서 안식하기 전까지는 쉼이 없는 존재"라 했습니다. 그러나 죄는 그 쉼을 빼앗아 인간을 끝없는 갈망과 두려움 속에 가두었습니다. 파스칼은 "사람은 무한한 공허를 채우려 애쓰지만, 그것은 하나님만이 채우실 수 있다"고 했습니다. 이것이 죄의 비극입니다. 선한 것을 주신 하나님보다 피조물을 더 사랑하고, 영원한 생명 대신 순간의 만족을 좇는 왜곡된 본성입니다. "거짓은 단번에 달콤하나, 끝은 쓰다"라고 말합니다. 아담과 하와가 맛본 열매가 그러했고, 지금 우리도 작은 타협과 자기 합리화 속에서 같은 길을 걷습니다. 그러나 복음은 절망 가운데 빛을 던집니다. "그런즉 한 범죄로 많은 사람이 정죄에 이른 것 같이, 한 의로운 행위로 많은 사람이 의롭다 하심을 받아 생명에 이르렀느니라"롬 5:18. 한 사람 아담으로 죄가 들어왔으나, 또 다른 한 사람 예수 그리스도로 의와 생명이 우리에게 주어졌습니다. 그러므로 오늘도 우리는 죄의 속삭임에 귀 기울일 것인가, 아니면 그리스도의 생명 안에서 자유를 누릴 것인가 하는 선택의 기로에 서 있습니다.

주님, 제 마음이 거짓의 유혹에 기울지 않게 하시고, 오직 주님의 생명 안에서 자유와 진리를 누리게 하소서.

4월 **29**일

죄로 인한 두려움과 그리움

창세기 3:10

"내가 동산에서 하나님의 소리를 듣고 내가 벗었으므로 두려워하여 숨었나이다"

죄는 인간에게서 가장 소중한 특권, 곧 하나님과의 친밀한 교제를 빼앗아 갔습니다. 에덴에서의 추방은 단순히 공간의 이동이 아니라, 생명의 근원과의 단절이었습니다. 하나님과 얼굴을 맞대고 대화하던 자리에서, 인간은 이제 두려움에 떨며 숨는 자가 되었습니다. 키르케고르는 인간의 두려움을 '하나님을 잃은 데서 오는 그리움'이라 표현했습니다. 두려움의 뿌리는 하나님을 향한 그리움이며, 숨는 행위조차 하나님을 떠날 수 없다는 역설의 증거입니다. 우리는 삶 속에서 크고 작은 두려움 앞에 서곤 합니다. 실패의 두려움, 관계의 깨짐, 죽음의 그림자. 그러나 그 모든 두려움의 근원에는 "하나님을 떠난 상태"라는 더 깊은 상실이 있습니다. 시편에서는 "주께서 주의 얼굴을 숨기시매 내가 근심하였나이다"[시 30:7]라고 고백했습니다. 하나님이 멀어지면 세상의 모든 기쁨도 빛을 잃습니다. 반대로 "내 영혼이 주를 갈망하나이다"[시 63:1]라는 고백처럼, 인간은 본능적으로 하나님을 찾을 수밖에 없습니다. "그림자를 두려워하는 자는 빛을 등진 자다"라는 말이 있습니다. 빛을 마주한다면 그림자는 발뒤꿈치 뒤로 물러갑니다. 우리 인생의 두려움 또한 마찬가지입니다. 죄로 인해 하나님을 등졌을 때 두려움이 우리 앞을 가로막지만, 은혜의 부르심 앞에 고개를 돌려 빛을 향해 나아간다면 두려움은 더 이상 우리를 주관할 수 없습니다. 탕자가 아버지께 돌아와 품에 안겼듯, 은혜는 숨는 자를 찾아 나서는 하나님의 손길입니다.

주님, 두려움에 숨어 있는 저를 불러내시고, 주님의 빛 가운데 다시 걸어가게 하소서.

4월 30일

스스로 회복할 수 없는 심각한 죄의 상태

로마서 8:7

"육신의 생각은 하나님과 원수가 되나니 이는 하나님의 법에 굴복하지 아니할 뿐 아니라 할 수도 없음이라"

인간의 마음은 본래 하나님께 향하도록 지음받았지만, 죄로 인해 오염되고 방향을 잃었습니다. 성경은 이를 '전적 타락'이라 말합니다. 우리의 이성은 하나님의 뜻을 거부하고, 감정은 왜곡된 욕망에 휘둘리며, 의지는 선을 행할 힘을 상실했습니다. 마치 맑은 샘물이 흙탕물로 흐려진 것처럼, 죄는 인간의 본성을 철저히 혼탁하게 만듭니다. "사람의 마음은 작은 우주"라 했지만, 그 우주가 무너졌을 때 스스로 재건할 힘은 어디에도 없습니다. 그러나 하나님은 절망의 자리에 새 생명을 불어넣으십니다. 에스겔은 돌같이 굳은 마음이 제거되고 살과 피의 부드러운 마음이 주어질 것을 예언했습니다[겔 36:26]. 이는 인간의 결심이나 훈련으로 가능하지 않습니다. 오직 성령의 역사로만 마음이 새롭게 창조됩니다. 어거스틴은 자신의 고백에서 "주여, 당신이 내 안에 오시기 전까지 나는 나 자신을 지배할 수 없었습니다"라 했습니다. 한 청교도 목사는 사람의 마음을 흙덩이에 비유하며, 하나님의 은혜의 비가 내리지 않으면 결코 열매 맺을 수 없다고 했습니다. 우리의 오염된 마음은 성령께서 흘려보내시는 은혜의 강물에 잠길 때, 비로소 맑아지고 새 창조의 기쁨을 누리게 됩니다. 그러므로 우리의 기도는 단순히 도덕적 개선이 아니라, 전적인 재창조를 구하는 간구가 되어야 합니다.

주님, 제 안에 새 영을 부어 주시고 돌 같은 마음을 제거하사, 주의 말씀을 사랑하며 순종하는 부드러운 마음으로 다시 창조하여 주소서.

M a y

5월

예수님과 함께함

5월 **1**일

죄의 종과 진리의 종

요한복음 8:34

"죄를 범하는 자마다 죄의 종이라"

죄는 언제나 달콤한 속삭임으로 다가옵니다. 그것은 자유의 이름을 빌려 우리를 유혹하지만, 그 끝은 결박입니다. 사도 바울이 말한 것처럼 "너희 자신을 죄의 종으로 내주면 사망에 이르고, 순종의 종으로 내주면 의에 이른다"롬 6:16라는 진리가 이를 잘 드러냅니다. 욕망은 방향을 잃어 하나님이 아닌 세상을 섬기게 만들고, 우리의 생각은 굽어져 자신을 주인이라 여기지만 사실은 보이지 않는 사슬에 묶인 종일 뿐입니다. 자유라 부르는 것이 사실은 또 다른 속박이 되는 것입니다. 고대의 한 격언은 "사람이 주인이 되려 하면 곧 노예가 된다"라고 말했습니다. 쾌락과 권력, 물질과 인정에 자기를 내맡길 때, 인간은 주체가 아니라 지배당하는 피조물이 되어버립니다. 그러나 진리는 다릅니다. 예수께서는 "진리가 너희를 자유케 하리라"요 8:32고 말씀하셨습니다. 그리스도의 복음은 우리의 사슬을 끊고, 참된 자유로 인도합니다. 그 자유는 방종이 아니라 하나님의 기쁨 속에 숨 쉬는 삶이며, 자기 욕망의 무게에서 해방되어 하나님께 속한 자로 서는 것입니다. 마치 빛이 어둠을 몰아내듯, 복음의 빛은 인간의 은밀한 속박을 드러내고 동시에 그 사슬을 끊습니다. 종교개혁자 루터는 인간을 "하나님께 매인 자"라 정의했습니다. 이는 역설 같지만, 가장 안전하고 가장 행복한 매임은 곧 하나님께 매인 것이라는 뜻입니다. 참된 자유는 하나님께 붙들린 자에게만 주어집니다.

주님, 헛된 자유를 좇아 묶이는 자가 되지 않게 하시고, 오직 주님의 종으로 살아 참된 자유와 기쁨을 누리게 하소서.

5월 **2**일

또 다른 은혜의 내용으로서 하나님의 진노

로마서 1:18

"하나님의 진노가 불의로 진리를 막는 사람들의 모든 경건하지 않음과 불의에 대하여 하늘로부터 나타나나니"

죄는 단순한 실수가 아니라 거룩하신 하나님에 대한 반역입니다. 성경은 죄를 "진리를 막는 불의"라 말씀합니다. 어둠이 빛을 가리려 애쓰듯, 사람은 본능적으로 하나님의 빛을 가리고 자신을 의롭다고 말하려 합니다. 그러나 하나님의 거룩하심은 그 모든 위선을 뚫고 드러나며, 결국 죄 위에 서 있는 인간은 그분의 진노 앞에 설 수밖에 없습니다. "죄의 삯은 사망"[롬 6:23]이라는 말씀은 이 진리를 엄중히 선포합니다. 고대의 현인들은 "정의 없는 자비는 타락이며, 자비 없는 정의는 잔혹일 뿐이다"라 했습니다. 하나님의 진노는 단순한 파괴의 분노가 아니라, 의로우신 분의 정당한 심판입니다. 그러나 놀라운 은혜는, 그 진노를 피할 길이 하나님 자신에게 있다는 사실입니다. 예수 그리스도의 십자가가 바로 그 길입니다. "우리가 아직 죄인 되었을 때에 그리스도께서 우리를 위하여 죽으심으로"[롬 5:8], 하나님은 자신의 진노를 자기 아들의 피 위에 쏟으셨습니다. 십자가는 무너뜨리는 불길이 아니라, 심판을 통과해 은혜로 나아가는 문입니다. 거기서 우리는 진노의 날을 지나 영원한 생명의 빛 가운데 들어갑니다. 예수님은 "내가 곧 길이요 진리요 생명"[요 14:6]이라 하셨습니다. 그 길을 붙드는 이에게 진노는 더 이상 종착지가 아니요, 은혜의 강을 건너는 다리가 됩니다. 우리의 구원은 우리가 쌓은 선행이 아니라, 그리스도 안에서 이미 흘린 보혈에 뿌리를 두고 있습니다.

주님, 거룩하신 진노에서 저를 건져 은혜의 품에 안으신 십자가를 날마다 기억하게 하소서.

5월 **3**일

죄가 더한 곳에 넘치는 은혜

로마서 5:20

"율법이 들어온 것은 범죄를 더하게 하려 함이라 그러나 죄가 더한 곳에 은혜가 더욱 넘쳤나니"

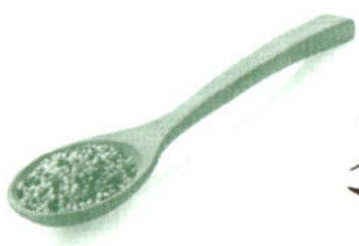

죄의 기원은 에덴동산에서 시작되었지만, 구원의 기원은 태초 전, 영원의 품속 하나님의 마음에 이미 자리하고 있었습니다. 인간의 죄는 깊고도 집요하여, 역사 속 수많은 제국과 문명, 심지어 종교의 외피마저 오염시켰습니다. 그러나 그리스도는 그 죄의 심연으로 스스로 내려오셨습니다. 아우구스티누스는 "은혜 없이는 인간의 자유는 죄의 종에 불과하다"라 말했는데, 이는 곧 은혜가 없다면 우리는 결코 자기 힘으로 죄의 올무를 벗어날 수 없음을 의미합니다. 죄의 깊이는 은혜의 높이를 이기지 못합니다. 골고다 언덕의 십자가는 죄가 가장 깊어진 자리였지만 동시에 은혜가 가장 높이 솟아오른 자리였습니다. 예수의 피가 땅에 떨어진 그 순간, 저주받은 땅은 새로운 창조의 토양이 되었습니다. 존 뉴턴이 "나 같은 죄인 살리신 주 은혜 놀라워"라 고백했듯이, 은혜는 언제나 죄보다 넓고 깊습니다. 인간이 죄로 무너진 자리마다 하나님의 은혜는 강물처럼 흘러들어와 새로운 생명을 틔웁니다. 죄는 바다에 던진 돌과 같고 은혜는 그 바다의 무한한 파도와 같습니다. 돌은 금세 바닷속에 잠기지만, 파도는 쉼 없이 모든 것을 덮습니다. 오늘도 그 은혜는 여전히 흐르고 있습니다. 우리가 기억해야 할 것은 죄를 넘어서는 은혜가 단지 과거의 사건이 아니라 지금도 현재형으로 역사하고 있다는 사실입니다. 실패와 상처, 고집과 교만이 우리의 하루를 물들이려 하지만, 은혜는 절대 닫히지 않는 샘물처럼 우리 곁에서 솟아납니다. 성경이 말씀한 것처럼, "내 은혜가 네게 족하도다"고후 12:9라는 주님의 음성은 오늘 우리에게도 유효합니다.

주님, 죄가 깊을수록 은혜가 더 크다는 진리를 붙들게 하시고, 오늘도 그 은혜로 숨 쉬고 걸어가게 하소서.

5월 **4**일

그리스도의 부활은 새생명으로 가는 다리

에베소서 2:1

"그는 허물과 죄로 죽었던 너희를 살리셨도다"

아담의 타락 이후, 사람은 태어날 때부터 영적으로 죽은 존재로 태어납니다. 이 죽음은 단순히 숨이 멎은 상태가 아니라, 생명의 근원이신 하나님과의 단절을 의미합니다. 성 아우구스티누스는 "하나님을 떠난 인간의 영혼은 스스로 무너질 수밖에 없다"라고 말했습니다. 죽은 영혼은 스스로는 결코 일으킬 수 없고, 그 어떤 철학이나 도덕도 이 단절을 메울 수 없습니다. 인간의 선행은 마치 전선이 끊어진 전등처럼 빛을 발할 수 없습니다. 그러나 성경은 우리에게 소망을 전합니다. 예수 그리스도의 은혜가 죽은 영혼을 깨웁니다. "내가 곧 부활이요 생명이니"[요 11:25]라는 주님의 말씀은 어둠에 묻힌 영혼에게 아침의 빛처럼 다가옵니다. 에스겔 골짜기의 마른 뼈들이 하나님의 생기를 받아 군대로 일어섰듯[겔 37:10], 주님이 다가오실 때 우리의 심령은 다시 뛰기 시작합니다. 죽음의 끝은 무덤이 아니라 부활입니다. 그리스도의 부활은 단순한 사건이 아니라 죽은 자를 살리시는 능력의 증거이며, 절망을 넘어 희망으로 건너가게 하는 다리입니다. 예화로, 광야의 선인장은 메마른 땅에서도 뿌리를 깊이 내려 마침내 꽃을 피웁니다. 영혼도 그러합니다. 은혜의 빛이 비칠 때, 죽음 같은 고독 속에서도 새 생명의 싹이 돋아납니다. 우리 안에 그리스도의 영이 임하시면, 절망의 땅이 생명의 동산으로 변합니다. 그러므로 신앙은 자기 힘으로 살아보려는 발버둥이 아니라, 생명의 주님께 자신을 내어 맡기는 것입니다. 인간의 무력함을 깨닫는 순간, 우리는 비로소 은혜의 능력을 온전히 경험하게 됩니다.

생명의 주님, 제 안에 새 생명을 불어넣으시고, 메마른 영혼이 주의 은혜로 살아 숨 쉬게 하소서.

5월 **5**일

죄사함으로 시작하는 영화로운 구원의 여정

유다서 1:24

"너희를 지키사 자기의 영광 앞에 흠이 없이 기쁨으로 서게 하실 이"

구원은 단순히 죄 사함에 머무르지 않습니다. 그것은 시작일 뿐이며, 하나님의 구원은 끝내 우리를 영화롭게 하시는 데까지 이릅니다. 성경은 "그들을 또한 영화롭게 하셨느니라"[롬 8:30]라 하여 구원의 여정이 궁극적으로 영광으로 향함을 선포했습니다. 이는 마치 위대한 화가가 스케치를 넘어 완성된 그림을 남기는 것처럼, 하나님은 우리를 흠 없고 온전한 작품으로 빚어 가십니다. 인생의 고난과 흔들림은 거친 붓질 같으나, 그 모든 과정을 통해 마지막 날 우리는 그분의 빛 가운데 완전한 형상으로 서게 될 것입니다. 태양은 구름에 가려도 결코 사라지지 않습니다. 믿음의 여정도 그러합니다. 우리의 연약함으로 인해 길이 보이지 않아도, 하나님의 손은 우리를 놓치지 않으시며, 그분의 약속은 변치 않습니다. 그러므로 오늘의 믿음은 작은 불빛 같아 보여도, 그것은 장차 영원한 빛으로 이어질 불씨입니다. 어느 목회자가 임종을 앞두고 "나는 이제 완성될 그림 속으로 들어갑니다"라고 말했던 것처럼, 우리의 삶은 불완전함 속에서도 종국에는 주님의 영광에 참여하는 작품으로 마무리됩니다. 이 확신이 있기에 우리는 흔들리지 않는 안전 위에 서 있으며, 그날의 기쁨을 소망하며 하루를 살아갑니다.

주여, 그날의 영광을 바라보며 오늘의 믿음을 끝까지 지키게 하소서.

5월 6일

사랑의 계획에 따른 죄사함

고린도전서 2:9

"기록된 바 하나님이 자기를 사랑하는 자들을 위하여 예비하신 모든 것은 눈으로 보지 못하고 귀로 듣지 못하고 사람의 마음으로 생각하지도 못하였다 함과 같으니라"

아브라함이 모리아 산에서 이삭을 바치려 할 때, 하나님은 그 절망의 자리에서 한 마리 어린 양을 예비하셨습니다[창 22:13]. 인간이 준비한 길이 끊어진 자리, 죽음과 상실의 벼랑 끝에서 하나님은 미리 길을 열어두셨습니다. 이것이 은혜의 신비입니다. 속죄는 인간의 손이 빚어낸 제도가 아니라, 영원 전부터 하나님의 마음에 품어진 사랑의 계획이었습니다. "세상의 기초가 놓이기 전에 그리스도 안에서 우리를 택하셨다"[엡 1:4]는 선언처럼, 구원의 시작은 언제나 하나님의 주권적 예비에 있습니다. 구약의 희생 제사마다 흘린 짐승의 피는, 결국 십자가에서 흘려질 어린 양의 피를 예시한 그림자였습니다. 우리가 생각하기 전에, 우리가 부르짖기 전에, 하나님은 이미 우리의 구원을 예비하셨습니다. 옛 속담에 "길은 찾는 자의 발걸음에 생기는 것이 아니라, 이미 내어주신 은혜 위에 드러난다"는 말처럼, 우리의 구원은 우리의 열심이 아니라 하나님의 준비 속에 놓여 있습니다. 그러므로 믿음이란 미래를 내가 설계하는 일이 아니라, 하나님이 이미 마련하신 구원의 길 위에 발을 내딛는 고백입니다. 어린 양 예수 그리스도는 우리가 감히 상상할 수 없던 사랑의 절정이며, 그분 안에서만 절망은 소망으로, 죽음은 생명으로 바뀝니다.

주님, 제 계획이 아니라 주님의 계획이 제 구원임을 믿습니다.
어린 양 되신 주를 찬송하며, 주께 예비된 길 위에 머물게 하소서.

5월 7일

그리스도의 피로 말미암은 죄사함

에베소서 1:7

"우리는 그리스도 안에서 그의 은혜의 풍성함을 따라 그의 피로 말미암아 속량 곧 죄사함을 받았느니라"

성경은 예수 그리스도의 죽음을 단순한 사건이 아니라 "피"로 설명합니다. 피는 곧 생명이며, 흘린 피는 자기 생명을 내어주는 사랑의 증거입니다[레 17:11]. 우리의 구속은 비극적 죽음의 산물이 아니라 의도된 희생의 결과입니다. 구약의 유월절 밤, 문설주에 발라진 어린 양의 피가 심판의 사자를 막아냈듯, 그리스도의 보혈은 우리 위에 덮여 죽음이 우리를 건드리지 못하게 합니다[출 12:13]. 어거스틴은 "그리스도의 피는 흘린 물방울마다 세상을 씻을 수 있다"고 했습니다. 이것은 단순한 시적 표현이 아니라, 죄와 죽음의 권세를 완전히 깨뜨리는 구속의 능력을 말합니다. 피의 신비는 우리를 새로운 존재로 빚습니다. 성경은 "너희가 알거니와 너희가 구속된 것은 은이나 금 같은 것으로 된 것이 아니요 오직 흠 없고 점 없는 어린 양 같은 그리스도의 보배로운 피로 된 것이라"[벧전 1:18-19]라 고백했습니다. 세상은 여전히 인간의 힘과 업적을 숭배하지만, 신앙의 길은 그리스도의 피 위에 서 있습니다. "위대한 사랑은 위대한 희생을 낳는다"는 말처럼, 예수님의 보혈은 사랑이 피 흘림으로 증명된 가장 위대한 사건입니다. 그것이 우리를 자유케 하고, 죄의 사슬에서 해방시킵니다. 예수의 보혈은 추상적 개념이 아니라 지금도 살아 있는 능력입니다. 한 청교도 설교자는 이렇게 말했습니다. "보혈은 과거의 사건이 아니라 현재의 능력이다. 그것은 매일 우리의 양심을 깨끗게 하며, 하나님 앞에 담대히 나아가게 한다." 우리는 이 보혈을 기억할 때마다 죄의 무게에서 자유를 얻고, 감사와 겸손의 자리로 나아갑니다. 그러므로 그리스도의 피는 신자의 존재 자체를 규정하는 뿌리이자, 삶을 이끄는 힘입니다.

주님, 제 생명 위에 뿌려진 보혈을 잊지 않게 하시고, 그 사랑의 능력 안에서 날마다 새롭게 살게 하소서.

5월 **8**일

우리를 대신해서 죄값을 치루신 십자가의 사랑

마가복음 10:45

"인자가 온 것은 섬김을 받으려 함이 아니라 도리어 섬기려 하고 자기 목숨을 많은 사람의 대속물로 주려 함이니라"

대속[代贖]의 은혜는 인간의 힘으로는 결코 도달할 수 없는 깊이를 드러냅니다. 우리는 죄의 빚을 진 채, 갚을 능력 없는 자로 서 있었습니다. "빚은 영혼을 노예로 만든다"는 말이 있듯, 죄의 빚은 우리의 존재를 옭아매어 자유를 앗아갔습니다. 그러나 그리스도께서는 친히 우리의 자리에 서셨습니다. 마치 유월절 어린양이 피 흘려 백성을 살린 것처럼[출 12:13], 예수께서는 흠 없는 몸으로 우리 죄를 대신 지셨습니다. 십자가 위에서 흘린 보혈은 단순한 동정의 표시가 아니라, 법적 요구와 하나님의 공의를 완전히 만족시킨 대속의 값이었습니다[히 9:22]. 그러므로 사도 바울은 "우리가 아직 죄인 되었을 때에 그리스도께서 우리를 위하여 죽으심으로 하나님께서 우리에 대한 자기의 사랑을 확증하셨느니라"[롬 5:8]고 고백했습니다. 이 은혜는 값없이 주어진 은혜이지만, 결코 값싼 은혜가 아닙니다. 본회퍼가 말했듯이 값싼 은혜는 죄를 가볍게 여기지만, 값비싼 은혜는 죄를 끊어내기 위해 생명을 요구합니다. 그리스도의 피로 사신 은혜는 우리를 단순히 용서받은 자로 세우는 것을 넘어, 하나님 나라의 백성으로 새롭게 창조합니다. 우리는 이제 더 이상 채무자가 아니라, 아들의 자리에서 자유를 누리는 자가 되었습니다. 이것이 바로 대속의 신비요, 구원의 깊은 샘입니다.

주님, 제가 갚을 수 없는 죄의 빚을 대신 지불하신 사랑 앞에 무릎 꿇습니다.
이 값비싼 은혜를 잊지 않고, 자유 얻은 삶으로 주께 영광 돌리게 하소서.

5월 **9**일

우리 속에 꺼지지 않는 사랑의 불빛이신 그리스도

요한복음 1:14

"말씀이 육신이 되어 우리 가운데 거하시매 우리가 그의 영광을 보니 아버지의 독생자의 영광이요 은혜와 진리가 충만하더라"

인류의 역사는 기다림의 연속입니다. 더 선한 세상을, 더 깊은 사랑을, 더 확실한 구원을 기다려 왔지만, 많은 기다림은 허무 속에 사라지곤 했습니다. 그러나 성경은 말합니다. "때가 차매 하나님이 그 아들을 보내사…"갈 4:4. 그 순간 인류의 막연한 기다림이 종결되고, 하늘과 땅이 만나는 성육신의 경이가 펼쳐졌습니다. "말씀이 육신이 되어"라는 짧은 구절 안에는 영원이 시간 속에 들어오시고, 보이지 않는 하나님이 우리의 눈높이로 다가오시는 놀라운 은혜가 담겨 있습니다. 어떤 사상가는 "빛은 설명되지 않고 단지 비춘다"고 말했습니다. 예수 그리스도께서 오신 사건은 논증이 아니라 임재였습니다. 그 빛이 어둠을 뚫고 들어오자 우리는 은혜가 무엇인지, 진리가 무엇인지 처음으로 분명히 보게 되었습니다. 은혜는 탕자를 껴안고 울던 아버지의 두 팔이었고, 진리는 십자가 위에서도 흔들리지 않은 하나님의 사랑이었습니다. 세상은 여전히 혼탁하고 불의가 가득하지만, 우리는 압니다. "빛이 어둠에 비치되 어둠이 깨닫지 못하더라"요 1:5. 그러나 어둠이 빛을 이기지 못했습니다. 이미 오신 빛이 우리 속에 작은 불씨가 되어 꺼지지 않는 희망을 지피기 때문입니다. 고대의 격언이 말합니다. "어둠을 저주하기보다 한 줄기 불을 켜는 것이 낫다." 성탄은 단지 과거의 사건이 아니라, 오늘도 우리에게 다가오는 하나님의 현재형 사랑입니다. 그리스도는 우리 안에 머무시는 영원한 불빛이요, 절망을 밀어내는 조용한 새벽의 광명입니다. 그러므로 우리는 세상의 어둠을 두려워할 이유가 없습니다. 이미 빛이 오셨고, 그 빛은 우리 안에 거하시며 우리를 통해 다시 세상으로 흘러갑니다.

주님, 이미 우리 가운데 임하신 빛을 기억하게 하시고, 그 빛을 품고 세상 속에서 소망을 전하는 사람으로 살게 하옵소서.

5월 **10**일

자기를 낮추시고 복종하셔서 십자가에 죽으신 그리스도

빌립보서 2:8

"그가 사람의 모양으로 나타나사 자기를 낮추시고 죽기까지 복종하셨으니 곧 십자가에 죽으심이라"

거룩하신 하나님께서 사람의 옷을 입으셨습니다. 무한하신 분이 유한 속으로 스스로를 제한하신 이 사건은 이해를 넘어서는 신비이며, 하나님의 겸손이 드러난 가장 깊은 자리입니다. 어거스틴은 "하나님이 인간이 되심으로 인간을 하나님께로 들어 올리셨다"고 고백했습니다. 세상은 높아짐을 향해 힘과 권세를 사용하지만, 하나님은 낮아짐을 통해 구원을 이루십니다. 예수님의 발걸음은 하늘 보좌에서 시작해 마구간의 냄새 나는 공간으로 내려오셨고, 그곳에서 다시 갈릴리의 먼지 나는 흙길을 걸어 마침내 골고다 십자가에 이르렀습니다. 그 길은 영광에서 영광으로 올라가는 길이 아니라, 영광에서 수치로 내려가는 길이었습니다. 그러나 그 수치는 하나님 나라의 가장 밝은 영광이 되었고, 그 낮아지심은 인류를 들어 올리는 가장 높은 승리가 되었습니다. "강한 자는 정복으로 영광을 얻지만, 참된 왕은 낮아짐으로 백성을 살린다"는 말처럼, 복음의 능력은 위로부터 내려오신 사랑 안에 있습니다. 십자가는 패배가 아니라 순종의 절정이며, 스스로 낮추신 하나님의 방식입니다. 우리는 종종 성공과 명예를 통해 하나님의 뜻을 이룬다고 생각하지만, 성경은 십자가의 순종 속에서 진정한 승리가 선포되었음을 말합니다. 나사렛의 작은 골목을 걸으셨던 그 겸손한 발걸음이 결국 우리가 따라가야 할 길입니다. 그 길은 자기 높아짐의 야망이 아니라, 자기를 비우신 주님의 길을 따르는 순종의 여정입니다. 그 길을 걸을 때 우리는 비로소 하나님 나라의 역설적 영광을 경험하게 됩니다. 낮아짐 속에서 드러나는 하나님의 높으심, 복종 속에서 드러나는 참된 자유, 십자가에서 완성된 참된 왕 되심을 보게 됩니다.

주님, 높아지려는 마음을 비우고, 자기를 낮추시고 죽기까지 복종하신 주님의 길을 따라 걷게 하옵소서. 그 겸손 안에서 참된 영광을 보게 하시고, 그 복종 안에서 참된 자유를 누리게 하소서.

5월 **11**일

우리의 연약함을 아시는 그리스도

히브리서 2:17

“그가 범사에 형제들과 같이 되심이 마땅하도다 이는 하나님의 일에 자비하고 신실한 대제사장이 되어 백성의 죄를 속량하려 하심이라”

예수 그리스도는 참 하나님이시며 동시에 참 사람이 되셨습니다. 하늘 보좌의 영광을 내려놓으시고, 우리의 흙내 나는 삶 한복판으로 들어오신 분입니다. 그분은 우리의 배고픔과 피곤을 아셨고, 목마름과 고독을 경험하셨으며, 눈물과 슬픔의 깊은 골짜기를 실제로 지나가셨습니다. 히브리서는 말합니다. “그가 시험을 받아 고난을 당하셨은즉 시험 받는 자들을 능히 도우실 수 있느니라”[히 2:18]. 주님은 우리의 연약함을 멀리서 관찰하는 분이 아니라, 몸으로 겪으시고 마음으로 공감하시는 분입니다. 그리스도께서 사람이 되신 이유는 단순한 동행이나 위로가 아니라, 대속입니다. 우리를 대신해 죄의 값을 담당하시고, 십자가라는 형벌을 감당하시기 위해 오셨습니다. 참된 사랑은 자신을 내어주는 것이며, 하나님이 사람이 되신 사건은 그 사랑의 깊이를 가장 극적으로 드러낸 구속의 드라마입니다. 그렇기에 우리는 고난 속에서도 결코 홀로 있지 않습니다. 우리의 기도는 허공에 사라지는 메아리가 아니라, 우리와 같은 몸을 입고 울고 웃으셨던 주님의 심장에 닿습니다. 우리의 눈물은 그분의 기억 속에 있고, 우리의 한숨은 그분의 가슴에서 쉬어 갑니다. 주님의 “수고하고 무거운 짐 진 자들아 다 내게로 오라”[마 11:28]는 초대는 연약함을 품으신 하나님의 따뜻한 호흡이자, 오늘 우리에게도 여전히 열려 있는 안식의 문입니다. 우리의 연약함은 부끄러움의 자리가 아니라, 그리스도의 자비가 흘러 들어오는 자리입니다. 그분이 형제들과 같이 되셨기에, 우리는 그분의 품 안에서 참되게 쉼을 얻습니다.

주님, 나의 모든 연약함을 아시는 주께 마음을 숨김없이 드리게 하시고, 연약함 속에서 더욱 깊이 주님의 위로와 도우심을 경험하게 하소서.

5월 **12**일

거룩은 사랑 속에서 완성되는 성품

이사야 6:3

"거룩하다 거룩하다 거룩하다 만군의 여호와여 그의 영광이 온 땅에 충만하도다"

거룩함은 하나님의 가장 눈부신 속성이며, 동시에 그분의 사랑을 가장 순전하게 드러내는 이름입니다. 이사야가 보좌 앞에서 본 장면은 천사들이 얼굴을 가리며 쉼 없이 외치는 "거룩하다"라는 찬송이었습니다. 여기서 '거룩'은 단순한 도덕적 흠 없음이 아니라, 피조세계와 전적으로 구별되는 하나님의 절대적 완전성과 순결을 가리킵니다. 그 앞에 선 사람은 "화로다 나여 망하게 되었도다"[사 6:5]라고 고백할 수밖에 없습니다. 거룩은 우리를 무너뜨리지만, 동시에 다시 세우는 은혜의 불꽃입니다. 그러나 놀라운 역설이 있습니다. 거룩하신 하나님은 죄 많은 인간을 밀어내지 않고, 숯불로 입술을 깨끗하게 하시며 "누가 우리를 위하여 갈꼬"[사 6:8]라는 부르심으로 초대하십니다. 하나님의 거룩은 멀어짐이 아니라 가까이 오심입니다. 그분의 불은 파괴가 아니라 정결이며, 심판이 아니라 회복입니다. 아우구스티누스가 말했듯 "하나님을 향한 사랑은 질서 있는 사랑"입니다. 그 질서를 세우는 방식이 바로 하나님의 거룩입니다. 사랑은 거룩 속에서 정화되고, 거룩은 사랑 속에서 빛납니다. 십자가는 이 둘이 만난 자리였습니다. 하나님의 거룩한 정의는 죄를 심판하셨고, 동시에 그 사랑은 죄인을 살리셨습니다. 그러므로 거룩은 우리가 두려워 도망쳐야 할 엄격성의 이름이 아니라, 사랑을 가장 아름답게 빛내는 하나님의 성품입니다. 칼 바르트가 "하나님은 거룩한 사랑이시다"라고 고백한 이유도 여기에 있습니다. 거룩은 사랑을 소멸시키는 차가운 기준이 아니라, 사랑을 순결하게 하고 우리의 존재를 세상에서 구별되게 만드는 불꽃입니다. 예수 그리스도 안에서 우리는 거룩의 길을 배웁니다. 욕망에 섞이지 않고, 세상의 질서에 휩쓸리지 않으며, 하나님의 사랑 앞에서 자신을 비워 구별된 존재로 서는 것 — 그것이 참된 자유요 기쁨입니다. 거룩은 먼저 하나님께로부터 오지만, 결국 우리의 삶 속에서 꽃피워지는 성품입니다.

주님, 거룩하신 성품이 제 삶을 비추어 사랑과 순결로 주님을 닮아가게 하시며,
매 순간 당신의 거룩을 드러내는 삶을 살게 하옵소서.

5월 **13**일

자기 백성을 죄에서 구원하실 이름, 예수

마태복음 1:21

“아들을 낳으리니 이름을 예수라 하라 이는 그가 자기 백성을 그들의 죄에서 구원할 자이심이라”

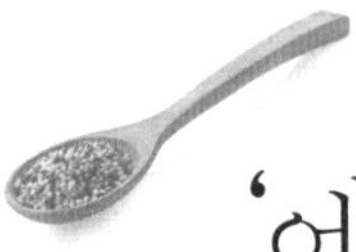

‘예수’라는 이름은 인간이 붙인 이름이 아니라, 하늘이 내려주신 구원의 선언입니다. ‘여호와는 구원이시다’라는 그 의미 안에는 죄로 찢긴 인간의 역사와, 그 역사를 다시 새롭게 하시려는 하나님의 변함없는 사랑이 담겨 있습니다. 예수님의 탄생은 인간의 욕망이나 혈통의 결과가 아니라 성령의 능력으로 이루어진 전적 은혜의 사건입니다[마 1:18]. 죄 없는 분으로 오신 이유는 분명합니다. 죄인은 죄인을 구원할 수 없고, 오직 흠 없고 거룩하신 유일한 중보자만이 완전한 속죄를 이루실 수 있기 때문입니다[히 7:26]. 예수님의 생애 전체는 이 이름의 의미를 증명하는 길이었습니다. 걸음마다 잃은 자를 향하셨고, 말씀마다 상한 마음을 싸매셨으며, 때로는 침묵조차 죄인을 품는 은총의 시간이었습니다. “인자가 온 것은 잃어버린 자를 찾아 구원하려 함이라”[눅 19:10]는 선언은 결국 십자가와 부활로 완성되었습니다. 세상의 많은 왕들은 백성을 보호하기보다 희생시켰지만, 참된 왕이신 예수 그리스도는 백성을 위해 자신의 생명을 내어주셨습니다. 그러므로 우리가 ‘예수’라는 이름을 부르는 것은 단순한 신앙 행위가 아니라, 절망의 자리에 희망을 심는 고백입니다. 사망의 음침한 골짜기를 지날지라도 “주는 나와 함께 하신다”[시 23:4]고 담대히 말할 수 있는 이유가 바로 여기에 있습니다. 그 이름은 오늘도 우리를 죄에서 건지며, 삶의 가장 어두운 골짜기 속에서도 새 생명을 약속합니다.

주님, 제 삶이 언제나 주님의 이름이 가진 뜻, 곧 구원의 영광을 드러내는 통로가 되게 하소서. 예수의 이름으로 새 힘과 새 생명을 누리게 하소서. 아멘.

5월 **14**일

그리스도께서 받으신 고난으로 얻은 생명

이사야 53:5

"그가 채찍에 맞음으로 우리는 나음을 받았도다"

십자가는 인간의 눈에 가장 비참한 패배처럼 보였지만, 하나님께는 완전한 승리의 자리였습니다. 그곳에서 흘린 피는 억울한 희생이 아니라, 온 인류의 죄값을 대속하신 사랑의 능력이었습니다. "십자가의 도가 멸망하는 자들에게는 미련한 것이요 구원을 받는 우리에게는 하나님의 능력이라"[고전 1:18] 한 말씀처럼, 세상이 조롱하던 그 나무 위에서 역설적인 승리가 일어났습니다. 세상의 왕국은 힘과 지배로 세워지지만, 하나님의 나라는 희생과 순종 위에 세워집니다. 예수님은 자신을 보호하는 대신 내어주셨고, 그 내어주심이 우리를 자유케 하는 은혜가 되었습니다. 참된 강함은 자신을 붙드는 데 있지 않고, 하나님을 위해 자신을 비울 줄 아는 데 있습니다. 그분의 자발적 낮아짐 속에서 하늘의 영광이 드러났습니다[빌 2:6-11]. 우리는 십자가를 장식품처럼 생각하기 쉽지만, 그 본질은 사랑과 순종의 절정입니다. 십자가는 인간의 욕망이 꺾이고 하나님의 뜻이 이루어진 자리이며, 그 자리에서 참된 생명이 흘러나왔습니다. "밀알 하나가 땅에 떨어져 죽지 아니하면 한 알 그대로 있고 죽으면 많은 열매를 맺느니라"[요 12:24]는 말씀이 바로 십자가에서 실현되었습니다. 주님은 죽으심을 통해 잃은 자들을 다시 살려내는 첫 열매가 되셨고, 그 열매는 지금도 교회의 생명으로 이어지고 있습니다. 부활의 영광은 십자가를 지나야 얻습니다. 그러므로 신앙의 길은 고난을 피하는 길이 아니라, 사랑 때문에 자기를 내어놓는 순종의 자리에서 온전해집니다. 십자가는 오늘 우리에게도 '죽음이 생명을 낳는 자리'로 초대합니다.

주님, 십자가의 승리를 날마다 기억하게 하시고, 사랑 때문에 자신을 내어주신 주님의 길을 기쁨과 감사로 따르게 하소서. 아멘.

5월 **15**일

부활하심의 소식은 절망을 사랑과 용서로 바꾼 생명의 노래

누가복음 24:6

"그가 여기 계시지 않고 살아나셨느니라"

부활의 새벽, 무덤을 찾아간 여인들에게 들려온 이 한 문장은 세상 어떤 권력자의 선포보다 더 깊은 울림으로 인류의 역사를 뒤흔든 말씀이었습니다. 돌문은 닫혀 있었지만, 하늘의 문은 이미 활짝 열려 있었고, 죽음은 끝이 아니라 생명으로 들어가는 문이 되었습니다. 부활은 단순히 죽음을 이긴 기적이 아니라, 절망을 철저히 무너뜨리고 새로운 창조를 여시는 하나님의 결론입니다. 막달라 마리아의 눈물을 닦아 주신 주님은 오늘도 여전히 우리의 눈물을 닦으십니다. 두려움과 실패로 문을 잠근 제자들에게 "너희에게 평강이 있을지어다" 요 20:19라고 속삭이셨던 그 음성은, 단지 위로가 아니라 임마누엘의 약속 — 세상 끝날까지 함께하시는 주님의 선언입니다. 새벽은 가장 어두운 밤을 데리고 옵니다. 그러나 그 밤이 깊을수록 새벽은 더욱 분명하게 다가옵니다. 십자가의 어둠이 아무리 짙어도 부활의 새벽은 반드시 찾아옵니다. 부활은 새로운 창조의 시작이며, 무덤에서 열린 새 아침은 지금도 우리의 삶 속에서 어둠을 밀어내고 빛을 다시 세우십니다. 우리는 여전히 상실을 겪고, 질병을 경험하고, 실패 앞에 주저앉기도 합니다. 그러나 부활하신 주님을 믿는 사람은 절망에 머무르지 않습니다. "사망아 너의 승리가 어디 있느냐" 고전 15:55라는 사도 바울의 외침은 단순한 외침이 아니라 이미 우리에게 주어진 부활의 승리를 선포하는 찬송입니다. 부활은 교리의 사실을 넘어서, 우리가 살아야 할 방식이며, 죽음을 향해 걸어가는 동안 붙들어야 할 믿음입니다. 그래서 부활의 사람은 사랑하고, 용서하며, 어둠 속에서도 노래합니다. 왜냐하면 죽음 위에 선 생명의 주가 우리와 함께 계시기 때문입니다.

주님, 부활의 소망으로 오늘을 살게 하시고, 가장 짙은 어둠 속에서도 새벽을 기다리며 생명의 노래를 잃지 않게 하소서. 아멘.

5월 **16**일

말씀 앞에 엎드린 진리의 자리

에베소서 2:19-20

"그러므로 이제부터 너희는 외인도 아니요 나그네도 아니요 오직 성도들과 동일한 시민이요 하나님의 권속이라 너희는 사도들과 선지자들의 터 위에 세우심을 입은 자라 그리스도 예수께서 친히 모퉁잇돌이 되셨느니라"

세상은 끊임없이 흔들립니다. 인간의 사상은 시대의 바람에 휩쓸리고, 감정과 경험은 쉽게 변합니다. 그러나 하나님의 말씀은 사라지지 않는 반석처럼 영원한 토대가 됩니다. "풀은 마르고 꽃은 시드나 우리 하나님의 말씀은 영원히 서리라"사 40:8는 선언은 역사가 아무리 뒤틀리고 무너져도 변함없이 빛나는 진리의 등불입니다. 초대 교회가 혼란 속에서도 붙든 것이 말씀이었고, 종교개혁자들이 목숨을 걸고 지킨 것도 성경의 진리였습니다. 그들은 인간의 전통이나 시대의 기류가 아니라, 오직 하나님이 주신 계시의 토대 위에 믿음을 세웠습니다. 오늘 우리도 말씀을 중심에 모실 때 하나님이 거하시는 삶의 질서를 누립니다. 에베소서는 우리가 "사도들과 선지자들의 터 위에 세워진 자"라고 말합니다. 이는 교회의 기초가 인간의 구조물이나 시대의 지혜가 아니라, 하나님께서 성령으로 감동해 기록하신 말씀이며, 그 터 위에 세워진 모퉁잇돌은 곧 예수 그리스도시라는 뜻입니다. 그분 안에서 이미 모든 계시의 비밀이 드러났기에, 우리는 새로운 계시를 찾아 헤매지 않습니다. 성경 안에, 그리스도 안에, 하나님 나라의 빛이 충분히, 선명하게 비추고 있기 때문입니다. 파스칼은 "인간의 위대함은 하나님 앞에 무릎 꿇는 데 있다"고 말했습니다. 흔들리는 시대일수록 우리는 더 깊이 말씀 앞에 엎드려야 합니다. 그 자리에서 하나님은 다시 우리를 세우십니다.

주님, 흔들리는 세상 속에서 우리의 발걸음을 영원한 말씀 위에 세우게 하시고,
그 진리 안에서 흔들리지 않는 삶을 살게 하소서. 아멘.

5월 **17**일

그리스도 안에서 완성된 절기

히브리서 9:12

"오직 그리스도는 영원한 속죄를 이루사 단번에 성소에 들어가셨느니라"

구약의 절기들은 단순한 전통이나 민족의 문화가 아니라, 하나님께서 시간 속에 새겨두신 구원의 발자국이었습니다. 유월절, 칠칠절, 초막절… 각각의 절기는 흩어져 있는 사건처럼 보이지만, 실제로는 하나님이 "기억하라" 하신 은혜의 표식이었습니다. 시간은 흘러도 기억은 은혜를 붙드는 통로입니다. 하나님은 잊기 쉬운 인간에게 절기라는 거룩한 기념비를 주셔서, 그분의 구원과 신실하심을 잊지 않게 하셨습니다. 그러나 모든 절기는 결국 한 분을 향해 모이고 있었습니다. 유월절의 어린 양은 죽음을 넘어서는 예수 그리스도의 십자가를 예표했고[고전 5:7], 칠칠절의 첫 열매는 오순절 성령강림으로 성취되어 교회의 시작이 되었습니다[행 2:1-4]. 초막절의 장막은 광야의 불안을 넘어서, "말씀이 육신이 되어 우리 가운데 거하시매"[요 1:14]라는 임마누엘의 신비로 이어졌습니다. 속죄일의 염소와 피는 히브리서의 선언처럼 단번에 드러난 그리스도의 보혈로 완전히 이루어졌습니다[히 9:12]. 그래서 우리는 이제 절기의 그림자에 머무는 존재가 아닙니다. 절기가 기다리던 실체가 이미 오셨기 때문입니다. 유월절은 문설주의 피가 아니라 십자가의 은혜로 기억되고, 칠칠절은 곡식이 아니라 우리의 삶이 첫 열매가 되어 하나님께 드려집니다. 초막절은 나뭇가지의 임시 초막이 아니라, 성령으로 우리 안에 거하시는 하나님의 임재로 채워집니다. "사람은 망각의 존재이지만 믿음은 기억하는 능력이다." 신앙은 결국 하나님을 기억하는 여정입니다. 하나님은 우리가 시간을 흘려보내지 않고, 시간을 예배로 바꾸기를 원하십니다. 우리가 일상의 순간을 산 제사[롬 12:1]로 드릴 때, 우리의 하루는 흘러가는 시간이 아니라 하나님의 영원을 새기는 시간이 됩니다. 그때 우리의 모든 날은 절기의 완성이 됩니다.

주님, 구약의 모든 절기가 그리스도 안에서 완성되었음을 기억합니다.
우리의 매일이 하나님을 향한 절기가 되게 하시고, 우리의 삶이 산 제사로 드려지게 하소서. 우리의 시간 속에 하나님의 영원을 새겨 주소서. 아멘.

5월 **18**일

죄를 속하신 그리스도의 피

레위기 17:11

"생명의 피가 죄를 속하느니라"

로마서 5:1

"그러므로 우리가 믿음으로 의롭다 하심을 받았으니 … 하나님과 화평을 누리자"

우리는 어떻게 하나님께 나아갈 수 있는가? 죄로 단절된 인간이 거룩하신 하나님과 다시 교제할 수 있는 길이 과연 존재하는가?

레위기는 바로 이 질문에 대한 하나님의 자비로운 대답이었다. 번제는 온전한 헌신을, 소제는 날마다 공급하시는 은혜에 대한 감사를, 화목제는 하나님과 교제의 기쁨을, 속죄제와 속건제는 죄로 인해 깨어진 관계를 회복하는 길을 보여주었다. 그러나 이 모든 제사의 중심에는 한 가지 진리가 흐른다. "피 흘림이 없은즉 사함이 없느니라"[히 9:22]. 생명의 피가 흘러야 죄가 가려졌고, 피 없이는 누구도 하나님 앞에 설 수 없었다. 그러나 그 피는 언제나 불완전한 그림자였다. 짐승의 피는 죄를 잠시 덮었을 뿐, 인간의 깊은 죄의 뿌리를 뽑을 수 없었다. 제사는 반복되었고, 제단의 불은 꺼지지 않았지만, 인간의 마음은 여전히 하나님을 떠나 있었다. 모든 제사는 한 분을 기다리고 있었다. 죄 없으신 하나님의 어린양 예수 그리스도께서 단번에 자신을 드리셨을 때, 레위기의 모든 제사는 완전한 실체를 만났습니다. 번제의 온전한 헌신, 소제의 감사, 화목제의 교제, 속죄제의 용서, 속건제의 회복이 모두 그분 안에서 성취되었습니다. 십자가는 인간의 죄와 하나님의 사랑이 가장 깊이 만난 자리였고, 그 피는 죄를 덮는 것이 아니라 죄를 제거하고 우리를 하나님 품으로 이끄는 새롭고도 살아 있는 길이 되었다[히 10:20]. 그리스도의 보혈은 단순한 용서가 아니라 새 생명이며, 매일의 숨결이 됩니다. "믿음으로 의롭다 하심을 받은" 우리는 그리스도 안에서 하나님과의 화평을 누리는 사람들입니다.

주님, 모든 희생 제사의 완성이신 예수 그리스도를 찬양합니다. 그리스도의 피로 열어주신 화평의 은혜를 깊이 누리게 하시고, 날마다 십자가 앞에서 감사와 순종으로 살아가게 하소서. 아멘.

5월 **19**일

단번에 이루신 완전한 속죄의 길

히브리서 9:12

"그리스도께서는 … 오직 자기 피로 영원한 속죄를 이루셨느니라"

요한복음 19:30

"예수께서 이르시되 다 이루었다 하시고 …"

이스라엘의 속죄일은 한 해 중 가장 두려우면서도 거룩한 날이었습니다. 대제사장은 백성의 죄를 대신 짊어진 채 지성소에 들어가 피를 뿌렸고, 한 마리 염소는 죄를 전가받아 광야로 보내졌습니다. 이는 죄가 멀리 떠나가야 한다는 상징이었지만, 여전히 반복되어야만 했던 불완전한 그림자였습니다. 인간의 죄는 깊고 무거워, 어떤 제사도 완전한 속죄를 이루지 못했습니다. 그러나 십자가에서 흘리신 그리스도의 피는 단번에, 영원히, 완전한 속죄를 이루셨습니다. 주님은 염소와 송아지의 피가 아닌, 자신의 생명을 내어주시며 하늘 성소에 들어가셨고, 그 순간 "다 이루었다"는 선언은 모든 제사의 그림자를 끝내는 하나님의 완전한 응답이 되었습니다. 인간의 노력과 의로움으로는 결코 이를 수 없던 자리—하나님의 완전한 용서와 화목—가 이제 은혜로 우리에게 열렸습니다. 우리의 의는 누더기 같지만[사 64:6], 그리스도의 의는 우리의 옷이 되어 죄책감을 덮고 자유를 입힙니다. 그러므로 신자의 삶은 더 이상 속죄를 위해 애쓰는 길이 아니라, 이미 이루어진 속죄를 믿음으로 살아내는 여정입니다. 날마다 죄를 자백하며[요일 1:9], 십자가의 은혜 안에서 다시 일어서며, "나를 정죄할 수 있는 자는 아무도 없다"[롬 8:34]는 복음의 진실 위에 서는 것입니다. 광야로 보내진 염소처럼 우리의 죄가 이미 멀리 떠나갔음을 믿을 때, 우리는 과거의 그림자에서 벗어나 은혜의 빛 안에서 숨 쉬게 됩니다. 십자가 앞에서 모든 공로는 사라지고, 오직 은혜만 남습니다. 단번에 이루신 속죄는 오늘도 우리의 마음을 새롭게 하고, 다시 하나님을 향해 걷게 하는 생명의 능력입니다.

주님, 십자가에서 단번에 이루신 속죄의 은혜를 깊이 믿습니다. 죄책감이 아니라 은혜의 빛 안에서 살게 하시고, "다 이루었다"는 주님의 선언을 붙들며 자유와 감사로 살아가게 하소서. 아멘.

5월 **20**일

불순종에도 불구한 회복의 은혜

로마서 5:1

"그러므로 우리가 믿음으로 의롭다 하심을 받았으니, 우리 주 예수 그리스도로 말미암아 하나님과 화평을 누리자"

이스라엘의 역사는 순종과 불순종, 회복과 심판이 교차하는 파도처럼 흘렀습니다. 하나님께 순종할 때 그들의 삶은 약속된 평안과 번영으로 채워졌지만, 마음이 하나님을 떠난 순간 길은 어둠으로 꺾였습니다. 북이스라엘은 우상숭배의 길을 끝내 돌이키지 못해 앗수르에 사라졌고, 남유다 역시 바벨론 포로로 끌려갔습니다. 그러나 하나님은 심판을 마지막 문장으로 쓰지 않으셨습니다. 징계의 뒤편에는 언제나 회복을 준비하시는 하나님의 신실한 사랑이 숨겨져 있었습니다. 이사야는 고난받는 메시아를 보았고, 예레미야는 "마음에 새겨질 새 언약"을 들었습니다. 에스겔은 마른 뼈에 생기가 들어가는 환상을 통해 소망의 근원을 드러냈고, 다니엘은 흔들리는 제국들 속에서도 역사를 주관하시는 하나님의 절대 주권을 선포했습니다. 결국, 포로기 칠십 년이 지나고, 무너진 성전과 예배는 다시 세워졌습니다. "내가 결코 너희를 버리지 아니하고 떠나지 아니하리라"히 13:5. 이 약속은 인간의 실패보다 더 크고, 어떤 불순종에도 무너지지 않았습니다. 그러나 회복의 정점은 역사적 귀환이 아니라, 예수 그리스도 안에서 완성된 구속의 은혜입니다. 속죄일마다 반복되던 피의 의식은 십자가에서 단번에 흘리신 그리스도의 보혈로 절정을 이루었고, 초막절이 상징하던 임재의 약속은 "말씀이 육신이 되어 우리 가운데 거하시매"요 1:14라는 성육신으로 실체가 되었습니다. 토마스 왓슨T. Watson은 "하나님의 임재가 있는 곳이 곧 천국"이라 말했는데, 그렇다면 그리스도 안에서 우리는 이미 천국에서 살아가는 사람들입니다. 우리의 삶도 이스라엘의 역사와 닮았습니다. 때로 마음이 무너지고, 불순종의 광야를 헤매지만, 심판보다 회복을 기뻐하시고, 멀어진 자를 다시 가까이 부르시는 하나님께서는 우리가 돌이키는 순간 우리를 다시 품으십니다. 이 하나님의 은혜가 오늘 우리의 소망입니다.

주님, 우리의 반복된 연약함에도 버리지 않으시고 회복을 예비하시는 은혜를 찬양합니다. 그리스도 안에서 주어진 화평과 임재를 날마다 깊이 누리게 하시고, 회복의 길로 우리를 이끄소서. 아멘.

5월 **21**일

속죄와 임재: 성취된 절기의 의미

베드로전서 3:18

"그리스도께서도 단번에 죄를 위하여 죽으사 …"

광야를 지나던 이스라엘에게, 성막은 단순한 예배 공간이 아닌 보이지 않는 하나님이 보이게 임재하시는 자리, 하늘의 실체가 땅 위에 드리운 그림자였습니다. 그 중심에 속죄일이 자리했습니다. 대제사장은 1년에 단 한 번, 두려움과 떨림으로 지성소에 들어가 희생제물의 피를 뿌렸습니다. 한 염소는 죽임당하고, 다른 염소는 광야로 보내져 백성의 죄가 멀리 떠나감을 상징했습니다. 인간은 스스로 죄를 끊을 능력이 없기에, 하나님은 피를 통해 죄를 덮고 관계를 회복하는 길을 마련하셨습니다. 그러나 그 모든 제사와 의식은 장차 오실 메시아를 향한 그림자일 뿐이었습니다. "그리스도께서도 단번에 죄를 위하여 죽으사"[벧전 3:18], 의로우신 그분이 불의한 우리를 대신하셨습니다. 죄로 가려져 있던 휘장은 찢어졌고, 우리는 담대히 은혜의 보좌 앞에 서는 자가 되었습니다. 초막절 또한 광야 세월 동안 하나님의 임재를 기억하는 절기였으나, 초막의 의미는 예수 그리스도 안에서 완전한 빛을 얻습니다. "말씀이 육신이 되어 우리 가운데 거하시매"[요 1:14]. 그리스도께서 참된 성막이 되시고, 하나님은 휘장 뒤에 머무르지 않으십니다. 그분은 우리와 함께하시는, 임마누엘 하나님으로 우리 안에 거하십니다. 아우구스티누스의 고백처럼 "우리 영혼은 주 안에서 안식하기 전까지 평안을 얻지 못합니다." 속죄일과 초막절이 예수 안에서 완성되었다는 진리는, 우리가 죄의 짐에서 자유를 얻었을 뿐 아니라, 하나님이 우리를 당신의 거처로 삼으셨다는 깊은 위로를 전합니다. 속죄로 길을 여시고, 임재로 우리를 채우신 하나님—이 은혜 안에서 우리는 날마다 새롭게 숨을 쉽니다.

주님, 단번에 속죄를 이루신 은혜와 우리 안에 거하시는 임재를 기억합니다.
이 진리를 잊지 않고 날마다 그 은혜 안에 거하게 하시며, 주님 안에서 참된 안식을 누리게 하소서. 아멘.

5월 22일

십자가 위에서 생명의 문이 되신 예수

로마서 3:25

"이 예수를 하나님이 그의 피로써 믿음으로 말미암는 화목제물로 세우셨으니 이는 하나님께서 길이 참으시는 중에 전에 지은 죄를 간과하심으로 자기의 의로우심을 나타내려 하심이니"

속죄란 단순히 인간적 감정의 차원에서 "괜찮다"라고 눈감아 주는 용서가 아닙니다. 거룩하신 하나님은 결코 죄를 그냥 지나치실 수 없으십니다[합 1:13]. 죄의 삯은 사망이라는 선언은 변함없는 진리이며, 그 앞에서 모든 인간은 침묵할 수밖에 없습니다[롬 6:23]. 그러나 십자가 위에서 예수 그리스도께서 우리 대신 하나님의 거룩한 진노를 온전히 받으셨습니다. 그분이 가로막으셨기에 우리는 심판이 아닌 은혜를 누리게 되었습니다. 옛 격언에 "불의가 제거되지 않고서는 결코 평화가 올 수 없다"는 말이 있습니다. 십자가는 바로 이 진리를 증언합니다. 하나님은 정의를 희생하지 않으시고, 동시에 사랑을 포기하지 않으셨습니다. 정의와 사랑은 십자가에서 완벽히 만났습니다. 이것은 법정에서 죄인이 무죄를 선고받는 단순한 판결을 넘어, 아버지가 아들의 희생을 통해 죄인을 자녀로 품으시는 은혜의 사건입니다. 우리는 종종 우리의 선행이나 노력으로 하나님과 화해할 수 있다고 착각합니다. 그러나 십자가는 인간의 공로가 아니라 하나님의 전적인 은혜로 화해가 이루어졌음을 선언합니다[엡 2:8-9]. 어느 신학자는 하나님의 진노는 죄인을 멸망시킬 수밖에 없지만, 십자가 희생이 그 모든 불길을 홀로 감당한 것을 들어 "그리스도의 십자가는 하나님의 거룩한 진노의 불길을 흡수한 피뢰침"이라고 말했습니다. 그러므로 우리는 두려움이 아니라 담대함으로 하나님의 보좌 앞에 나아갈 수 있습니다[히 4:16]. 이제 십자가는 더 이상 심판의 표지가 아니라, 생명의 문이 되었습니다.

주님, 저를 위해 진노를 마주하신 십자가를 경외합니다.
제 삶이 그 은혜 앞에 늘 감사와 순종으로 반응하게 하소서.

5월 23일

우리 죄를 짊어진 아사셀 염소

레위기 16:22

"염소가 그들의 모든 불의를 지고 접근하기 어려운 땅에 이르거든 그는 그 염소를 광야에 놓을지니라"

이스라엘의 속죄일에 대제사장은 염소의 머리에 손을 얹고 온 백성의 죄를 고백했습니다. 그 죄는 상징적으로 염소에게 옮겨져, 황량한 광야로 보내졌습니다. 광야는 돌아올 수 없는 길, 다시는 회복될 수 없는 거리를 의미합니다. 사람들은 그 장면을 보며 마음 깊은 곳에서 안도했을 것입니다. 죄가 떠나갔다는 희미한 희망이 그들 안에 불을 지폈지요. 그러나 그것은 완전한 소멸이 아니라 단지 그림자일 뿐이었습니다. 시편에서는 말합니다. "동이 서에서 먼 것 같이 우리 죄과를 우리에게서 멀리 옮기셨으며"[시 103:12]. 참된 성취는 예수 그리스도의 십자가에서 이루어졌습니다. 예수님은 단지 우리의 죄를 덮으신 것이 아니라, 그 죄를 완전히 옮기시고 기억하지 않으셨습니다[히 10:17]. 키에르케고르는 "용서란 기억 속에서조차 지워지는 은총"이라고 말했습니다. 우리가 회개할 때 여전히 죄책감이 뒤따르지만, 하나님은 그 죄를 더 이상 언급하지 않으십니다. 한 설교자는 "십자가는 죄의 무덤이며, 부활은 의의 새벽"이라고 했습니다. 속죄는 단순한 용서가 아니라, 죄가 더 이상 우리를 지배하지 못하도록 하는 능력입니다. 그러므로 신앙은 반복되는 죄책의 그림자 속에 머무는 것이 아니라, 그리스도 안에서 자유롭게 된 삶을 살아가는 용기입니다.

주님, 제 죄를 멀리 옮기시고 다시는 기억하지 않으시는 은혜 안에 살게 하소서.
죄책의 그림자가 아니라, 속죄의 빛 안에서 자유와 담대함으로 살게 하소서.

5월 **24**일

십자가는 화목과 사랑의 징표

고린도후서 5:19

"곧 하나님께서 그리스도 안에 계시사 세상을 자기와 화목하게 하시며 그들의 죄를 그들에게 돌리지 아니하시고 화목하게 하는 말씀을 우리에게 부탁하셨느니라"

사람들이 보기에 십자가는 철저한 패배로 보였습니다. 로마의 권력 앞에 무기력하게 매달린 예수, 제자들의 도망, 대중의 조롱은 실패의 표지와 같았습니다. 그러나 하나님의 눈에는 그것이 역사의 결정적 승리였습니다. 예수 그리스도의 죽음은 단순한 순교가 아니라, 죄의 대가를 대신 치르는 속죄의 제사였고, 그 피는 사탄의 권세를 깨뜨리는 승리의 증거였습니다[골 2:15]. 십자가 위에서 "다 이루었다"는 선언은 인류 역사에서 가장 위대한 승리의 외침이었습니다. "패배처럼 보이는 순간에도 진정한 승리는 그 안에 숨어 있다"라고 말합니다. 십자가가 바로 그러했습니다. 그 죽음 뒤에 찾아온 빈 무덤은 승리의 최종 확증이었고, 예수의 부활은 영원히 닫힌 무덤의 문을 열어젖혔습니다[고전 15:54-55]. 이로써 우리는 더 이상 종이 아니라 하나님의 자녀로 불리게 되었습니다[요 1:12]. 우리 안에서 여전히 실패와 고난의 그림자가 드리워질 때, 우리는 십자가의 역설을 떠올립니다. 세상은 패배라 말하지만, 하나님은 그것을 영광의 길로 바꾸십니다. 아우구스티누스는 "십자가는 하나님이 우리를 껴안는 두 팔"이라고 표현했습니다. 그 포옹 안에서 우리는 죄책에서 해방되고, 두려움에서 벗어나, 새 생명의 사람으로 다시 서게 됩니다. 그러므로 우리의 삶은 더 이상 두려움의 여정이 아니라 승리의 행진입니다. 우리가 짊어지는 십자가는 무거운 형벌의 나무가 아니라, 하나님과 화목한 증표요, 세상을 향한 사랑의 징표입니다.

주님, 십자가의 승리를 믿음으로 붙들며, 날마다 그 승리를 지고 살아가게 하소서.

5월 **25**일

죄사함의 은혜는 감사와 순종의 삶으로

베드로전서 3:18

“그리스도께서도 단번에 죄를 위하여 죽으사 의인으로서 불의한 자를 대신하셨으니 이는 우리를 하나님 앞으로 인도하려 하심이라 육체로는 죽임을 당하시고 영으로는 살리심을 받으셨으니”

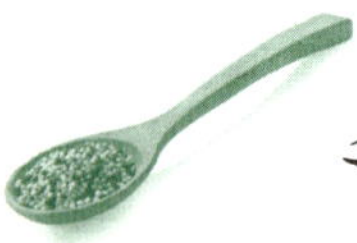

속죄의 비밀은 단순히 죄 사함에 머물지 않습니다. 그 끝은 우리를 하나님의 임재로 이끄는 데 있습니다. 성경은 “우리가 믿음으로 말미암아 의롭다 하심을 받았으니 우리 주 예수 그리스도로 말미암아 하나님과 화평을 누리자”롬 5:1라고 고백하며, 예수께서 열어주신 은혜의 길을 증언합니다. “길이 목적지를 결정한다”는 말이 있습니다. 그리스도의 십자가는 단순한 한 장면이 아니라, 우리를 아버지의 집으로 인도하는 길이 되셨습니다. 마치 탕자가 아버지의 품으로 돌아올 수 있었던 이유가 아버지의 사랑 때문이었듯, 우리의 회복 또한 그리스도의 희생 안에서 가능해진 것입니다. 교회사의 한 장면 속에서, 어두운 감옥에서도 찬송을 부른 바울과 실라처럼, 하나님 앞에 서게 된 자는 처한 상황이 아니라 하나님의 임재가 삶을 결정합니다. 속죄의 은혜로 하나님 앞으로 나아간 이는 더는 자기중심이 아니라 감사와 순종으로 살아갑니다. 인생의 끝자락에서조차 “하나님께 가까이 함이 내게 복이라”시 73:28 고백한 시편의 말씀처럼, 우리의 남은 날도 그 은혜 앞에 감사로 응답하는 발걸음이어야 합니다.

주님, 저를 하나님 앞으로 인도하신 은혜에 합당한 삶을 살게 하소서.

5월 **26**일

회심과 믿음

마가복음 1:15

"이르시되 때가 찼고 하나님의 나라가 가까이 왔으니 회개하고 복음을 믿으라 하시더라"

회개와 믿음은 결코 따로 떨어져 걸을 수 없는 두 길입니다. 성 어거스틴은 "회개 없는 믿음은 죽은 믿음이요, 믿음 없는 회개는 절망이다"라고 말했습니다. 두 길은 마치 심장의 두근거림처럼, 하나가 되어 영혼을 살려냅니다. 어느 쪽이 먼저냐는 질문은 큰 의미가 없습니다. 심장이 두근거리며 뛰듯, 두 박동이 함께 뛸 때 생명이 유지되듯, 회개와 믿음은 동행할 때에만 참된 생명을 낳습니다. "돌아서지 않는 믿음은 자기기만이요, 믿음 없는 눈물은 허무하다"라는 말이 있지만, 다윗의 눈물은 단순한 후회가 아니라 하나님께 대한 믿음에서 비롯된 회개였고, 삭개오의 믿음은 돌이킨 삶의 회개로 드러났습니다. 시 51:17, 눅 19:8. 우리가 날마다 말씀 앞에서 자신을 돌이킬 때, 믿음은 더욱 깊어지고 믿음이 깊어질수록 회개는 더 진실해집니다. "그리스도인의 삶은 전부가 회개다"라는 루터의 선언은, 복음을 붙드는 매 순간이 동시에 회개의 발걸음임을 알려줍니다. 우리의 삶은 어제의 잘못에서 돌이켜 오늘의 은혜를 믿음으로 붙드는 여정입니다. 이 길을 걷는 자는 넘어져도 다시 일어서며, 흔들려도 끝내 주님의 품으로 나아갑니다.

주여, 제 마음이 회개와 믿음의 두 날개로 주께 향하게 하소서.

5월 **27**일

참된 회심은 방향전환

사도행전 3:19

"그러므로 너희가 회개하고 돌이켜 너희 죄 없이 함을 받으라 이같이 하면 새롭게 되는 날이 주 앞으로부터 이를 것이요"

회개는 단순히 잘못을 뉘우치고 다시는 반복하지 않으리라 다짐하는 정도의 행위가 아닙니다. 그것은 삶 전체의 방향이 바뀌는, 근본적인 전환입니다. 예레미야 선지자는 "악한 길과 행위에서 돌이키라"[렘 25:5]고 외쳤고, 세례 요한은 "회개에 합당한 열매를 맺으라"[마 3:8]고 촉구했습니다. 눈물이 흘러내리는 순간이 있어도, 마음이 여전히 죄에 매여 있다면 그 회개는 껍질에 불과합니다. 반대로 때로는 눈물이 없더라도 진정한 결단과 순종으로 방향을 바꾸는 것이 참된 회개일 수 있습니다. 고대의 격언 가운데 "길을 바꾸지 않으면 목적지는 바뀌지 않는다"는 말처럼, 회개 없는 신앙은 결코 하나님께로 이르는 길에 설 수 없습니다. 예수께서 "나는 의인을 부르러 온 것이 아니요 죄인을 부르러 왔노라"[막 2:17] 하셨듯, 회개는 단순한 도덕적 수양이 아니라, 주님을 만나는 문입니다. 어거스틴은 젊은 시절의 방탕에서 돌이켜 하나님께 나아간 순간을 "늦게서야 내가 주를 사랑하였습니다"라고 고백했습니다. 회개는 단순한 후회가 아니라, 삶의 무게중심을 자신에게서 하나님께로 옮기는 사랑의 고백입니다. 바울은 "하나님의 뜻대로 하는 근심은 후회할 것이 없는 구원에 이르게 하는 회개를 이루게 한다"[고후 7:10]고 말했습니다. 그러므로 회개는 절망의 자리에 희망을 심는 씨앗이며, 어둠을 걷고 빛을 향해 나아가는 용기이자 나를 죄의 늪에서 건져 올려 하나님의 품으로 향하게 하는, 은혜로 주어진 삶의 시작입니다.

주여, 제 발걸음이 죄에서 멀어져 주께로 향하게 하소서.

5월 **28**일

악한 길에서 돌이켜 돌아오라

이사야 55:7

"악인은 그의 길을, 불의한 자는 그의 생각을 버리고 여호와께로 돌아오라 그리하면 그가 긍휼히 여기시리라 우리 하나님께로 돌아오라 그가 너그럽게 용서하시리라"

회개는 단순한 감정의 후회가 아니라, 방향의 전환입니다. 성경은 "너희가 내게로 돌아오라 그리하면 나도 너희에게로 돌아가리라"[말 3:7]고 말씀하십니다. 회개에는 두 측면이 있습니다. 하나는 죄에서 떠나는 것이고, 다른 하나는 하나님께로 돌아가는 것입니다. 어느 한쪽만으로는 온전하지 않습니다. 죄에서 멀어졌다고 해도 하나님께 달려가지 않는다면 영혼은 여전히 길 잃은 나그네일 뿐입니다. 반대로 하나님께 긍휼을 구한다 하면서도 여전히 죄의 달콤한 사슬을 끊을 의지가 없다면 그것은 껍데기뿐인 회개입니다. 길을 바꾸지 않으면 도착지는 바뀌지 않습니다. 마찬가지로 삶의 길에서 방향을 바꾸지 않는다면 우리의 영적 종착지는 결코 새로워질 수 없습니다. 탕자가 아버지 집으로 돌아왔을 때 비로소 잃은 아들이 다시 아들이 되었듯[눅 15:20], 진정한 회개는 죄를 떠나 하나님 품으로 걸어 들어가는 것입니다. 회개는 눈물의 끝에서 열리는 새로운 시작이며, 무너진 영혼 위에 다시 세워지는 은혜의 다리입니다. 우리 삶의 가장 위대한 결단은 과거의 잘못에 머무르는 것이 아니라, 하나님께 달려가 그 품에 안기는 것입니다.

주여, 제 마음이 온전히 죄에서 떠나 주께 달려가게 하소서.

5월 **29**일

참된 믿음은 전인격적인 신뢰

요한복음 14:1

"너희는 마음에 근심하지 말라 하나님을 믿으니 또 나를 믿으라"

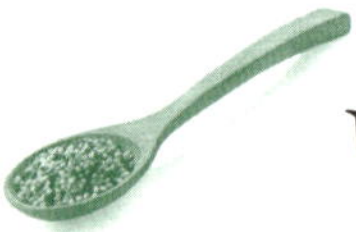

믿음은 단순히 교리적 명제를 받아들이는 지적 동의가 아닙니다. 믿음은 인격을 다하여 예수 그리스도께 나아가 그분 안에서 안식을 얻는 전적인 신뢰입니다. "믿음은 어둠 속에서도 손을 내밀어 붙드는 용기"라고 어떤 이가 말했지만, 성경은 우리의 구원은 믿음이라는 행위 자체에 있지 않고, 믿음이 붙드는 대상, 곧 예수 그리스도께 있다고 분명히 말합니다. 성경은 "너희가 그 은혜에 의하여 믿음으로 말미암아 구원을 받았나니"엡 2:8라고 선언하며, 믿음을 하나님이 주신 은혜의 통로로 설명합니다. 마치 메마른 땅이 하늘에서 내리는 빗줄기를 받아내는 골짜기처럼, 믿음은 우리에게 흘러들어오는 구원의 은혜를 담아내는 그릇입니다. 인생의 폭풍 속에서 우리가 근심에 잠길 때, 예수께서는 "하나님을 믿으니 또 나를 믿으라" 하시며 우리의 시선을 오직 자신께 고정하게 하십니다. 이것은 단순한 위로의 말씀이 아니라 영혼의 닻과 같은 선언입니다. "풍랑이 크다 하나 배의 방향을 정하는 것은 바람이 아니라 키다"라는 격언처럼 우리의 삶에 몰아치는 바람은 우리가 통제할 수 없지만, 방향을 잃지 않는 키는 예수 그리스도를 붙드는 믿음에 있습니다. 예수께로 나아가 그분께 뿌리내린 믿음은 흔들리지 않는 평안을 줍니다. 아우구스티누스가 고백했듯, "주 안에서만 우리의 마음은 참된 안식을 얻는다." 믿음은 단순히 문제 해결의 도구가 아니라, 그리스도의 품 안에서 근심을 내려놓고 하나님이 우리와 함께하신다는 사실에 거하는 것입니다. 그러므로 믿음의 본질은 설명할 수 없는 평화, 곧 그리스도의 임재 속에 자신을 맡기는 전인격적 신뢰입니다.

주여, 제 믿음이 오직 주님께만 뿌리내려 흔들림 없는 평안 속에 살게 하소서.

5월 **30**일

믿음으로 우리는 날마다 새로워진다

고린도후서 5:17

"그런즉 누구든지 그리스도 안에 있으면 새로운 피조물이라. 이전 것은 지나갔으니 보라 새것이 되었도다"

믿음은 단순히 머릿속의 동의나 마음속의 감정이 아닙니다. 참된 믿음은 살아 있는 힘이며, 인간의 전 존재를 새롭게 빚어 가는 창조적 능력입니다. 아우구스티누스는 "믿음은 보이지 않는 것을 붙드는 손"이라고 했습니다. 그 손에 붙잡히는 순간, 우리는 더 이상 과거의 사람으로 머물 수 없습니다. 믿음은 삶을 움직이고, 결단을 이끌며, 세상과의 타협을 거부하게 만듭니다. 한 철학자는 "인간은 습관의 동물이다"라고 말했지만, 성경은 성령 안에서 옛 습관을 끊고 새로운 길을 걷는 존재가 바로 믿는 자임을 증언합니다. 노아가 홍수의 시대에 방주를 짓는 일은 당시 사람들에게는 광기처럼 보였지만, 그 믿음의 결단이 인류의 생명을 보존했습니다[히 11:7]. 오늘도 믿음은 우리를 후퇴 없는 길로 부르며, "좁은 길로 들어가라"[마 7:13]는 주의 음성 앞에 순종으로 응답하게 합니다. 세상은 여전히 넓은 길을 유혹하지만, 새로운 피조물이 된 자는 더 이상 예전의 삶으로 돌아갈 수 없습니다. 믿음 없는 행위는 무력하고, 행위 없는 믿음은 죽은 것입니다. 믿음은 반드시 삶의 변화를 수반합니다. 우리는 주님의 은혜 안에서 날마다 새로워지며, 그분의 가르침이 우리의 언어와 관계, 일상과 미래를 지배하게 됩니다.

주여, 제 믿음이 단순한 고백에 머물지 않고 행동으로 열매 맺어, 날마다 새로워진 삶을 살게 하소서.

5월 **31**일

하나님의 은혜의 강물에 담긴 삶

누가복음 17:4

"만일 하루에 일곱 번이라도 네게 죄를 짓고 일곱 번 네게 돌아와 내가 회개하노라 하거든 너는 용서하라 하시더라"

주님의 말씀은 단순한 인간적 관용을 넘어, 회개와 믿음의 길이 끝없는 여정임을 일깨웁니다. 한 번의 결단으로 완성되는 것이 아니라, 하루에도 수차례 넘어진 자리에서 다시 일어나는 은혜의 반복 속에 생명이 자라납니다. "의인은 일곱 번 넘어질지라도 다시 일어나려니와"잠 24:16라는 성경의 말씀처럼, 우리의 신앙은 실패 없는 완벽함이 아니라, 넘어짐마다 하나님께로 돌이키는 끊임없는 회개와 믿음의 지속성 안에서 성숙해집니다. 회개는 단지 죄를 인정하는 부끄러움이 아니라, 하나님을 향해 다시 나아가는 사랑의 걸음입니다. 루터가 "그리스도인의 삶은 날마다 회개의 삶"이라 고백했듯, 참된 회개는 과거의 잘못을 끊어내는 동시에 새로운 믿음으로 오늘을 시작하게 합니다. 믿음은 단지 시작의 열쇠가 아니라, 끝까지 달려갈 힘이 됩니다. 강물은 멈추지 않음으로써 맑음을 지킵니다. 우리의 믿음도 멈추지 않고 흐를 때 더욱 깊어집니다. 성경은 "믿음의 주요 또 온전케 하시는 이인 예수를 바라보자"히 12:2라고 권면한 것은, 믿음이 단발적 고백이 아니라 평생의 지속적 시선임을 보여줍니다. 용서는 회개와 믿음을 살아내는 가장 실제적인 열매입니다. 내게 잘못한 이를 하루에도 일곱 번이라도 용서한다는 것은 불가능해 보이지만, 사실 그것은 내 힘이 아니라, 날마다 새롭게 부어지는 은혜의 힘으로 가능한 일입니다. 그래서 회개와 믿음은 내 안의 순환이 아니라, 하늘에서 흘러내리는 은혜의 강물에 몸을 담그는 행위입니다.

주여, 오늘도 제 심령을 새롭게 하시어 날마다 회개와 믿음 안에 살게 하시고,
그 은혜로 이웃을 용서하며 사랑으로 걸어가게 하소서.

J u n e

6월

말씀과 헌신

6월 **1**일

말씀과 헌신 속에서 깊어지는 믿음

히브리서 12:2

"믿음의 주요 또 온전하게 하시는 이인 예수를 바라보자 그는 그 앞에 있는 기쁨을 위하여 십자가를 참으사 부끄러움을 개의치 아니하시더니 하나님 보좌 우편에 앉으셨느니라"

믿음은 씨앗처럼 시작됩니다. 겨자씨만 한 작은 믿음이라도[마 17:20] 주님의 손에 심기면 산을 옮기는 능력이 됩니다. 처음에는 연약하여 바람에도 흔들리고 의심에도 꺾일 듯 보이지만, 말씀이라는 햇빛과 기도라는 숨결, 성령의 이슬 속에서 자라나 마침내 열매 맺는 나무가 됩니다. 성 어거스틴은 "믿음은 보이지 않는 것을 붙드는 손"이라 했습니다. 인간의 눈으로는 볼 수 없는 약속을, 영혼의 눈으로 바라보며 나아가는 길이 바로 믿음의 여정입니다. 믿음은 단번에 완성되는 것이 아니라 날마다 자라는 여정입니다. "의인은 믿음으로 말미암아 살리라"[롬 1:17]는 선언처럼, 믿음은 단순한 동의가 아니라 생명 전체를 붙드는 호흡입니다. 종종 우리는 우리의 믿음이 작아 흔들릴 때 낙심합니다. 그러나 믿음의 성장은 우리의 노력보다 "온전하게 하시는 이"이신 예수를 바라볼 때 이루어집니다. 태양을 바라보는 이는 그림자를 두려워하지 않습니다. 믿음의 시선이 주님께 고정될 때, 세상의 두려움과 그림자는 더 이상 우리의 발목을 잡을 수 없습니다. 삶 속에서 시험과 유혹이 밀려올 때, 믿음은 흔들리기도 합니다. 그러나 어린나무가 폭풍 속에서 뿌리를 깊이 내리듯, 우리의 믿음도 고난 속에서 더 단단해집니다[약 1:3]. 초대 교부들은 고난을 믿음의 학교라 불렀습니다. 작은 순종, 작은 기도, 작은 사랑의 실천들이 쌓여 우리의 믿음을 키워 가는 것입니다. 믿음은 크고 놀라운 일로만 자라지 않습니다. 매일의 말씀 묵상과 조용한 기도, 보이지 않는 곳에서의 헌신 속에 깊어지는 것입니다.

주여, 제 믿음이 날마다 자라 흔들리지 않는 뿌리를 내리게 하시고, 주님을 더욱 깊이 사랑하는 믿음으로 저를 세워 주소서.

6월 **2**일

그리스도 안에서 열매 맺는 믿음

히브리서 12:2

"믿음의 주요 또 온전하게 하시는 이인 예수를 바라보자 그는 그 앞에 있는 기쁨을 위하여 십자가를 참으사 부끄러움을 개의치 아니하시더니 하나님 보좌 우편에 앉으셨느니라"

믿음은 처음에는 겨자씨처럼 작고 보잘것없어 보입니다. 그러나 주님께서 말씀하시길 "하나님의 나라는 사람이 씨를 땅에 뿌림과 같으니… 땅이 스스로 열매를 맺되"막 4:26-28라고 하셨듯, 믿음도 말씀과 기도의 햇빛, 성령의 이슬을 받아 서서히 자라납니다. 때로는 폭풍우 같은 시련이 그 성장을 멈추는 듯 보이지만, 나무가 바람을 맞으며 뿌리를 깊이 내리듯 믿음은 오히려 고난 속에서 더욱 단단해집니다. "믿음은 들음에서 나며"롬 10:17라는 바울의 고백처럼, 날마다 말씀 앞에 서는 자는 흔들림 속에서도 견고히 세워집니다. 어느 수도승이 매일 같은 기도를 반복했습니다. "주여, 제 믿음을 키워 주소서." 제자들이 의아해하자 그는 이렇게 대답했습니다. "나무는 하루아침에 큰 숲을 이루지 않는다. 믿음도 자라남의 시간이 필요하다. 그러나 매일 바라보는 태양이 나무를 키우듯, 매일 바라보는 예수가 내 믿음을 키우신다." 참된 믿음은 우리의 성취가 아니라, 예수 그리스도를 바라보는 시선에서 힘을 얻습니다. 강은 흐름 속에서 스스로 정화합니다. 믿음도 마찬가지입니다. 그리스도 은혜의 흐름 속에 거할 때, 우리의 불신과 의심은 조금씩 정화되고, 영혼은 더욱 깊어집니다. 결국, 믿음은 우리를 예수께 더욱 의지하게 하며, 그분 안에서만 열매 맺는 삶을 가능케 합니다.

주여, 제 믿음이 날마다 자라 주님을 더 깊이 사랑하고, 온전히 주님만 바라보게 하소서.

6월 **3**일

그리스도께서 피의 값으로 사신 우리의 구원

마태복음 20:28

"인자가 온 것은 섬김을 받으려 함이 아니라 도리어 섬기려 하고 자기 목숨을 많은 사람의 대속물로 주려 함이니라"

구원은 단순한 선언이 아니라 생명이란 값을 치른 해방입니다. 우리는 죄와 타락한 본성에 묶여 스스로 풀려날 수 없는 존재였습니다. 성경은 "값으로 산 것이 되었으니 그런즉 너희 몸으로 하나님께 영광을 돌리라"[고전 6:20]고 말합니다. 그리스도께서 치른 몸값은 금이나 은 같은 썩을 것이 아니라, 흠 없고 점 없는 어린 양 같은 그분의 보배로운 피였습니다[벧전 1:18-19]. 인간의 자유는 언제나 희생 위에 서 왔습니다. "자유는 피를 먹고 자란다"는 말이 있듯, 우리가 값없이 누리는 구원은 그리스도의 값비싼 피 위에 세워졌습니다. 마치 전쟁에서 목숨을 바친 이들의 희생으로 나라가 선 것처럼, 십자가 위에서 자기 생명을 내어주신 주님의 죽음이 우리의 영원한 자유의 기초가 되었습니다. 그리스도의 사랑은 계산할 수 없는 희생으로 완성되었으며, 그 은혜를 아는 자는 결코 값싼 은혜로 살 수 없습니다. 오늘 우리의 자유는 우연이 아니라 피의 선물이며, 그 선물은 우리를 하나님을 섬기고 이웃을 사랑하는 책임으로 이끕니다.

주여, 피로 사신 자유를 값지게 살게 하소서.

6월 **4**일

그리스도 안에서 누리는 순종의 자유

로마서 6:22

"그러나 이제는 너희가 죄로부터 해방되고 하나님께 종이 되어 거룩함에 이르는 열매를 맺었으니 그 마지막은 영생이라"

구원은 단순히 주인이 바뀌는 사건이 아닙니다. 옛날 노예시장에서 주인이 바뀐다고 해서 노예가 자유인이 되는 것은 아니었습니다. 그러나 그리스도의 구원은 전혀 다른 차원입니다. 그는 우리를 값으로 사셨을 뿐 아니라[고전 6:20], 죄의 사슬을 끊어 완전한 자유를 주셨습니다. 이 자유는 방종이 아니라 사랑 안에서 섬김으로 드러납니다. 강제가 아닌 기쁨으로, 두려움이 아닌 감사로, 옛 주인인 죄가 아니라 새 주인 되신 그리스도를 섬기는 길입니다. 아우구스티누스는 "사랑하라, 그리고 네가 원하는 대로 하라"고 했습니다. 억지로 하는 것이 아니라 사랑으로 섬길 때 우리의 삶은 거룩함의 열매를 맺습니다. 이는 마치 해방된 종이 주인의 집을 떠나지 않고 오히려 더 가까이 머무는 것과 같습니다. 진정한 자유는 홀로 사는 고립이 아니라, 주님의 은혜 안에서 그분께 속하는 것입니다. 인류의 역사는 권력의 종, 욕망의 노예가 된 모습으로 가득했지만, 복음은 우리를 가장 깊은 사슬에서 해방합니다. "진리가 너희를 자유롭게 하리라"[요 8:32]는 말씀처럼, 그리스도 안에서 얻는 자유는 새로운 예속이 아니라, 사랑의 질서 속에서 누리는 창조적 해방입니다. 죄는 끊임없이 속삭이며 다시 우리를 붙잡으려 하지만, 성경이 말씀한 대로 이제 우리는 더 이상 죄의 삯인 사망이 아니라 하나님의 선물인 영생을 향해 나아갑니다[롬 6:23]. 자유는 목적 없는 방황이 아니라, 하나님께 드려진 존재로서의 참된 자기 발견입니다. 그러므로 구원은 단순한 지위의 변화가 아니라 존재의 변혁이며, 그 은혜 안에서 우리는 억지로가 아닌 자발적 사랑으로 주를 섬기는 기쁨을 맛봅니다.

주여, 억지로가 아닌 사랑으로 주를 섬기게 하소서.

6월 **5**일

권능으로 이루신 사랑

출애굽기 6:6

"그러므로 이스라엘 자손에게 말하기를 나는 여호와라 내가 애굽 사람의 무거운 짐 밑에서 너희를 빼내며 그들의 노역에서 너희를 건지며 편 팔과 여러 큰 심판들로써 너희를 속량하여"

구원은 구약 신앙의 심장에서 뛰는 맥박과도 같습니다. 하나님은 애굽의 강제된 노역 아래 신음하던 이스라엘을 능력으로 건져내셨습니다. 그러나 그것은 단순한 도피가 아니었습니다. "속량" redemption 이란 말처럼, 반드시 값을 치러야만 가능한 구원이었습니다. 출애굽 사건은 단순한 해방이 아니라, 사랑 때문에 능력이 발휘된 하나님의 구원 역사였습니다. 시편에서는 "그가 그들의 부르짖음을 들으셨으므로" 시 106:44 라 고백하며, 예언자 이사야는 "너는 내 것이라" 사 43:1 라는 말씀으로 속량의 의미를 풀어냅니다. "사랑 없는 권력은 폭군이 되고, 능력 없는 사랑은 무력하다"는 옛 격언이 있습니다. 그러나 하나님 안에서는 사랑과 능력이 완전하게 결합됩니다. 그분은 능력으로 속량하시되, 그 이유는 다름 아닌 우리를 사랑하시기 때문입니다. 노예시장에서 노예의 값을 치르고 그를 자유인을 세우는 장면처럼, 주께서 친히 대가를 치르셔서 당신의 백성을 해방하셨습니다. 예수께서 십자가에서 하신 구원 또한 바로 이 출애굽 사건의 궁극적 성취였습니다. 오늘도 우리는 여전히 다양한 애굽의 속박 속에 살아가지만, 구원의 하나님은 변치 않고 우리를 건지십니다. 그러므로 구약의 하나님은 여전히 오늘 우리의 하나님이십니다.

주여, 능력과 사랑으로 저를 속량하신 은혜를 찬양하며, 다시는 애굽으로 돌아가지 않게 제 영혼을 지켜주소서.

6월 **6**일

값없는 선물을 위한 값진 대가

베드로전서 1:18-19

"너희가 알거니와 너희 조상이 물려 준 헛된 행실에서 대속함을 받은 것은 은이나 금 같이 없어질 것으로 된 것이 아니요 19 오직 흠 없고 점 없는 어린 양 같은 그리스도의 보배로운 피로 된 것이니라"

구원은 값없는 선물처럼 우리에게 다가오지만, 그 배경에는 상상할 수 없는 대가가 깔려 있습니다. 하나님은 죄인을 값없이 의롭다 하셨으나, 그 '값없음'은 아들의 피 흘림 위에 놓여 있습니다. 디트리히 본회퍼가 말한 것처럼 값싼 은혜는 존재하지 않습니다. 은혜는 언제나 값비싼 희생 위에 세워집니다. 예수 그리스도의 피는 잠시 쓰이고 사라질 은이나 금과는 달리 영원히 썩지 않는 구속의 보증입니다. 이는 고대의 귀족이 전 재산을 희생하여 포로를 속량했던 풍습과 닮았습니다. 한 생명을 속량하기 위해 집안의 모든 것을 내어놓는 모습은, 그리스도께서 십자가에서 자기 생명을 버려 우리를 속량하신 그림자에 불과합니다. "사람이 친구를 위하여 자기 목숨을 버리면 이보다 더 큰 사랑이 없나니"요 15:13라는 말씀처럼, 구원은 추상적 교리가 아니라 역사 속에서 실제로 흘린 피와 부서진 몸의 사건입니다. 우리가 쉽게 누리는 자유와 기쁨은 결코 공짜가 아니며, 그 배후에는 무한히 귀한 피의 값이 있습니다. 그러므로 은혜를 값싼 것으로 전락시키지 않고, 날마다 그 무게를 기억하며 살아가는 것이 참된 감사의 길입니다.

주여, 값없이 받은 은혜가 값비싼 피 위에 있음을 잊지 않게 하소서.

6월 **7**일

율법의 저주를 대신 받으신 그리스도

갈라디아서 3:13

"그리스도께서 우리를 위하여 저주를 받은 바 되사 율법의 저주에서 우리를 속량하셨으니 기록된 바 나무에 달린 자마다 저주 아래에 있는 자라 하였음이라"

우리는 율법의 요구 앞에서 늘 무력한 존재입니다. "율법의 행위로는 의롭다 하심을 얻을 육체가 없다"롬 3:20는 말씀처럼, 우리의 선한 의도와 노력에도 불구하고 죄의 무게는 형벌과 저주로 이어집니다. 고대의 한 격언에 "자신의 짐을 스스로 감당할 수 없는 자에게 참된 친구는 그 짐을 대신 져주는 자다"라는 말이 있듯, 우리의 무거운 율법의 짐을 대신 져주신 분이 바로 예수 그리스도이십니다. 십자가 위에서 그분은 '저주받은 자'로 서셨습니다. 이는 단순히 불행한 죽음이 아니라, 율법의 정죄가 가하는 모든 무게를 친히 감당하신 사건이었습니다. "나무에 달린 자마다 저주 아래 있는 자라"신 21:23는 말씀처럼, 그분의 십자가는 우리를 대신한 저주의 자리였습니다. 이제 우리는 더 이상 율법의 저주 아래 머물지 않고, 그리스도 안에서 해방된 자유인이 되었습니다. 마치 노예가 값을 지불받고 풀려나듯, 예수의 피가 우리의 속량 값이 되었습니다. 예화처럼 한 죄수가 형장의 이슬로 사라져야 할 순간, 누군가 대신 형벌을 감당해 주어 문이 열릴 때 그는 떨리는 발걸음으로 자유를 맛봅니다. 우리의 삶이 바로 그러합니다. "그러므로 이제 그리스도 예수 안에 있는 자에게는 결코 정죄함이 없나니"롬 8:1라는 선언은 이 자유의 선포입니다. 율법은 더 이상 우리를 억누르는 쇠사슬이 아니며, 우리는 은혜 안에서 사랑의 율법을 따라 사는 새로운 존재로 서게 되었습니다.

주여, 율법의 저주에서 나를 해방하신 십자가의 은혜를 날마다 기억하게 하소서.

6월 **8**일

구원은 오늘의 힘, 내일의 근거

디도서 2:14

"그가 우리를 대신하여 자신을 주심은 모든 불법에서 우리를 속량하시고 우리를 깨끗하게 하사 선한 일을 열심히 하는 자기 백성이 되게 하려 하심이라"

구원은 단지 과거의 한 장면으로 머물지 않습니다. 그리스도의 구원은 죄의 사슬에서 풀려난 사건일 뿐 아니라, 지금도 살아 있는 능력이며 미래를 향해 흐르는 은혜의 강물입니다. 우리는 종종 보이지 않는 사슬에 묶여 살아갑니다. 죄책감에 눌리기도 하고, 옛 삶의 습관에서 벗어나지 못하기도 하며, 율법적 기준으로 자신을 재며 좌절하기도 합니다. 그러나 바울이 말한 이 말씀은 우리의 구원이 단편적이거나 제한된 것이 아님을 선언합니다. 구원은 죄와 율법, 두려움과 죽음, 심지어 지옥의 공포까지 끊어내는 전면적 해방입니다. "진리가 너희를 자유롭게 하리라"[요 8:32]는 말씀처럼, 그리스도 안에서 우리는 더 이상 종이 아니라 아들이며[갈 4:7], 어둠이 아니라 빛 안에 서 있는 존재입니다. "사슬을 끊는 이는 힘으로가 아니라 사랑으로 한다"고 말합니다. 예수께서는 십자가에서 바로 그 사랑으로 우리를 해방하셨습니다. 해방을 받은 날에 단순히 법적 신분만 달라진 것이 아니라 숨쉬는 공기와 노을의 빛까지 새로워 보였다는 어느 노예의 고백처럼 구원은 세상의 색조와 공기를 새롭게 하고, 매일의 일상 속에서도 자유의 기쁨을 맛보게 합니다. 어제의 속박에 눌려 있는 오늘을 허락하지 않으시고, 매 순간 구원의 능력을 새롭게 흘려보내시는 주님의 손길을 기억할 때, 우리는 과거의 상처와 두려움에도 불구하고 담대히 살아갈 힘을 얻습니다. 그러므로 구원은 단순히 "언젠가 천국에 들어갈 입장권"이 아니라, 오늘을 붙들고 살아가는 힘이며, 내일을 기대할 수 있는 근거입니다.

주여, 오늘도 제 삶 속에서 구원의 능력을 깊이 경험하게 하소서.

6월

6월 **9**일

그리스도께서 단번에 이루신 사랑

히브리서 9:14

"하물며 영원하신 성령으로 말미암아 흠 없는 자기를 하나님께 드린 그리스도의 피가 어찌 너희 양심을 죽은 행실에서 깨끗하게 하고 살아 계신 하나님을 섬기게 하지 못하겠느냐"

이 말씀은 신앙의 가장 단단한 반석을 우리 앞에 펼쳐 보입니다. 그리스도의 구원은 반복될 필요가 없는 단번의 역사입니다. 십자가 위에서 흘리신 보혈은 한 시대, 한 민족을 위한 것이 아니라, 모든 세대와 모든 사람을 향한 완전한 구원이 되었습니다. 고대의 성도들이 제사를 반복하며 기다린 그 구원이, 바로 그리스도의 단번 제사로 완성되었고, 오늘을 사는 우리와 내일 믿게 될 자들에게까지 열려 있습니다. 마르틴 루터는 "십자가는 모든 시간의 중심"이라고 말했습니다. 과거의 약속, 현재의 확신, 미래의 소망이 한 지점에서 모이는 자리, 그것이 바로 갈보리입니다. 인간의 죄가 시대를 넘어 이어지듯, 하나님의 은혜 또한 시대를 넘어 흐릅니다. 어떤 이는 삶의 무게 앞에서 '나는 여전히 부족하다'며 절망하지만, 그 절망의 순간에도 '다 이루었다'는 주님의 음성은 여전히 현재형으로 울립니다. 불완전한 제사에 매달릴 필요가 없음을 아는 것, 이것이 자유의 시작입니다. "완전한 것은 반복될 필요가 없다"는 말이 있습니다. 꽃은 피면 족하고, 해는 뜨면 족하듯, 십자가는 단번에 이루신 것으로 충분합니다. 우리가 할 일은 그 완전함을 믿고 평생 의지하는 것입니다.

주여, 단번에 이루신 완전한 구원을 잊지 않고, 흔들리는 날에도 오직 십자가의 은혜 위에 평생 의지하게 하소서.

6월 **10**일

그리스도께서 이루신 하나님과 우리의 화해

로마서 5:10

"곧 우리가 원수 되었을 때에 그의 아들의 죽으심으로 말미암아 하나님과 화목하게 되었은즉 화목하게 된 자로서는 더욱 그의 살아나심으로 말미암아 구원을 받을 것이니라"

화해는 단순히 어긋난 감정을 다독이는 차원을 넘어, 존재의 근본이 다시 창조되는 사건입니다. 죄로 인해 하나님과 단절된 인간은 스스로 그 거리를 메울 수 없었습니다. 그러나 그리스도 안에서 하나님께서 친히 다가오시고 우리를 품으셨습니다. "그가 우리 화평이신지라"[엡 2:14]는 말씀처럼, 그리스도의 십자가는 적대가 평화로 바뀌는 자리이며, 불신이 신뢰로 새롭게 태어나는 현장입니다. 진정한 화해는 적을 친구로 만드는 것입니다. 그리스도께서 원수 된 우리를 친구로 부르셨다는 사실[요 15:15]은 인간이 이룰 수 없는 화해의 본질을 보여줍니다. 예컨대 역사 속에서 깊은 상처를 지닌 이들이 서로의 손을 잡고 화해하는 순간은 단순한 인간적 용서를 넘어서는 힘을 증거합니다. 마찬가지로 우리와 하나님 사이의 화해는 감정의 봉합이 아니라 영혼의 뿌리가 새로워지는 창조적 사건입니다. 성경이 말씀한 것처럼 "누구든지 그리스도 안에 있으면 새로운 피조물이라"[고후 5:17], 화해는 곧 새 창조의 이름입니다. 그러므로 화해는 우리가 노력해 쟁취한 열매가 아니라, 하나님의 은혜로 주어진 선물이며, 우리를 다시금 생명의 자리로 불러내는 은총의 선언입니다.

주여, 주와 멀어진 저를 품으시고, 십자가의 은혜로 새 관계와 새 생명 안으로 이끄소서.

6월 **11**일

우리가 아직 죄인 되었을 때에

골로새서 1:21

"전에 악한 행실로 멀리 떠나 마음으로 원수가 되었던 너희를"

우리는 본래 하나님의 적이었습니다. 죄는 하나님을 기쁘시게 할 수 없게 만들고, 그분 앞에 설 자격을 빼앗아버렸습니다. 인간의 역사는 하나님과의 관계 단절의 역사이자 화해의 필요성을 절규하는 기록이었습니다. 고대의 현자들은 "원수를 친구로 만드는 것이 가장 위대한 승리다"라고 말했지만, 우리는 결코 하나님과 화해할 수 있는 능력이 없었습니다. 우리의 반역은 너무 깊었고, 우리의 마음은 그분을 향해 닫혀 있었습니다. 그러나 성경은 "우리가 아직 죄인 되었을 때에 그리스도께서 우리를 위하여 죽으심으로"[롬 5:8] 하나님이 먼저 화해의 길을 여셨다고 선포합니다. 화해는 우리의 필요에서 비롯된 것이 아니라 하나님의 은혜에서 시작되었습니다. 마치 길 잃은 아들을 향해 달려간 아버지처럼[눅 15:20], 하나님은 원수 된 우리를 찾아내어 그리스도의 십자가를 통해 화해의 문을 열어 주셨습니다. 이 은혜의 복음은 단순한 선언이 아니라, 우리의 존재를 바꾸는 생명의 사건입니다. 용서는 과거를 바꾸지 않지만, 미래를 바꿉니다. 그리스도의 화해는 우리의 과거 반역을 지워내지는 않지만, 그분 안에서 새 미래를 선물합니다. 이제 우리는 더 이상 하나님의 원수가 아니라 자녀로 불리며, 평화를 누리는 사람들입니다[엡 2:14]. 화해는 단순히 갈등의 종결이 아니라 새로운 관계의 시작이며, 하나님 나라의 문을 여는 초대장입니다.

주여, 원수 되었던 저를 불러 자녀 삼으신 은혜를 찬양합니다.

6월 **12**일

하나님과 화해한 새로운 관계

고린도후서 5:19

"곧 하나님께서 그리스도 안에 계시사 세상을 자기와 화목하게 하시며 그들의 죄를 그들에게 돌리지 아니하시고 화목하게 하는 말씀을 우리에게 부탁하셨느니라"

죄는 반드시 대가를 요구합니다. 하나님은 죄를 덮어 모른 척하지 않으십니다. 오히려 공의로우신 그분은 죄를 반드시 심판하십니다. 그러나 그 심판이 우리에게 향하지 않은 이유는 예수 그리스도께서 우리의 자리를 대신 서셨기 때문입니다. "여호와께서는 우리 모두의 죄악을 그에게 담당시키셨도다"사 53:6는 말씀이 선언하듯, 무죄하신 그분께 우리의 빚이 전가되었고, 그 피 흘림으로 장부의 모든 죄목이 지워졌습니다. 이는 값싼 망각이 아니라 피 흘림 없는 사함이 없다는히 9:22 엄중한 진리 위에 세워진 은혜입니다. 고대에는 채무자가 갚을 길 없는 빚을 지면 감옥에 갇히거나 종이 되어야 했습니다. 그러나 누군가 대신 값을 치러 주면 그 순간 자유인이 되었습니다. 십자가는 바로 그 장면입니다. 우리의 죄목은 하나하나 기록되었으나, 주님의 피가 그 장부 위에 흘러내려 글자를 지웠습니다. 어거스틴은 "하나님은 죄를 없애신 것이 아니라 용서하심으로 기억하지 않으신다"라고 했습니다. 우리가 죄책감 속에 머무를 이유가 없는 까닭은 이미 빚이 치러졌기 때문입니다. 그러므로 복음은 단순히 죄가 사라진 이야기가 아니라, 하나님과 화해한 새로운 관계의 시작입니다. 우리는 더 이상 두려움 속의 피고가 아니라, 아버지의 품에 안긴 자녀입니다.

6월

주여, 제 빚을 대신 치르신 주님의 십자가를 기억하게 하소서.

6월 **13**일

분열의 욕심을 버리고 화해의 길로

에베소서 2:16

"또 십자가로 이 둘을 한 몸으로 하나님과 화목하게 하려 하심이라 원수 된 것을 십자가로 소멸하시고"

십자가는 단순한 형틀이 아니라 하늘과 땅, 하나님과 사람, 그리고 사람과 사람 사이에 놓인 깊은 골짜기를 메우는 다리였습니다.

예수께서 흘리신 피는 원수 되었던 우리를 하나님과 화해시키는 화목제물이 되셨습니다[롬 5:10]. 고대의 지혜는 "진정한 화해는 피와 눈물을 통과해야 한다"라 했습니다. 십자가는 바로 그 진리를 보여줍니다. 인간의 죄와 반역으로 인해 깨어진 관계를 예수님은 자신의 몸을 찢으심으로 이어주셨습니다. 그곳에서 하나님의 공의는 무너지지 않았고, 동시에 사랑은 가장 빛났습니다. 역사가 증언하듯, 가장 큰 화해는 권력이나 무력이 아니라 자기희생으로 이루어집니다. 아브라함 링컨은 남북전쟁의 상처 속에서 "원수는 친구로 만드는 순간 사라진다"라 했습니다. 십자가의 예수님은 바로 그 선언을 영원히 성취하신 분이십니다. 우리가 여전히 서로에게 등을 돌릴 때, 그분은 양손을 벌려 십자가 위에서 화평의 길을 열어주셨습니다[골 1:20]. 이제 화해는 선택이 아니라 우리의 정체성입니다. 십자가를 붙든 자는 원망 대신 용서를, 분열 대신 연합을 선택할 수밖에 없습니다. 십자가는 단지 과거의 사건이 아니라 오늘 우리의 관계와 공동체를 새롭게 하는 현재적 능력입니다. 그 앞에서 우리는 다시 묻습니다. "나는 화해의 길을 따르는 자인가, 아니면 분열을 심는 자인가?" 십자가는 침묵 속에서도 강력히 외칩니다. 모든 장벽은 무너지고, 둘은 하나가 되며, 하나님 안에서 참 평화가 시작됩니다.

주여, 십자가로 이룬 평화를 제 마음 깊이 새기게 하소서.

6월 **14**일

의를 주시고 대신에 죄를 가져가신 그리스도

고린도후서 5:21

"하나님이 죄를 알지도 못하신 이를 우리를 대신하여 죄로 삼으신 것은 우리로 그 안에서 하나님의 의가 되게 하려 하심이라"

화해의 은혜는 단순히 죄가 사라지는 소극적 상태에서 멈추지 않습니다. 하나님은 예수 그리스도의 순전한 의를 우리에게 전가하셔서, 마치 더러운 옷을 벗고 새 하얀 옷을 입듯 우리를 입히셨습니다[사 61:10]. 이제 우리는 원수에서 자녀로, 죄인에서 의인으로, 하늘의 공동 상속자로 변화되었습니다[롬 8:17]. 고대의 한 현자는 "참된 의로움은 자신의 힘으로가 아니라 주어진 은혜로 산다"라 말했습니다. 우리는 스스로 하나님 앞에 설 수 없는 자들이지만, 그리스도의 의가 우리를 덮으므로 오히려 담대히 나아가 아바 아버지라 부를 수 있습니다[히 10:19]. 마틴 루터가 발견한 복음의 빛도 바로 여기에 있었습니다. 의는 인간의 업적이 아니라 오직 믿음으로 전가되는 은혜의 선물이라는 사실입니다. 한 걸음 더 들어가면, 그 의는 단순히 법정적 선언에 머무르지 않고, 우리의 삶을 변화시켜 사랑과 선행으로 열매 맺게 합니다[약 2:17]. 그러므로 의의 전가는 차갑고 추상적인 교리가 아니라, 오늘도 죄책과 무가치함에 눌린 자를 일으켜 세우는 생명의 소식입니다. 비록 세상은 여전히 우리의 부족함을 지적하더라도, 하나님은 그리스도의 의로 우리를 보시고 "내 아들아, 내 딸아"라 부르십니다. 이것이 복음의 능력이며, 참된 자유의 근거입니다.

주여, 제 허물과 연약함을 넘어 예수님의 의로 저를 덮으시고, 담대히 하나님 앞에 서는 자 되게 하소서.

6월 **15**일

그리스도의 복음을 맡은 사신[使臣]된 성도

고린도후서 5:20

"그러므로 우리가 그리스도를 대신하여 사신이 되어 하나님이 우리를 통하여 너희를 권면하시는 것 같이 그리스도를 대신하여 간청하노니 너희는 하나님과 화목하라"

화해는 단순히 받은 은총의 안식에 머무는 특권이 아닙니다. 그것은 반드시 흘러가야 할 강물이며, 우리를 통하여 다시 세상으로 흘려보내야 할 사명입니다. 하나님은 우리를 화해의 사신으로 세우셨습니다. 고대의 지혜는 말합니다. "사람 사이의 다리를 놓는 자가 가장 위대한 건축가다." 이는 곧 십자가의 그림자 속에서 완성된 말씀입니다. 그리스도의 십자가는 하늘과 땅 사이, 원수된 자와 자비의 하나님 사이, 인간의 적대와 하나님의 사랑 사이에 놓인 가장 견고한 다리였습니다[엡 2:14]. 오늘 우리가 걷는 길은 그 다리 위를 걷는 길입니다. 세상은 여전히 갈등과 분열로 얼룩져 있습니다. 작은 말 한마디가 칼이 되고, 상처가 골이 되어 인간관계를 찢어놓습니다. 그러나 예수께서는 우리를 부르셔서 잃어버린 자를 품으시는 목자가 되게 하셨습니다[눅 15:4]. 그러므로 화해의 초청은 단지 언어가 아니라 존재 전체로 흘러나와야 합니다. 용서를 베푸는 것은 곧 자신을 자유케 하는 일이며, 적대하는 이에게 손을 내미는 것은 하늘의 문을 열어젖히는 행위입니다. 성 어거스틴이 "사랑은 마음의 무게이며, 그 무게는 우리를 하나님께로 이끈다"고 한 것처럼, 화해는 사랑의 가장 무거운 형태이며 동시에 가장 가벼운 날개입니다. 때때로 불가능한 것처럼 보일지라도, 우리가 그리스도의 사신이라는 사실은 분명합니다. 우리가 전하는 화해의 초청은 개인의 설득이 아니라, 하나님의 권면이기 때문입니다. 이 부름 앞에서 우리는 한 인간의 고집을 내려놓고, 하늘의 대사로서 서야 합니다. 세상은 승자의 언어로 말하지만, 하나님은 십자가의 언어로 화해를 이루십니다. 그러므로 오늘 하루, 우리의 눈길과 손길, 침묵과 말이 모두 누군가를 하나님 품으로 초대하는 작은 다리가 되기를 소망합니다.

주여, 오늘 누군가를 주께로 화해시키는 도구로 저를 사용하여 주소서.

6월 **16**일

어제와 달리 새롭게 창조된 오늘

고린도후서 5:17

"그런즉 누구든지 그리스도 안에 있으면 새로운 피조물이라 이전 것은 지나갔으니 보라 새 것이 되었도다"

화해는 단순한 인간적 합의가 아니라, 하나님께서 그리스도 안에서 우리를 새롭게 하신 은총의 사건입니다. 성경은 "누구든지 그리스도 안에 있으면 새로운 피조물이라"[고후 5:17]고 선포합니다. 이 말씀은 단순한 위로가 아니라, 우리 존재 전체가 새 창조의 빛 속에 들어섰음을 선언하는 복음입니다. 화해란 과거의 상처와 분열이 사라지는 일시적 봉합이 아니라, 하나님께서 영원히 지으신 조화와 평화의 서막입니다. 요한계시록 21장은 눈물이 그치고 사망이 없으며, 원수도 사라지는 새 하늘과 새 땅을 증언합니다. 우리가 오늘 경험하는 작은 화해의 순간들은 그날의 전조이며, 희미하나 분명한 미래의 빛입니다. 진정한 화해는 원수를 친구로 바꾸는 일입니다. 예수 그리스도께서 십자가 위에서 원수 된 우리를 하나님의 자녀로 품으시며, 그 피로 화해의 길을 열어주셨습니다[골 1:20]. 따라서 신앙인은 단순히 갈등을 중재하는 자가 아니라, 장차 올 완전한 화해를 미리 살아내는 자입니다. 우리가 작은 용서와 이해를 선택할 때, 우리의 선택과 작은 화해의 행동은 어둠 속에 빛나는 등불이요 하나님 나라의 큰 화폭 속에서 빛나는 색채가 됩니다. 오늘 우리는 여전히 불완전한 세상 속에 살고 있지만, 그리스도의 은혜 안에서 이미 주어진 화해를 누립니다. 완전한 화해의 날을 소망하며, 우리는 현재 속에서 화해의 사명을 감당해야 합니다. 원수를 사랑하고[마 5:44], 서로 용납하며[엡 4:32], 화평케 하는 자로 서는 것이 우리의 부르심입니다. 이것이야말로 그리스도인의 삶을 관통하는 본질이며, 모든 갈등과 상처 속에서 하나님 나라의 향기를 드러내는 길입니다.

주여, 완전한 화해의 날을 소망하며 오늘의 삶 속에서 작은 화해를 이루어가는 증인으로 살게 하소서.

6월

6월 **17**일

성령으로 새롭게 거듭난 생명

요한복음 3:7

"내가 네게 거듭나야 하겠다 하는 말을 놀랍게 여기지 말라"

우리는 태어날 때부터 죄의 그림자 아래 놓여 있습니다. 아담 안에서 모든 인류가 죄로 말미암아 죽었듯[롬 5:12], 인간은 본성적으로 하나님과 단절된 존재로 태어납니다. 하나님과 단절된, 영적으로 죽은 자는 스스로 하나님을 알 수도, 찾을 수도 없습니다. 그러므로 예수께서 니고데모에게 "거듭나야 하겠다"는 말씀은 단순한 권면이 아니라 생명의 절대적 선언입니다. "성령으로 아니하고는 누구든지 하나님 나라에 들어갈 수 없다"[요 3:5]는 말씀처럼, 새 생명은 인간 노력의 열매가 아닌 은혜의 선물입니다. 회개와 믿음으로 거듭남을 이루는 것이 아니라, 먼저 거듭날 때 우리 안에 회개와 믿음이 생깁니다. 이는 마치 새벽이 오는 순간 어둠이 물러가는 것 같아서, 성령께서 역사하시면 우리의 눈은 비로소 자신을 죄인으로 보고, 십자가를 붙들게 됩니다. 어거스틴은 "내 마음은 주 안에서 안식하기 전에는 결코 쉴 수 없다"고 고백했습니다. 이는 거듭남이 단지 종교적 변화를 의미하는 것이 아니라, 인간 존재의 근본적 회복임을 말해 줍니다. 생명이 없는 나무가 열매를 맺을 수 없듯, 영혼이 새 생명을 얻지 못하면 신앙은 껍질에 불과합니다. 요한 웨슬리는 목사로서 수년간 설교했지만, 올더스게이트 거리에서 "내 마음이 뜨겁게 변하였다"는 체험 이후에야 복음의 능력을 참되게 깨달았습니다. 인간의 의지가 아니라 하나님의 생명이 심겨지는 순간, 그 존재는 새롭게 창조됩니다[고후 5:17]. 그러므로 거듭남은 선택이 아니라 절대적 필요이며, 그것이야말로 인간의 모든 사상과 노력의 시작점이자 결론입니다.

주여, 죽은 제 영혼에 생명을 불어넣어 주시고, 날마다 성령의 새 호흡으로 살게 하소서.

6월 **18**일

성령께서 베푸시는 재창조

에스겔 36:26

"또 새 영을 너희 속에 두고 새 마음을 너희에게 주되 너희 육신에서 굳은 마음을 제거하고 부드러운 마음을 줄 것이며"

거듭남은 인간의 결심이나 노력으로 도달할 수 있는 경지가 아니라, 창조주 하나님의 신비한 역사입니다. 무無에서 유有를 창조하신 하나님께서, 죽은 영혼에 생명의 숨을 불어넣으실 때, 사람은 본래의 자신과 단절되고 전혀 새로운 존재로 태어납니다. 성경은 이를 두고 "그런즉 누구든지 그리스도 안에 있으면 새로운 피조물이라" 고후 5:17라 증언하였습니다. 이는 단순한 도덕적 개선이 아니라 전 존재의 새로움입니다. 마치 어둠을 가르며 새벽이 밝아오듯, 주의 은혜가 임하는 순간 인간의 심장 속에는 하나님을 향한 새로운 감각과 갈망이 고동치기 시작합니다. 옛사람의 욕망과 사망의 사슬은 풀려나고, 생명과 진리의 빛을 향한 길이 열립니다. 고대의 지혜자들은 "자연은 습관을 만들지만 은혜는 본성을 새롭게 한다"고 말했습니다. 이는 인간이 쌓아 온 습관과 성향을 넘어서는 창조적 은혜의 능력을 묘사한 표현입니다. 교회 역사 속에서도 우리는 무너진 영혼이 부활의 은혜로 일어서는 장면을 수없이 보았습니다. 방탕했던 어거스틴이 눈물의 기도로 새 생명을 얻었듯, 오늘도 하나님은 죽은 심령을 살리시는 창조주이십니다. 그러므로 거듭남은 인간이 스스로 만들어내는 자기개발이 아니라, 하나님의 성령께서 베푸시는 창조의 사건입니다. 우리가 할 수 있는 것은 단 하나, 겸손히 무릎 꿇고 그 은혜의 손길을 구하는 것입니다.

창조주 하나님, 제 속에 새 마음을 창조하시고 성령의 생기를 불어넣어 주셔서, 날마다 새로운 피조물로 살아가게 하소서.

6월 **19**일

기도는 우리를 하나님의 품으로 인도하는 영혼의 울음

로마서 10:13

"누구든지 주의 이름을 부르는 자는 구원을 받으리라"

아이가 태어나 세상에 내딛는 첫 증거, 생명이 시작되었음을 알리는 선언은 울음입니다. 마찬가지로 거듭난 영혼의 첫걸음은 기도의 울음입니다. 이는 의존의 울음이며, 은혜를 갈망하는 탄식입니다. "기도는 영혼의 호흡이다"라는 말이 있습니다. 숨을 쉬지 못하면 생명이 사라지듯, 기도하지 않는 영혼은 서서히 메말라가기 때문입니다. 하나님을 향해 '아바 아버지'라 부르는 순간, 우리는 더 이상 고아가 아니라 자녀로 살아가게 됩니다[롬 8:15]. 역사 속에서도 이 진리는 반복되었습니다. 한 수도승은 깊은 절망 가운데 단 한마디 "주여, 도와주소서"를 부르짖었고, 그 짧은 울음 같은 기도가 그의 삶을 바꾸었다고 고백했습니다. 이는 시편에서 "내가 환난 중에 여호와께 아뢰며 … 그 성전에서 내 음성을 들으셨도다"라고 노래한 것과 같습니다[시 18:6]. 사람은 울음을 통해 태어나고, 기도를 통해 다시 살듯이, 우리의 기도는 두 번째 생명을 증명하는 울음소리입니다. 기도는 언어의 유창함보다 진실의 눈물에서 흘러나올 때 가장 강력합니다. "심령이 가난한 자는 복이 있나니 천국이 그들의 것임이요"[마 5:3]라는 말씀처럼, 가난한 심령의 울음이 하나님의 나라를 엽니다. 우리가 드리는 기도는, 세상에 들리지 않아도 하늘 보좌를 움직이는 힘을 갖습니다. 마치 어린아이가 부모의 품을 찾는 울음으로 보호받듯, 우리 영혼의 울음은 하나님의 은혜의 품으로 인도됩니다.

주여, 제 영혼의 울음이 하늘에 닿아 주님의 품 안에서 참 생명으로 이어지게 하소서.

6월 **20**일

생명의 안식처가 되는 하나님의 말씀

베드로전서 2:2

"갓난 아기들 같이 순전하고 신령한 젖을 사모하라 이는 그로 말미암아 너희로 구원에 이르도록 자라게 하려 함이라"

갓태어난 아기가 젖을 찾듯이, 거듭난 영혼은 본능적으로 말씀을 갈망합니다. 이 갈망은 단순한 지적 호기심이 아니라 생명의 본질에서 흘러나오는 목마름입니다. 세상의 지식은 아무리 풍성해도 이 목마름을 채울 수 없습니다. 철학자의 사유나 시인의 노래도 결국 인간의 언어일 뿐, 영혼을 살리는 젖은 오직 하나님의 말씀뿐입니다. 시편에서는 "주의 말씀의 맛이 내게 어찌 그리 단지요 내 입에 꿀보다 더하니이다"시 119:103라 고백했습니다. 말씀은 우리를 단지 위로하는 수준에 머무르지 않고, 내면의 뿌리를 뻗게 하며 세상의 거센 바람에도 흔들리지 않는 힘을 줍니다. "말씀은 읽는 것이 아니라 마시는 것이다"라는 초대 교부 오리겐의 말처럼 말씀을 한 모금 들이킬 때마다 우리 영혼은 새로운 기운을 얻습니다. 어린아이가 젖을 마시며 자라듯, 성도는 말씀을 통해 성숙으로 나아갑니다. 사막을 지나던 여행자가 물 한 병을 얻기 위해 모든 것을 내던지고 달려가는 모습을 상상해 보십시오. 말씀도 그렇습니다. 아우구스티누스가 "주님의 말씀 밖에는 내 영혼이 쉴 곳이 없습니다"라고 고백했듯이, 말씀은 쉼이자 생명이며 미래의 희망입니다. 그러므로 우리는 날마다 말씀을 가까이하며, 읽고 묵상하고 말씀을 통해 하나님을 만나고, 그분의 음성을 듣고, 그분의 형상으로 빚어져 가야 합니다. 세상은 다른 소리를 크게 외치지만, 말씀의 젖을 붙잡는 자는 흔들리지 않고 깊은 평안을 누립니다.

주여, 오늘도 말씀의 젖으로 제 영혼을 먹이시고, 그 말씀 안에서 자라게 하소서.

6월

6월 **21**일

주님 품 안에서 누리는 평안

로마서 5:1

“그러므로 우리가 믿음으로 의롭다 하심을 받았으니 우리 주 예수 그리스도로 말미암아 하나님과 화평을 누리자”

거듭난 영혼이 누리는 화평은 세상의 평화와는 다릅니다. 아기가 부모의 품에 안겨 깊은 잠에 드는 것처럼, 그리스도 안에 있는 자는 하나님의 품에서 쉼을 얻습니다. 세상은 끊임없이 불안과 소용돌이를 일으키지만, 주께서 주시는 평안은 세상이 줄 수도 빼앗을 수도 없습니다요 14:27. 바람 앞의 갈대처럼 흔들리던 마음도, 주님 품에 안길 때 거짓 없는 안식과 평안을 맛봅니다. 이는 심리적 위안이 아니라 십자가에서 이미 화목을 이루신 하나님의 사랑의 결과입니다 골 1:20. “깊은 잠은 평안한 마음에서 온다”라는 옛 속담이 있습니다. 그러나 진정한 평안은, 세상적 안정에서 오는 것이 아니라 하나님과의 관계에서 옵니다. 다윗은 죽음의 음침한 골짜기에서도 두려워하지 않았는데, 이는 여호와께서 그의 목자가 되시어 지팡이와 막대기로 함께하심을 확신했기 때문입니다시 23:4. 인생의 풍랑이 거셀수록 그리스도의 품 안에서 드리는 기도와 찬송은 더욱 깊은 잠과 같은 평화를 가져옵니다. 우리의 영혼은 하나님께로 돌아갈 때 비로소 쉼을 얻습니다.

주여, 세상이 흔들려도 주의 품 안에서 평화의 잠을 누리게 하소서.

6월 **22**일

성장은 생명의 증거이며 삶의 흔적

데살로니가후서 1:3

"형제들아 우리가 너희를 위하여 항상 하나님께 감사할지니 이것이 당연함은 너희의 믿음이 더욱 자라고 너희가 다 각기 서로 사랑함이 풍성함이니"

믿음은 살아 있는 씨앗처럼 자라납니다. 씨앗이 흙 속에서 햇빛과 물을 받아 뿌리를 내리듯, 믿음은 말씀과 기도 속에서 뿌리를 깊게 내리고, 사랑은 그 뿌리에서 돋아난 가지처럼 공동체 속에서 서로를 향해 뻗어갑니다. 성장은 단숨에 이루어지지 않습니다. "강한 나무는 바람을 거슬러 자란다"라고 말하듯, 믿음은 시험과 고난 속에서 더 단단해지고, 사랑은 상처와 용서 속에서 더 풍성해집니다. 성경은 "너희가 믿음 안에 굳게 서서 사랑 안에서 뿌리 내리고 터 잡으라" 엡 3:17라고 권면했습니다. 신앙은 정체됨이 아니라 생명의 운동입니다. 오늘 우리가 주님 앞에서 작은 걸음이라도 내디딜 때, 그 길은 위로 향하는 은혜의 길이 됩니다. 마치 어린아이가 조금씩 부모를 닮아가듯, 성도는 하루하루 주님을 닮아가며 영혼의 선율을 빚어갑니다. 성 아우구스티누스는 "사랑은 성장할 때에만 참된 사랑이다"라고 했습니다. 그러므로 믿음은 단순한 관념이 아니라 계속 자라나는 생명의 증거이며, 사랑은 고여 있지 않고 계속 흘러가며 넓어지는 강물과 같습니다. 우리의 영적 성장은 조용히, 그러나 분명히 우리 삶의 자리에 흔적을 남깁니다.

주여, 오늘도 제 믿음이 깊어지고 사랑이 넓어져 조금 더 주님을 닮아가게 하소서.

6월 **23**일

성령의 바람이 불어온 생명의 자리

요한복음 3:8

"바람이 임의로 불매 네가 그 소리는 들어도 어디서 와서 어디로 가는지 알지 못하나니 성령으로 난 사람도 다 그러하니라"

바람은 시작과 끝을 알 수 없지만, 지나간 자리에 흔적을 남깁니다. 나뭇가지를 흔들고, 먼지를 털어내며, 때로는 길을 새롭게 열어 줍니다. 성령의 역사도 이와 같습니다. 인간의 계산과 통제를 벗어난 전적인 하나님의 주권적 은혜로 임하며, 그분이 스쳐 지나간 자리에는 반드시 변화의 표지가 남습니다. 그것은 곧 죽었던 영혼이 다시 살아나는 새 생명이며, 돌 같은 심장이 살처럼 부드러워지는 새 마음이며, 어둠 속에서 빛을 따라 걷는 새 길입니다[겔 36:26-27]. "보이지 않는 바람이 배를 움직인다"라는 말처럼, 보이지 않더라도 성령의 바람에 실린 인생은 다른 항로를 따라가게 됩니다. 사도행전의 교회가 그랬듯, 성령의 불과 바람이 임하자 겁 많던 제자들은 담대히 복음을 외치는 증인으로 변했습니다[행 2:2-4]. 이는 인간의 힘으로는 불가능한 일, 오직 하나님께서 친히 이루시는 새 창조의 역사입니다. 성령의 바람은 오늘도 우리의 굳어진 마음을 흔들어 깨우며, 세상에 맞추어 고요히 잠든 영혼을 다시 살려내십니다. 그러므로 신앙은 바람을 예측하려는 것이 아니라 바람을 기다리고, 바람이 불어올 때 돛을 올릴 준비를 하는 것입니다. 주님이 지나가신 자리에는 언제나 생명의 흔적이 남듯, 우리 삶에도 그 바람이 불어올 때 믿음의 흔적, 사랑의 향기, 소망의 불빛이 남게 됩니다.

주여, 성령의 바람이 오늘 제 삶을 가득 채우고, 제 영혼을 새롭게 하소서.

6월 **24**일

죄인에게 붙여진 새로운 이름, 의로운 자

로마서 3:24

"그리스도 예수 안에 있는 속량으로 말미암아 하나님의 은혜로 값없이 의롭다 하심을 얻은 자 되었느니라"

우리가 의롭다 함을 얻는 일은 우리의 힘과 공로로는 불가능합니다. 정당화는 인간의 성취가 아니라 하나님의 선언이며, 전능하신 주권적 은혜의 사건입니다. 법정에서 판사가 한마디로 판결을 내리듯, 하나님께서 죄인에게 "너는 의롭다"라고 말씀하십니다. 이때 우리의 지난 허물과 죄는 여전히 역사 속에 존재하지만, 십자가에서 그리스도의 피가 흘려진 순간, 하나님은 그 모든 것을 덮으시고 새로운 이름을 주십니다. "그런즉 이제 그리스도 예수 안에 있는 자에게는 결코 정죄함이 없나니"[롬 8:1]라는 성경의 고백은 이 선언의 깊이를 드러냅니다. 고대 교부 어거스틴은 "의인은 자신의 행위로가 아니라 하나님의 은혜의 입맞춤으로 세워진다"고 했습니다. 마치 황제의 인장이 붙은 문서가 효력을 가지듯, 하나님의 '의롭다'라는 선언이 내 영혼 위에 찍혀 있습니다. 세상은 여전히 우리의 부족함을 지적하고 양심은 스스로를 정죄할지라도, 하나님의 말씀은 현실보다 깊은 진리를 선포합니다. 그것은 값없이 주어진 선물, 곧 은혜입니다. 우리가 붙잡는 믿음은 단순히 우리 쪽에서의 행위가 아니라, 이미 주어진 은혜에 응답하는 수용의 손길일 뿐입니다. "사람이 의롭다 하심을 얻는 것은 율법의 행위에 있지 않고 믿음으로 되는 줄"[갈 2:16]이라는 말씀은 우리를 다시금 그 자리로 부릅니다. 오늘도 삶의 무게 속에서 흔들릴 때, 그분의 선언이 내 귀에 들려옵니다. "너는 내 안에서 의롭다." 이 음성이야말로 인간의 불안과 두려움을 잠재우는 가장 위대한 위로입니다. 인간의 노력은 흩날리는 먼지와 같으나, 하나님의 말씀은 영원히 서며 우리를 새 존재로 세웁니다. 그러므로 우리는 결코 자신의 의로움을 자랑하지 않고, 오직 은혜의 십자가를 붙들며 살아갑니다.

주여, 제 이름 위에 '의롭다'라는 주님의 선언이 새겨져 있음을 믿습니다.
그 은혜의 확신으로 오늘도 자유와 감사 속에 살게 하소서.

6월

6월 **25**일

믿음을 선물로 받은 자에게 허락된 이름, 의로운 자

로마서 5:1

"그러므로 우리가 믿음으로 의롭다 하심을 받았으니 우리 주 예수 그리스도로 말미암아 하나님과 화평을 누리자"

믿음으로 의롭다 함을 얻는다는 것, 즉 이신칭의는 인간의 도덕적 수양이나 윤리적 공로가 아닌, 전적으로 하나님의 선언에 근거한 법적 은총입니다. 마르틴 루터가 종교개혁의 심장에서 발견했던 진리가 바로 여기에 있습니다. 하나님께서 "너는 내 아들이라, 오늘날 내가 너를 낳았다"시 2:7 하시듯, 우리의 신분은 스스로 쌓아 올린 자격이 아니라 하나님의 입술에서 흘러나온 말씀으로 굳게 서 있습니다. 죄의 흔적은 여전히 우리 안에 남아 있지만, 주님의 의가 마치 흰 눈이 땅을 덮듯 우리의 허물을 덮으십니다사 1:18. "판관의 눈길이 죄인을 죄인으로 만들기도 하고, 의인으로 세우기도 한다"라는 말이 있습니다. 이 말처럼, 우리의 영원한 판관되신 하나님께서 예수 그리스도의 공로를 우리 위에 씌우시며 '의롭다' 선포하신 그 순간, 우리의 운명은 바뀝니다. 성 어거스틴은 "하나님은 우리가 여전히 죄인일 때 의롭다 하셨다"라고 고백하며, 그 은혜의 선언이야말로 인간의 어떤 노력보다 깊고 큰 자유를 준다고 했습니다. 성경 또한 "이는 행위에서 난 것이 아니니 이는 누구든지 자랑치 못하게 함이라"엡 2:9라 선포합니다. 그러므로 신앙은 더 이상 나의 성취를 증명하는 행위가 아니라, 은혜를 덮어씌우는 그리스도의 옷자락을 붙드는 고백입니다.

주여, 제 행위가 아닌 주님의 의로 하나님 앞에 서게 하소서.

6월 **26**일

율법의 요구를 넘어서는 은혜의 세계

로마서 8:4

"육신을 따르지 않고 그 영을 따라 행하는 우리에게 율법의 요구가 이루어지게 하려 하심이니라"

율법은 하나님의 거룩하심을 드러내는 빛과 같아 인간의 죄를 숨김없이 드러냅니다. "죄의 삯은 사망"롬 6:23이라 하였듯이, 율법은 죄인에게 영원한 죽음을 요구합니다. 고대의 법정에서 범죄자에게 내려진 형벌이 반드시 집행되었듯, 하나님의 공의 역시 결코 취소될 수 없습니다. 그러나 은혜의 복음은 바로 여기서 시작됩니다. 예수 그리스도께서 우리의 자리에 서셔서 그 형벌을 친히 받으셨습니다. 십자가는 하나님의 공의와 사랑이 정면으로 만난 자리입니다. "그가 찔림은 우리의 허물 때문이요"사 53:5라는 말씀처럼, 주님은 죄 없는 분으로서 죄인의 옷을 입으시고 대신 죽으심으로 율법의 요구를 만족시키셨습니다. 키에르케고르가 말했듯 "절망의 깊음에서만 참된 희망이 싹튼다"는 말은, 죄와 사망의 절망 한복판에서 그리스도의 희생을 통해 참된 생명이 열렸음을 보여줍니다. 이제 우리에게는 더 이상 정죄가 없습니다롬 8:1. 율법의 요구를 넘어서는 은혜의 세계가 열렸습니다.

주여, 율법의 형벌을 대신 받으신 주님의 은혜를 깊이 기억하며, 날마다 자유와 감사의 삶을 살게 하소서.

6월 **27**일

그리스도의 순종이 의의 옷이 되어

로마서 5:19

"한 사람이 순종하지 아니함으로 많은 사람이 죄인 된 것 같이 한 사람이 순종하심으로 많은 사람이 의인이 되리라"

칭의는 단순히 죄를 사하여 주시는 소극적 선언에서 멈추지 않습니다. 그 너머에는 놀라운 긍정이 있습니다. 곧 그리스도의 완전한 의가 우리에게 전가되어, 하나님이 더 이상 우리의 죄를 보지 않으시고 오직 아들의 의를 통해 우리를 바라보신다는 은혜의 신비입니다. 이는 마치 더러운 옷을 벗기고 새 옷을 입히는 장면과도 같습니다. 고대의 지혜자들은 "군주의 옷은 그의 권위를 드러낸다"고 말했지만, 신자는 군주의 옷이 아니라 만왕의 왕 되신 그리스도의 의로 옷 입은 자입니다. 루터가 경험한 은혜도 바로 여기에 있었습니다. 하나님 앞에서 죄인으로 벌벌 떨던 그는 로마서의 이 선언 앞에서, 인간의 행위가 아니라 그리스도의 순종이 의의 옷이 되어 자신을 덮고 있음을 깨달았습니다. 그 순간 절망의 무거운 사슬은 풀어지고, 하늘의 문이 활짝 열리는 해방을 경험한 것입니다. 우리의 선행은 흙으로 빚은 항아리와 같아 쉽게 깨지지만, 그리스도의 의는 바다처럼 깊고 산처럼 견고하여 결코 무너지지 않습니다. "인간의 의는 아침 이슬 같아 곧 사라진다"고 했습니다. 그러나 주님의 의는 사라지지 않고, 세월과 죄의 무게를 넘어 우리를 끝까지 붙들어 줍니다. 그러므로 우리가 날마다 고백해야 할 것은 나의 옷이 아니라 주님의 옷입니다. 성경이 갈라디아서 3:27에서 "그리스도와 합하여 세례를 받은 자는 그리스도로 옷 입었느니라"라 한 것처럼, 우리의 진정한 정체성은 그리스도의 '의' 안에 있습니다. 이 진리를 붙들 때, 우리는 더 이상 수치와 두려움 속에 머물지 않고, 담대히 하나님 앞에 설 수 있습니다.

주여, 제 옷을 벗기시고 주님의 의로 덮어 주소서.

6월 **28**일

의인은 믿음으로 살리라

로마서 3:28

"그러므로 사람이 의롭다 하심을 얻는 것은 율법의 행위에 있지 않고 믿음으로 되는 줄 우리가 인정하노라"

성경의 이 한 문장은 기독교 신앙의 심장과도 같습니다. 인간은 아무리 선한 행위를 쌓아도, 그 행위의 무게로 하나님의 완전한 의로움에 이를 수 없습니다. 의롭다 하심은 인간의 손으로 만들어낸 성취가 아니라, 전적으로 하나님이 값없이 주시는 은혜입니다. 믿음은 바로 그 은혜를 붙드는 손이며, 그 손이 붙드는 분은 오직 예수 그리스도입니다. "믿음은 빈손으로 나아가 그리스도의 충만을 붙드는 것"이라는 어느 교부의 말처럼 믿음은 우리의 공로가 아니라 우리의 빈곤을 드러내며, 그 빈자리에 은혜가 흘러들어옵니다. 종교개혁자 마르틴 루터는 "의인은 믿음으로 살리라"롬 1:17를 붙잡으며, 자신의 영혼을 옥죄던 율법적 두려움에서 해방을 경험했습니다. 또한, 역사는 늘 이 진리를 붙든 이들을 통해 새로워졌습니다. '자신의 힘으로 자신을 구원하려는 자는 결국 자기 무게에 짓눌리지만, 믿음으로 주를 붙드는 자는 십자가의 능력에 의해 일어난다'는 말처럼, 구원은 우리의 손이 아니라 주님의 손에 달려 있습니다. 우리가 할 수 있는 일은 단지 그 손을 신뢰하며 의지하는 것뿐입니다. 오늘도 우리의 삶이 불완전함 속에서 흔들릴 때, 십자가를 붙드는 믿음만이 참된 평안과 확신을 줍니다. 믿음은 단순한 동의가 아니라, 전 존재를 걸고 주님께 매다는 행위입니다. 그러므로 믿음은 삶의 태도이며, 하나님 앞에 무릎 꿇고 은혜를 전부로 사는 길입니다.

주여, 제 믿음이 오직 주님의 십자가를 붙들게 하소서.

6월 **29**일

의롭다 하신 은혜 안에서 누리는 자유

로마서 8:33

"누가 능히 하나님께서 택하신 자들을 고발하리요 의롭다 하신 이는 하나님이시니"

사람의 역사 속에서 가장 무거운 굴레는 정죄와 죄책감입니다. 양심은 끊임없이 우리를 고발하고, 세상은 우리의 허물을 드러내며, 사탄은 형제들을 참소하는 자로 서서히 우리의 영혼을 옭아맵니다[계 12:10]. 그러나 성경은 의롭다 하신 이는 하나님이시니, 그분이 이미 의를 선포하셨는데 누가 감히 다시 정죄하겠느냐고 분명히 선언합니다. 여기서 구원은 더 이상 우리의 행위와 공로에 달려 있지 않고, 오직 십자가에서 흘리신 그리스도의 보혈과 부활의 능력에 달려 있음을 보게 됩니다. 한 신학자는 "하나님께서 '의롭다' 하신 음성은 우주 만물을 가득 메운 법정의 최종 판결"이라 했습니다. 그러므로 그 판결은 누구도 번복할 수 없고, 우리의 영혼은 흔들리지 않는 바위 위에 세워진 셈입니다. "양심의 고발은 쇠사슬보다 무겁다"는 말이 있습니다. 그러나 그리스도의 은혜 안에서 이 쇠사슬은 풀려납니다. 루터가 말한 것처럼 "나는 내 양심이 아닌 말씀에 사로잡혀 있다"는 고백은 곧 정죄에서 해방된 자의 자유로운 외침입니다. 교회의 역사는 이러한 자유의 증언들로 가득 차 있습니다. 어두운 감옥에서도 찬송을 불렀던 바울과 실라처럼, 의롭다 하신 하나님의 선언은 억눌린 영혼을 자유롭게 하고, 좌절 속에서도 다시 일어서는 담대함을 줍니다[행 16:25]. 우리가 붙드는 구원의 확신은 단순한 감정적 위로가 아니라, 변할 수 없는 하나님의 판결에서 비롯된 절대적 기쁨입니다. 그러므로 정죄에서 해방된 사람은 다른 이를 향해 쉽게 돌을 들지 않고, 오히려 자비와 용서를 흘려보내는 사람으로 변합니다. "너희가 비판하지 말라 그리하면 너희가 비판을 받지 아니할 것이요"[마 7:1]라는 말씀처럼, 해방의 기쁨은 이웃에게 은혜를 전하는 능력이 됩니다.

주여, 정죄의 쇠사슬을 끊으시고 의롭다 하신 은혜 안에 자유로이 거하게 하시며,
그 기쁨으로 다른 이들을 품게 하소서.

6월 **30**일

구원받은 성도가 이루어져 가는 구원

데살로니가전서 5:24

“너희를 부르신 이가 미쁘시니 그가 또한 이루시리라”

칭의는 은혜의 문 앞에 서는 첫걸음이며, 성화는 그 길 위를 걷는 여정입니다. 성경은 “그러므로 우리가 믿음으로 의롭다 하심을 얻었은즉 우리 주 예수 그리스도로 말미암아 하나님과 화평을 누리자”[롬 5:1]라 선포했습니다. 이는 단순히 선언적 사건이 아니라, 삶 전체를 관통하는 은총의 시작입니다. 정당화가 죄의 정죄에서 우리를 해방한다면, 성화는 죄의 지배력으로부터 자유케 하는 실제적 과정입니다. 마치 씨앗이 심겨 단번에 생명이 주어지되, 열매 맺기까지 햇빛과 비, 계절의 변화를 견디며 성장해야 하는 것처럼, 우리의 신앙도 한순간의 선언으로 완성되지 않고 하나님의 손길 아래 자라납니다. 어거스틴은 “하나님이 우리를 의롭다 하셨으니, 이제 우리 안에서 그 의를 빚어내신다”고 했습니다. 이는 정당화와 성화가 분리될 수 없는 한 줄기임을 보여줍니다. 종교개혁자들이 “오직 믿음으로” 의롭다 하심을 받는다고 고백했으나, 그 믿음은 반드시 사랑과 순종의 열매로 드러나야 한다는 것을 잊지 않았습니다. 사람들은 종종 은혜를 값싸게 여기고 “이미 의롭다 하심을 받았으니 더 이상 성화의 길은 필요 없다”고 오해하지만, 참된 은혜는 반드시 거룩함을 갈망하게 합니다. 죄의 용서가 자유를 주었다면, 성령은 그 자유를 방종이 아니라 성결로 이끄십니다. 칼 바르트가 말했듯, “의롭다 하심은 시작일 뿐이며, 성화는 그 시작이 반드시 향하는 목표다.” 우리의 삶 속에서 순간순간 이루어지는 작은 순종과 고백이 결국 거룩의 숲을 이루어 갑니다. 정당화의 은혜를 주신 하나님께서 반드시 성화의 열매를 완성하실 것이라는 약속은, 흔들리는 우리를 붙드는 위로의 언약입니다.

주여, 의롭다 하신 그 은혜 위에 거룩함의 열매를 맺게 하소서.

J u l y

7월

구원에 이르는 길

7월 **1**일

주님 없이 살 수 없는 성도의 간절함

로마서 10:13

"누구든지 주의 이름을 부르는 자는 구원을 받으리라"

'이름을 부른다.'라는 것은 단지 발음하는 것이 아니라, 전 존재를 걸고 그분께 매달리는 것입니다. 초대 교회 성도들은, 박해 속에서도 "예수는 주시다"라고 외쳤고, 그 이름을 삶의 중심에 새겼습니다. 야곱이 얍복 나루에서 하나님의 사자를 붙잡고 "당신이 내게 축복하지 아니하면 가게 하지 않겠습니다"[창 32:26]라고 한 고백은, 주님의 이름을 붙든 기도의 본질을 드러냅니다. 어머니가 자녀의 이름을 부를 때, 그 부름은 사랑과 보호의 선언인 것처럼 이름을 부른다는 것은 전 존재로 응답하는 것을 뜻합니다. 우리가 주님의 이름을 부를 때, 그분은 듣고 계십니다. 그 이름 안에 구원이 있고, 평안이 있으며, 권세가 있습니다. 기도는 이 이름을 믿고 부르는 행위이며, 가장 단순하고 가장 깊은 신앙의 외침입니다.

주여, 오늘도 주의 이름을 부르며 살게 하소서. 아멘

7월 **2**일

첫 열매를 드림의 소중한 의미

잠언 3:9

"네 재물과 네 소산물의 처음 익은 열매로 여호와를 공경하라"

첫 열매를 하나님께 드린다는 것은 단지 의무적 예물 행위가 아니라, 내 삶의 주인이 누구인지를 고백하는 믿음의 몸짓입니다. 이스라엘 백성은 추수의 첫 곡식, 첫 새끼 가축, 첫 수확을 아낌없이 하나님께 드렸습니다[출 23:19, 신 26:2]. 이는 그들의 생명과 소산이 모두 하나님께로부터 왔음을 인정하는 예배였습니다. 그들이 가장 먼저 드렸다는 사실이 중요합니다. 나중에 남는 것을 드리는 것은 습관이 되기 쉽지만, 처음 것을 드리는 행위는 항상 믿음과 결단이 따릅니다. 오늘날 우리의 '첫 열매'는 돈만이 아니라 시간과 재능, 계획의 중심 자리일 수 있습니다. 하루의 시작을 하나님과 함께 여는 것, 한 달의 첫 수입을 주께 드리는 것, 인생의 귀한 가능성을 하나님께 바치는 것, 이 모든 것이 '먼저 드림'의 신앙입니다. 그렇게 삶의 구조를 하나님 중심으로 재배치할 때, 나머지 모든 시간과 자원 역시 복된 질서를 따라 흘러가게 됩니다. 세상은 남은 것을 나누지만, 믿음은 처음 것을 드립니다. 믿음으로 드린 첫 열매는 삶 전체의 향방을 하나님께 의탁하는 복된 시작입니다.

주여, 제 삶의 처음 것을 주께 드리는 믿음을 주소서.

7월 **3**일

잠깐의 고난과 영원한 영광의 은혜

베드로전서 5:10

"모든 은혜의 하나님 곧 그리스도 안에서 너희를 부르사 자기의 영원한 영광에 들어가게 하신 이가 잠깐 고난을 당한 너희를 친히 온전하게 하시며 굳건하게 하시며 강하게 하시며 터를 견고하게 하시리라"

은혜는 단순히 도움이나 위로의 손길이 아닙니다. 은혜는 하나님께서 스스로 시작하신 사랑의 역사이며, 인간이 먼저 손을 내민 적 없지만 하나님께서 먼저 다가오신 구원의 서사입니다. 성경은 "우리가 아직 죄인 되었을 때에 그리스도께서 우리를 위하여 죽으셨다"[롬 5:8]고 선포합니다. 인간은 죄와 절망 속에서 하나님을 잊었으나, 하나님은 우리를 기억하셨습니다. 거룩함과 사랑이 만나는 자리, 그것이 바로 은혜의 자리입니다. "사랑은 먼저 다가가는 자의 것이다"라는 말이 있습니다. 이처럼 은혜는 기다림이 아니라 능동적이고 창조적인 사랑의 출발입니다. 상한 갈대를 꺾지 않으시고 꺼져가는 심지를 끄지 않으시는 주님[사 42:3]은 오늘도 무너진 인격을 다시 세우시고 상처 입은 영혼을 온전하게 하십니다. 평생의 고난을 회상하며 "내가 버티고 선 것은 내 힘이 아니라 은혜였다"는 한 수도사의 고백처럼, 우리의 믿음과 삶의 모든 여정은 은혜의 뿌리 위에 서 있습니다. 인생의 고난이 길게 느껴지지만, 하나님 앞에서는 "잠깐"일 뿐이며 그 과정은 결국 영원한 영광으로 이어집니다. 그러므로 은혜는 현재의 상처를 싸매는 동시에 미래의 영광을 여는 문입니다.

은혜의 하나님, 제가 은혜로 살고 있음을 잊지 않게 하시고 오늘도 그 은혜를 붙들게 하소서.

7월 **4**일

생명수가 흐르는 은혜의 강물

요한복음 1:17

"율법은 모세로 말미암아 주어진 것이요 은혜와 진리는 예수 그리스도로 말미암아 온 것이라"

예수 그리스도는 은혜의 화신이십니다. 그분이 걸으신 길 위에는 자취마다 자비가 남았고, 그분의 시선에는 상한 갈대를 꺾지 않으시는 부드러움이 담겨 있었습니다[사 42:3]. 병든 자가 그 앞에 오면 고침을 받았고, 죄인이 무릎 꿇으면 용서가 임했으며, 사회로부터 배제된 이들은 오히려 존귀한 자리로 들어 올려졌습니다. 은혜는 추상적 개념이 아니라, 한 인격이신 예수님 안에서 구체적으로 다가왔습니다. 우리가 율법의 잣대 속에서 끊임없이 부족함을 느낄 때, 주님은 "내 은혜가 네게 족하도다"[고후 12:9]라 말씀하시며 새로운 삶의 가능성을 열어 주셨습니다. "사랑은 계산을 모른다"라 했습니다. 예수님의 은혜는 조건 없는 사랑이며, 규정이 아닌 관계입니다. 가늠할 수 없는 깊은 바다처럼, 끝없이 우리를 품는 은혜가 오늘도 흐릅니다. 우리가 서로를 판단하기보다 품을 수 있는 이유, 다시 일어설 수 있는 이유는 다만 예수께서 주신 은혜 때문입니다. 은혜를 받은 자는 다시 은혜를 흘려보내는 자로 부름을 받았습니다. 세상은 자격과 성취를 묻지만, 은혜는 묻지 않습니다. 은혜는 값없이 주어지되, 결코 값싼 것이 아닙니다. 그것은 십자가의 보혈로 흘러나온 생명의 강물이기 때문입니다.

주 예수여, 오늘 제 발걸음이 당신의 은혜의 발걸음을 따르게 하소서.

7월 **5**일

성령 안에서의 은혜는 살아있는 호흡

히브리서 10:29

"하물며 하나님의 아들을 짓밟고 자기를 거룩하게 한 언약의 피를 부정한 것으로 여기고 은혜의 성령을 욕되게 하는 자가 당연히 받을 형벌은 얼마나 더 무겁겠느냐 너희는 생각하라"

성령은 단순한 능력의 바람이 아니라 은혜의 영이십니다. 그분은 우리 안에 잠든 영혼을 흔들어 깨우시며, 우리 마음속에서 잊힌 말씀을 다시금 기억 속에 불러내어 마음 깊은 곳에서 울리게 하십니다. 은혜란 과거에 머문 추억의 사건이 아니라 지금도 흐르고 있는 현재의 강물입니다. 성령께서 역사하실 때 은혜는 추상적 개념이 아니라 생생한 체험이 됩니다. 죄와 자책에 눌린 자를 부드럽게 감싸시되, 동시에 강물처럼 끌어 올려 하나님의 품으로 돌이키게 하십니다. 고대 교부들은 성령을 "하나님의 사랑을 우리 가슴에 불붙이시는 불길"이라고 불렀습니다. 불은 연약한 심지를 태우지만, 동시에 가장 어두운 방을 환하게 밝히듯 은혜는 우리를 녹이며 동시에 빛나게 합니다. 세상의 지혜와 힘은 흔히 사람을 설득하지 못하지만, 성령께서 전하는 은혜는 저항할 수 없는 빛처럼 다가옵니다. 예수께서 말씀하시길 "보혜사 곧 아버지께서 내 이름으로 보내실 성령 그가 너희에게 모든 것을 가르치고 내가 너희에게 말한 모든 것을 생각나게 하리라"요 14:26 하셨습니다. 성령은 잊힌 진리를 다시 불러내시고, 우리의 길을 인도하십니다. 마치 광야에서 길을 잃은 여행자에게 북극성이 방향을 알려주듯, 성령은 은혜로 우리의 발걸음을 하나님께로 향하게 하십니다. 어떤 이들은 "은혜란 넘어질 때마다 다시 일어서게 하는 두 번째 기회"라고 말합니다. 그러나 성령 안에서의 은혜는 단순히 두 번째 기회가 아니라, 매 순간을 새롭게 창조하는 살아있는 호흡입니다.

은혜의 성령이여, 오늘 제 마음을 사로잡아 주시고 하나님의 품으로 인도하소서.

7월 **6**일

하나님의 은혜로운 선물

디도서 2:11

"모든 사람에게 구원을 주시는 하나님의 은혜가 나타나"

구원은 인간의 업적이나 공로가 아닙니다. 우리의 행위는 언제나 불완전하고 모자라기에, 그 어떤 노력으로도 자신을 스스로 구원할 수 없습니다. 오직 하나님의 은혜만이 사망의 그늘에서 우리를 건져내십니다. "너희가 그 은혜에 의하여 믿음으로 말미암아 구원을 받았으니 이것이 너희에게서 난 것이 아니요 하나님의 선물이라"[엡 2:8]라는 말씀처럼, 구원은 은혜의 선물입니다. 은혜는 무너진 인생을 '다시' 회복하는 정도에 그치지 않고, 전혀 새로운 피조물로 빚어내십니다. 그래서 "누구든지 그리스도 안에 있으면 새로운 피조물이라"[고후 5:17]는 선언이 우리 삶의 고백이 됩니다. 고대 교부 아우구스티누스는 "은혜 없이는 인간이 하나님을 찾을 수도, 사랑할 수도 없다"고 했습니다. 우리가 하나님께 다가갈 수 있었던 것도, 믿음을 붙든 것도 결국 은혜의 역사입니다. 마치 깨어진 항아리가 자기를 붙들 수 없듯, 우리도 은혜가 아니면 무너질 수밖에 없는 존재입니다. 그럼에도 불구하고 하나님은 "잃어버린 자를 찾아 구원하려"[눅 19:10] 오신 예수 그리스도를 통해 우리를 품으셨습니다. 그러므로 구원받은 자는 자랑할 것이 없습니다. 오직 감사와 찬양이 입술에 남을 뿐입니다. 내가 자랑할 것은 오직 십자가뿐, 우리의 자리는 자랑의 자리가 아니라 감사의 무릎 꿇음입니다.

주님, 제 구원이 전적으로 은혜임을 기억하게 하시고, 오늘도 감사와 찬양으로 살게 하소서.

7월 7일

은혜로 얻은 의에서 시작되는 구원의 길

로마서 3:24

"그리스도 예수 안에 있는 속량으로 말미암아 하나님의 은혜로 값 없이 의롭다 하심을 얻은 자 되었느니라"

인간은 끊임없이 자기 힘으로 의로움을 쌓으려 애쓰지만, 그 모든 노력은 모래 위의 집과 같아 쉽게 무너집니다. 성경은 분명히 선언합니다. "사람이 의롭다 하심을 얻는 것은 율법의 행위에 있지 않고 오직 예수 그리스도를 믿음으로 되는 줄 알므로"[갈 2:16]. 칭의는 우리의 행위가 아닌, 하나님의 은혜로 주어진 선물입니다. 마르틴 루터가 말했듯, "칭의는 교회가 서고 무너지는 교리"이며, 이는 단순한 신학적 개념이 아니라 존재 전체를 바꾸는 사건입니다. 하나님은 단순히 우리의 과거를 덮으신 것이 아니라, 새로운 신분으로 우리를 세우셨습니다. "누구든지 그리스도 안에 있으면 새로운 피조물이라"[고후 5:17]. 은혜는 값없이 주어졌지만, 값싼 것이 아닙니다. "값없는 선물은 가볍게 여겨진다"라는 말이 있지만, 복음은 다릅니다. 그것은 하나님의 아들의 생명이 흘려진, 값을 매길 수 없는 선물이기 때문입니다[벧전 1:18-19]. 우리는 결코 갚을 수 없는 빚을 졌으나, 십자가는 그 모든 빚을 청산하시고 자유의 문을 여셨습니다. 한 신학자가 말했듯, "은혜란 빚진 자가 자유인이 되는 선언"입니다. 그러므로 칭의는 과거의 사면장이 아니라, 미래를 향한 새로운 출발선입니다. 이제 우리는 하나님의 자녀로서 의인의 옷을 입은 존재입니다. 그렇기에 이 은혜를 값싼 것으로 만들지 않으려면, 날마다 복음답게 사는 결단이 필요합니다. 칭의는 끝이 아니라 성화의 길을 여는 문이기 때문입니다.

하나님, 저를 의롭다 하신 은혜를 헛되이 하지 않고, 날마다 복음답게 살게 하소서.

7월 **8**일

우리 영혼을 향한 하나님의 부르심

요한복음 6:44

"나를 보내신 아버지께서 이끌지 아니하시면 아무도 내게 올 수 없으니 오는 그를 내가 마지막 날에 다시 살리리라"

은혜는 우리 영혼을 향한 하나님의 부르심입니다. 처음에는 저항하고 외면하고 싶을 때가 있습니다. 마치 아우구스티누스가 젊은 날 방탕을 버리지 못한 채 "아직은 아닙니다"라고 중얼거렸던 것처럼, 우리는 은혜를 미루려 합니다. 그러나 은혜는 쉽게 포기하지 않습니다. 마치 봄비가 메마른 땅을 적셔 결국 씨앗을 움트게 하듯, 은혜는 우리의 굳은 마음을 부드럽게 만듭니다. 그 은혜는 죄를 슬퍼하게 하고, 사라져 버린 듯했던 하나님을 다시 그리워하게 합니다[시 42:1]. 성 어거스틴은 "은혜는 우리를 원치 않아도 추적하여 마침내 무릎 꿇게 한다"고 고백했습니다. 실제로 많은 이들이 처음에는 복음을 듣고도 멀리하지만, 하나님의 은혜가 계속해서 마음을 두드릴 때 어느 순간 "내가 주님께로 돌아가야 한다"는 깨달음 속에 자원하여 무릎 꿇습니다. 이는 억지로 끌려가는 것이 아니라, 사랑에 사로잡혀 스스로 발걸음을 내딛게 되는 신비입니다. 도스토옙스키는 "사랑받는 경험이 인간을 새롭게 한다"고 했는데, 바로 그 사랑이 은혜의 본질입니다. 하나님께서 시작하신 사랑은 반드시 우리를 붙들고, 마침내 아버지의 품으로 인도합니다[빌 1:6]. 그러므로 은혜 앞에서의 항복은 패배가 아니라, 가장 위대한 승리입니다.

주님, 제 마음이 은혜 앞에 완전히 열리게 하시고, 그 사랑의 부르심에 기꺼이 응답하게 하소서.

7월 9일

하나님이 우리에게 은혜를 베푸시는 이유

에베소서 1:6

“이는 그가 사랑하시는 자 안에서 우리에게 거저 주시는 바 그의 은혜의 영광을 찬송하게 하려는 것이라”

우리가 받은 은혜의 목적은 단순히 우리의 안위나 만족에 머물지 않습니다. 은혜는 결국 하나님을 찬송하게 하려는 것입니다. 은혜는 시작도, 과정도, 끝도 모두 하나님께 향한 노래로 이어집니다. 시편 는 “내 평생에 여호와를 찬송하며 나의 생존하는 동안 내 하나님을 찬양하리로다”시 146:2라 고백했듯, 은혜를 경험한 영혼은 침묵할 수 없습니다. 인생의 무게 아래서도, 마지막 호흡을 내쉴때도, 그 입술은 하나님을 높입니다. 역사 속에서도 우리는 이를 봅니다. 바울은 감옥에서조차 찬송으로 하나님을 높였고행 16:25, 초대교회의 성도들은 핍박 속에서도 찬양을 멈추지 않았습니다. 고난을 뚫고 흘러나온 그 찬송은 곧 은혜의 증거였습니다. “하늘을 아는 자는 땅에서 감사한다”고 말합니다. 이는 은혜를 아는 자가 곧 찬송하는 자임을 보여줍니다. 은혜는 삶의 방향을 바꾸고, 노래를 바꾸며, 결국 존재 전체를 바꾸어 하나님께 향하게 합니다. 우리의 노래는 단순한 음악이 아니라 존재 깊은 곳에서 솟아나는 응답입니다. 오늘도 은혜를 깨닫는 순간마다 우리의 삶은 찬송이 되어야 합니다. 평범한 일상조차 은혜를 발견하는 이에게는 성전의 예배가 되고, 작은 숨결 하나조차 하나님께 드려지는 감사의 노래가 됩니다. 은혜의 눈을 가진 이는 언제나 “나의 나된 것은 하나님의 은혜로 된 것”고전 15:10임을 고백하며, 그 고백을 노래로 바꿔냅니다. 그러므로 은혜는 끝내 우리를 찬송의 자리로 이끌며, 찬송은 곧 은혜의 완성입니다.

은혜의 주님, 제 인생의 처음과 끝이 모두 주의 은혜의 노래가 되게 하시고,
매 순간 찬송으로 주의 영광을 드러내게 하소서.

7월 **10**일

세상을 창조하시기 전에 하나님이 택하신 성도들

에베소서 1:4

"곧 창세 전에 그리스도 안에서 우리를 택하사 우리로 사랑 안에서 그 앞에 거룩하고 흠이 없게 하시려고"

선택은 역사의 어느 지점에서 우연히 내려진 결정이 아니라, 시간의 태동 이전, 영원의 심연에서 이미 품으신 하나님 사랑의 결단입니다. 우리의 눈에 보이는 삶은 흐르는 강물 같지만, 그 근원은 창세 전부터 흘러나온 하나님께서 베푸신 은혜의 샘입니다. 시편에서 고백한 바와 같이 "주의 눈이 내 형체를 보셨으며 나를 위하여 정한 날이 하나도 되기 전에 주의 책에 다 기록되었나이다"시 139:16. 우리가 태어나기도 전에, 우리의 이름은 이미 주님의 마음에 새겨져 있었던 것입니다. "사랑은 시간을 넘어선다"는 말이 있는데, 하나님의 사랑은 바로 이 불가해한 진리의 실현입니다. 어머니가 뱃속의 아이를 품고도 그 생명을 위해 밤잠을 설치듯, 하나님은 우리를 존재하기 전부터 품으셨습니다. 우리가 지금 믿음을 붙들고 있는 것도 우리의 결단 이전에 하나님의 영원한 손길이 먼저 우리를 붙드셨기 때문입니다. 성경은 "미리 아신 자들을 또한 예정하시고 …. 또 의롭다 하시고 또한 영화롭게 하셨느니라"롬 8:29-30라 증언합니다. 그 은혜 앞에 서면, 나의 자격이나 공로는 모두 흩날리는 먼지와 같고 오직 주권적 사랑만이 남습니다. 마치 어두운 밤에도 북극성이 길잡이가 되듯, 하나님의 창세 전 사랑은 우리가 흔들려도 길을 잃지 않게 하는 영혼의 등불입니다. 세상은 끊임없이 조건과 성취로 사랑을 계산하지만, 하나님은 아무것도 이루지 못한 우리를 이미 택하시고 구원의 서정 속에 두셨습니다. 이것이 은혜이며, 이것이 인간의 자랑을 무너뜨리는 복음의 신비입니다.

주여, 창세 전부터 저를 아신 영원한 사랑에 감사드립니다.
오늘도 그 사랑 안에서 흔들리지 않는 믿음을 살게 하소서.

7월 **11**일

조건 없이 택하신 은혜로운 선택

창세기 18:19

"내가 그로 그 자식과 권속에게 명하여 여호와의 도를 지켜 의와 공도를 행하게 하려고 그를 택하였나니 이는 나 여호와가 아브라함에게 대하여 말한 일을 이루려 함이니라"

하나님은 시대마다 당신의 뜻을 이루시기 위해 사람을 선택하십니다. 아브라함을 부르실 때에도, 모세를 세우실 때에도, 다윗을 기름 부으실 때에도, 제자들을 택하실 때에도 그 기준은 인간의 탁월함이 아니라 오직 주권적 은혜였습니다. 성경 속의 바울이 고백한 것처럼 "하나님께서 세상의 미련한 것들을 택하사 지혜 있는 자들을 부끄럽게 하시고, 약한 것들을 택하사 강한 것들을 부끄럽게 하셨나니" 고전 1:27, 선택은 언제나 하나님의 주권을 드러냅니다. "왕의 선택은 백성의 운명을 바꾼다"는 말이 있지만, 하나님의 선택은 한 사람만이 아니라 온 인류를 향한 구원의 길을 여십니다. 아브라함이 선택을 받음으로 열방이 복을 누리게 되었듯, 우리 또한 불러 주신 은혜 앞에 겸손히 서야 합니다. 마르틴 루터는 "하나님은 무無에서 만물을 창조하시며, 아무것도 아닌 자를 택해 하나님의 일을 이루신다"라고 했습니다. 선택은 영광의 자리라기보다 순종의 길이며, 그것은 우리를 낮추어 하나님의 뜻에 합당하게 살도록 부르는 소리입니다. 우리가 잘나서가 아니라, 오직 은혜로 불렸음을 기억할 때, 우리는 그 부르심 속에서 참된 겸손과 감사로 살아갈 수 있습니다. 예화를 하나 떠올리면, 한 농부가 돌무더기 속에서 아무도 눈여겨보지 않은 씨앗 하나를 심었는데 그 작은 씨앗이 온 밭을 풍성하게 메웠습니다. 하나님은 바로 그런 선택을 하십니다. 세상에 작고 보잘것없는 자를 통해 그분의 나라를 드러내십니다. 오늘도 우리를 부르신 그 손길 앞에 "내가 여기 있나이다"라는 고백으로 응답할 때, 우리는 주권자의 선택에 합당한 길을 걸어갈 수 있습니다.

주여, 주권적 은혜로 저를 택하셨으니 교만하지 않고, 부르심에 합당하게 순종하며 살게 하소서.

7월 **12**일

긍휼의 그릇과 진노의 그릇

로마서 9:15

“내가 긍휼히 여길 자를 긍휼히 여기리라”

하나님의 주권적 은혜는 때로 인간의 이성으로는 이해하기 어렵습니다. 우리는 종종 “왜 어떤 이는 선택되고 어떤 이는 그렇지 않은가?”라는 질문 앞에서 불공평함을 떠올립니다. 그러나 성경은 분명히 말합니다. “모든 사람이 죄를 범하였으매 하나님의 영광에 이르지 못하더니”롬 3:23. 누구도 스스로의 자격으로 구원받을 수 없으며, 오직 죄인 가운데서 긍휼을 베푸시는 하나님의 자유로운 은혜가 있을 뿐입니다. 마치 한 농부가 메마른 밭에서 한 줌의 곡식을 거두어들이는 것이 은혜이듯, 하나님께서 심판의 땅 가운데 생명을 일으키시는 것은 결코 불공정이 아니라 무한한 자비의 신비입니다. 어거스틴은 “하나님께서 은혜를 베푸심은 공의와 모순되지 않고, 오히려 공의를 넘어서는 사랑”이라 했습니다. 우리가 불평하기보다 감사할 수 있는 까닭은, 구원이 전적으로 주의 선택과 자비에 달려 있기 때문입니다. 세상의 질서는 때로 불평등과 차별로 얼룩져 있지만, 하나님의 선택은 결코 인간적 비교의 저울에 올려놓을 수 없는, 하늘의 자유입니다. 그러므로 신자는 “나의 나 된 것은 하나님의 은혜로 된 것”고전 15:10이라 고백하며, 자신이 선택받은 이유가 자신에게 있지 않고 전적으로 하나님의 긍휼 속에 있음을 묵상해야 합니다. 마치 해가 특정한 집에만 따뜻함을 내려주는 것이 아니라 누구에게나 그 빛을 비추듯, 주님의 자비는 인간의 권리라기보다 은혜의 선물입니다.

주여, 제 구원이 오직 주의 긍휼 덕분임을 잊지 않게 하시고, 은혜의 신비 앞에 겸손히 서게 하소서.

7월 **13**일

선택, 그 하나님의 영원한 주권에 관하여

로마서 9:20

"이 사람아 네가 누구이기에 감히 하나님께 반문하느냐"

바울의 물음은 인간의 자리를 일깨우는 호소입니다. 우리는 창조주 앞에서 흙으로 지음받은 존재일 뿐, 하나님의 깊은 뜻을 헤아릴 수 없습니다. 그러나 그분의 주권은 인간의 책임을 무효화하지 않습니다. 복음을 듣고도 거부한 자는 자신의 죄로 인해 심판을 받습니다. "각 사람이 자기 일을 하나님께 직고하리라"롬 14:12는 말씀처럼, 하나님의 주권 안에서 우리는 여전히 책임 있는 인격으로 서 있습니다. 마치 바다의 파도가 달과 바람의 힘을 받으면서도 스스로의 흔적을 남기듯, 인간의 선택은 하나님의 섭리 안에서 실재하는 무게를 지닙니다. 어거스틴은 "하나님은 우리를 창조하셨으나, 우리를 구원 없이 내버려 두실 수 있다. 그러나 우리를 구원하시기로 하셨다면, 우리의 응답을 요구하신다"라고 말했습니다. 이는 은혜의 주권이 인간의 의지를 무력화하는 것이 아니라, 은혜 안에서 진정한 자유를 회복한다는 역설입니다. 어느 농부가 땅을 갈고 씨를 뿌리되 비와 햇볕은 하늘로부터 받는 것처럼, 우리의 순종과 선택도 하나님의 주권 안에 놓여 있습니다. 그러므로 신앙의 길은 이해의 길이 아니라 신뢰의 길입니다. 헤아릴 수 없는 곳에서는 주께 묻지 않고 의지하는 것이 곧 지혜요 평안입니다.

주여, 알지 못하는 영역에서는 주를 신뢰하게 하소서.

7월 **14**일

예정하신 일을 위한 하나님의 계획하심

사도행전 2:23

"하나님의 정하신 뜻과 미리 아신 대로"

예지豫知란 단순히 앞일을 미리 아시는 차원의 일이 아닙니다. 성경이 말하는 하나님의 미리 아심은 단순한 예견이 아니라 예정을 품은 깊은 계획입니다. 예수께서 십자가에 달리신 사건조차 하나님의 정하신 뜻 안에서 일어난 것입니다. 하나님은 당신의 구원사를 주권적으로 이루어 가셨습니다. 베드로 사도는 그리스도의 십자가를 설명하며 단호히 선언했습니다. 그것은 하나님의 예정과 섭리의 역사였다고 말입니다. 그러므로 우리의 구원 역시 우연의 산물이 아니며, 단지 하나님이 미래를 미리 보신 결과가 아니라 하나님께서 애초부터 품으신 의도와 계획 속에서 시작된 것입니다. "운명은 눈먼 우연이 아니라 지혜로운 손에 쥐어진다"라고 말합니다. 믿음의 사람들은 이 격언이 단순한 철학이 아니라 성경의 진리임을 압니다. 성경은 에베소서 1장에서 "곧 창세 전에 그리스도 안에서 우리를 택하사 … 그 기쁘신 뜻대로 예정하셨다"엡 1:4-5고 선포했습니다. 마치 거장의 손길 아래서 연주되는 교향곡처럼, 우리의 인생 또한 하나님의 악보 안에 기록된 음표들입니다. 때로는 불협화음처럼 들리는 순간도 있지만, 그 모든 소리는 결국 하나님의 뜻을 이루는 화음으로 맞물립니다. 어떤 이는 "내 삶이 왜 이런 길로 흘러가는가?"라는 질문을 던지지만, 믿음의 눈으로 보면 그 길 또한 하나님의 계획 속에 있습니다. 요셉은 애굽에 팔려갔지만, 뒤에 "당신들은 나를 해하려 하였으나 하나님은 그것을 선으로 바꾸사 오늘과 같이 많은 사람의 생명을 구원하게 하셨다"창 50:20고 고백했습니다. 우리의 구원과 삶의 자리 역시 그와 같습니다. 그러므로 우리는 불안 속에서 허둥대는 인생이 아니라, 하나님의 계획 속에 안식하는 인생을 살아갈 수 있습니다.

주여, 제 구원이 하나님의 계획 속에 있음을 믿고 오늘도 그 주권 안에서 평안을 누리게 하소서.

7월 15일

구원을 위해 정하신 하나님의 작정

사도행전 13:48

"영생을 주시기로 작정된 자는 다 믿더라"

선택과 예정의 교리는 전도를 무력화하지 않습니다. 오히려 가장 확실한 확신을 줍니다. 하나님은 이미 영생을 주시기로 정하신 자들을 반드시 복음으로 부르시고 믿음에 이르게 하십니다. 전도자는 단지 말씀을 전할 뿐, 그 열매는 하나님의 손에 달려 있습니다. 성경속의 사도 바울도 고린도에서 환난을 당할 때 "이 성중에 내 백성이 많음이라"[행 18:10]는 말씀을 듣고 두려움 없이 복음을 전했습니다. 마치 농부가 씨앗을 뿌리되, 햇빛과 비와 성장의 비밀은 창조주께 맡기는 것과 같습니다. 고대의 격언에 "사람은 씨를 뿌리지만 생명은 하늘이 준다"는 말처럼, 전도의 결과는 언제나 하나님께 속합니다. 우리에게 요구된 것은 열매를 강제로 만들어내는 것이 아니라, 말씀을 담대히 전하는 충성입니다. 존 낙스가 "스코틀랜드를 주시옵소서, 그렇지 않으면 제게 죽음을 주옵소서"라고 기도하며 생명을 걸었던 것도, 하나님의 선택이 헛되지 않음을 믿었기 때문입니다. 선택 교리는 우리를 게으르게 하지 않고, 오히려 담대하게 만듭니다. 사람의 완강한 마음도 주께서 열어주실 때 돌 같은 심령이 살과 피의 심령으로 변화됩니다[겔 36:26]. 그러므로 전도자는 결과에 매이지 않고 사명에만 매입니다. 우리는 부르심의 도구일 뿐, 구원의 주체는 오직 하나님이십니다.

주여, 선택하신 자들을 부르시는 도구로 저를 사용하시며, 담대히 복음을 전하게 하소서.

7월 **16**일

선택은 하나님의 값없는 은혜

고린도전서 1:29

"아무 육체도 하나님 앞에서 자랑하지 못하게 하려 하심이라"

구원의 교리는 인간의 자랑을 꺾고 하나님의 영광을 드러내려는 은혜의 깊은 뜻을 담고 있습니다. 우리가 스스로의 지혜와 능력으로 구원에 이르렀다고 생각하는 순간, 이미 그 구원은 왜곡됩니다. 성 어거스틴은 "하나님의 은혜 없이는 선한 의지조차 없다"라고 말했습니다. 참으로 구원은 처음부터 끝까지 하나님의 은혜이며, 인간의 몫은 은혜를 찬미하는 것뿐입니다. 이는 "진정한 지혜는 자신이 아무것도 아님을 아는 것이다"라는 말을 떠올리게 합니다. 선택의 교리는 하나님께서 우리의 교만을 꺾으시고, 그 자리에서 찬양을 일으키려는 섭리의 표현입니다. 택하심은 특권이면서 동시에 사명입니다. 하나님께서 이스라엘을 택하신 것은 그들이 남들보다 의롭거나 강해서가 아니라, 오히려 가장 작고 연약한 민족이었기 때문입니다[신 7:7-8]. 그러므로 택함을 받은 우리는 높아질 이유가 아니라, 더욱 낮아져야 할 이유를 발견합니다. 마치 어느 수도사가 "내가 택함을 받은 이유를 안다면 나는 더 교만했을 것이다. 그러나 알지 못하기에 오직 감사할 뿐이다"라고 고백한 것처럼, 선택의 은혜는 설명 불가능한 사랑이며, 사람은 단지 찬양으로만 그 사랑에 응답할 수 있습니다. 우리가 선거의 은혜 앞에 겸손히 무릎 꿇을 때, 교만은 무너지고 오직 하나님의 영광만이 드러납니다.

주여, 선택의 은혜 앞에 겸손히 무릎 꿇고 찬양하게 하소서.

7월 **17**일

영원한 생명의 약속

요한복음 10:28

"내가 그들에게 영생을 주노니 영원히 멸망하지 아니할 터이요"

예수께서 약속하신 영생은 단순히 긴 시간이 이어지는 차원을 넘어, 영원 속에 뿌리내린 생명입니다. 이는 시계의 바늘이 멈추어도 사라지지 않고, 계절이 바뀌어도 빛을 잃지 않는 존재의 근원입니다. 성 어거스틴은 "우리는 영원을 향한 갈망으로 창조되었으며, 하나님 안에서만 쉼을 얻는다"고 말했습니다. 바다에 던진 작은 돌멩이가 끝없이 파문을 일으키듯, 주님의 손에 붙들린 생명은 결코 소멸되지 않고 그분의 영원 안에서 계속 울려 퍼집니다. "사망아 너의 승리가 어디 있느냐"고전 15:55라는 사도의 외침은 단순한 위로가 아니라, 죽음을 삼키신 부활 주님의 현실적 선언입니다. 그러므로 구원은 시작점에서 멈추지 않고, 하나님께서 영원히 이어 가시는 은혜의 여정입니다. 세상의 권세와 죽음의 그림자가 아무리 짙게 드리워져도, 주께 속한 자는 결코 버려지지 않습니다. 스승을 위해 목숨을 내어 놓은 제자의 충절을 두고 고대인은 "그의 생명은 이미 불멸의 이름에 기록되었다"고 노래했습니다. 그러나 우리는 이름이 아니라 주님의 피로 기록된 영원한 생명을 소유한 자들입니다. 이 확신이 오늘을 담대히 살아가게 하는 힘입니다. 눈에 보이는 순간이 아니라, 보이지 않는 영원에 닻을 내린 삶은 흔들림이 없습니다.

주여, 주신 생명이 영원함을 믿고 오늘을 담대히 살게 하소서.

7월 **18**일

자신의 것을 잃지 않으시는 하나님

요한복음 10:28

"그들을 내 손에서 빼앗을 자가 없느니라"

우리를 붙드신 손은 창조의 손이자 구원의 손입니다. 그 손은 태초에 광명을 불러내어 혼돈을 질서로 바꾸셨고[창 1:3], 모세를 통해 홍해를 가르시며 생명의 길을 열어주셨습니다[출 14:21]. 또한 갈보리 언덕에서 못 박히신 손은 우리의 죄와 사망을 끊고 영원한 생명을 보증하셨습니다. 주님이 친히 말씀하시기를 "내 아버지께서 주신 것은 만물보다 크매 아무도 아버지 손에서 빼앗을 수 없느니라"[요 10:29] 하셨으니, 우리의 구원은 흔들리는 모래 위가 아니라 영원히 무너지지 않는 반석 위에 세워져 있습니다[마 7:24]. 세상은 자주 우리의 믿음을 위협하며 사단은 양 떼를 흩으려 하지만, 참 목자의 손길을 이길 수 있는 세력은 존재하지 않습니다. 고대의 지혜자들은 "사람의 손에 맡긴 것은 빼앗기나, 하나님의 손에 맡긴 것은 영원하다"고 말했습니다. 마치 바람이 나뭇가지를 흔들 수는 있어도 뿌리를 뽑지 못하듯, 주의 손에 붙잡힌 영혼은 흔들리되 결코 뽑히지 않습니다. 이 확신은 인생의 폭풍 속에서도 마음을 평안으로 지켜줍니다. 시편에서 고백하듯 "주의 오른손이 나를 붙드시리이다"[시 139:10]라는 약속은 오늘도 우리의 발걸음을 든든히 붙잡아 줍니다. 그러므로 우리는 두려움 속에서도 담대히 살아갈 수 있으며, 불확실한 내일 앞에서도 소망을 놓지 않습니다. 구원은 우리의 연약한 손에 달린 것이 아니라 전능하신 손의 능력에 달려 있기 때문입니다.

주여, 주의 손 안에 있다는 확신이 내 마음을 지켜 언제나 흔들리지 않게 하소서.

7월 19일

시작에서 끝으로 이어지는 구원의 여정

로마서 8:30

"또 미리 정하신 그들을 또한 부르시고 부르신 그들을 또한 의롭다 하시고 의롭다 하신 그들을 또한 영화롭게 하셨느니라"

성경은 바울을 통하여 구원의 길을 끊어지지 않는 사슬로 묘사합니다. 예정에서 시작해 부르심, 의롭다 하심, 그리고 영화로움으로 이어지는 그 길은 인간의 힘으로가 아니라 하나님의 주권적 은혜로 완성됩니다. 시작이 하나님이라면 끝도 반드시 하나님입니다. "나는 선한 일을 시작하신 이가 그리스도 예수의 날까지 이루실 줄 확신하노라"빌 1:6는 사도 바울을 통한 고백처럼, 구원은 우리의 불안정한 손에 달린 것이 아니라 전능하신 하나님의 손에 매여 있습니다. 한 고대 교부는 "하나님이 묶으신 매듭은 누구도 풀 수 없다"고 말했습니다. 삶의 고난과 흔들림 속에서도 이 구원의 사슬은 끊어지지 않습니다. 요한복음에서 예수께서 "그들을 내 손에서 빼앗을 자가 없느니라"요 10:28 말씀하신 약속은 흔들리는 우리의 마음을 붙드는 진리입니다. 마치 바다의 거친 파도 위에서도 닻이 배를 안전히 붙드는 것처럼, 하나님의 약속은 우리의 구원을 끝까지 보존합니다. 역사는 수많은 왕이 백성을 버렸으나 참된 왕이신 주님은 끝까지 붙드십니다. 가장 위대한 안전은 하나님께 묶여 있는 것입니다. 신앙의 여정에서 때로 우리는 무너지는 것 같으나, 사실은 하나님의 굳센 손에 단단히 붙들려 있는 것입니다. 우리의 눈에는 과정이 길고 아득해 보여도, 하나님은 이미 끝을 보시며 완성으로 이끄십니다. 그러므로 성도의 구원은 불확실한 모험이 아니라 하나님의 확실한 약속입니다.

주여, 시작하신 구원을 끝까지 이루심을 믿습니다.

7월 20일

우리의 구원을 위해 간구하시는 그리스도

요한복음 17:24

“아버지여 내게 주신 자도 나 있는 곳에 나와 함께 있게 하시기를 원하옵나이다”

예수님의 마지막 기도 속에는 아들의 깊은 사랑과 보증이 담겨 있습니다. 그분은 단순히 제자들의 안위를 비는 것이 아니라, 영원히 아버지와 함께하는 영광 속에 우리도 거하게 되기를 간구하셨습니다. 여기서 우리의 구원이 인간의 결심과 흔들리는 의지에 기초하지 않고, 아들의 기도와 중보에 기초함을 알게 됩니다. “그리스도 예수 안에 있는 하나님의 은혜로 말미암아 너희를 견고하게 하시리라”고전 1:8는 약속은 결국 우리가 붙잡는 손보다 우리를 붙드시는 손이 더 강하다는 사실을 증언합니다. 위대한 보증은 약속하는 자의 신뢰에서 나옵니다. 우리의 보증은 변덕스러운 인간이 아니라 변함없는 아들, 예수 그리스도이십니다. 한 어머니가 자녀의 손을 잡고 험한 강을 건널 때, 아이는 자신의 힘으로 건너는 줄로 알지만, 실제로는 어머니가 꼭 붙들고 있기에 안전하게 건너는 것과 같습니다. 우리의 신앙 여정도 마찬가지입니다. 우리가 믿음을 지켜내는 것이 아니라, 주님의 기도가 우리를 끝까지 지켜내는 것입니다. 그러므로 두려움 속에서도 우리는 담대할 수 있습니다. 우리의 영원한 안전은 “항상 살아서 그들을 위하여 간구하시는”히 7:25 대제사장의 기도에 달려 있기 때문입니다.

주여, 제 구원이 주님의 기도와 보증 위에 서 있음을 기억하며 흔들림 없는 평안을 누리게 하소서.

7월 **21**일

주 안에서 흔들림 없이 영원을 향한 우리 영혼

히브리서 6:19

"우리가 이 소망을 영혼의 닻같이 가지고"

인생의 바다는 언제나 잔잔하지 않습니다. 바람은 예고 없이 불고, 파도는 갑작스럽게 일어나 우리의 배를 뒤흔듭니다. 그러나 사도는 우리에게 말합니다. 그리스도 안에 둔 소망은 영혼의 닻과 같아 결코 흔들리지 않는다. 닻은 물결 위에 떠 있는 배를 잡아매는 것이 아니라, 보이지 않는 깊은 바다 밑 암반에 붙들려 배를 고정합니다. 우리의 신앙도 마찬가지입니다. 감정과 환경은 요동치지만, 우리의 구원은 변치 않는 바위이신 그리스도께 붙들려 있습니다. 옛 선원들은 풍랑 속에서 닻을 내릴 때마다 "바위는 배반하지 않는다"고 속삭였습니다. 사람의 약속은 흔들려도, 주님의 언약은 결코 흔들리지 않습니다. 예수께서 "내 손에서 빼앗을 자가 없느니라"요 10:28 하셨으니, 그분의 손에 묶인 닻은 아무리 세상의 조류가 거세도 놓이지 않습니다. 아우구스티누스는 "내 영혼이 흔들릴 때, 나는 영원히 변치 않는 분 안에서 안식을 얻는다"고 고백했습니다. 마치 등대가 밤바다에 선원들의 눈이 되어 길을 비추듯, 십자가와 부활의 소망은 우리의 영혼을 이끌어 가는 불빛이 됩니다. 그러므로 우리는 실패와 두려움 속에서도 고백할 수 있습니다. "내 영혼아 잠잠히 하나님만 바라라, 나의 구원이 그에게서 나오는도다"시 62:1. 세상의 권력과 재물은 모래 위의 집 같아 허물어지지만, 그리스도라는 닻에 묶인 영혼은 흔들림 없는 영원을 향해 나아갑니다.

주여, 파도에 흔들리는 제 마음이 그리스도라는 닻에 굳게 매여,
끝내 변치 않는 주의 품에 안기게 하소서.

7월 **22**일

우리를 절대 잊지 않으시는 분

히브리서 6:9

"우리는 너희에게 구원에 속한 더 좋은 것들이 있음을 확신하노라"

히브리서의 경고는 단순한 위협이나 두려움의 말씀이 아닙니다. 이는 거듭남 없이도 외형상 신앙인의 자리에 있었던 자들에게 주시는 엄중한 경고입니다. 한때 은혜의 빛을 스친 것 같으나 뿌리가 내리지 못한 이들에게 주어진 말씀이지, 참으로 그리스도의 은혜 안에 붙들린 자들을 향한 것이 아닙니다. 그러므로 진정으로 거듭난 성도에게는 오히려 이 말씀 속에서 위로와 확신이 피어납니다. 성 어거스틴이 말한 것처럼 "하나님은 우리를 당신의 손에서 놓지 않으신다"는 고백은, 믿음의 본질이 내 의지가 아니라 전능하신 손에 붙들려 있다는 사실을 드러냅니다. 마치 바람에 흔들리는 갈대라도 뿌리 깊이 심긴 나무는 꺾이지 않는 것처럼, 구원은 내 연약한 손이 아니라 하나님의 신실하신 손에 달려 있습니다[요 10:28]. 고대의 현인들은 "끝까지 견디는 자가 승리한다"라 했지만, 성경은 그 끝까지 견딤조차 성령의 은혜로 가능하다고 말합니다[마 24:13]. 믿음을 단순히 시작하는 것으로 만족할 수 없습니다. 씨 뿌리는 자의 비유처럼, 돌밭에 떨어진 씨앗은 싹을 내지만 뿌리가 없어 시들어 버리듯, 믿음의 열매는 오직 하나님의 은혜 속에서 자랍니다[눅 8:13-15]. 그러므로 히브리서의 경고는 우리를 두렵게 하려는 것이 아니라, 그리스도 안에 참으로 뿌리내리게 하려는 사랑의 음성입니다. 믿음의 길을 걷는 우리는 언제나 스스로를 의지하는 대신, 우리를 끝까지 붙드시는 주의 손길을 바라보아야 합니다.

주여, 제 믿음이 끝까지 주께 붙들린 믿음이 되게 하소서

7월 **23**일

기도는 하나님께 가는 길을 찾는 나침반

시편 77:13, 73:17

“13 하나님이여 주의 도는 극히 거룩하시오니 하나님과 같이 위대하신 신이 누구오니이까
“17 하나님의 성소에 들어갈 때에야 그들의 종말을 내가 깨달았나이다”

아삽은 현실의 불의 앞에 혼란스러웠습니다. 그러나 그는 성소, 하나님의 임재 안에 들어갈 때 진리를 보게 되었습니다. 기도는 현실에서 도피하는 것이 아니라, 그 현실을 하나님의 관점에서 재해석하는 은혜의 시간입니다. 세상의 풍경이 아무리 요란해도, 하나님의 음성 앞에서는 모든 것이 분명해집니다. “기도는 내 시선을 하늘의 나침반에 고정하는 일”이다. 우리는 넘어질 수 있지만, 기도하는 자는 결코 길을 잃지 않습니다. 외부 상황이 나를 흔들 때, 기도는 내 안의 중심을 다시 세웁니다. 방향은 흔히 잃어버리는 것이지만, 기도는 길을 찾는 능력입니다. “주의 말씀은 내 발에 등이요 내 길에 빛이니이다”시 119:105. 기도는 빛으로 걸어가는 길을 다시 일깨워줍니다.

주님, 혼돈 중에도 저의 방향을 바르게 잡게 하소서.

7월 **24**일

영광을 향해 나아가는 거룩한 삶

데살로니가전서 4:3

"하나님의 뜻은 이것이니 너희의 거룩함이라"

거룩함은 단순히 죄를 멀리하는 소극적 자세가 아니라, 하나님께 속하여 그분의 성품을 닮아 가는 적극적 여정입니다. 성경은 "내가 거룩하니 너희도 거룩할지어다"[레 19:2]라고 선언하며, 이는 단순한 명령이 아니라 하나님의 자녀로서의 존재 이유를 밝히는 말씀입니다. "삶의 목적은 행복이 아니라 성품의 완성이다"라는 말이 있듯, 신앙의 여정은 우리를 더 좋은 존재로 다듬어 가는 하나님의 손길 안에 있습니다. 성화는 인간의 힘으로 성취할 도덕적 완성이나 자기 수련이 아니라, 성령의 능력 안에서 매일 새로워지는 은혜의 삶입니다. 그래서 성경은 "너희 안에서 착한 일을 시작하신 이가 그리스도 예수의 날까지 이루실 줄을 우리는 확신하노라"[빌 1:6]라고 고백했습니다. 역사 속에서 거룩함의 길을 걸었던 사람들은 완전한 자들이 아니라, 하나님 앞에 자신을 내어드린 이들이었습니다. 어거스틴은 방탕한 젊은 시절을 지나 성령의 부르심 앞에 무릎 꿇었고, 존 웨슬리는 "세상이 내 신앙을 조롱할지라도 내 마음은 하나님 안에서 더욱 불타올랐다"고 고백했습니다. 이들의 삶은 우리에게 성화가 곧 하나님의 뜻임을 보여줍니다. 거룩은 불가능한 이상이 아니라, 주님의 은혜와 말씀 속에서 매일 조금씩 빚어지는 현실입니다.

주여, 거룩함을 향한 부르심 앞에 오늘도 순종하며, 성령의 능력으로 주의 성품을 닮아가게 하소서.

7월 25일

하나님의 은혜 안에서 순종하는 성도

데살로니가전서 5:23

"평강의 하나님이 친히 너희를 온전히 거룩하게 하시고"

성화는 전적으로 하나님의 손에서 시작됩니다. 그러나 동시에 우리는 그 부르심 앞에 응답하는 존재입니다. 신앙의 역사는 언제나 은혜와 책임이 함께 흐르는 강물과 같습니다. 성경은 "두렵고 떨림으로 너희 구원을 이루라"빌 2:12고 말하면서도, 동시에 "너희 안에서 행하시는 이는 하나님이시니"빌 2:13라고 고백했습니다. 인간의 힘으로는 도달할 수 없는 영역을 하나님께서 친히 이루시지만, 그 은혜는 우리의 순종과 협력을 통하여 역사합니다. 하나님은 우리를 혼자 구원하지 않으시며, 또한 우리의 무관심 속에서도 구원하지 않으십니다. 신앙은 한낱 수동적 방관이 아니라, 말씀을 붙들고 기도하며 성령의 인도에 따라 죄와 싸우는 적극적인 참여입니다. 마치 농부가 씨앗을 뿌리되, 자라게 하시는 이는 하나님이시듯이고전 3:6, 우리의 작은 순종은 하나님의 큰 손길 안에서 거룩의 열매로 익어갑니다. 예화를 하나 떠올리면, 어느 화가가 제자와 함께 그림을 완성하는데, 제자는 스승의 붓끝 아래에서 작은 색을 칠할 뿐이지만, 전체의 조화를 이루는 작품은 스승의 손에서 완성됩니다. 우리의 협력도 이와 같습니다. 성화는 인간의 완벽한 힘이 아니라, 하나님이 친히 이루시는 거룩함 속에 우리가 함께 걷는 길입니다. 결국, 거룩은 인간의 노력이 아닌 하나님의 평강으로 완성되지만, 그 길 위에 발자취를 남기는 것은 바로 우리의 순종입니다.

주여, 주의 손길과 함께 거룩함의 길을 걷게 하소서.

7월 **26**일

의를 향해 자신을 드리는 순종의 삶

로마서 6:11

"너희 자신을 죄에 대하여는 죽은 자요"

성화의 길은 새로운 정체성을 아는 데서 시작됩니다. 성경은 "그런즉 너희는 죄가 너희 죽을 몸에 왕 노릇 하지 못하게 하라"롬 6:12고 권면합니다. 죄는 여전히 우리를 흔들고 유혹하지만, 그 권세는 더 이상 우리를 지배하지 못합니다. 마치 해방된 노예가 옛 주인의 목소리를 들을 때 순간 두려움이 엄습하더라도, 그는 더 이상 종이 아님을 기억해야 하는 것처럼, 우리도 죄의 명령에 굴복하지 않는 자유인이 되었습니다. 아우구스티누스는 "은혜는 죄를 사하는 데 그치지 않고, 죄를 다스릴 힘을 준다"고 말했습니다. 그러므로 성화는 단지 죄를 피하는 소극적 행위가 아니라, 의를 향해 몸을 드리는 적극적 순종입니다. 작은 예화를 떠올리면, 한 아이가 아버지의 손을 꼭 잡고 강을 건너는 장면과 같습니다. 물살은 거세고 두려움은 크지만, 아버지의 손을 의지하는 순간 아이는 더 이상 휩쓸리지 않습니다. 우리의 삶도 그러합니다. 죄의 유혹은 파도처럼 밀려오지만, 십자가로 이미 이루어진 해방을 붙드는 순간 우리는 무너지지 않습니다. "자유란 단지 속박이 없는 것이 아니라, 선을 선택할 수 있는 능력이다"라는 말이 있습니다. 성령 안에서 우리는 진정한 자유를 얻어, 의의 종으로 살아가며 삶의 모든 순간에 하나님의 거룩하심을 드러내는 사람이 됩니다.

주여, 죄의 속삭임 앞에 흔들리지 않고 오직 주의 은혜의 손에 붙들린 자로 살게 하소서.

7월 **27**일

의와 진리로 새사람을 입는 길

에베소서 4:22-24

"너희는 유혹의 욕심을 따라 썩어져 가는 구습을 따르는 옛 사람을 벗어 버리고 23 오직 너희의 심령이 새롭게 되어 24 하나님을 따라 의와 진리의 거룩함으로 지으심을 받은 새 사람을 입으라"

신앙의 길은 단순히 오래된 습관을 다듬는 수준이 아니라, 존재의 옷을 갈아입는 근본적 전환입니다. 성화란 어제의 욕망과 집착을 벗어 버리고 그리스도의 성품을 옷처럼 덧입는 과정입니다. "누구든지 그리스도 안에 있으면 새로운 피조물이라 이전 것은 지나갔으니 보라 새 것이 되었도다" 고후 5:17라는 성경의 선언처럼, 신자는 과거의 그림자를 벗어나 빛을 향해 걸어갑니다. "습관은 두 번째 천성이다"라는 말이 있습니다. 그러나 성령 안에서 우리는 낡은 습관이 아니라 주님의 생명으로 빚어진 새로운 천성을 얻게 됩니다. 우리의 생각과 말, 양심과 열정이 하나하나 주님의 형상을 닮아갈 때, 거룩은 부분적 꾸밈이 아니라 전인적 변화로 드러납니다. 예를 들어, 원한을 품던 사람이 용서로 화답할 때, 탐욕에 사로잡히던 이가 나눔의 기쁨을 배울 때, 이는 곧 옛사람이 벗겨지고 새사람이 입혀지는 은총의 장면입니다. 성경은 옛 사람을 "썩어져 가는 구습을 따른 자" 엡 4:22라 했고, 새 사람을 "하나님을 따라 의와 진리의 거룩함으로 지으심을 받은 자" 엡 4:24라 했습니다. 이 전환은 인간의 결심이 아니라 하나님의 은혜와 성령의 역사 속에서 가능하며, 그래서 날마다 기도의 자리에서 "내 안에 깨끗한 마음을 창조하시고 정직한 영을 새롭게 하소서" 시 51:10라고 간구하는 것이 참된 성화의 길입니다.

주여, 제 삶의 모든 영역이 주님의 형상을 닮게 하소서.

7월 **28**일

선한 삶의 열매는 택함 받은 백성의 증거

야고보서 2:17

"이와 같이 행함이 없는 믿음은 그 자체가 죽은 것이라"

믿음은 뿌리와 같고 행위는 열매와 같습니다. 뿌리가 살아 있다면 반드시 싹이 트고 꽃이 피며 열매를 맺듯, 참된 믿음은 반드시 삶 속에서 드러나게 마련입니다. 예수께서 "그들의 열매로 그들을 알리라"마 7:16 하신 말씀은 신앙의 진정성을 시험하는 잣대입니다. 선한 행위는 결코 구원의 조건이 아니지만, 구원받은 자에게서 피어나는 거룩한 증거입니다. 고대 교부 어거스틴은 "믿음은 혼자 오지 않는다. 반드시 사랑이라는 동반자를 데려온다"고 말했습니다. 사랑이 행위로 드러나지 않는 믿음은 공허한 외침에 불과합니다. 마르틴 루터 역시 "우리는 믿음으로만 구원받지만, 구원하는 믿음은 결코 홀로 있지 않다"고 했습니다. 곡식이 들판을 황금빛으로 물들이듯, 믿음이 깊이 뿌리내린 성도의 삶은 세상 속에서 선함과 진리의 향기를 흘려보냅니다. 한 알의 씨앗이 어둠 속에서 죽음을 지나야만 풍성한 열매를 맺듯, 그리스도의 십자가를 붙든 자는 반드시 그분의 생명을 삶으로 증거하게 됩니다. 어떤 이들은 말로 설교하지만, 성화된 삶은 그 자체로 가장 강력한 설교입니다. 초기 교회 시절, 박해받던 성도들의 선한 행실과 순결한 사랑은 이방인들의 마음을 흔들었고, "보라 저들이 서로 사랑하는구나"라는 감탄을 불러일으켰습니다. 오늘 우리에게도 세상이 바라는 것은 화려한 언변이 아니라, 믿음의 뿌리에서 맺힌 선한 열매의 향기입니다. 삶으로 증언하는 성화의 흔적이야말로 복음의 진실성을 증명하는 가장 깊은 언어입니다.

주여, 믿음의 뿌리에서 선한 열매가 맺히게 하소서.

7월 29일

구원의 완성을 향해 달려가는 성화

히브리서 12:23

"하늘에 기록된 장자들의 모임과 교회와 만민의 심판자이신 하나님과 및 온전하게 된 의인의 영들과"

이 땅에서의 성화는 언제나 미완성 속에 있습니다. 우리는 넘어지고 흔들리며, 때로는 자신을 바라보며 실망합니다. 그러나 성경은 분명히 약속합니다. 언젠가 우리는 죄의 그늘에서 완전히 자유로워져, 하늘의 거룩에 참여하게 될 것입니다. 아우구스티누스는 "이 땅에서의 완전은 완전을 향한 갈망일 뿐이다"라고 말했습니다. 바로 그 갈망이 성도의 숨결이자 여정입니다. 오늘 우리의 성화는 완성된 구원의 빛을 향해 걸어가는 순례자의 발걸음과 같습니다. 한 걸음마다 부족함을 느끼지만, 동시에 주님이 주신 은혜의 옷자락이 우리를 감싸고 있음을 경험합니다. "내가 아직 이루었다 함도 아니요 오직 내가 그리스도 예수께 잡힌 바 된 그것을 잡으려고 좇아가노라"는 말씀빌 3:12은 우리 모두의 노래입니다. "강물은 바다를 향해 흐르는 동안에만 그 생명을 지닌다."라는 말처럼, 완전은 결과가 아니라 방향에 있습니다. 한 농부가 씨앗을 심고서 추수 때의 결실을 상상하는 것처럼, 우리 또한 날마다 주님을 닮아가는 작은 걸음 속에서 장차 맺을 영광의 열매를 바라봅니다. 성화는 우리의 힘이 아니라 성령의 인도하심 안에서 이루어지며, 그 길에서 가장 큰 증거는 우리의 연약함 속에서 더 깊어지는 겸손입니다. 오늘도 불완전함에 좌절하기보다, 완전한 그 날을 소망하며 다시 일어서는 것이 곧 신자의 힘입니다.

주여, 완전한 거룩의 날을 바라보며 오늘도 주님을 닮아가는 길을 걷게 하소서.

7월 **30**일

하나님과 동행하는 성화의 길

빌립보서 1:6

"너희 안에서 착한 일을 시작하신 이가 그리스도 예수의 날까지 이루실 줄을 우리는 확신하노라"

성화의 길은 마치 바위산을 오르는 여정과 같습니다. 경사가 가파르고 숨이 차오르며 손아귀의 힘이 빠질 때도 있지만, 그 길은 추락의 두려움이 없는 '안전한 바위 위의 오름길'입니다. 왜냐하면, 하나님께서 위에 계셔서 굳게 매신 밧줄을 당기고 계시기 때문입니다. 우리가 헐떡이며 발버둥 치는 순간에도 그분의 손길은 결코 느슨하지 않습니다. 시편에서 고백했듯이 "여호와는 너를 항상 인도하시며 마른 곳에서도 네 영혼을 만족하게 하시며 네 뼈를 견고하게 하시리니"사 58:11, 하나님의 인도는 단 한순간도 멈추지 않습니다. "산을 옮기는 이는 돌멩이 하나를 옮기는 것에서 시작한다"는 말이 있듯, 우리의 성화도 작은 한 걸음의 순종과 헌신에서 출발합니다. 작은 돌을 옮기듯 기도의 무릎을 꿇고, 말씀을 붙들며, 사랑의 행위를 이어갈 때 하나님은 그 걸음을 밧줄처럼 이끌어 올려 마침내 거룩함의 정상에 오르게 하십니다. 종종 우리는 나약한 자신을 보며 끝까지 갈 수 있을지 두려워하지만, 성경은 우리가 아니라 하나님이 그 일을 시작하시고 또한 완성하신다고 약속합니다. 이는 단순한 위로가 아니라, 인간의 불확실함을 넘어서는 하나님의 확실성입니다. 우리의 손이 힘을 잃어도 하나님의 손은 결코 풀리지 않으며, 그분은 끝까지 우리를 위로, 그리고 위로 끌어올리십니다.

7월

주여, 제 힘이 아닌 주님의 신실한 손에 붙들린 채 거룩함의 산을 오르게 하소서.

7월 **31**일

삶의 습관으로 드리는 기도

누가복음 22:39

“예수께서 나가사 습관을 따라 감람산에 가시매 제자들도 따라갔더니”

예수님의 삶은 기도로 짜인 여정이었습니다. 위기의 순간만이 아닌, ‘습관을 따라’ 기도하셨다는 말씀은 예수님께 있어서 기도가 곧 삶의 호흡이었음을 보여줍니다. 예수님은 새벽에 한적한 곳으로 나가 밤을 새워 기도하셨으며, 십자가를 앞두고 감람산에서 무릎 꿇으시고 기도하셨습니다. 기도는 그분의 힘의 원천이었고, 기도의 시간은 하나님의 뜻과 일치해가는 자리였습니다. 우리는 자주 기도를 위급할 때 쓰는 도구처럼 생각하지만, 기도는 평화로울 때 더 깊이 드려야 할 순종입니다. 마틴 루터M. Luther는 “나는 오늘 할 일이 너무 많아 세 시간을 기도로 시작하지 않으면 감당할 수 없다”라고 고백했습니다. 이처럼, 기도는 바쁜 삶의 중단이 아니라, 삶을 가능케 하는 힘입니다. 오늘도 예수님처럼 기도가 삶의 호흡이 되기를 소망합니다.

주여, 기도가 제 삶의 습관이 되게 하소서.

A u g u s t

8월

부활에 대한 소망

8월 1일

부활 신앙은 다시 오실 날에 대한 소망으로

사도행전 1:11

"이 예수는 하늘로 가심을 본 그대로 오시리라"

감람산 위에서 제자들은 떠오르시는 주님을 바라보았습니다. 주님의 모습은 구름 속에 가리워졌지만, 그 자리에 비어 있던 것은 공허함이 아니라 약속이었습니다. 승천은 주님의 부재가 아니라, 다시 오실 날을 향한 시작이며, 하나님 나라가 완성될 때까지 이어지는 구속사의 흐름의 한 장면이었습니다. 성 어거스틴은 "우리의 마음은 주 안에서 안식하기 전까지 쉼이 없다"고 말했습니다. 승천은 그 쉼의 자리를 향한 소망 — 주님께서 반드시 다시 오셔서 모든 것을 새롭게 하실 그날 — 을 우리 마음에 심어줍니다. 그날 이후 제자들은 더 이상 스승 곁에 머무는 종속적인 삶을 살지 않았습니다. 성령을 기다렸고, 말씀을 붙잡았고, 맡기신 사명을 향해 걸어가기 시작했습니다. 승천은 제자들을 흩어지게 한 사건이 아니라, 온 세상으로 파송한 사건이었습니다. 강물이 방향 없이 흐르는 듯 보여도 결국 바다를 향하듯, 우리의 인생도 주님의 재림을 향해 흐르고 있습니다. 하늘을 우러러보는 눈이 있어야 땅을 바로 딛고 설 수 있습니다. 재림의 소망은 흔들리는 세상 속에서 우리를 붙드는 나침반이며, 고난의 밤에도 꺼지지 않는 등불입니다. 오늘의 삶이 허무하지 않은 이유는, 다시 오실 주님이 우리의 시간과 역사에 마지막 의미를 부여하시기 때문입니다. 그러므로 우리의 모든 발걸음은 허공 위가 아니라, 반드시 이루실 주님의 약속 위에 놓여 있습니다. 재림 신앙은 먼 미래를 꿈꾸는 몽상이 아니라, 오늘을 더 진지하게 살게 하는 힘입니다. 이 소망이 우리를 깨어 살게 하고, 순종을 결단하게 하며, 맡기신 사명을 끝까지 감당하도록 붙드십니다.

주님, 다시 오실 그날을 기억하며 오늘을 성실히 살게 하시고, 흔들림 없는 소망의 눈으로 주신 사명을 담대히 감당하게 하소서. 아멘.

8월 **2**일

성령 충만은 하나님의 나라를 향한 방향 전환

사도행전 2:4

"그들이 다 성령의 충만함을 받고 성령이 말하게 하심을 따라 다른 언어들로 말하기를 시작하니라"

오순절의 사건은 자연 현상이 아니라, 하늘의 숨결이 인간의 역사 한가운데로 스며든 순간이었습니다. 불의 혀 같은 것이 제자들 위에 임하던 그 자리에서, 두려움에 갇혀 있던 문이 열리고, 복음이 세상으로 흘러가기 시작했습니다. 성령은 언어와 문화의 장벽을 무너뜨리며, "온 천하에 다니며 만민에게 복음을 전하라"막 16:15는 주님의 명령이 실현되게 하셨습니다. 성령의 불은 감정적 열광으로 끝나지 않습니다. 불이 스스로 빛나는 데서 그치지 않고 닿는 것을 변화시키듯, 성령의 역사는 우리 안의 두려움과 자기중심, 게으름과 체념을 태워 하나님의 뜻에 순종하게 만듭니다. 어거스틴은 "성령은 우리의 사랑을 불태워 하나님께 향하게 하신다"고 말했습니다. 성령의 임재를 경험한 사람은 더 이상 자신을 중심에 두지 않고, 이제 하나님의 나라를 향한 방향으로 삶 전체가 전환됩니다. 성령의 역사는 조용한 작은 불씨에서 시작해 온 산을 태우는 큰 불길로 번지듯, 한 사람의 순종에서 세대와 민족을 향해 확장됩니다. 오순절 이후 제자들이 그렇게 변했습니다. 그들의 입술은 복음을 말하기 시작했고, 그들의 걸음은 멈추지 않았으며, 그들의 생애는 하나님의 나라를 위한 헌신으로 재편되었습니다. 성령 충만은 한때의 감정이 아니라, 삶의 방향을 새롭게 잡아주는 영적 나침반입니다. 오늘 우리에게 필요한 것도 바로 이 성령의 숨결입니다. 두려움 속에 숨게 만드는 세상의 바람이 아니라, 복음의 길로 내딛게 하는 하나님의 바람입니다. 성령이 임하실 때, 삶은 작은 좁은 방을 넘어 열방을 품는 길이 됩니다.

주님, 제 마음에도 성령의 불을 부어 주셔서 두려움과 자기중심을 태우시고,
하나님의 나라를 향해 담대히 복음을 전하는 삶으로 인도하소서. 아멘.

8월 3일

말씀을 따라 교제하며 떡을 떼며 기도하는 교회

사도행전 2:42

"그들이 사도의 가르침을 받아 서로 교제하며 떡을 떼며 오로지 기도하기를 힘쓰니라"

예루살렘의 첫 교회는 화려한 예배당도, 정교한 조직도 없었습니다. 그러나 그 안에는 무엇과도 바꿀 수 없는 생명의 숨결이 있었습니다. 말씀을 배우고, 서로 교제하며, 떡을 떼고, 한 마음으로 기도하는 일상이 그들의 공동체를 이루고 있었습니다. 단순해 보이지만 이 네 가지는 초대교회를 움직이는 심장이었고, 그 심장에서 흘러나온 은혜는 강물처럼 공동체를 새롭게 했습니다. 초대교회가 보여 준 네 기둥—말씀, 교제, 성찬, 기도—는 오늘도 교회의 본질을 지탱하는 기초입니다. 복잡함은 인간이 만들지만, 본질은 언제나 단순합니다. 오늘 우리의 교회가 일정과 구조의 무게에 눌려 본질을 잃어버린다면, 그 건물은 남아 있어도 영혼이 사라진 껍데기에 불과합니다. 초대교회의 숨결은 지금도 우리에게 속삭입니다. "본질로 돌아가라. 말씀으로 돌아가라. 사랑과 은혜의 관계로 돌아가라." 우리가 서로를 향해 떡을 떼고, 말씀을 나누며, 기도의 띠로 서로를 묶을 때 교회는 돌이 아니라 사람, 형식이 아니라 생명, 건물이 아니라 살아 계신 그리스도의 몸이 됩니다. 역사 속에서 수많은 부흥은 거대한 전략에서 시작되지 않았습니다. 오히려 말씀에 사로잡힌 작은 무리의 눈물과 기도 속에서 시작되었습니다. 초대교회의 이 단순한 길은 시대가 복잡해질수록 더욱 빛나는 지혜입니다. 교회가 다시 살아나는 길은 새로운 프로그램이 아니라, 옛길—말씀, 교제, 성찬, 기도—을 다시 걷는 데 있습니다. 본질로 돌아가는 것이야말로 우리 시대를 새롭게 할 가장 깊은 지혜입니다.

주님, 우리 공동체가 초대교회의 심장을 회복하여 말씀과 사랑과 은혜와 기도의 숨결로 다시 살아나게 하소서.

8월 **4**일

주님 앞에 천사와 같은 순교자의 얼굴

사도행전 6:15

"총회 중에 앉은 사람들이 다 스데반을 주목하여 보니 그의 얼굴이 천사의 얼굴과 같더라"

스데반의 얼굴이 천사의 얼굴과 같았다는 기록은 단순한 외적 묘사가 아니라, 고난 속에서도 하나님을 바라보는 신앙의 깊이를 드러내는 증언입니다. 돌에 맞아 죽어가는 순간에도 그의 얼굴에 비친 것은 두려움이 아니라 평안이었고, 하늘을 우러러본 그의 시선에는 영광의 빛이 비쳤습니다[행 7:55]. 천사의 얼굴이란 고통이 없다는 뜻이 아니라, 고통을 넘어 하나님을 바라보는 영혼의 시선, 하늘의 평강이 스며든 얼굴을 의미합니다. "하나를 잃고도 하늘을 본 자는 모든 것을 얻은 자다"라는 말처럼, 스데반은 생명을 잃는 그 자리에서 영원한 생명을 얻었습니다. 그의 얼굴에는 원망이 아니라 용서가 담겨 있었고, 자신을 죽이는 자들을 위해 기도하던 입술에는 십자가에서 "저들을 사하여 주옵소서" 하신 주님의 음성이 겹쳐졌습니다[눅 23:34]. 얼굴은 마음의 거울입니다. 두려움과 욕망을 품은 얼굴은 점점 굳어가지만, 하나님을 향한 믿음의 얼굴은 고난 속에서도 빛을 냅니다. 스데반의 얼굴은 한 사람의 신앙 고백을 넘어, 그리스도의 사랑과 용서가 고난을 이기는 능력임을 보여주는 표지였습니다. 고난은 사람을 무너뜨릴 수도 있지만, 동시에 그 사람의 참된 얼굴을 드러내기도 합니다. 스데반은 고난 속에서 그리스도를 닮아갔고, 그 얼굴에서 주님의 빛이 흘러나왔습니다. 믿음은 고난을 없애주지 않지만, 고난 속에서 새로운 하늘을 보게 합니다. 우리 역시 삶의 어두운 골짜기에서 하늘을 바라본다면, 세상은 우리 얼굴에서 주님의 빛을 보게 될 것입니다[고후 4:6].

주님, 고난의 순간에도 주님을 바라보는 얼굴로 살게 하시고, 우리의 삶을 통해 그리스도의 빛이 비추게 하소서. 아멘.

8월 **5**일

마음의 눈을 밝혀 부르심의 소망을 보게 하심

사도행전 9:18

"곧 사울의 눈에서 비늘 같은 것이 벗어져 다시 보게 된지라"

사울의 눈에서 비늘이 떨어졌다는 말씀은 단순히 육안이 회복된 사건이 아닙니다. 그는 '보고 있다'고 믿었지만, 사실은 보지 못한 사람이었습니다. 어거스틴이 "잘못된 확신 눈을 가리는 것이 없다"고 말했듯, 사울의 열심은 하나님을 위한 열심이 아니라 자기 의와 종교적 자부심으로 가득 찬 방향 잘못된 열심이었습니다. 다메섹 도상에서 찬란한 빛 앞에 쓰러진 순간, 그는 시력을 잃었지만 동시에 참된 시야를 얻는 회심의 여정을 시작했습니다. 그의 눈에서 떨어진 비늘은 바로 자기 의와 편견의 껍질이었습니다. 우리도 종종 사울처럼 자신이 옳다고 확신하는 길을 걷습니다. 그러나 그 길이 하나님의 뜻을 대적하는 길일 수도 있습니다. 주님은 사랑으로 우리의 시야를 가리는 껍질을 벗겨내시고, 전혀 새롭고 은혜로운 시각을 열어 주십니다. 마르틴 루터가 "믿음은 눈을 열어 하나님의 은혜를 보게 한다"고 고백했듯, 은혜가 임하는 순간 우리는 처음으로 참된 빛을 바라보게 됩니다. 세상에는 여전히 수많은 '비늘'이 있습니다. 명예와 재물, 자존심과 두려움이 우리의 눈을 흐리게 합니다. 그러나 주님은 말씀과 성령으로 우리를 찾아오셔서, 마음의 눈을 밝히시고 부르심의 소망을 보게 하십니다[엡 1:18]. 이는 세상적 통찰이 아니라, 은혜로 보는 눈이며 하나님 나라를 향한 시력입니다. 옛사람의 눈을 덮은 비늘이 벗겨지지 않으면 새 길을 걸을 수 없습니다. 눈은 마음의 등불입니다. 주님께서 밝히신 눈은 마음을 새롭게 하고, 세상을 새롭게 보게 하며, 결국 삶을 새 길로 이끄십니다.

주님, 제 눈을 가린 모든 비늘을 벗기시고, 은혜로 밝히신 눈으로 주님의 길과 부르심의 소망을 보게 하소서. 아멘.

8월 **6**일

어두운 감옥에서 부르는 성도의 찬양

사도행전 16:25

"한밤중에 바울과 실라가 기도하고 하나님을 찬송하매 죄수들이 듣더라"

감옥은 인간의 자유를 묶는 자리입니다. 그러나 바울과 실라의 영혼은 그 어떤 쇠사슬에도 매이지 않았습니다. 한밤중, 상처와 고통, 억울함이 뒤섞인 그 시간에 그들의 입술에서 흘러나온 것은 탄식이 아니라 찬송이었습니다. 그 찬송은 차가운 돌벽에 스쳐 지나가는 소리가 아니라, 죄수들의 귀와 간수의 마음, 그리고 하늘 보좌까지 닿은 신앙의 울림이었습니다. "진리를 알지니 진리가 너희를 자유롭게 하리라"[요 8:32]는 말씀처럼 참된 자유는 환경이 만들어내는 것이 아니라 하나님이 주시는 것입니다. 세상은 감옥에서 찬송하는 사람을 이해하지 못합니다. 그러나 믿음은 고난을 도피하는 힘이 아니라, 고난 속에서도 하나님을 바라보게 하는 눈을 줍니다. 철창은 몸을 가둘 수 있지만, 믿음은 영혼을 가둘 수 없습니다. 역사 속에서 많은 성도들이 감옥에서 진정한 자유를 경험했습니다. 루터는 고난 속에서 찬송을 썼고, 번연은 감금된 자리에서 《천로역정》을 기록했습니다. 억눌린 영혼에게 기도와 찬송은 다시 일어서는 새벽이 되었습니다. 바울과 실라의 노래는 단지 두 사람의 노래가 아니라, 사슬을 끊고 영혼을 해방하는 복음의 울림이었습니다. 하나님께 드린 그 찬양은 감옥 문을 열었고, 간수의 마음까지 열었습니다[행 16:27-34]. 우리 또한 인생의 감옥 같은 순간을 만날 때가 있습니다. 벗어날 수 없는 두려움, 멈출 수 없는 상실, 견디기 어려운 고통 속에서 우리는 쉽게 침묵하거나 탄식합니다. 그러나 그 자리에서 찬양을 올릴 때, 그 노래는 먼저 우리의 마음을 깨우고, 이어 주변의 영혼을 자유케 하는 하나님의 통로가 됩니다.

주님, 어떤 감옥 속에서도 찬송하게 하시고, 그 노래를 통해 제 마음과 주변의 영혼이 참된 자유를 누리게 하소서. 아멘.

8월 **7**일

우리의 사명은 파괴가 아니라 대체

사도행전 17:23

"너희가 알지 못하고 위하는 그것을 내가 너희에게 알게 하리라"

아레오바고 언덕에 선 바울은 우상으로 가득한 아테네를 바라보며 단순한 분노나 비판에 머물지 않았습니다. 그는 "알지 못하는 신"에게 드린 제단이라는 작은 틈을 통해, 세상 만물을 지으신 창조주 하나님을 선포했습니다. 복음은 단순히 잘못된 것을 무너뜨리는 파괴가 아니라, 어둠을 몰아내는 빛이며, 거짓을 걷어내고 참된 것을 세우는 능력입니다. 오늘 우리가 살아가는 세상에도 여전히 이름 붙이지 않은 '알지 못하는 신'들이 넘칩니다. 돈, 권력, 명예, 쾌락… 고대 신전의 모습은 사라졌지만, 현대인의 마음은 여전히 우상을 만들어내는 공장처럼 돌아갑니다. 그렇기에 복음은 헛된 것을 단순히 비판하는 데 머물지 않고, 그 빈자리를 참되신 하나님으로 채우는 일입니다. 바울의 설교는 그리스 철학자들의 논리 위에서 시작했지만, 결국 모든 사유의 끝을 예수 그리스도께로 이끌었습니다. 복음은 인간의 지혜와 시스템을 파괴하는 것이 아니라, 하나님께서 세우시는 새 생명의 질서로 대체하는 능력입니다. "어둠을 저주하기보다 한 줄기 빛을 켜라"는 말처럼, 우리의 사명은 파괴가 아니라 대체입니다. 세상을 정죄하는 말보다 중요한 것은, 우리의 삶에서 참 하나님을 드러내는 증언입니다. 우리의 말과 행동, 우리의 사랑과 용서, 우리의 시간과 열정을 통해 사람들은 자신이 붙들고 있던 알지 못하는 신들을 내려놓고, 살아 계신 하나님께로 시선을 돌리게 됩니다. 복음의 능력은 세상을 넘어뜨리는 데 있지 않고, 무너진 마음 위에 참된 것을 새롭게 세우는 데 있습니다. 우리의 존재가 그 대체의 통로가 될 때, 사람들은 주님의 얼굴을 보게 됩니다.

주님, 제 말과 삶이 사람들의 눈을 열어 알지 못하던 신들을 내려놓고 참되신 하나님께로 향하게 하는 빛의 통로가 되게 하소서. 아멘.

8월 **8**일

믿음은 두려움 속에서 순종으로 내딛는 발걸음

사도행전 18:9

"두려워하지 말며 잠잠하지 말고 말하라"

고린도는 상업과 향락의 도시였지만, 동시에 진리의 목소리를 조롱하고 짓누르는 영적 어둠이 짙게 드리워진 곳이었습니다. 바울은 그 한가운데서 두려움과 불안을 느꼈습니다. 그의 어깨를 누르던 무게는 사명자의 흔한 부담이 아니라, 복음의 길을 가로막는 냉혹한 현실이었습니다. 그러나 그때 주님께서 환상 중에 임하셔서 말씀하셨습니다. "두려워하지 말라 … 잠잠하지 말고 말하라." 이 말씀은 단순한 위로가 아니라, 사명을 다시 불러 깨우시는 하나님의 명령이었습니다. 두려움은 사명의 종말이 아니라, 하나님의 능력이 드러날 무대가 됩니다. "내 은혜가 네게 족하도다"고후 12:9 하신 말씀처럼, 약함과 떨림 속에서도 복음은 자라고 빛을 냅니다. 용기란 두려움이 사라진 상태가 아니라, 두려움보다 더 중요한 것을 붙드는 것입니다. 바울에게 중요한 것은 자기 보호가 아니라, 주님께서 맡기신 말씀과 그 복음이었습니다. 오늘 우리 역시 세상의 비웃음과 냉소, 오해와 조롱의 시선을 만납니다. 그 시선은 우리를 침묵으로 몰아붙입니다. 그러나 주님은 여전히 말씀하십니다. "말하라." 믿음은 두려움이 완전히 사라진 사람의 담대함이 아니라, 두려움 속에서도 하나님을 향해 내딛는 순종의 걸음입니다. 마치 깊은 어둠 속에서 촛불 하나가 천둥 같은 어둠을 밀어내듯, 우리의 작은 순종 한마디가 하나님 나라의 빛을 드러냅니다. 우리가 떨리는 한 걸음을 내딛을 때, 하나님은 그 걸음을 통해 사람과 도시와 시대를 새롭게 하십니다. 믿음은 거대한 소리로 시작되지 않습니다. 두려움을 이긴 작은 순종에서 시작됩니다.

주님, 두려움 속에서도 잠잠하지 않고 복음을 전하는 순종의 용기를 주시고, 제 삶에서 작은 빛이라도 꺼지지 않게 하소서. 아멘.

8월 **9**일

사랑으로 눈물을 품는 교회

사도행전 20:37

"그들이 다 크게 울며 바울의 목을 안고 입을 맞추고"

밀레도에서의 작별 장면은 사역의 성과를 기록한 행정 보고서가 아니라, 눈물과 사랑으로 빛나는 복음 공동체의 가장 인간적이고 거룩한 순간이었습니다. 바울은 다시는 에베소 장로들을 보지 못하리라는 사실을 알고 있었고, 장로들은 그 소식을 듣자마자 그의 목을 끌어안고 크게 울었습니다. 복음의 길은 냉철한 전략이나 뛰어난 능력만으로 이어지지 않습니다. 뜨거운 가슴으로 맺어진 사랑의 관계 속에서 이어집니다. 바울은 단지 탁월한 설교자나 교사가 아니었습니다. "눈물로 밤낮 쉬지 않고 각 사람을 훈계하던"[행 20:31] 목자였고, 함께 떡을 떼고 기도하는 자리에서 형제들의 인생을 품어낸 아버지 같은 사람이었습니다. 사랑이 깊으면 떠남은 눈물을 낳습니다. 그러나 그 눈물은 단절의 언어가 아니라, 영혼의 깊은 연대를 말해주는 증거입니다. 참된 교회는 제도나 조직을 넘어, 바로 이러한 눈물과 품의 관계 속에서 세워집니다. 오늘 우리의 사역도 계산이나 효율로 평가되지 않습니다. 함께 흘린 눈물, 함께 짊어진 짐, 함께 나눈 기쁨과 슬픔이 곧 복음의 진리를 증거하는 자리입니다. 떠남의 아픔 속에서도 우리는 주 안에서 영원히 다시 만날 것을 믿습니다. 그러므로 교회의 관계는 일시적 동행이 아니라 영원으로 열린 연합이며, 하나님의 나라로 이어진 사랑의 공동체입니다. 예수께서도 "내가 너희를 사랑한 것 같이 너희도 서로 사랑하라"[요 13:34]고 명하셨습니다. 사랑으로 울 수 있는 교회, 눈물로 품을 수 있는 사역이야말로 하나님께서 기뻐하시는 교회입니다. 사랑과 눈물이 없는 사역은 사역이 아니라 기능일 뿐입니다. 그러나 사랑하는 마음에서 흘린 한 방울의 눈물은 수많은 영혼을 다시 살리는 은혜의 씨앗이 됩니다.

주님, 제 사역과 만남 속에 사랑의 눈물이 살아 역사하게 하시고, 떠남의 순간마다 영원한 만남의 약속을 기억하게 하소서. 아멘.

8월 **10**일

폭풍 속에서도 변치 않는 주님의 약속

사도행전 27:24

"하나님께서 네게 주신 자를 다 네게 주셨다"

지중해 한가운데에서 광풍은 배를 삼킬 듯 몰아쳤습니다. 선원들의 얼굴은 희망이 사라진 등불 같았고, 미래는 짙은 안개 속으로 가라앉는 듯 보였습니다. 그러나 그 절망의 바다 위에서 바울은 하나님의 음성을 들었습니다. "두려워하지 말라 … 네게 주신 자를 다 네게 주었노라." 바람은 여전히 거세고 파도는 높았지만, 그 약속의 말씀은 그의 영혼에 고요한 항구가 되었습니다. 신앙은 폭풍이 멈추어야 생기는 것이 아니라, 폭풍 한가운데서도 하나님의 약속을 붙드는 데서 솟아납니다. 세상은 "바다는 풍랑으로 선원을 시험한다"고 말하지만, 성경은 고난이 인내를 만들고 인내가 연단을 낳으며 연단이 소망을 이룬다고 가르칩니다[롬 5:3-4]. 하나님은 때로 폭풍을 즉시 잠잠하게 하시지만, 때로는 폭풍의 심장부에서 우리를 지켜내십니다. 그리고 그 지키심은 개인의 안전을 넘어, 우리 곁에 있는 이들까지 덮는 은혜가 됩니다. 바울이 받은 약속은 그와 함께 배에 타고 있던 276명의 생명까지 품었습니다. 하나님은 한 사람의 믿음을 통해 공동체 전체를 지키셨습니다. 폭풍 속에서 약속을 붙드는 자는 자신만이 아니라, 함께 있는 이들에게도 담대함을 전합니다. 이것이 바로 하나님께서 믿음의 사람을 통해 이루시는 구원의 방식입니다. 우리의 삶에도 폭풍 같은 순간들이 찾아옵니다. 방향을 잃고, 희망이 사라지고, 두려움이 방 안 가득 차오를 때가 있습니다. 그러나 그 순간에도 하나님의 약속은 흔들리지 않습니다. 폭풍은 변하지만, 약속은 변하지 않습니다. 약속을 붙드는 자에게 바다는 두려움의 공간이 아니라, 하나님을 더 깊이 아는 장소가 됩니다.

주님, 폭풍 속에서도 약속을 굳게 붙들고 담대히 서게 하시며, 제 믿음이 주변의 이들에게도 평안과 용기를 전하는 통로가 되게 하소서. 아멘.

8월 **11**일

고난의 길에 동행하시는 하나님

사도행전 28:14

"이와 같이 우리가 로마에 들어가니"

바울은 마침내 로마에 도착했습니다. 그러나 그 길은 순례자의 평탄한 길이 아니었습니다. 체포와 재판, 음모와 폭풍, 배의 파선, 뱀에게 물리는 사건까지—겉으로 보기엔 실패와 고난이 이어지는 굽은 길이었습니다. 그러나 그 모든 여정 속에서 하나님의 손길은 단 한 번도 멈춘 적이 없었습니다. "사람이 마음으로 자기의 길을 계획할지라도 그의 걸음을 인도하시는 이는 여호와시니라"[잠 16:9]는 말씀처럼, 바울의 발걸음은 그의 의지보다 더 깊은 하나님의 설계 안에 놓여 있었습니다. 역사는 종종 직선으로 뻗은 길처럼 보이지만, 하나님의 인도는 때때로 곡선과 우회를 통해 이루어집니다. "지름길이 언제나 가장 빠른 길이 아니다"라는 말처럼, 하나님은 돌아가는 길을 통해 더 깊은 은혜를 베푸시기도 합니다. 바울에게 로마는 단순한 종착지가 아니라, 그 여정 전체가 복음을 황제의 도시까지 확장하는 하나님의 계획이었습니다. 배가 흔들리고, 바람이 거세고, 인간의 계산이 무너져도, 하나님은 그 모든 과정 속에서 바울을 로마로 이끄셨습니다. 우리의 삶도 그렇습니다. 때때로 돌아가는 것 같고, 실패처럼 보이며, 고난이 길을 막는 듯합니다. 그러나 신앙의 길에서 돌아가는 길은 낭비가 아니라, 하나님이 준비한 길일 때가 많습니다. 나그네의 여정 속에서 만나는 고난조차도 하나님의 섭리 안에서는 복음의 통로로 변합니다. 뒤돌아보면, 모든 굽이진 길 위에 하나님의 손이 있었다는 사실을 깨닫게 됩니다. 오늘 우리가 걷는 길이 비록 얕은 골짜기나 광풍의 바다일지라도, 그 길을 함께 걸어가시는 분은 우리를 로마까지 인도하신 동일한 하나님이십니다. 하나님의 동행이 있는 길은 결코 헛된 길이 아닙니다.

주님, 제 길이 굽이치고 우회하여도 그 모든 여정 위에 주님의 선하신 뜻이 이루어지게 하시고, 고난 속에서도 주님의 동행을 더 깊이 경험하게 하소서. 아멘.

8월 **12**일

결박되지 않는 하나님의 나라

사도행전 28:31

"하나님의 나라를 전파하며 주 예수 그리스도에 관한 것을 담대하게 거침없이 가르치더라"

바울은 로마에서 가택 연금된 상태였습니다. 손목에는 쇠사슬이 채워져 있었고, 그의 발걸음은 자유롭지 않았습니다. 그러나 결박된 것은 바울의 몸이지, 복음이 아니었습니다. 찾아오는 이들을 맞이하며 바울은 변함없이 하나님의 나라를 전하고, 예수 그리스도를 담대히 가르쳤습니다. "하나님의 말씀은 매이지 아니하리라"[딤후 2:9]는 그의 고백은 선언이 아니라 삶 자체였습니다. 우리는 종종 "상황만 달라지면 더 잘 섬길 수 있을 것"이라고 생각합니다. 그러나 복음은 나중의 조건에 의존하지 않습니다. 하나님은 지금의 자리, 결박처럼 보이는 현실 한가운데에서 역사하십니다. 고대의 현인들은 "새장을 막을 수 있어도 노래는 막을 수 없다"고 말했습니다. 바울의 노래는 곧 복음이었습니다. 감옥에서 찬송한 바울과 실라[행 16:25], 뜨거운 풀무불에서도 굽히지 않은 다니엘의 세 친구[단 3:17-18]처럼, 역사 속 신앙인들은 이 진리를 증언해 왔습니다. 인간의 쇠사슬은 영혼을 묶을 수 없고, 어떤 억압도 하나님의 나라를 가릴 수 없습니다. 그러므로 오늘 우리가 처한 환경과 조건 역시 하나님의 일하심의 무대임을 믿어야 합니다. 결박으로 보이는 현실이 오히려 복음의 문을 여는 통로가 될 때가 많습니다. 바울이 로마의 결박 속에서 오히려 더 많은 이들에게 복음을 전했던 것처럼, 우리의 약함과 제한조차 하나님께서 사용하실 수 있습니다. 하나님의 나라는 환경에 매이지 않습니다. 오히려 약함 속에서 더 분명하게 드러나는 능력이며, 결박 속에서도 자라나는 자유입니다. 하나님께 붙든 사람은 어떤 상황에서도 복음을 말할 수 있고, 어떤 쇠사슬 속에서도 하나님의 나라를 드러낼 수 있습니다.

주님, 어떤 결박 속에서도 복음을 전하는 담대함과 자유를 주시고, 제 삶이 하나님의 나라를 가리우지 않고 드러내는 통로가 되게 하소서. 아멘.

8월 **13**일

영원의 문턱을 밟고 서 있는 교회

요한계시록 4:1

"이 일 후에 내가 보니 하늘에 열린 문이 있는데"

밧모섬에 유배된 사도 요한은 세상에서 가장 닫힌 현실 한가운데 서 있었습니다. 그의 앞에는 차가운 바다와 감시의 눈빛, 그리고 끝이 보이지 않는 고립만이 있었습니다. 그러나 그의 영혼이 바라본 것은 닫힌 땅의 문이 아니라 열린 하늘의 문이었습니다. 인간의 역사는 때로 감옥과 같은 벽을 세우지만, 신앙은 언제나 그 벽 너머에 있는 영원의 문을 바라보게 합니다. 주님은 "내가 곧 문이니 누구든지 나로 말미암아 들어가면 구원을 얻는다"[요 10:9]고 하셨습니다. 세상의 문이 닫혀도 주님의 문은 결코 닫히지 않습니다. 요한이 본 하늘 보좌의 예배는 유배의 고독 속에서도 그의 영혼을 자유롭게 했습니다. 가장 어두운 감옥도 하나님의 임재 앞에서 찬양하는 영혼을 묶을 수 없습니다. 바울과 실라가 옥중에서 찬송할 때 지진이 일어나 옥문이 열렸던 것처럼[행 16:25-26], 참된 예배는 현실의 억압을 흔들어 깨뜨리고 영혼을 하늘의 빛으로 이끕니다. 고난 속에서 하늘을 본 사람은 이미 세상에 매이지 않습니다. 예배는 단순한 종교적 의식이 아니라, 닫힌 세상 속에서 열린 하늘을 확인하는 거룩한 사건입니다. 요한은 밧모섬에서도 하늘을 보았고, 그 열린 문 앞에서 새로운 계시를 받았습니다. 교회는 바로 그 문턱에 서 있는 공동체입니다. 세상은 때로 길을 막지만, 하나님은 언제나 문을 엽니다. 예배는 그 문을 향해 발걸음을 내딛는 순간이며, 영원을 맛보는 자리입니다. 그러므로 우리는 어떤 고난의 자리에서도 예배를 멈추지 않습니다. 예배하는 교회는 세상에 갇힌 공동체가 아니라, 영원의 문 앞에 서 있는 사람들입니다. 그 문에서 흘러오는 빛이 우리의 걸음을 밝히고, 다시 살아갈 힘이 됩니다.

주님, 닫힌 문 앞에서도 하늘의 열린 문을 보게 하시며, 예배 속에서 영원의 자유와 소망을 누리게 하소서. 아멘.

8월 **14**일

죽임 당하신 어린양이 이루신 영광

요한계시록 5:12

"죽임을 당하신 어린 양은 능력과 부와 지혜와 힘과 존귀와 영광과 찬송을 받으시기에 합당하도다"

요한이 보좌 앞에서 본 어린양은 영광의 관을 쓰신 승리자의 모습이 아니라, 죽임을 당한 흔적을 그대로 지닌 분이었습니다. 세상은 언제나 힘과 성공, 화려한 왕관을 갈망하지만, 하나님 나라에서 진정한 영광은 사랑과 희생 위에 놓여 있습니다. 십자가는 인간의 눈에는 미련하고 어리석어 보이지만, "하나님의 미련한 것이 사람보다 지혜 있고 약한 것이 사람보다 강하다"고전 1:25는 말씀처럼, 그 어리석음 속에 가장 빛나는 지혜가 숨겨져 있습니다. 어린양께 드려지는 하늘의 찬송은 전쟁의 승전가가 아니라, 자신을 완전히 내어주신 사랑의 승리에 대한 노래입니다. 역사 속 대부분의 통치자들은 백성을 희생시키며 스스로를 높였지만, 참된 왕이신 예수께서는 백성을 살리기 위해 스스로를 내어놓으셨습니다. 잃어버린 한 사람을 찾기 위해 자신의 생명을 바치신 목자의 사랑이 바로 하나님의 통치 방식입니다. 우리가 보고 있는 이 계시의 장면은 세상의 가치 질서를 뒤집어 놓습니다. 십자가가 패배가 아니라 승리이며, 낮아짐이 곧 높아짐이요, 내어줌이 곧 다스림임을 선포합니다. 하나님 나라는 힘으로 세워지지 않고, 사랑과 희생으로 세워집니다. 오늘도 우리는 여전히 무엇인가를 움켜쥐며 강함을 증명하려 하지만, 하나님은 내려놓을 때, 비우고 내어줄 때 참된 능력을 주십니다. 그러므로 참된 제자는 권세를 좇는 이가 아니라, 죽임 당하신 어린양의 길을 따라 사랑과 희생의 삶을 살아내는 사람입니다. 그 길이 때로는 작아 보이고 낮아 보일지라도, 하늘의 보좌에서는 그 길이 가장 높고 영광스러운 길입니다.

주님, 세상이 힘으로 지배하려 할 때, 죽임 당하신 어린양의 길을 따르게 하시고 사랑과 희생으로 주님의 영광을 드러내는 삶을 살게 하소서. 아멘.

8월 **15**일

피로 씻긴 흰 옷 입은 교회

요한계시록 7:9, 14

"각 나라와 족속과 백성과 방언에서 아무도 능히 셀 수 없는 큰 무리가 … 어린 양의 피에 그 옷을 씻어 희게 하였느니라"

요한이 바라본 그 장면은 인간의 말과 상상을 넘어서는 장엄한 예배의 바다였습니다. 민족과 언어, 문화와 역사의 경계를 넘어 셀 수 없는 무리가 한자리에 서 있었고, 그들의 옷은 본래 찢기고 더럽혀진 옛 사람의 옷이었으나, 어린양의 피로 완전히 새롭게 된 흰 옷이었습니다. 이 흰 옷은 우리의 도덕적 결단이나 선행의 총합이 아니라, 전적으로 그리스도께서 우리에게 덧입히신 의義의 선물입니다. 시편 기자가 "우슬초로 나를 정결하게 하소서 내가 정하리이다"시 51:7라 부르짖을 때 그 기도의 완전한 응답은 십자가에서 흘린 어린양의 피 안에서 이루어졌습니다. 인간의 노력은 죄의 얼룩을 지울 수 없고, 어떤 강물도 양심의 깊은 어둠을 씻어낼 수 없습니다. 그러나 그리스도의 피는 죄인의 가장 은밀한 상처와 죄책까지 정결케 하는 능력입니다. 이것이 복음의 본질이며, 인류가 목말라해 온 진정한 희망입니다. 요한계시록의 이 장면은 장차 우리가 서게 될 자리이자, 동시에 이미 이 땅에서 교회가 어떠한 공동체로 살아가야 하는지를 보여줍니다. 서로의 다름을 넘어 하나 되어 서는 백성, 세상의 어두움 속에서 어린양의 빛을 반사하는 백성, 피로 씻긴 옷을 입고 살아가는 예배자의 삶. 흰 옷은 미래의 영광일 뿐 아니라, 오늘 우리에게 요구되는 정체성입니다. 밤하늘의 별들이 저마다 빛을 내어 하나의 장엄한 하늘을 이루듯, 주님의 은혜로 새롭게 된 성도들은 각자의 자리에서 빛을 반사하며 하나의 거룩한 무리를 이룹니다. 우리의 최종 목적지는 그 수많은 백성과 함께 보좌 앞에 서는 날이며, 동시에 이 땅에서 그 무리로 살아가는 오늘입니다.

주님, 제 옷을 날마다 어린 양의 피로 씻어 정결하게 하시고, 이 땅에서 이미 흰 옷 입은 무리답게 살아가게 하소서. 아멘.

8월 **16**일

쓰디쓴 능력과 달콤한 위로의 말씀

요한계시록 10:9

"가지라 먹으라 네 배에는 쓰나 네 입에는 꿀같이 달리라"

사도 요한이 천사의 손에서 받은 작은 두루마리는 크기는 작았으나, 그 안에 담긴 진리는 시대와 역사를 흔드는 무게를 지니고 있었습니다. 처음 입에 넣었을 때 그것은 꿀처럼 달았습니다. 하나님의 말씀은 언제나 우리를 먼저 달콤한 은혜의 품으로 이끄십니다. 사랑의 음성이며, 위로의 손길이고, 상한 마음을 싸매시는 치유의 약속입니다. 그러나 그 말씀이 영혼 깊은 곳에 스며들기 시작할 때, 우리는 피할 수 없는 쓰라림을 경험합니다. 말씀은 단순한 위로의 문장이 아니라, 생명을 새롭게 빚어내는 창조적 능력입니다. 히브리서는 "하나님의 말씀은 좌우에 날선 어떤 검보다도 예리하여 혼과 영과 관절과 골수를 찔러 쪼개기까지 하며"히 4:12라고 말합니다. 말씀은 우리 안의 죄를 드러내고, 숨겨진 상처를 헤집고, 자기를 부인하라는 부르심 앞에 우리를 세웁니다. 그 과정은 종종 쓰디쓰지만, 바로 그 쓰라림이 회개의 문을 열고 생명의 길을 여는 은혜의 도구입니다. "약은 입에는 쓰나 몸에는 이롭다"는 옛말처럼, 말씀의 쓴맛은 우리 영혼을 살리는 은밀한 약재입니다. 달콤함만을 취하고 쓰라림을 거부하는 것은 영적 유아성에 머무는 것이며, 십자가의 길을 피하려는 욕망일 뿐입니다. 그러나 주님은 위로와 도전, 달콤함과 쓰라림이 함께하는 온전한 제자의 길로 우리를 부르십니다. 말씀을 삼킨다는 것은 정보를 더하는 행위가 아니라, 나를 찢고 다시 빚으시는 하나님 앞에 순종으로 서는 행위입니다. 꿀의 향이 입안에 오래 남듯, 말씀이 남긴 은혜의 흔적은 고난 속에서도 우리를 붙드는 빛이 됩니다.

주님, 말씀의 달콤함과 쓰라림을 모두 받아 온전한 제자로 서게 하시고, 그 말씀이 제 삶을 새롭게 빚어 가게 하소서. 아멘.

8월 17일

생명의 빛을 증언하는 교회

요한계시록 11:4

"두 감람나무와 두 촛대는 땅의 주 앞에 서 있는 자니"

두 증인은 세상 한가운데서 미움과 폭력을 견디며 생명의 진리를 증언한 사람들을 상징합니다. 그들이 세상의 위협 앞에서 물러서지 않은 이유는 인간적 용기 때문이 아니라, 성령의 기름부으심이 그들의 심장을 다스렸기 때문입니다. 감람나무는 성령의 기름을, 촛대는 교회를 상징합니다. 교회가 세상 속에서 꺼지지 않는 빛을 발할 수 있는 것은 스스로의 강함이 아니라, 하나님께서 부어주신 기름으로 타오르는 성령의 불 때문입니다. 예수께서 "너희는 세상의 빛이라" 마 5:14 말씀하셨으므로, 증언은 선택이 아니라 교회의 존재 자체입니다. 그러나 세상은 여전히 진리보다 침묵을 요구합니다. 로마 황제들이 "말을 멈추라, 그렇지 않으면 죽음이다"라고 협박했을 때, 초대교회 성도들은 위협 앞에서 흔들리지 않았습니다. 그들의 증언은 생명을 건 찬송이었고, 그 침묵하지 않는 고백이 역사를 흔들었습니다. "진리를 말하는 것은 목숨을 거는 행위다"라는 말처럼, 증인의 삶은 단순한 발언이 아니라 존재 전체를 거는 헌신입니다. 성령은 우리가 넘어질 때 다시 일으켜 세우시고, 입을 막으려는 세상의 힘 앞에서 다시 말하게 하십니다. 두 증인의 이야기는 오늘 우리에게도 묻습니다. "너는 어디에 서 있는가?" 증언은 특별한 사역자에게만 주어진 선택적 역할이 아니라, 모든 성도의 불가피한 부르심입니다. 어두운 밤하늘에서 별이 스스로 빛나려 애쓰지 않아도 자연히 어둠을 이기듯, 교회가 성령의 기름으로 타오를 때 그 빛은 세상의 음성과 폭력을 압도합니다. 증언은 곧 하나님의 빛이 어둠을 가르는 방식이며, 하나님이 교회를 통해 세상을 향해 말씀하시는 길입니다.

주님, 어떤 환경 속에서도 성령의 능력으로 꺼지지 않는 증인의 삶을 살게 하시고, 제 삶이 생명의 빛을 드러내는 촛대가 되게 하소서. 아멘.

8월 **18**일

빛을 이기는 어둠은 없다

요한계시록 12:5

"여자가 아들을 낳으니 이는 장차 철장으로 만국을 다스릴 남자라"

요한이 본 장면은 하늘과 땅을 뒤흔드는 영적 전쟁의 중심부였습니다. 불 같은 용이 여인을 삼키려 달려들지만, 여인이 낳은 아들은 곧바로 하나님과 그 보좌 앞으로 들려 올라갑니다. 여인은 하나님의 백성을, 아들은 메시아 곧 예수 그리스도를 가리킵니다. 창세기 3:15에서 예언된 "여자의 후손이 뱀의 머리를 상하게 하리라"는 약속이 여기서 완전하게 실현됩니다. 역사 전반에는 어둠의 세력이 하나님의 구속사를 좌절시키려는 시도가 끊임없이 있었지만, 하나님의 계획은 단 한 번도 무너지지 않았습니다. 십자가 위의 예수님의 죽음은 패배처럼 보였으나, 부활을 통해 영원한 승리가 선포되었습니다. 철장으로 만국을 다스릴 그리스도의 권세 앞에서 어떤 악도 지속될 수 없습니다. 교회는 여인처럼 연약해 보일 때가 많습니다. 외부의 위협과 내부의 갈등, 세상의 조롱과 시대의 혼란 속에서 흔들리는 것처럼 보입니다. 그러나 주님은 "음부의 권세가 이기지 못하리라"마 16:18 약속하셨습니다. 교회의 힘은 조직이나 규모가 아니라, 보좌에 앉으신 어린양의 통치에 있습니다. "어둠이 아무리 깊어도 새벽을 막을 수는 없다"는 격언처럼, 어둠의 위협은 결코 빛의 도래를 지연시키지 못합니다. 구름이 태양을 가릴 수는 있어도 태양을 멈출 수 없는 것처럼, 세상은 교회를 흔들 수 있으나 하나님의 나라는 흔들리지 않습니다. 우리의 삶이 고난 속에 휘청거릴지라도, 우리는 결국 철장의 손에 붙들려 있는 자들입니다. 이미 승리하신 그리스도의 통치가 오늘의 두려움보다 더 크고, 더 견고합니다. 그러므로 우리는 눈앞의 폭풍보다 이미 완성된 승리를 바라보아야 합니다. 빛은 언제나 어둠보다 빠르고, 언제나 더 멀리 갑니다. 하나님의 빛은 역사 속에서, 교회 속에서, 그리고 우리의 삶 속에서 결코 지지 않습니다.

주님, 세상의 위협 속에서도 두려움에 매이지 않게 하시고, 이미 이루신 그리스도의 승리를 바라보며 담대히 서게 하소서. 아멘.

8월 19일

오직 어린 양께만 무릎 꿇는 교회

요한계시록 13:8

"그들이 어린 양의 생명책에 기록되지 못한 자들은 다 그 짐승에게 경배하리라"

짐승은 언제나 힘과 매혹으로 사람들을 사로잡아 자신 앞에 무릎 꿇게 합니다. 그 경배는 참된 예배가 아니라, 진리를 가리는 거짓된 권세의 속임수입니다. 역사는 권력과 물질 앞에 무릎 꿇은 나라와 개인이 결국 무너졌음을 증언합니다. 로마 제국이 황제를 신격화하여 백성들에게 절을 강요했을 때에도, 참된 그리스도인들은 콜로세움의 사자 앞에서조차 "예수는 주이시다"라고 고백하며 무릎 꿇지 않았습니다. 이것은 곧 "사람보다 하나님께 순종하는 것이 마땅하다"[행 5:29]는 말씀을 몸으로 살아낸 신앙의 증언이었습니다. 어린 양의 생명책에 기록된 자들의 충성은 세상의 위협이나 이익에서 나오지 않고, 오직 십자가에서 우리를 위해 죽으신 사랑에서 나옵니다. 오늘날에도 짐승은 다른 얼굴로 나타납니다. 권력, 부, 자아숭배, 인기라는 이름으로 사람들의 마음을 끌어당기며, 그 앞에서 조용히 무릎 꿇게 합니다. 그러나 성경은 묻습니다. "너는 무엇 앞에 무릎을 꿇는가?" 인간은 누구나 결국 무릎 꿇을 대상을 선택하게 됩니다. 문제는 그것이 참된 대상이냐, 거짓된 힘이냐입니다. 어린 양 앞에 무릎 꿇는 자는 세상의 어떤 위협 앞에서도 굴복하지 않습니다. 다니엘의 세 친구가 풀무불 앞에서도 금 신상에 절하지 않았듯[단 3:18], 참된 신앙은 상황이 아니라 하나님께 충성합니다. 어린 양께 무릎 꿇는 이는 세상의 종이 아니라 참된 자유인입니다. 어린양 앞에서만 무릎 꿇는 교회는 어떤 시대에도 흔들리지 않습니다. 그 무릎이 땅에 닿을 때, 오히려 하늘의 영광이 우리를 일으킵니다. 세상의 모든 압력이 우리를 굽히려 해도, 십자가에서 우리를 붙드신 사랑은 결코 우리를 넘어뜨리지 않습니다.

주님, 제 마음이 오직 어린 양께만 무릎 꿇게 하시고, 세상의 모든 유혹과 두려움보다 주님의 주권과 사랑을 더 깊이 신뢰하게 하소서. 아멘.

8월 **20**일

그리움의 숨결로 깊어지는 사랑

요한계시록 19:7

"어린 양의 혼인 기약이 이르렀고 그 아내가 자신을 준비하였으므로"

하늘 가득 메아리치는 노래는 어린 양의 혼인 잔치를 선포하는 기쁨의 찬송입니다. 이 잔치의 신랑은 그리스도이시며, 신부는 교회입니다. 단순한 은유가 아니라 역사의 마지막 장면, 모든 시간의 목적지가 이 장면 속에 드러납니다. 그러므로 지금 우리의 삶은 그 날을 준비하는 기다림의 시간입니다. 신부가 자신을 준비한다는 것은 단순히 장식하는 것이 아니라, 세상과 짝하지 않고 거룩함으로 자신을 단장하는 일입니다. 성경은 "너희는 이 세대를 본받지 말고 오직 마음을 새롭게 함으로 변화를 받아"롬 12:2라 했고, 야고보서는 "세상과 벗된 것이 하나님과 원수 됨"약 4:4이라 경고했습니다. 고대 교부들은 교회를 "그리스도의 신부"라 불렀는데, 이는 단순히 조직이나 건물이 아닌, 사랑하는 이를 기다리는 영혼의 공동체라는 고백이었습니다. 기다림이 깊을수록 우리의 예배는 더 순결해지고, 우리의 삶은 더 겸손해집니다. 중세의 한 신학자는 "사랑은 준비된 영혼을 빛나게 한다"고 말했습니다. 신부가 단장하는 것은 의무가 아니라 사랑의 열망에서 흘러나오는 향기입니다. 예배는 단순한 행위가 아니라, 신랑을 향한 그리움의 숨결이며, 우리의 작은 선행과 섬김조차 혼인 예복을 수놓는 실이 됩니다. "등불을 준비한 다섯 처녀"마 25:1-13처럼 깨어 기다리는 자만이 기쁨의 잔치에 참여합니다. 오늘 우리의 삶이 때로는 거칠고 황량할지라도, 이는 신부가 순결한 마음으로 신랑을 기다리도록 주어진 시간입니다. "참된 사랑은 기다림 속에서 더 깊어진다"는 말처럼, 우리는 세월 속에서 신랑 되신 주님을 더욱 사모하며 거룩하게 다듬어 가야 합니다.

주님, 제 삶이 세상에 물들지 않고, 어린 양의 혼인 잔치를 준비하는 거룩한 신부가 되게 하소서.

8월 **21**일

무죄선고의 심판날을 기다리는 교회

요한계시록 20:12

"죽은 자들이 자기 행위를 따라 책들에 기록된 대로 심판을 받으니"

역사의 마지막 날, 모든 인류는 하나님의 백보좌 앞에 서게 됩니다. 그날은 피할 수 없는 진리의 순간이며, 은밀히 감추어진 모든 것이 드러나는 날입니다[전 12:14]. 펼쳐진 책에는 우리의 행위가 기록되어 있으나, 구원의 기준은 결코 우리의 행위가 아닙니다. 행위는 단지 구원받은 자의 열매와 증거일 뿐이며, 오직 어린 양의 생명책에 이름이 기록된 자만이 심판을 면하고 영원한 생명에 들어갑니다[빌 4:3]. "양심은 가장 무서운 재판관이다"라는 말이 있듯, 그날에는 인간의 모든 변명이 침묵하고, 하나님의 공의만이 빛을 발할 것입니다. 그러나 믿는 자에게 이 심판은 두려움의 날이 아니라, 공의가 완전히 드러나고 사랑이 완성되는 날입니다. 성경은 "우리가 다 반드시 그리스도의 심판대 앞에 나타나게 되어 각각 선악간에 그 몸으로 행한 것을 따라 받으려 함이라"[고후 5:10]고 증언했습니다. 심판의 날을 기억하는 사람은 오늘의 삶을 가볍게 살지 않습니다. 매 순간을 하나님의 영광 앞에서 무겁게, 동시에 은혜 안에서 가볍게 살아갑니다. 종말을 아는 자는 현재를 허투루 살지 않고, 삶을 마치 한 줌의 시간이라 여겨 거룩과 신실함으로 채웁니다. 신앙의 선배들이 순교의 자리에서도 두려움 대신 소망을 붙들 수 있었던 것도, 그날의 심판을 영광의 문으로 보았기 때문입니다.

주님, 백보좌 심판의 날을 기억하며 오늘을 거룩과 신실함으로 살게 하시고, 제 이름이 어린 양의 생명책에 기록된 은혜를 굳게 붙들게 하소서.

8월 **22**일

새 날의 빛을 기다리는 설레임

요한계시록 21:1

"또 내가 새 하늘과 새 땅을 보니 처음 하늘과 처음 땅이 없어졌고"

성경은 종말을 파괴의 끝으로 그리지 않고, 새로운 창조의 시작으로 노래합니다. 모든 눈물이 닦이고, 사망이 사라지며, 슬픔과 고통이 더 이상 기억되지 않는 세상, 그것이 하나님의 약속입니다[계 21:4]. 여기서 새 하늘과 새 땅은 단지 공간의 변화를 뜻하지 않습니다. 그것은 하나님의 임재가 충만히 드러나는 상태, 곧 그분의 영광 안에서 전 존재가 새로워지는 세계입니다. 어거스틴은 "우리의 마음은 하나님 안에서 쉴 때까지 안식을 찾지 못한다"고 했습니다. 이 말처럼, 그곳은 모든 존재가 마침내 참된 안식을 누리는 자리입니다. 칸트는 인간이 바라보는 두 가지 위대한 신비를 "머리 위의 별이 빛나는 하늘과 내 마음 속 도덕법칙"이라 했습니다. 그러나 성경은 그 별과 법칙마저도 하나님의 새 창조 안에서 완성될 것을 보여줍니다. 우리는 종말론적 소망 속에 도피하지 않습니다. 오히려 이 새 창조의 희망은 현재의 삶을 더 가볍게 만드는 것이 아니라 더 무겁게 만듭니다. 사랑을 등한시하지 않고, 작은 섬김조차 무가치하지 않음을 알게 하며, 썩어질 세상 속에서도 부패하지 않는 가치를 붙잡게 합니다. 주님의 말씀처럼, "한 알의 밀알이 땅에 떨어져 죽지 않으면 그대로 있고, 죽으면 많은 열매를 맺는다"[요 12:24]. 우리의 눈물 섞인 땀방울도 헛되지 않은 것은, 이미 하나님께서 새 창조의 첫 열매이신 그리스도 안에서 새 하늘과 새 땅을 시작하셨기 때문입니다. 그러므로 우리는 끝을 기다리는 자가 아니라, 새날의 빛을 오늘도 품고 사는 자입니다.

주님, 새 하늘과 새 땅의 소망이 오늘의 삶을 흔들림 없는 믿음과 사랑으로 채우게 하소서.

8월 **23**일

생명수가 흐르는 은혜의 강가

요한계시록 22:1

"하나님과 및 어린 양의 보좌로부터 흘러나오는 수정 같이 맑은 생명수의 강"

새 예루살렘의 중심에는 하나님의 보좌로부터 흘러나오는 강이 있습니다. 그것은 단순한 물줄기가 아니라, 생명을 불어넣는 하나님의 은혜의 상징입니다. 강 좌우에는 열두 가지 열매를 맺는 생명나무가 서 있으며, 그 잎사귀는 만국을 치료합니다. 이는 창세기의 에덴에서 시작된 생명의 이야기와 요한계시록의 완성을 연결하며, 하나님께서 처음부터 끝까지 생명을 주시는 분임을 보여 줍니다. 시편기자가 고백한 것 같이 "주의 잔치의 기름진 것으로 즐기게 하시며 주의 즐거운 강물로 마시우시리이다"[시 36:8]라는 말씀은, 바로 이 장면을 예표하고 있습니다. 우리는 이미 그 강가에 초대받은 자들입니다. 예배와 말씀과 기도의 자리에서 흘러나오는 생명수는 갈급한 영혼을 새롭게 하고, 무너진 세계를 회복하는 힘이 됩니다. "하루 물을 마시지 못하면 목마름이, 사흘 기도하지 않으면 영혼의 갈증이 시작된다"라고 한 말처럼, 생명수 없이는 우리의 영혼도 메말라갑니다. 그러나 성령께서 주시는 물은 우리 안에서 솟아올라 영생하도록 하는 샘이 되며[요 4:14], 그 흐름은 교회의 예배 속에서, 말씀의 강단 위에서, 그리고 우리가 흘려보내는 작은 사랑의 실천 속에서 이어집니다. 오늘도 이 강가에 뿌리내린 사람은 메마른 세상을 향해 흘러가는 은혜의 통로가 됩니다. 삶이란 때로 광야 같지만, 생명수의 강은 사막에도 꽃을 피우게 합니다.

주님, 제 영혼이 늘 생명수의 강에 뿌리내려 새 힘을 얻고, 그 은혜가 흘러 세상을 살리는 통로가 되게 하소서.

8월 **24**일

주께서 다시 오시리라는 약속

요한복음 14:3

"내가 다시 와서 너희를 내게로 영접하여 나 있는 곳에 너희도 있게 하리라"

예수님의 재림은 단순한 위로가 아니라 확실한 약속입니다. 주님은 우리를 떠나지 않으시고, 우리를 위해 하늘의 처소를 예비하신 뒤 반드시 다시 오셔서 우리를 그곳으로 데려가신다고 하셨습니다. 그 약속은 바람처럼 흔들리는 인간의 말이 아니라, 천지를 창조하시고 역사를 주관하시는 하나님의 맹세와도 같은 보증입니다. 초대교회의 성도들은 이 말씀을 붙들고 핍박 속에서도 믿음을 지켰습니다. "주께서 친히 호령과 천사장의 소리와 하나님의 나팔로 하늘로부터 강림하시리니"살전 4:16라는 선언은 그들의 삶을 지탱하는 힘이었습니다. 한 교부는 "그리스도인의 삶은 기다림이다"라고 했습니다. 세상의 기다림은 종종 불확실하지만, 주님의 기다림은 결코 헛되지 않습니다. 역사의 많은 왕들은 다시 오겠다고 약속했지만 돌아오지 못했습니다. 그러나 오직 예수 그리스도만이 죽음을 이기시고 부활하신 분이기에, 다시 오실 수 있는 분입니다. 옛 속담에 "참된 군주는 백성을 위해 돌아온다"는 말이 있습니다. 주님은 단순히 돌아오시는 것이 아니라, 우리를 품고 영원한 집으로 인도하시기 위해 오십니다. 우리가 살아가는 동안 고난과 불확실성은 여전하겠지만, 이 약속은 마치 어두운 밤의 등불처럼 우리의 발걸음을 비추고, 흔들리는 심령을 붙들어 줍니다. 그러므로 성도의 삶은 오늘의 무게 속에서도 내일의 영광을 향해 사는 기다림의 행진입니다. 기다림은 무기력이 아니라 신앙의 능동적 행위이며, 그 기다림 속에 우리의 소망과 기쁨이 깃듭니다.

주여, 주님의 오심을 기다리는 마음을 날마다 새롭게 하시고, 세상의 어둠 속에서도 흔들림 없이 그 약속의 빛을 따라 살게 하소서.

8월 **25**일

주님의 다시오심은 떠나심과 같이 분명하다

사도행전 1:11

"너희 가운데서 하늘로 올려지신 이 예수는 하늘로 가심을 본 그대로 오시리라"

주님의 재림은 신화적 상징이나 추상적 은유가 아니라, 역사 속에 다시 일어날 실제적 사건입니다. 부활하신 그 몸으로 제자들과 함께 걸으시고, 떡을 떼며, 상처 난 손과 옆구리를 보여주셨던 그 예수께서 오십니다 요 20:27, 눅 24:42-43. 이는 바람결에 스치는 환상이 아니라, 우리가 눈으로 보고 손으로 만질 수 있었던, 살과 뼈를 지니신 주님의 현현입니다. 초기 교부들은 "그분의 다시 오심은 그분의 떠나심과 같이 분명할 것이다"라 고백했습니다. 세상은 종종 역사를 직선적 진보나 순환으로 이해하지만, 성경은 주님의 재림이라는 결정적 사건을 향해 달려가고 있음을 증언합니다. 인간의 약속은 그 성립이 희미하지만, 하나님의 약속은 반드시 이루어집니다. 주님의 재림은 연기된 것이 아니라 정해진 날에 반드시 이루어질 약속입니다. 우리가 기다리는 이는 새로운 사상을 가지고 오실 새로운 분이 아니라, 골고다의 십자가에서 피 흘리신 바로 그 주님이며, 무덤에서 일어나 제자들과 함께하셨던 그분입니다. 그러므로 우리의 소망은 공허한 위로가 아니라, 역사적 현실 속에서 보증된 약속입니다. 마치 새벽의 빛이 어둠을 밀어내듯, 그날 주님은 어김없이 오실 것입니다. 그러므로 신자는 '언제'보다 '누가 오시는가'에 마음을 고정해야 합니다. 그분은 어제도 오늘도 영원토록 동일하신 주히 13:8이며, 그분의 다시 오심은 사랑과 심판, 구원과 완성이 만나는 시간입니다. 우리의 기다림은 막연한 두려움이 아니라, 신랑을 맞이하는 신부의 기대로 채워져야 합니다. "보라 내가 속히 오리니"계 22:12라는 선언은, 우리의 눈물과 고난을 결코 허무로 흘려보내지 않으시겠다는 주님의 맹세입니다. 이 확신이 오늘을 견디는 힘이요, 소망의 불꽃입니다.

주여, 다시 오실 주님을 신화나 비유가 아닌 실제의 주님으로 기다리게 하소서.

8월 **26**일

감추어진 주님의 다시오실 날

마태복음 24:36

"그 날과 그 때는 아무도 모르나니"

주님의 재림은 인간의 계산으로 예측할 수 없는 하나님의 비밀 속에 감추어져 있습니다. 초대 교부 아우구스티누스는 "하나님이 때를 숨기신 것은 우리가 항상 준비되어 있도록 하기 위함이다"라고 말했습니다. 그러므로 우리의 책임은 날짜를 헤아리는 것이 아닌, 오늘 하루를 마지막처럼 살아가는 데 있습니다. 성경 속의 바울은 말하기를 "주의 날이 밤에 도둑같이 이를 줄을 너희 자신이 자세히 알기 때문이라"[살전 5:2]고 한 말씀은, 예측 불가의 날 앞에서 깨어 있는 삶이 곧 신앙의 본질임을 보여 줍니다. 역사는 늘 준비하지 못한 자들에게 큰 교훈을 남겼습니다. 1912년 타이타닉호가 '절대 침몰하지 않는다'는 자만 속에 출항했을 때, 준비되지 않은 교만이 수많은 생명을 바다 속에 묻었습니다. 반면 기도와 성경 묵상으로 하루를 채우는 사람은 언제라도 주님을 맞이할 수 있는 '등불 든 처녀'와 같습니다[마 25:1-13]. 신앙은 긴장의 고삐를 놓치지 않는 꾸준한 경계 속에서 깊어지며, 준비된 마음은 순간의 두려움이 아니라 영원의 평안을 품게 합니다. "내일을 위하여 오늘을 잃지 말라"는 말처럼, 우리는 미래의 불확실성을 계산하기보다 오늘 주어진 믿음의 길에 충실해야 합니다.

주여, 언제라도 오실 주님을 기쁨으로 맞이할 수 있는 깨어 있는 마음을 제게 주소서.

8월 **27**일

주님의 다시오심을 기대하는 소망

데살로니가전서 4:16

"주께서 친히 하늘로부터 강림하시리니"

재림은 구원 완성의 순간입니다. 주님은 죽은 자들의 부활의 첫 열매가 되셨고[고전 15:20], 그분의 다시 오심은 모든 성도에게 약속된 최종적 구원의 성취입니다. 잠든 자들은 일어나고, 살아 있는 자들은 공중에서 주를 영접하여 함께 영광의 나라에 들어가게 됩니다[살전 4:17]. 그날은 인간의 역사 속에 스며든 죄의 흔적이 완전히 사라지고, 눈물과 사망과 아픔이 없는 새 하늘과 새 땅이 열리는 날입니다[계 21:4]. 어거스틴은 "우리의 모든 탄식은 종말에 찬송으로 변할 것이다"라 했습니다. 지금은 여전히 죄와 연약함 속에서 씨름하지만, 그날에는 흠 없고 온전한 존재로 하나님 앞에 서게 될 것입니다. 현재의 삶은 예행연습이요, 영원은 진정한 무대입니다. 오늘의 시간은 구원의 완성을 향한 연습곡과 같습니다. 그러므로 성도의 소망은 현실의 무게를 가볍게 여기게 하고, 고난 속에서도 인내하게 합니다[롬 8:18]. 씨앗이 흙 속에서 썩어야 새 생명을 틔우듯, 우리의 연약함과 죽음조차도 장차 주어질 부활의 영광을 위한 준비일 뿐입니다. 그러므로 우리는 재림의 빛을 앞에 두고 오늘을 살아야 합니다. 그날은 멀리 있는 환상이 아니라, 주님이 친히 약속하신 현실이며, 지금, 이 순간도 믿음으로 붙들어야 할 미래의 확실한 사건입니다.

주여, 구원 완성의 그 날을 소망하며 오늘을 믿음과 감사로 살게 하소서.

8월 **28**일

새 하늘과 새 땅을 바라보는 소망

베드로후서 3:13

"우리는 그의 약속대로 의가 있는 곳인 새 하늘과 새 땅을 바라보도다"

세상은 언젠가 불타 사라질 것이며, 모든 것은 하나님의 심판 앞에 드러나게 됩니다. 재림은 믿지 않는 자들에게는 두려움과 절망의 날이지만, 믿는 자들에게는 기다리던 영광의 날입니다. 성경은 "하나님께서 새 하늘과 새 땅을 창조하시니"[사 65:17]라 선포하며, 요한계시록은 "다시는 사망이 없고 애통하는 것이나 곡하는 것이나 아픈 것이 다시 있지 아니하리니"[계 21:4]라고 약속합니다. 이 약속은 인류의 모든 절망을 덮는 하나님의 위로이며, 우리가 붙잡아야 할 소망입니다. 고대의 현자는 "세상의 도성은 무너지지만, 하나님의 도성은 영원하다"고 했습니다. 우리의 시선이 일시적인 것에 머물면 불안하지만, 영원한 나라를 바라볼 때 비로소 평안을 얻습니다. 지금 우리는 여전히 불의가 판치는 세상 속에 살지만, 주께서 이루실 의의 나라를 바라봅니다. 성경은 "장차 우리에게 나타날 영광과 비교할 수 없다"[롬 8:18]고 고백했습니다. 우리가 그날을 기다리며 살아가는 태도야말로 가장 분명한 믿음의 증거입니다. 신앙의 길은 마치 어두운 밤길을 걷는 나그네와 같지만, 새벽이 오리라는 약속이 우리를 붙들고 있습니다. 세상에서 성공과 안락을 좇기보다, 새 하늘과 새 땅의 가치를 따라 살아가는 것이 참된 지혜입니다. "영원한 것을 붙드는 자가 결국 현세의 것까지 지킨다"는 말처럼, 영원을 향한 시선이 우리의 오늘을 단단히 세워 줍니다.

주여, 의의 나라를 사모하며 그 가치대로 오늘을 살아가게 하소서.

8월 **29**일

하나님의 나라를 소망하는 교회

데살로니가전서 4:18

"그러므로 이러한 말로 서로 위로하라"

재림의 신앙은 단순히 개인의 위안에 머물지 않습니다. 바울은 데살로니가 교회에 주의 재림을 바라보는 믿음이 공동체 전체를 세우는 힘이 됨을 강조합니다. 죽음과 고난 앞에서 절망에 휩싸이지 않고, 오히려 다시 오실 주님을 기다리며 서로를 붙들고 위로하라는 말씀입니다. "한 지체가 고통을 받으면 모든 지체가 함께 고통을 받고, 한 지체가 영광을 얻으면 모든 지체가 함께 즐거워한다" 고전 12:26는 말씀처럼, 신앙은 홀로 버티는 외로운 싸움이 아니라 함께 걸어가는 동행입니다. 역사의 격변 속에서도 믿음을 지킨 교회들은 늘 이 '서로 위로하는 힘'에서 살아났습니다. 초대 교회의 성도들이 황제의 박해 아래서도 서로의 손을 잡고 "마라나타" 주여, 오시옵소서를 고백하며 버텼던 것처럼, 오늘 우리도 시험과 환난 속에서 같은 고백을 나눌 때 흔들리지 않는 소망을 붙듭니다. "슬픔을 나누면 반이 되고, 기쁨을 나누면 배가 된다"는 말이 있습니다. 믿음의 공동체 안에서 이 진리는 더 깊이 실현됩니다. 혼자의 위로는 쉽게 흔들리지만, 함께 드리는 위로는 영원한 주의 약속을 기억하게 하고, 재림의 소망을 더욱 선명히 합니다. 주님의 오심은 결국 '우리'의 사건입니다. 개인을 넘어 공동체 전체가 완성될 날이며, 그래서 우리는 서로의 믿음을 세워 주며 기다려야 합니다. 어두운 밤에 작은 등불 하나가 길을 비추듯, 형제자매의 격려 한마디가 영혼을 지탱하는 힘이 됩니다. 히브리서가 "서로 격려하여 사랑과 선행을 격려하자" 히 10:24-25고 말한 것도 바로 이 맥락입니다. 재림 신앙은 '혼자의 위로'가 아니라 '함께 세워지는 위로'라는 점에서 교회의 본질과 깊이 맞닿아 있습니다.

주여, 주의 재림을 기다리며 서로 위로하고 격려하는 교회가 되게 하소서.

8월 **30**일

간절함으로 부르는 사랑의 노래

디모데후서 4:8

"이제 후로는 나를 위하여 의의 면류관이 예비되었으므로 주 곧 의로우신 재판장이 그 날에 내게 주실 것이며 내게만 아니라 주의 나타나심을 사모하는 모든 자에게도니라"

재림을 기다리는 마음은 단순한 호기심이 아니라 사랑입니다. 사랑은 기다림을 길게 하지만, 동시에 그 기다림을 견딜 힘을 줍니다. "사랑은 기다림 속에서 더 깊어진다"는 말이 있습니다. 멀리 있어도 마음이 흐트러지지 않고, 가까이 있어도 조급하지 않으며, 그저 변치 않는 신뢰와 사모함으로 주님을 기다립니다. 마치 신랑을 기다리는 신부처럼, 성경은 교회가 그리스도의 재림을 향한 순결한 기다림의 공동체임을 말합니다[계 22:20]. 바울은 디모데에게 "의의 면류관이 주께서 그날에 주실 것"이라 증언하며, 이 면류관은 단지 사도의 영광이 아니라, 주의 나타나심을 사랑으로 기다리는 모든 이들의 몫이라 선포했습니다. 참된 재림 신앙은 호기심에 이끌려 종말의 징조를 쫓는 것이 아니라, 주님을 사랑하는 마음으로 그분의 오심을 사모하는 것입니다. 기다림이 단순한 시간의 지연이 아니라, 사랑의 성숙을 빚어내는 영적 훈련이 되는 것이지요. 그러므로 우리는 날마다 기도와 말씀 안에서 기다림을 사랑으로 채우며, 지금, 이 순간을 충실히 살아갑니다. 기다림은 곧 사랑의 또 다른 이름입니다. 우리의 기다림은 사랑의 깊이를 증명하는 삶의 자리입니다.

주여, 주님의 나타나심을 사랑으로 기다리게 하소서.

8월 **31**일

교회는 그리스도와 함께 걷도록 초대받은 사람들

에베소서 4:4

"몸이 하나요 성령도 한 분이시니 이와 같이 너희가 부르심의 한 소망 안에서 부르심을 받았느니라"

신앙은 철저히 개인적인 여정이지만 결코 고립된 길이 아닙니다. 하나님은 우리를 홀로 부르신 것이 아니라, 함께 걷는 공동체 속으로 초대하셨습니다. "우리가 유대인이나 헬라인이나 종이나 자유인이나 다 한 성령으로 세례를 받아 한 몸이 되었고"[고전 12:13]라는 말씀처럼, 교회는 다양한 성격과 배경, 은사를 가진 사람들이 한 소망 안에서 묶인 가족입니다. 함께 부르심을 받았다는 것은 내 은혜가 곧 형제의 은혜가 되고, 그의 기도가 곧 나의 힘이 되는 연합의 신비를 뜻합니다. 그러나 공동체는 때로 나를 불편하게 합니다. 그 불편 속에서 하나님은 나의 자아를 다듬으시고, 믿음의 그릇을 넓히십니다. "철이 철을 날카롭게 하는 것 같이 사람이 그 친구의 얼굴을 빛나게 하느니라"[잠 27:17]. 우리가 부르심 안에서 하나 될 때, 세상은 하나님 나라의 아름다움을 목격합니다. 그것은 단순한 협력이나 우정이 아니라, 십자가 사랑 위에 세워진 거룩한 연합입니다. 그러므로 우리는 서로를 포기하지 말고, 주님의 한 소망 안에서 끝까지 함께 걸어야 합니다.

주여, 부르심의 한 소망 안에서 형제자매와 하나 되게 하소서.

S e p t e m b e r

9월

성령님과 교회

9월 1일

격려의 말과 향기로운 언어로 세워가는 교회

데살로니가전서 5:11

"그러므로 피차 권면하고 서로 덕을 세우기를 너희가 하는 것 같이 하라"

공동체는 경쟁의 장이 아니라 동행의 자리입니다. 신앙은 함께 걷는 여정이며, 그 길 위에서 우리는 서로를 붙들고 세워야 할 책임을 지닙니다. "마음이 약한 자들을 붙들어 주며"살전 5:14는 권면은, 지치고 무너진 형제를 향한 하나님의 마음을 우리 손에 담으라는 부르심입니다. 격려는 작은 말에서 시작되며, 회복은 그 작은 불씨에서 일어납니다. "무릇 더러운 말은 너희 입 밖에도 내지 말고 오직 덕을 세우는 데 소용되는 대로 하라"엡 4:29는 말씀은, 언어가 곧 복음의 통로임을 일깨웁니다. 세우는 말은 칭찬과 공감에서 나오고, 무너뜨리는 말은 비교와 냉소에서 흘러나옵니다. 공동체는 향기로운 언어로 살아야 하며, 그 말 한마디가 누군가의 내일을 지탱할 수 있습니다. 주님의 손길은 때로 사람의 입술을 통해 다가오기에, 우리는 아침마다 세움의 말로 하루를 열고, 밤마다 축복의 말로 하루를 덮는 훈련을 해야 합니다. 이 섬세한 언어의 연습이야말로 복음의 향기를 품은 공동체를 만들어 갑니다.

주여, 제 말과 행동이 공동체를 무너뜨리는 것이 아니라 세우는 도구가 되게 하소서.

9월 2일

곁을 내어주고 마음을 나누는 교회

갈라디아서 6:2

"너희가 짐을 서로 지라 그리하여 그리스도의 법을 성취하라"

교회는 기쁨을 함께 누릴 뿐 아니라 짐도 함께 지는 공동체입니다. '짐을 진다'라는 말은 단순히 상대의 상황을 안타까워하는 감정적 동정이 아니라, 그의 인생의 무게를 함께 나누겠다는 사랑의 실천입니다. "우는 자들과 함께 울라"롬 12:15는 말씀처럼, 우리의 눈물이 그의 고통에 스며들 때, 우리는 그리스도의 법을 이 땅에 구현하게 됩니다. 짐을 나눈다는 것은 내 시간을 나누고, 내 마음의 공간을 내어주는 것입니다. 이 사랑은 바쁘고 각박한 시대에 희귀하지만, 바로 그 희귀함 때문에 더욱 거룩합니다. 주님은 말씀하셨습니다. "수고하고 무거운 짐 진 자들아 다 내게로 오라 내가 너희를 쉬게 하리라"마 11:28. 그분은 우리의 짐을 친히 지시는 분이시며, 동시에 우리로 하여금 서로의 짐을 지게 하십니다. 교회가 짐을 홀로 지는 이를 방치한다면 교회다움을 잃게 되지만, 짐을 나누는 교회는 그리스도의 십자가를 오늘의 삶 속에 살아냅니다. 우리는 단순한 도움을 주는 자가 아니라, 그리스도의 사랑을 살아내는 짐 나눔 꾼입니다. 세상은 그런 우리 안에서 주님의 마음을 발견하게 될 것입니다.

주님, 이웃의 짐을 함께 지는 사랑을 제게 가르쳐 주소서.

9월 **3**일

품어주고 용납하는 성도의 연합

로마서 15:7

"그러므로 그리스도께서 우리를 받아 하나님께 영광을 돌리심과 같이 너희도 서로 받으라"

공동체란 같은 생각을 품은 사람들이 모인 집단이 아니라, 서로 다른 이들이 그리스도의 이름 아래 품어지고 용납되는 자리입니다. 그리스도께서 우리의 허물과 상처를 있는 그대로 안고 받아 주셨듯이, 우리 또한 서로를 판단하지 않고 받아야 합니다. 사랑은 동의하지 않아도 끝까지 품는 능력이며, 이해할 수 없어도 믿음으로 순종하는 결단입니다. 바울은 고린도전서 13:7에서 "사랑은 모든 것을 참으며 모든 것을 믿으며"라고 말합니다. 이것이 바로 용납의 본질입니다. "성령께서 이루신 하나 됨을 힘써 지키라" 하신 말씀[엡 4:3]은 공동체의 연합이 우리의 노력이 아닌, 하나님의 은혜임을 깨닫게 합니다. 서로 다른 기질, 가치관, 배경이 부딪힐 때 우리는 불편함을 느끼지만, 바로 그 불편함 속에서 우리는 더 넓은 사랑으로 자라갑니다. 용납이 없는 공동체는 쉽게 상처받고 무너지지만, 용납이 살아 있는 공동체는 세상 속에서 하나님의 사랑을 선명하게 드러냅니다. 우리가 서로를 받아들일 때, 그리스도의 형상이 우리 안에 이루어집니다.

주여, 그리스도께서 저를 있는 모습 그대로 받아 주셨듯이, 저도 이웃을 기꺼이 받아들이게 하소서.

9월 **4**일

나누며 섬기는 사랑은 복음의 증거

요한복음 13:34

“새 계명을 너희에게 주노니 서로 사랑하라 내가 너희를 사랑한 것 같이 너희도 서로 사랑하라”

예수님은 ‘서로 사랑하라’는 말씀을 단순한 도덕적 권면이 아닌 새로운 계명으로 주셨습니다. 이는 감정의 흐름에 맡기는 일이 아니라, 의지적 결단이며 신앙의 실천입니다. 예수님이 우리를 사랑하신 방식이 그 기준이니, 그 사랑은 끝까지 책임지고, 조용히 견디며, 상처 입어도 다시 품는 사랑입니다. “사랑은 오래 참고 사랑은 온유하며”라는 고린도전서의 말씀은 사랑이 감정보다 더 깊은 실천임을 말해줍니다. 우리는 서로의 다름과 연약함을 끌어안으며, 자신의 유익보다 공동체의 평화를 선택하는 법을 배워야 합니다. 초대교회가 세상으로부터 ‘그리스도의 사람들’이라 불렸던 이유는 그들이 보여준 사랑 때문이었습니다. 오늘날도 진정한 사랑은 세상을 향한 가장 강력한 복음의 증거입니다. 사랑은 눈물 속 기도이며, 침묵 속 인내이며, 굳은살 박인 손으로 하는 섬김입니다. 그리스도께 받은 사랑을 품고 흘려보낼 때, 우리의 공동체는 주님의 향기로 가득하게 됩니다.

9월

주여, 제 안에 머무신 주님의 사랑으로 형제자매를 끝까지 사랑하게 하소서.

9월 **5**일

같은 방향을 향해 내딛는 한걸음

시편 133:1

"보라 형제가 연합하여 동거함이 어찌 그리 선하고 아름다운고"

연합은 단순히 같은 생각을 가지는 것이 아니라, 같은 방향을 향해 걷는 것입니다. 우리가 바라보는 목표가 하나님의 영광이라면, 서로의 의견 차이는 연합의 장애물이 아니라 다양성의 선물입니다. "하나님도 한 분이시니 곧 만유의 아버지가 계시니 만유 위에 계시고 만유를 통일하시고 만유 가운데 계시도다"엡 4:6. 하나님 안에 뿌리내린 공동체는 성령의 기름 부으심을 입고, 그곳에서 생명이 흘러나옵니다. 마치 헤르몬산의 이슬이 시온의 산들에 내리는 것처럼, 연합은 건조한 삶에 은혜의 촉촉함을 가져옵니다. 전도서의 말씀처럼 "두 사람이 한 사람보다 나음은 그들이 수고함으로 좋은 상을 얻을 것임이라 혹시 그들이 넘어지면 하나가 그 동무를 붙들어 일으킬 것임이라"전 4:9-10. 사탄은 분열을 기뻐하지만, 하나님은 연합 속에 복을 명하십니다. 참된 연합은 서로 다른 목소리를 경청하고, 사랑으로 수고하며, 기도로 마음을 모을 때 이루어집니다. 연합은 공동체의 테두리를 넘어 세상의 담을 허물고, 복음의 문을 열 것입니다. 작은 사랑의 양보와 하나님의 뜻을 향한 한걸음이 모일 때, 우리는 함께 걷는 이 길 위에서 진정한 아름다움을 마주하게 됩니다.

주님, 우리의 공동체가 서로의 다름을 포용하며 하나 되어 주님의 뜻을 이루게 하소서.

9월 **6**일

믿음이 성숙하여 이루는 겸손

베드로전서 5:5

“다 같이 서로 겸손으로 허리를 동이라 하나님은 교만한 자를 대적하시되 겸손한 자들에게는 은혜를 주시느니라”

겸손은 공동체를 묶는 보이지 않는 허리띠와 같습니다. 성경은 “아무 일에든지 다툼이나 허영으로 하지 말고 오직 겸손한 마음으로 각각 자기보다 남을 낫게 여기고” 빌 2:3라고 말합니다. 겸손은 내가 옳을지라도 내려놓는 용기이며, 빛나지 않는 자리에서도 묵묵히 섬기는 내면의 힘입니다. 예수께서 제자들의 발을 씻기신 사건은 단순한 예가 아닙니다. 그는 “내가 주와 선생이 되어 너희 발을 씻었으니, 너희도 서로 발을 씻어주는 것이 옳으니라”요 13:14라고 하셨습니다. 이는 섬김이 말이 아닌 행동임을 가르쳐주는 복음의 중심입니다. 겸손은 드러나지 않는 곳에서 흘리는 눈물과 땀으로, 공동체의 균열을 메우고 서로를 하나로 이어주는 은혜의 끈입니다. 마치 바람이 보이지 않아도 나뭇가지를 흔들 듯, 겸손은 소리 없이 관계를 살리고 공동체를 따뜻하게 합니다. 겸손한 사람은 인정받으려 애쓰지 않습니다. 다만 하나님 앞에서 자신을 낮추는 그 자리에 하나님의 은혜가 머무른다는 것을 알기 때문입니다. 날마다 나 자신을 낮추는 일이 믿음의 성숙이며, 하나님 나라는 그러한 겸손 위에 세워집니다.

주님, 저의 마음을 낮추어 조용히 섬기게 하소서. 참된 겸손으로 공동체를 살리는 제자가 되게 하소서.

9월 **7**일

권면은 지적이 아니라, 생명을 구하는 지혜

히브리서 3:13

"오직 오늘이라 일컫는 동안에 매일 피차 권면하여 너희 중에 누구든지 죄의 유혹으로 완고하게 되지 않도록 하라"

신앙은 고립된 독백이 아니라, 서로를 붙들며 함께 가는 순례의 길입니다. '오늘'이라는 유일무이한 시간 안에서, 우리는 매일 서로를 권면하라는 부르심을 받습니다. 권면이란 단지 잘못을 지적하는 말이 아닙니다. 그것은 죄의 유혹에 무너질 수 있는 연약한 마음을 일깨우는 사랑의 손짓이며, 방관하지 않는 책임입니다. 성경은 "범죄한 일이 드러나거든 신령한 너희는 온유한 심령으로 그러한 자를 바로잡으라"갈 6:1라고 했습니다. 권면은 냉정한 비판이 아니라 부드러운 용기이며, 상대를 살리려는 지혜입니다. 정죄가 아닌 회복, 무관심이 아닌 돌봄의 언어입니다. 어떤 이의 삶이 죄의 길에서 돌아설 수 있다면, 이는 그를 향한 우리의 말 한마디에서 비롯될 수 있습니다. 침묵은 때로 잔인한 외면입니다. 진리 안에서 사랑을 담아 말할 때, 권면은 생명이 됩니다. 권면 받을 줄 아는 겸손, 권면할 줄 아는 용기가 우리 공동체를 더 성숙하게 만듭니다. 오늘, 내가 사랑으로 권면해야 할 사람은 누구인가요?

주여, 오늘 제가 사랑으로 진리를 말하는 용기를 갖게 하소서.

9월 **8**일

기도와 말씀으로 하나되는 교회

마태복음 18:20

"두세 사람이 내 이름으로 모인 곳에는 나도 그들 중에 있느니라"

공동체 기도는 단순한 모임이 아닙니다. 그것은 하나님이 친히 임재하시는 공간이며, 하늘의 숨결이 이 땅에 닿는 영적 사건입니다. 초대교회 당시 "마음을 같이하여 오로지 기도에 힘쓰더라"[행 1:14]라고 기록된 것처럼, 함께 드리는 기도는 하나님의 뜻에 조율된 마음을 빚어내고, 서로의 짐을 나누는 그리스도의 몸을 형성합니다. 한 무리의 기도는 단단한 성벽을 세우는 돌과 같고, 무너진 관계와 깨어진 현실 속에 보이지 않는 하나님의 손을 초대하는 것입니다. 우리가 기도하며 모일 때, 성령께서는 그 공간에 새 힘을 부어주시며, 지치고 갈라진 마음을 하나 되게 하십니다. 고대의 지혜자는 "함께 우는 기도는 하늘의 귀를 열게 한다"라고 했습니다. 세상은 여전히 분주하고 갈라지지만, 기도로 모인 자리는 언제나 거룩하고 하나님의 빛이 머무는 땅이 됩니다.

주여, 우리 공동체가 주의 이름으로 모여 기도로 하나 되게 하소서.

9월 9일

세상을 위해 선택된 왕 같은 제사장

베드로전서 2:9

"그러나 너희는 택하신 족속이요 왕 같은 제사장들이요 거룩한 나라요 그의 소유가 된 백성이니 이는 너희를 어두운 데서 불러 내어 그의 기이한 빛에 들어가게 하신 이의 아름다운 덕을 선포하게 하려 하심이라"

교회는 단순한 모임이 아니라, 하나님께서 친히 선택하신 거룩한 공동체입니다. 우리는 하나님의 백성이며, 동시에 왕 같은 제사장들입니다. 이는 곧, 하나님께 예배드리고 세상을 향해 하나님을 증거하는 사명을 지닌 존재라는 뜻입니다. 고대 제사장이 백성을 대신하여 하나님 앞에 섰듯, 이제는 모든 성도가 세상을 향해 하나님의 이름을 드러내는 제사장이 된 것입니다. 이 정체성은 특정 직분자에게만 주어진 영예가 아니라, 십자가로 구원받은 모든 이에게 주어진 공동의 소명입니다. 그래서 교회에 나오는 일상은 이제 단순한 참여가 아니라, 왕의 부르심 앞에 선 제사장의 응답이 되었습니다. 우리가 주일마다 모이는 예배는 왕 앞에 서는 영광의 자리이며, 지체와의 교제는 세상 가운데 복음을 나누는 제사장의 삶인 것입니다. 독일 신학자 본회퍼는 "교회는 그리스도가 세상에 계심의 증거"라 했습니다. 우리는 '참석자'가 아닌 '증언자'로, '관람자'가 아닌 '제사장'으로 살아야 합니다.

주님, 저를 왕 같은 제사장으로 부르셨음을 잊지 않고, 그 부르심에 합당하게 살게 하소서.

9월 **10**일

사랑과 우애와 존경으로 연결된 교회

로마서 12:10

“형제를 사랑하여 서로 우애하고 존경하기를 서로 먼저 하며”

참된 공동체는 서로를 사랑하고 존경하는 데서 비롯됩니다. 성경은 사랑과 우애, 존경을 분리하지 않고 연결하여 말합니다. 존경은 단지 나이와 지위에 대한 외적인 반응이 아니라, 상대의 존재 속에 담긴 하나님의 형상을 알아보는 내면의 태도입니다. 사도행전 10장 34절에서 “하나님은 사람을 외모로 취하지 아니하신다.”라고 하신 말씀은, 우리가 사람을 대할 때 외적인 조건이 아니라 하나님께서 부여하신 존엄으로 바라보아야 한다는 것을 일깨워줍니다. 존경은 강요될 수 없습니다. 오히려 작은 배려 속에, 말투 하나에, 눈빛 하나에 배어 나오는 것입니다. 먼저 존경하는 사람은 관계의 문을 엽니다. 그곳에 사랑은 자라고, 신뢰는 깊어지며, 공동체는 세상과 구별되는 영적 품격을 지니게 됩니다. 존경은 사랑을 깊게 하고, 사랑은 존경을 단단하게 합니다. 그것이 하나님의 형상을 따라 사는 방식입니다.

주님, 형제자매를 존귀히 여기며 먼저 존경하는 마음을 제게 주소서.

9월 **11**일

하나님의 집을 이루는 생명 있는 산 돌

베드로전서 2:5

"너희도 산 돌 같이 신령한 집으로 세워지고 예수 그리스도로 말미암아 하나님이 기쁘게 받으실 신령한 제사를 드릴 거룩한 제사장이 될지니라"

신앙은 고립된 섬이 아니라 유기적인 건축물입니다. 우리는 각각 산 돌로 부름을 받았으며, 서로 연결되어 하나님의 집으로 세워져 갑니다. 예루살렘 성전을 지을 때 돌 하나하나가 정교하게 다듬어져 제자리를 찾았듯이, 우리 인생도 주님의 손에서 다듬어지며 공동체 속에 놓입니다. "너희는 그리스도의 몸이요 지체의 각 부분이라"라는 고린도전서의 말씀처럼, 우리 각자는 작아 보일지라도 하나님의 계획 안에서는 없어서는 안 될 필수적 지점입니다. 집은 돌 하나가 빠져도 허전하며, 각각의 돌이 가진 모양의 차이는 오히려 전체 구조를 단단하게 합니다. 전통적인 대장간에서는 칼을 만들기 위해 반복해 두들기며 불로 단련하듯이, 하나님은 우리를 연단하시며 세우십니다. 어느 건축가도 의미 없는 재료를 사용하지 않듯이, 하나님도 어떤 인생도 무의미하게 두지 않으십니다. 우리는 주님의 임재가 거하실 집이 되도록, 날마다 믿음 안에서 서로를 세우는 존재로 부름을 받았습니다. 눈에 띄지 않는 자리에서도 하나님은 자신의 영광을 드러내십니다.

주여, 제 삶이 하나님의 집을 이루는 산 돌이 되게 하소서. 제 자리를 충실히 감당하며, 공동체 안에서 서로를 세워 가는 지체로 살아가게 하소서.

9월 **12**일

그리스도와 한 몸이 된 하나님의 자녀

에베소서 2:19

"그러므로 이제부터 너희는 외인도 아니요 나그네도 아니요 오직 성도들과 동일한 시민이요 하나님의 권속이라"

교회는 그리스도 안에서 새로운 정체성을 부여받은 영원한 가족입니다. 우리는 단순히 한 공동체에 속한 것이 아니라, 예수 그리스도의 피로 맺어진 하늘의 혈육, 곧 하나님의 가족이 되었습니다. 예수께서 말씀하신 바와 같이, "누구든지 하나님의 뜻대로 행하는 자가 내 형제요 자매요 어머니이니라"[막 3:35]는 선언은 혈연 이상의 유대를 말합니다. 이 가족은 생물학적 한계를 넘어, 영원과 하늘의 질서 속에 존재하는 공동체입니다. 가족이란 서로를 포기하지 않고 끝까지 함께 가는 존재입니다. 그래서 교회는 상처 속에서도, 오해 속에서도 관계를 끊지 않습니다. 때로는 눈물로, 때로는 인내로 붙들며, 결국 기쁨과 감사로 함께 웃는 길을 걷습니다. "사랑은 모든 허물을 덮느니라"[잠 10:12]라는 말씀처럼, 영원한 가족은 사랑으로 함께 덮고, 서로 세워가며, 하나님의 품 안에서 거합니다. 하늘나라의 가족은 세상의 시간과 경계를 넘어, 성령 안에서 하나가 되어 살아가는 거룩한 신비입니다.

주여, 영원한 가족인 교회 안에서 끝까지 사랑하고 용납하게 하소서.

9월 **13**일

한 몸을 이루는 지체의 각 부분들

고린도전서 12:27

"너희는 그리스도의 몸이요 지체의 각 부분이라"

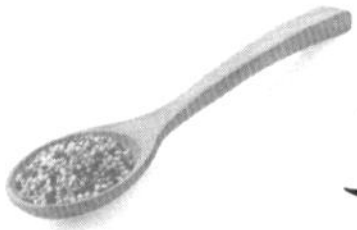

교회는 세상 속에 살지만, 세상에 속하지 않은 하나님 나라의 모형입니다. 그 중심에는 오직 그리스도가 계시며, 우리는 그분의 몸을 이루는 지체입니다. 몸은 하나의 생명으로 연결되어 있지만, 지체마다 모양과 기능이 다르기에 손은 발을 대신할 수 없고, 눈은 귀를 대신하지 못합니다. 그러나 바로 그 다름이 온전함을 이룹니다. 성 어거스틴은 교회를 "성령 안에서 조화를 이룬 다양성의 합창"이라 말했습니다. 교회에서의 삶은 이 다양성을 포용하고 그 차이를 통해 그리스도의 풍성함을 드러내는 훈련의 장이 됩니다. 하지만 우리는 종종 자기와 다른 이를 불편해하고, 나와 비슷한 이들과만 가까이하려 합니다. "같은 소리를 내는 현은 화음을 만들지 못한다"라는 말처럼 교회의 아름다움은 동일함이 아니라 차이를 통한 화음에 있습니다. 성령께서는 이 경계를 넘어 서로 사랑과 섬김으로 하나 되게 하십니다. 교회의 연합은 인간의 능력이나 취향의 일치에서 비롯되는 것이 아니라 십자가 앞에서 모든 차이를 넘어 주님의 피로 하나가 되는 은혜에서 시작된다. 서로 다름을 두려워하지 말고, 그 안에서 드러나는 하나님의 지혜와 사랑을 바라볼 때, 교회는 세상 속에서 빛나는 '하나님의 나라'의 모형이 됩니다.

주님, 저를 교회의 지체로 부르신 은혜에 감사하며, 서로의 다름을 존중하고 세우며 사랑으로 하나 되게 하소서.

9월 **14**일

교회는 서로를 격려하는 믿음의 공동체

히브리서 10:24

"서로 돌아보아 사랑과 선행을 격려하며"

교회는 믿음의 공동체일 뿐 아니라, 서로를 일으키는 격려의 집입니다. 우리의 마음은 바람 앞의 촛불처럼 쉽게 흔들리며 꺼질 듯 위태롭습니다. 세상은 끊임없이 믿음을 조롱하고 무너뜨리는 소리를 쏟아내지만, 그 한가운데서 들려오는 짧은 격려의 말, 무심히 건네는 기도, 작은 섬김의 손길은 가라앉는 영혼을 다시 띄웁니다. 격려는 단순한 위로나 칭찬이 아니라, 하나님이 주신 약속을 다시 기억하게 하는 성령의 불씨입니다. 초대교회 성도들이 핍박 속에서도 담대히 믿음을 지킬 수 있었던 것은 서로를 격려하며 주님의 재림을 기다렸기 때문입니다. "한 송이 꽃으로는 봄을 이루지 못하나, 함께 피어야 들판이 봄이 된다"라는 말이 있습니다. 우리의 믿음도 혼자가 아니라 함께 자랄 때 더욱 단단해집니다. 그러나 우리는 종종 바쁘다는 이유로, 혹은 무관심 속에 이 사명을 잊습니다. 주님께서 우리를 한순간도 잊지 않으시고 붙드시듯, 우리 또한 서로의 믿음을 지켜주어야 합니다. 교회가 세상 속에서 빛을 잃지 않으려면, 성도는 서로에게 불씨가 되어 꺼져가는 심지를 살려야 합니다.

주님, 제 말과 행동이 오늘 누군가의 믿음을 지켜내는 등불이 되게 하소서.

9월 **15**일

마음을 다하여 하나님을 신앙하는 교회

잠언 3:5

"너는 마음을 다하여 여호와를 신뢰하고 네 명철을 의지하지 말라"

신앙의 길은 때로 우리의 이성과 계획을 뛰어넘는 하나님의 섭리 속에서 열려집니다. 교회 공동체의 걸음도 마찬가지입니다. 우리는 익숙한 방식, 안전하다고 여겨지는 길을 선호하지만, 주님은 우리의 시야를 넘어서는 방향으로 인도하십니다. 계획이 무너지고, 사역의 열매가 더디 맺힐 때 우리는 흔들리지만, 믿음의 사람은 상황이 아니라 주님의 성품을 붙듭니다. "믿음은 바라는 것들의 실상이요 보지 못하는 것들의 증거"라는 말씀처럼[히 11:1], 신뢰는 눈앞의 현실을 넘어 하나님의 신실하심에 자신을 의탁하는 것입니다. "진정한 용기는 불확실성 속에서 신뢰할 대상을 아는 것"이라 하였듯, 성도의 용기는 바로 여기서 비롯됩니다. 마음을 다해 신뢰한다는 것은 계산과 통제를 내려놓고, 교회의 주인이 하나님이심을 고백하는 행위입니다. 이것은 무책임한 방임이 아니라 철저한 의탁이며, 그분의 손에 자신과 공동체를 맡기는 신앙의 결단입니다. 농부가 씨를 뿌린 후 땅을 갈고 물을 주지만 결국 자라게 하시는 이는 하나님이듯[고전 3:7], 우리의 사역 역시 열매를 주시는 주님의 손에 달려있습니다. 역사의 많은 순간, 사람의 눈에는 실패와 좌절처럼 보였던 길이 훗날 하나님의 영광을 드러내는 길이 된 것을 우리는 기억합니다. 그러므로 우리는 조급히 결과를 움켜쥐려는 손을 내려놓고, 오늘의 순종 한 걸음을 내디뎌야 합니다. 신뢰는 기다림 속에서 꽃피우고, 의탁은 순종 속에서 열매 맺습니다.

주님, 제 시야에 보이지 않아도 주님의 신실하신 손길을 신뢰하며 교회의 걸음을 온전히 맡깁니다.

9월 **16**일

그리스도의 피로 한 몸을 이룬 교회

시편 133:1

"보라 형제가 연합하여 동거함이 어찌 그리 선하고 아름다운고"

연합은 교회의 보이지 않는 힘이며, 분열은 눈에 보이는 상처입니다. 세상은 이익과 이해관계에 따라 쉽게 흩어지지만, 교회는 그리스도의 피로 묶인 한 몸입니다. 그러나 연합은 결코 저절로 오지 않습니다. 서로 다른 배경과 성격, 신앙의 깊이를 품고 살아가는 우리는 본능적으로 자기 목소리를 내고 싶어 합니다. 그러므로 연합은 자기 뜻을 내려놓는 겸손한 헌신에서 시작됩니다. "한 줄의 끈은 쉽게 끊어지나 세 줄의 끈은 쉽게 끊어지지 않는다"는 말처럼, 교회의 연합은 각자의 다름을 넘어 그리스도 안에서 함께 묶일 때 비로소 강해집니다. 연합은 획일이 아니라, 같은 주님께 시선을 맞추는 데서 비롯됩니다. 성경은 "평안의 매는 줄로 성령이 하나 되게 하신 것을 힘써 지키라"엡 4:3고 권면했습니다. 주님을 향한 시선이 같을 때, 우리는 서로를 감싸 안는 한 몸이 됩니다. 교회가 이렇게 하나 될 때, 세상은 하나님 나라의 아름다움을 보게 됩니다. 갈등의 시대에 화평케 하는 자로 부름받았다는 사실은 교회가 세상을 향해 드러내야 할 복음의 빛입니다.

주님, 제 마음을 낮추어 교회의 연합을 지키는 사람으로 살게 하소서.

9월 **17**일

그리스도를 머리로 모신 교회

에베소서 5:23

"이는 남편이 아내의 머리 됨이 그리스도께서 교회의 머리 됨과 같음이니 그가 바로 몸의 구주시니라"

교회는 그리스도의 몸이요, 그 머리는 오직 예수 그리스도이십니다. 교회의 주인은 결코 목회자도, 성도도, 전통이나 재정도 아닙니다. 머리가 몸의 모든 움직임을 조율하듯, 교회의 모든 방향성과 사역은 그리스도의 뜻에 철저히 순종해야 합니다. 그러나 우리는 종종 머리 되신 주님의 자리를 넘보며, 내 경험과 의견, 내 계획과 감정이 앞서는 유혹에 빠집니다. 교회 안에 갈등이 일고 방향이 흐려질 때, 그 뿌리를 따라가 보면 종종 그리스도의 머리되심을 망각한 자리에서 시작됩니다. "그리스도께 붙지 아니한 자는 자라지 못하느니라"는 골로새서의 말씀처럼[골 2:19], 머리이신 그리스도를 놓치면 교회는 생명력을 잃고 방황하게 됩니다. 루터는 "교회는 오직 하나님의 말씀 위에 선다"고 했습니다. 말씀과 성령의 인도에 귀 기울이고, 교회의 진정한 머리를 인정하며 순종할 때, 교회는 다시 살아납니다. 머리는 몸을 살리고 일으킵니다. 그리스도는 오늘도 교회를 살리시는 머리이십니다.

주님, 제 생각과 고집보다 주님의 뜻에 순종하는 교회의 지체가 되게 하소서.

9월 **18**일

서로 섬기는 교회 공동체

마태복음 23:11

"너희 중에 큰 자는 너희를 섬기는 자가 되어야 하리라"

주님은 섬김을 하나의 사역이 아니라 삶의 태도로 삼으셨습니다. 세상은 높아짐을 권력이라 말합니다. 그러나 예수께서는 낮아짐을 통해 권위를 드러내셨습니다. 제자들의 발을 씻으신 그분은 말로만이 아니라 몸소 섬김의 길을 보여주셨습니다. 이처럼 진정한 섬김은 겉모양의 친절을 넘어 마음의 중심에서 흘러나오는 자기 비움, 나의 계획보다 공동체의 유익을 앞세우고, 나의 이름보다 그리스도의 이름이 높아지기를 원하는 것입니다. 그래서 사랑은 손에 있는 것이 아니라 낮은 자리에서 누군가를 바라볼 무릎에 있습니다. 섬김의 기준에서 보면, 교회의 크기는 건물의 높이가 높은 것이 아닌 사랑의 무게에 달려 있습니다. 섬김이 공기처럼 자연스러운 공동체는, 그 존재만으로도 세상에 향기를 퍼뜨립니다. 그리스도의 교회는 바로 그러한 향기의 공동체가 되어야 합니다.

9월

주님, 나를 드러내려는 욕망을 내려놓고, 그리스도를 나타내는 섬김의 사람으로 살게 하소서.

9월 **19**일

서로를 위해 사랑의 법을 성취하는 교회

갈라디아서 6:2

"너희가 짐을 서로 지라 그리하여 그리스도의 법을 성취하라"

신앙은 고독한 수행이 아니라, 사랑 안에서 엮여진 공동체의 길입니다. 성경은 우리에게 '서로에게 짐을 지라'고 권면합니다. 짐은 각자의 고통일 수도, 회개의 무게일 수도, 일상의 지친 무게일 수도 있습니다. 가끔 우리는 내 문제로 가득 차서 타인의 짐을 돌아볼 여유조차 잃고 살아갑니다. 그러나 그리스도의 법은 나를 비우는 자리에서 시작됩니다. 한 어머니가 아이의 무거운 책가방을 함께 들어주듯, 우리도 누군가의 슬픔을 같이 울고, 기쁨을 함께 웃을 수 있어야 합니다. 톨스토이는 말했습니다. "사랑이란 다른 이의 짐을 내 어깨에 얹는 것이다." 교회는 그렇게 서로 짐을 나누는 신비한 가족입니다. 혼자였을 때는 무거웠던 인생의 짐도, 함께할 때는 절반이 되고, 거기에 하나님의 은혜가 더해질 때 기쁨은 두 배가 됩니다. 우리를 짊어지신 주님처럼, 우리도 사랑으로 짊어지는 자가 되어야 합니다.

주님, 제 마음을 넓혀 다른 이의 무게를 기꺼이 함께 지게 하소서.

9월 **20**일

교회의 질서와 평화를 위해 노력하는 성도

고린도전서 14:33

"하나님은 무질서의 하나님이 아니시요 오직 화평의 하나님이시니라"

하나님은 혼돈 속에 계시지 않습니다. 그분은 어지러움을 잠재우시고, 혼란의 파도를 평온으로 바꾸시는 분이십니다. 그러므로 교회 안의 질서는 단순한 규칙의 나열이 아니라, 하나님의 성품을 반영하는 신성한 아름다움입니다. 예배 순서 하나, 사역의 흐름 하나, 회의 중 나누는 말 한마디에도 하나님의 화평이 흘러야 합니다. 역사 속에서 하나님이 크게 일하셨던 공동체는 언제나 질서 속에 은혜가 흐르던 곳이었습니다. 아우구스티누스는 "질서는 사랑의 형식이다"라고 했습니다. 무질서는 은혜를 삼키고 사역자를 지치게 하지만, 질서는 섬김을 지속 가능하게 합니다. 그것은 억압이 아니라 조화입니다. 은혜를 받기 좋은 토양은 늘 정돈된 밭이며, 하나님의 교회도 그러해야 합니다. 우리가 하나님을 닮아가는 여정 속에서, 교회의 평화와 질서를 지키는 태도는 결코 부차적인 것이 아니라 하나님을 경외하는 삶의 실천입니다.

주님, 제 말과 행동이 교회 안에 질서와 평화를 세우는 도구가 되게 하소서.

9월 **21**일

은혜의 파수꾼이 지키는 입술

골로새서 4:6

"너희 말을 항상 은혜 가운데서 소금으로 맛을 냄과 같이 하라 그리하면 각 사람에게 마땅히 대답할 것을 알리라"

사람의 말은 공동체의 온도를 결정짓는 온도계이자 영혼의 향기를 머금는 그릇입니다. 말 한 마디가 사람의 마음에 생기를 불어넣기도 하고, 찬바람을 일으키기도 하는데, 성경은 우리의 말이 '항상 은혜 가운데서' 있어야 한다고 권면합니다. 은혜로운 말은 단지 다정하고 부드러운 언어가 아니라, 진리를 왜곡하지 않되 상대를 세우는 말이며, 거짓으로 숨기지 않으면서도 상처를 남기지 않는 말입니다. 그런 말은 소금처럼 부패를 막고 맛을 살립니다. 공동체는 결국 말로 세워지고, 말로 무너집니다. 디트리히 본회퍼는 "공동체는 우리의 말로 보존되거나 파괴된다"고 말했습니다. 우리의 말은 마음의 거울이기에, 성령으로 충만한 마음에서는 은혜의 말이 흘러나옵니다. 내가 불쑥 내뱉은 말로 인해 남에게 상처를 남기기보다, 기도와 묵상의 입술에서 흘러나온 말이 치유의 통로가 되기를 소망합니다. 교회는 건물보다 말이 더 단단한 기초가 되기에 날마다 내 입술에 파수꾼을 세워달라고 기도하며, 내가 속한 공동체를 말로 축복하고 세워가야 합니다.

주님, 제 입술에 은혜의 파수꾼을 세우사, 공동체를 세우는 말을 하게 하소서.

9월 **22**일

어둠을 밝히는 교회

마태복음 5:14

"너희는 세상의 빛이라 산 위에 있는 동네가 숨겨지지 못할 것이요"

빛은 침묵하지만 모든 것을 드러냅니다. 교회는 세상 속에 감춰진 섬이 아니라, 어둠을 밝히는 등불입니다. 빛은 자신을 비추는 것이 아니라, 다른 이를 위한 존재입니다. 그러나 빛으로 살아가기 위해선 먼저 예수 그리스도의 빛을 받아야 합니다. 태양 없이 달이 어둠을 밝힐 수 없듯, 교회는 주님의 임재 없이 세상을 비출 수 없습니다. 교회가 빛을 잃는 이유는 세상의 시선을 더 의식하고, 하나님의 빛을 가리는 데 익숙해졌기 때문입니다. 위선 없는 사랑, 진실된 섬김, 고요한 거룩, 포기하지 않는 진리가 교회를 다시 빛나게 합니다. 아우구스티누스는 말했습니다. "당신이 가진 것이 무엇이든 그것이 사랑이 되지 않으면, 그것은 빛을 잃는다." 우리는 말이 아닌 존재로 빛나야 합니다. 삶의 작은 순간들이 주님의 빛을 비추는 통로가 되길 소망합니다.

주님, 제 삶이 주님의 빛을 받아 세상을 비추는 거룩한 등불 되게 하소서.

9월 23일

허물을 용서하는 은혜로운 교회

골로새서 3:13

"누가 누구에게 불만이 있거든 서로 용납하여 피차 용서하되 주께서 너희를 용서하신 것 같이 너희도 그리하고"

용서는 교회 공동체에서 가장 은혜롭지만 가장 어려운 실천입니다. 같은 믿음을 고백하는 이에게 받은 상처는 마음 깊은 곳까지 스며들고, 쉽게 아물지 않습니다. 그러나 그 아픔의 자리에서 우리가 바라보아야 할 곳은 사람의 얼굴이 아니라 십자가입니다. 예수님께서 우리를 먼저 용서하셨다는 사실은, 용서할 수 없는 이를 향해 손을 내밀게 합니다. 용서는 감정이 아니라 믿음의 결단입니다. 그리고 용납이란 잘못을 묵인하는 것이 아니라, 그 사람을 십자가 너머로 품는 것입니다. '상처받지 않는 사람이 성숙한 게 아니라, 다시 품는 사람이 성숙하다'는 말처럼, 진정한 성숙은 상처 뒤의 회복과 화해를 통해 드러납니다. 용서와 용납이 머무는 곳에는 은혜의 강이 흐르고, 주님의 평강이 머뭅니다. 냉랭한 관계 속에 막힌 은혜의 흐름을 풀어내는 열쇠는 바로 용서입니다.

주님, 저를 먼저 용서하신 그 사랑으로 오늘 내가 누군가를 품게 하소서.

9월 **24**일

교회를 무너뜨리는 원망과 시비

빌립보서 2:14

"모든 일을 원망과 시비가 없이 하라"

원망과 시비는 교회의 심장을 서서히 마르게 하는 독입니다. 아무리 열심히 봉사해도 그 안에 불평이 스며들면, 그 사역은 향기를 잃고 맙니다. 원망은 하나님께 대한 보이지 않는 불신이며, 시비는 사람을 판단하려는 교만에서 비롯됩니다. 그러나 믿음 안에서 일할 때, 작은 헌신도 깊은 기쁨을 싹틔웁니다. 한 장의 의자 커버를 덮으며 "주님, 사랑합니다"라고 고백하는 자는 천국의 미소를 짓는 것입니다. 그래서 교회를 살리는 것은 일의 크기가 아니라 마음의 향기입니다. 톨스토이는 "모든 위대한 일은 감사의 심장으로 시작된다"고 말했습니다. 이 말은 나보다 크신 하나님을 바라보고, 내 옆에 있는 지체를 귀하게 여길 때, 원망은 감사로 바뀌고 시비는 축복의 말로 바뀐다는 뜻입니다. 우리가 심는 말이 곧 공동체의 분위기를 만듭니다. 우리가 남긴 말과 태도가 시간보다 오래 기억됩니다.

주님, 제 마음에서 불평을 뽑아내고 감사의 노래를 심게 하소서.

9월 25일

하나됨의 성령과 분열의 마귀

에베소서 4:4

"몸이 하나요 성령도 한 분이시니 이와 같이 너희가 부르심의 한 소망 안에서 부르심을 받았느니라"

하나님께서 우리에게 주신 가장 위대한 선물 중 하나는 '하나 됨'입니다. 그러나 이 하나 됨은 우리가 만든 것이 아니라, 성령께서 이미 이루신 결과입니다. 우리는 그것을 창조할 수 없지만, 힘써 지켜야 할 책임을 지닌 사람들입니다. 초대교회의 능력은 탁월한 전략이나 조직력에서 온 것이 아니라, 사랑 안에서 하나 되는 공동체의 삶에서 비롯되었습니다. 성 어거스틴은 "분열은 죄보다 더 깊은 상처를 남긴다"고 했습니다. 분열은 한 영혼의 실수로 시작되지만, 공동체 전체에 깊은 상처를 남깁니다. 교회에서의 작은 오해, 무심한 말, 미묘한 시기심이 불신을 낳고, 그것이 곪아가면 하나 됨이 무너지기 시작합니다. 반대로, 겸손과 온유, 오래 참음으로 서로를 품을 때 성령이 주신 연합은 더욱 깊어집니다. 화해는 수동적 묵인이 아니라, 적극적인 사랑의 실천입니다. 하나 된 공동체만이 세상 속에서 복음의 신비를 드러낼 수 있습니다. 우리는 화해와 일치를 향해 걸어가야 할 순례자입니다.

주님, 제가 성령께서 주신 하나 됨을 소중히 여기고 힘써 지키게 하소서.
갈등보다 화해를, 정죄보다 사랑을 선택하게 하소서.

9월 **26**일

사랑으로 권면하며 세워져 가는 교회

히브리서 10:25

"모이기를 폐하는 어떤 사람들의 습관과 같이 하지 말고 오직 권면하자 그날이 가까운 것을 보고 더욱 그리하자"

신앙은 홀로 자라는 나무가 아니라, 서로 기대어 자라는 숲입니다. 성경는 종말의 날이 다가올수록 "더욱" 권면하라고 말하는데, 여기서 권면은 단순한 충고가 아니라, 사랑으로 하는 진심 어린 동행의 말입니다. 권면은 위로일 수 있고, 때로는 아픈 직언이 될 수도 있습니다. 그러나 그것이 사랑에서 비롯된 것이라면, 그 권면은 영혼을 무너뜨리는 것이 아니라 세우는 힘이 됩니다. 디트리히 본회퍼는 "공동체는 하나님의 말씀이 나를 통하여 너에게 가는 통로가 될 때 살아난다"고 말했습니다. 교회는 바로 이 권면의 공동체입니다. 부드러운 말 한마디, 진실한 눈빛 하나, 때로는 침묵 가운데 함께해주는 권면은 서로를 믿음의 길로 인도합니다. 중요한 것은, 권면은 정죄가 아니라 함께 가자는 초대여야 한다는 점입니다. 사랑으로 권면하고, 겸손히 권면을 받는 이들 사이에 하나님께서 일하시며. 우리는 그렇게 한 걸음씩 그리스도의 장성한 분량에 이르게 됩니다.

주님, 사랑으로 권면하고 겸손히 권면받는 마음을 제게 주옵소서.

9월 **27**일

마음의 중심을 보시는 하나님

사무엘상 16:7

"여호와께서 사무엘에게 이르시되 그의 용모와 키를 보지 말라 내가 이미 그를 버렸노라 내가 보는 것은 사람과 같지 아니하니 사람은 외모를 보거니와 나 여호와는 중심을 보느니라 하시더라"

세상은 겉모습에 민감하지만, 하나님은 중심을 바라보십니다. 다윗이 선택된 이유는 그 외모나 조건이 아니라 하나님을 향한 중심 때문이었습니다. 우리는 교회생활 속에서 화려한 성전, 유창한 설교, 조직적인 사역에 감탄하며 그 안에 하나님의 기쁨도 함께 있다고 여깁니다. 하지만 성경은 분명히 말합니다. "사람은 외모를 보거니와 여호와는 중심을 보시느니라." 중심이란 하나님을 향한 순결한 사랑, 이웃을 위한 진실한 섬김, 자기 유익을 초월한 공동체적 헌신을 뜻합니다. 성경은 "사랑이 없으면 울리는 꽹과리라"고전 13:1 했습니다. 중심을 지키는 일은 매일의 회개로, 하나님 앞에 마음을 정직하게 내어놓는 삶으로 가능해집니다. 주님의 마음에 합한 교회는 규모나 외형보다, 바로 그 안에 심겨진 중심의 진실함으로 빛납니다. 우리가 잃지 말아야 할 것은 능력이 아니라 중심이며, 평가가 아니라 진심입니다.

주님, 겉이 아니라 중심을 보시는 주님께 제 마음을 드리오니,
그 안에 사랑과 진실을 심어주소서.

9월 **28**일

교회의 약한 관계의 틈새를 노리는 마귀

베드로전서 5:8

"근신하라 깨어라 너희 대적 마귀가 우는 사자 같이 두루 다니며 삼킬 자를 찾나니"

신앙은 따뜻한 사랑의 교제를 이루는 동시에, 눈에 보이지 않는 전장의 한가운데를 걷는 여정입니다. 교회는 은혜의 집이지만, 마귀는 그 울타리 안에 틈을 만들어 불신을 심고, 사소한 말과 감정을 증폭시켜 분열로 이끕니다. 깨어 있다는 것은 단지 불안과 긴장의 상태가 아니라, 말씀으로 마음을 밝히고 기도로 영혼의 창을 열어 두는 태도입니다. 프란시스 은 "하나님께 가까이 있는 이는 마귀가 감히 손댈 수 없다"고 했습니다. 마귀는 교회의 약한 고리를 노리고, 관계의 틈새를 통해 들어오려 하기에 우리는 서로의 믿음을 지키는 파수꾼이 되어야 합니다. 기도하는 무릎과 깨어 있는 영혼은 교회를 지탱하는 보이지 않는 기둥입니다. 믿음의 공동체가 깨어 있을 때, 거짓과 분열은 더 이상 힘을 잃고 사랑의 질서가 회복됩니다.

주님, 저와 교회가 영적 잠에서 깨어 말씀과 기도로 서로를 지키게 하소서.

9월 **29**일

서로 뜨겁게 사랑하라

베드로전서 4:8

“무엇보다도 뜨겁게 서로 사랑할지니 사랑은 허다한 죄를 덮느니라”

사랑이 식으면, 그리스도인의 삶 역시 식어버립니다. 그리고 교회는 생기를 잃게 됩니다. 성경은 베드로전서를 통해 “서로 뜨겁게 사랑하라”고 권합니다. 이 ‘뜨겁게’라는 말은 감정의 열정이 아니라, 용광로같이 뜨거운 헌신의 마음이 담겨 있습니다. 누군가의 아픔에 다가가 위로하고, 실패한 자를 대신 세워주며, 원망스러운 이를 품고 다시 시작하는 것, 그것이 사랑이기 때문입니다. 사랑은 침묵하는 법이 없습니다, 그저 감상적으로 머무는 법은 더더구나 없습니다. 마더 테레사는 “사랑의 반대는 미움이 아니라 무관심”이라 했습니다. 오늘 우리는 어떻습니까? 교회에서 상처 입은 이들에게 얼마나 따뜻한 눈빛을 주었습니까? 내 곁의 연약한 이들을 위해 시간을 내고 기도한 적은 언제였습니까? 성령께서 우리의 메마른 심령에 다시금 불을 지피실 때, 우리는 사랑할 수 있습니다. 뜨거운 사랑은 우리의 의지가 아니라, 하나님께 받은 은혜의 열매이기 때문입니다.

주님, 제 마음을 녹여 성령의 불로 가득 채우시고, 말이 아닌 행동으로 사랑하게 하소서.

9월 **30**일

범사에 감사하라

데살로니가전서 5:18

"범사에 감사하라 이것이 그리스도 예수 안에서 너희를 향하신 하나님의 뜻이니라"

감사는 영혼의 체온을 데우는 따뜻한 난로처럼 공동체 전체에 생기를 불어넣습니다. 감사가 넘치는 교회는 작은 섬김에도 기뻐하며, 고난 속에서도 하나님의 선하심을 바라보는 시선을 잃지 않습니다. 반대로 불평은 은혜의 통로를 막고 마음을 메마르게 합니다. 감사는 상황의 유불리가 아니라, 하나님의 손길을 인식하는 눈에서 비롯됩니다. "감사는 발견이 아니라 해석입니다."라는 말처럼, 동일한 현실 속에서도 어떤 이는 한숨을 쉬고, 다른 이는 감사의 찬송을 올립니다. 예배 후 주님의 은혜를 나누고, 사역 후 서로의 수고를 칭찬하며, 사소한 변화에도 감격하는 문화가 교회를 건강하게 세웁니다. 감사는 단번에 이뤄지는 성품이 아니라, 날마다 훈련하고 선택해야 할 길입니다. 하루를 시작하며 '감사할 이유'를 먼저 찾는 연습은 우리를 은혜의 자리로 인도합니다.

주님, 모든 상황 속에서도 주님의 선하신 손길을 바라보며 진심으로 감사하는 삶을 살게 하소서.

O c t o b e r

10월

성령님과 교회

10월 1일

교회는 그리스도의 평강이 다스리는 곳

골로새서 3:15

"그리스도의 평강이 너희 마음을 주장하게 하라 너희는 평강을 위하여 한 몸으로 부르심을 받았나니 너희는 또한 감사하는 자가 되라"

평강은 그리스도께 속한 사람들의 마음을 하나 되게 묶는 보이지 않는 끈입니다. 그것은 갈등이 없다는 뜻이 아니라, 갈등 중에도 주님의 마음을 선택하고 그분의 뜻을 따르는 내적 질서입니다. 고요한 호수도 겉으로는 잔잔하지만 그 깊은 곳에는 언제나 움직임이 있습니다. 교회 공동체도 마찬가지입니다. 때로 의견이 다르고 감정이 흔들릴지라도, 그 중심에 그리스도의 평강이 뿌리내릴 때 우리는 흔들리지 않습니다. 존 뉴턴은 "마음의 평안은 외부의 폭풍 속에서도 항로를 잃지 않는 나침반이다"라고 말했습니다. 평강은 감정이나 상황에서 오는 것이 아니라, 주님의 주권을 인정할 때 솟아오릅니다. 자존심이 아니라 은혜가 마음을 다스릴 때, 우리는 평강의 통치를 경험하게 됩니다. 성령의 열매인 평강은 기도 속에서 자라고, 서로 용납하고 감사할 때 더욱 깊어집니다. 그러한 평강이 교회를 지배할 때, 세상의 소용돌이도 우리의 중심을 무너뜨릴 수 없습니다.

주님, 제 마음과 교회를 그리스도의 평강이 다스리게 하소서.

10월 **2**일

서로의 마음을 살피고 세워주는 교회

잠언 4:23

"모든 지킬 만한 것 중에 더욱 네 마음을 지키라 생명의 근원이 이에서 남이니"

마음은 생명의 샘입니다. 세상은 끊임없이 우리의 마음을 흔들고, 상하게 하고, 무겁게 합니다. 예배가 버거워지고 사람들과의 관계가 불편하게 느껴질 때, 우리는 어디서부터 잘못되었는지 자문하는데, 성경은 그 출발점을 마음이라 말씀합니다. 마음을 지키는 일은 말씀을 가까이하는 것에서 시작됩니다. 주님의 음성을 묵상하며, 세상의 소음과 염려를 걸러낼 수 있을 때 마음은 다시 제자리를 찾을 수 있습니다. 매일 말씀 앞에 나갈 때, 우리는 영혼의 정원을 돌보는 것입니다. 기도는 그 정원에 물을 주는 행위이다. 이렇게 보호된 마음은 언어를 바꾸고, 태도를 변화시키며, 결국, 교회의 공기를 맑게 만듭니다. 독일의 괴테는 "인간의 마음이 맑을수록 세상은 밝아진다"고 말했는데, 이처럼 서로의 마음을 살피고 세워주어 마음을 맑게 해 주는 공동체는 곧 하나님 나라의 씨앗이라 할 것입니다.

주님, 제 마음을 주의 말씀과 기도로 지켜 주소서. 지킨 마음으로 교회를 섬기게 하소서.

10월 **3**일

함께 웃고 함께 우는 교회

로마서 12:15

"즐거워하는 자들과 함께 즐거워하고 우는 자들과 함께 울라"

기뻐하는 자들과 함께 기뻐하고, 우는 자들과 함께 우는 것—이 단순한 권면은 교회를 하나의 몸으로 엮는 사랑의 언어입니다. 현대인은 속도에 익숙하고 바쁨에 중독되어, 타인의 눈빛 속에서 피어나는 기쁨도, 마음 구석에서 흐르는 눈물도 쉽게 지나칩니다. 그러나 진정한 공감은 멈춰 서는 것에서 시작됩니다. 시간을 내어, 거리를 좁혀, 귀를 기울이는 작은 행위가 누군가의 외로움을 덜고 사랑의 체온을 전합니다. 영국 속담에 "슬픔을 나누면 반이 되고, 기쁨을 나누면 두 배가 된다"고 했습니다. 성도들이 서로의 사연을 듣고, 웃을 때 함께 웃고, 울 때 진심으로 함께 우는 교회는 예수님의 마음을 품은 교회입니다. 에덴의 회복은 멀리 있지 않습니다. 우리 곁의 눈물에 머물 줄 아는 섬세한 사랑이 그것을 시작합니다.

주님, 바쁜 삶 속에서도 이웃의 마음에 머물 줄 아는 따뜻한 공감의 사람이 되게 하소서.

10월 **4**일

서로를 사랑하는 교회

마태복음 22:39

"둘째도 그와 같으니 네 이웃을 네 자신 같이 사랑하라 하셨으니"

예수께서 이 말씀을 율법과 선지자의 강령이라 하셨습니다. 그래서 이웃을 자신처럼 사랑하는 것은 단순한 도덕이 아니라, 하나님 나라 백성의 살아가는 방법이다. 나를 귀히 여기듯 이웃을 존귀하게 여기고, 나의 필요를 살피듯 이웃의 필요를 살피며, 나의 아픔에 민감하듯 이웃의 상처에도 마음을 기울이는 것이다. 파스칼은 "사랑은 눈을 가진 마음이다"라고 했습니다. 이웃 사랑은 말이 아닌 시선과 손의 언어로 드러난다. 앉을 자리가 없어 서 있는 이에게 자리를 내어주고, 손에 들린 마지막 떡을 둘로 쪼개어 나누는 것, 때로는 침묵 속의 위로가, 때로는 정직한 충고가 사랑이 됩니다. 그리고 교회는 이러한 사랑이 흐르는 곳이어야 합니다. 사랑의 하나님이 임재하시는 교회는 그 자체로 세상을 향한 복음의 선물이 됩니다. 우리가 먼저 받은 사랑을 기억할 때, 이 사랑은 타인을 향해 흘러갈 수 있습니다.

주님, 제 안의 이기심을 걷어내시고, 이웃을 제 자신처럼 사랑하는 용기와 기쁨을 주소서.

10월 **5**일

사랑으로 헌신하는 교회

고린도전서 16:14

"너희 모든 일을 사랑으로 행하라"

사랑 없는 수고는 쉽게 지치고, 결국은 쓰러집니다. 그러나 사랑은 수고로운 짐의 무게를 감당하게 하고, 고통 속에서도 불평 대신 인내할 수 있게 합니다. "사랑은 오래 참고 온유하며 …. 모든 것을 참으며 모든 것을 견딘다"고전 13:4~7라는 말씀처럼, 사랑은 감정이 아니라 결단이며, 우리의 의지를 하나님께 드리는 삶의 방식입니다. 바울은 고린도 교회에 수많은 문제를 지적했지만, 마지막으로 당부한 것은 사랑이었습니다. 이처럼 모든 일이 사랑에서 시작되고 사랑으로 마쳐야 합니다. 교회 봉사도, 가정의 섬김도, 이웃과의 관계도, 사랑이 중심이 아닐 때, 방향을 잃고 맙니다. 청소할 때 "나는 지금 주님의 앞뜰을 청소합니다"라고 기도하던 수도사가 있었다고 한다. 이처럼 사랑으로 행하면 일상이 예배가 되는 것처럼, 작아 보이는 친절 하나도 사랑으로 행하면 하나님 나라의 일이 됩니다. 사랑은 우리가 받은 은혜에 대한 가장 진실한 응답이며, 그리스도를 닮는 삶의 향기입니다.

주님, 모든 말과 행동 속에 사랑을 심게 하소서.

10월 **6**일

하나님의 나라와 의를 구하는 교회

마태복음 6:33

"먼저 그의 나라와 의를 구하라 그리하면 이 모든 것을 너희에게 더하시리라"

우리는 종종 교회 생활의 성공을 프로그램의 성장이나 헌신자의 수, 혹은 재정의 안정으로 측정하곤 합니다. 그러나 예수님은 우리의 첫 번째 목표가 하나님의 나라와 의라는 것을 단호히 말씀하셨습니다. 하나님의 나라는 그분의 통치가 이루어지는 삶의 질서요, 의는 하나님의 기준에 따라 생각하고 선택하며 살아가는 태도입니다. 마르틴 루터는 "하나님의 의는 인간의 모든 의를 무너뜨리고, 오직 은혜에만 설 수 있게 한다"고 고백했는데, 하나님의 나라와 의를 먼저 구한다는 것은 세상의 인정이나 효율보다 하나님의 뜻을 앞세우는 삶의 방식을 뜻합니다. 다윗은 왕이 되기 전에도 하나님의 뜻을 먼저 구했고, 바울은 복음을 위해 자신의 모든 자랑을 배설물로 여긴 바 있습니다. 이처럼 믿음의 사람들은 항상 먼저 하나님의 나라를 바라보았습니다. 그리고 그때, 하나님은 우리 삶의 모든 필요를 채우시는 분이시라는 점을 경험하게 됩니다.

주님, 제 마음의 중심이 오직 주님의 나라와 의를 향하게 하소서.
교회의 모든 계획과 제 삶의 우선순위가 주님의 뜻을 따르게 하소서.

10월 **7**일

전도와 전도생활

로마서 10:15

"보내심을 받지 아니하였으면 어찌 전파하리요 기록된 바 아름답도다 좋은 소식을 전하는 자들의 발이여 함과 같으니라"

복음은 혀끝이 아니라 발끝에서 시작됩니다. 주님은 우리를 머무는 자로 부르지 않으시고, 가는 자로 부르셨기 때문입니다. 전도는 말로만 전해지는 정보가 아니라, 전인격이 사랑을 싣고 움직이는 발걸음입니다. 그 발은 흙먼지를 뒤집어쓰고, 거절당한 문 앞에 멈추고, 외면당한 시선 위에 섭니다. 그러나 바로 그 발을 하나님은 '아름답다'고 부르십니다. 아름다움은 세상이 말하는 성공이나 반응이 아니라, 복음을 품고 걸어간 그 길 그 자체에 있습니다. 세상은 효과와 실적을 묻지만, 하나님은 순종과 충성을 보십니다. 그러므로 전도자의 발자국 하나하나는 하늘의 연대기에 기록되고, 그 고요한 헌신은 영원을 향한 다리가 된다. 오늘 나의 발은 어디를 향하고 있습니까? 혹시 안락함에 머물며 복음을 외면하고 있지는 않은가? 이제 주님께 받은 사랑을 발에 싣고, 거절을 두려워하지 말고 나아갑시다. 복음을 향해 걷는 그 걸음이 바로 하나님의 사랑이 흐르는 통로가 됩니다.

주님, 오늘 제 발이 주님의 복음을 향해 조용히, 그러나 꾸준히 나아가게 하소서.

10월 **8**일

너희는 세상의 빛이라

마태복음 5:14

"너희는 세상의 빛이라 산 위에 있는 동네가 숨겨지지 못할 것이요"

빛은 말없이도 자신을 드러냅니다. 존재 자체가 하나의 메시지이기 때문입니다. 주님께서 우리를 '세상의 빛'이라 부르신 것은 단지 올바른 말을 하라는 명령이 아니라, 존재와 삶 자체로 드러내라는 부르심입니다. 전도는 설득이 아니라 발광입니다. 산 위의 동네는 감출 수 없고, 등불은 말없이도 어둠을 가릅니다. 그러나 우리는 자주 그 빛을 가린 채 살아갑니다. 세상의 시선, 인정받고 싶은 욕망, 혹은 거절에 대한 두려움이 우리의 빛을 덮는 그릇이 됩니다. "빛은 자기 자신을 위해 존재하지 않는다"는 옛 격언처럼, 우리의 빛 또한 우리 안에 머물러선 안 됩니다. 전도란, 내가 빛나는 것이 아니라, 내 안에 계신 그리스도의 빛이 세상을 비추는 것입니다. 위대한 성자들은 종종 말보다는 삶으로 복음을 전했습니다. 우리의 표정과 말, 작은 친절과 선택이 복음의 향기가 되어 누군가의 어둠을 비출 수 있습니다. 전도는 '시작된 말'이 아니라 '열려 있는 삶'입니다. 그러므로 오늘도 나의 삶이 숨김 없는 빛이 되기를 기도합니다.

주님, 제 말과 삶이 그리스도의 빛을 가리지 않게 하시고, 어둠 속에 길을 잃은 이들에게 당신의 밝은 얼굴이 되게 하소서.

10월 **9**일

잃어버린 자를 찾는 발걸음

누가복음 19:10

"인자가 온 것은 잃어버린 자를 찾아 구원하려 함이니라"

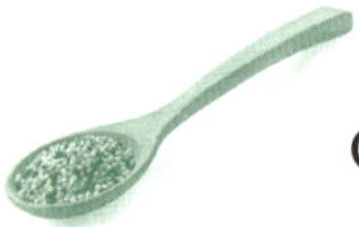

예수님의 사역은 언제나 잃어버린 자를 향한 발걸음이었습니다. 삭개오가 올라간 나무 아래, 버림받은 세리의 집, 눈먼 자가 앉아 있던 길가, 한센병자의 마을 … 그분은 찾아오신 분이 아니라 찾아가신 분이셨습니다. 복음은 본질적으로 능동적입니다. 전도란 교회당의 문을 열어두는 것이 아니라, 잃은 자를 향해 마음과 발걸음을 여는 것입니다. "찾는 자에게 길이 열린다"는 옛말처럼, 복음을 향한 우리의 길도 찾아 나설 때 열립니다. 잃어버린 자를 향한 주님의 마음은 단순한 동정이 아니라, 기꺼이 자신을 비우고 상대의 고통에 귀 기울이는 사랑입니다. 복음을 전하는 여정 속에서 우리는 타인을 향한 시선을 배우고, 그 여정 안에서 오히려 우리 자신이 다시금 주님의 시선에 발견된다. 전도는 우리를 주님께로 돌려보내는 사랑의 순례입니다.

주님, 잃어버린 자를 향한 주님의 마음으로 오늘 저도 누군가에게 한 걸음 다가가게 하소서.

10월 **10**일

때를 얻든지 못 얻든지

디모데후서 4:2

"너는 말씀을 전파하라 때를 얻든지 못 얻든지 항상 힘쓰라 범사에 오래 참음과 가르침으로 경책하며 경계하며 권하라"

복음은 날씨 좋은 날에만 뿌려지는 씨앗이 아닙니다. 전도의 때는 인간의 편의나 계획에 의해서가 아니라, 하나님의 섭리와 간섭 속에서 열립니다. 성경은 디모데에게 "때를 얻든지 못 얻든지" 말씀을 전하라 명하시는데, 이는 무례한 강요나 성급한 접근이 아니라, 영혼의 갈급함을 감지하고 그 순간을 외면하지 않는 민감한 순종을 말하는 것입니다. 전도자는 날마다 기도의 눈으로 주변을 살피며, 우연처럼 보이는 찰나 속에 숨은 하나님의 시간을 분별해야 합니다. 때로는 피곤한 퇴근길 지하철 옆자리에서, 때로는 병실의 정적 속에서, 말없이 눈물짓는 얼굴 앞에서 하나님의 때가 열려 있습니다. 농부가 바람을 탓하며 씨앗을 미루면 결실은 기대할 수 없습니다. 전도도 마찬가지입니다. 우리는 준비가 부족하다고 느낄지라도, 하나님의 말씀이 준비되어 있다면 그분의 때를 붙드는 것이 진짜 준비다. 한영혼을 향한 하나님의 사랑은, 우리의 주저함보다 훨씬 빠르고 섬세합니다.

주님, 주어진 순간을 놓치지 않고 복음을 전하게 하소서.

10월 **11**일

죄인 한사람의 회개의 가치

누가복음 15:10

“내가 너희에게 이르노니 이와 같이 죄인 한 사람이 회개하면 하나님의 사자들 앞에 기쁨이 되느니라”

하늘이 기뻐하는 순간은 단 한 영혼이 하나님께 돌아올 때입니다. 우리는 종종 전도의 자리에서 땀과 눈물을 흘리며, 때로는 열매가 보이지 않는 현실에 좌절하곤 합니다. 그러나 성경은 분명히 말합니다. 회개는 우리의 능력이 아닌 성령의 역사이며, 그 놀라운 은혜의 순간은 천군천사가 환호하는 하늘의 잔치입니다. 단 한 영혼을 위하여 기도하는 시간은 그 무엇보다 가치 있습니다. 마치 사막에 핀 한 송이 꽃이 메마른 땅 전체를 위로하듯, 한 사람의 회개는 교회 전체를 소생케 합니다. 전도자는 뿌리고 또 물을 주는 자일 뿐, 열매를 맺게 하시는 이는 하나님이십니다[고전 3:6]. 그러니 낙심하지 말고, 오늘도 그 한 영혼을 위해 다시 발걸음을 옮깁시다. 그 걸음이 곧 하늘의 기쁨에 닿는 통로가 됩니다.

주님, 한 영혼의 회개를 위해 오늘도 기쁘게 섬기게 하소서.

10월 **12**일

성령의 임재와 복음전파

사도행전 1:8

"오직 성령이 너희에게 임하시면 너희가 권능을 받고 예루살렘과 온 유대와 사마리아와 땅 끝까지 이르러 내 증인이 되리라 하시니라"

전도의 출발점은 우리의 열심이 아니라 성령의 임재입니다. 성령은 인간의 열정을 넘어 하나님의 생명을 불어넣는 능력이시다.

주님은 '예루살렘'에서 시작해 '땅끝'까지 증인이 되라고 명하셨지만, 땅끝은 단지 지리적 영역이 아니라, 우리가 쉽게 다가가지 못했던 마음의 경계이기도 합니다. 때로는 미움과 상처로 인해 멀어진 사람, 무관심에 갇힌 이웃, 낯선 문화에 대한 두려움이 바로 우리의 '땅끝'이다. 성령은 그 막힌 길을 여시는 바람이며, 우리를 사랑으로 밀어내시는 능력이시다. 전도는 억지로 문을 두들기는 일이 아니라, 성령께서 이끄시는 방향으로 순종하여 한 걸음 내딛는 것이다. 그 발걸음이 닿는 곳마다 이미 하나님의 구원의 손길이 먼저 가 있었음을 우리는 깨닫게 된다. 성령은 우리 안의 문을 먼저 열고, 세상을 향해 나아가게 하신다.

주님, 성령의 능력으로 제 마음과 삶의 경계를 넘어 복음을 전하게 하소서.

10월 13일

말씀의 씨를 뿌리는 교회

마가복음 4:14

"뿌리는 자는 말씀을 뿌리는 것이라"

전도는 수확의 기쁨을 누리는 일이기보다, 보이지 않는 땅에 말씀의 씨앗을 조용히 심는 일입니다. 우리는 종종 열매를 재촉하며 당장의 변화를 기대하지만, 예수님은 우리를 추수자가 아니라 씨를 뿌리는 자로 부르셨습니다. 뿌려진 말씀은 곧바로 반응하지 않을 수도 있고, 어떤 마음은 길가처럼, 돌밭처럼, 가시덤불처럼 말씀을 흘려보낼 수도 있습니다. 그러나 성경은 분명히 말합니다. 좋은 땅에 떨어진 씨는 반드시 자라 열매를 맺습니다. 우리의 사명은 씨의 생명을 믿고 뿌리는 데에 있으며, 자라게 하시는 이는 하나님이십니다. "하나님은 사람의 눈에 띄지 않는 뿌리의 성실함을 귀하게 여기신다"는 한 말처럼, 전도는 드러남보다 신실함을 요구합니다. 오늘 우리가 무심코 건넨 한마디, 흘린 눈물, 조용히 드린 기도가 하나님의 때에 꽃피울 것을 믿는 것이 전도의 믿음입니다. 성 어거스틴도 말했습니다. "우리가 뿌리는 말씀은 하나님 안에서 결코 헛되지 않다." 전도는 하나님의 일하심에 자신을 조용히 맡기는 삶의 태도입니다.

주님, 결과보다 신실함을 선택하며 말씀의 씨를 믿음으로 뿌리게 하소서.

10월 **14**일

말씀이 삶의 열매를 맺는 전도의 향기

베드로전서 3:15

“너희 마음에 그리스도를 주로 삼아 거룩하게 하고 너희 속에 있는 소망에 관한 이유를 묻는 자에게는 대답할 것을 항상 준비하되 온유와 두려움으로 하고”

전도는 단순한 설득이나 말재주로 되는 일이 아닙니다. 누군가가 묻습니다. “왜 당신은 여전히 희망을 품고 사나요?” 그 물음에 대한 대답은, 살아 있는 신앙의 정수가 됩니다. 말보다 삶이 먼저이고, 주장보다 증거가 앞서야 합니다. 진정한 전도는, 고난 속에서도 흔들리지 않는 소망을 품은 자의 삶 자체입니다. 평안할 이유가 없는데도 평안하고, 모든 것을 잃은 듯해도 기쁨을 잃지 않으며, 절망의 순간에조차 하늘의 빛을 바라보는 그 사람의 존재는, 이미 가장 강력한 복음입니다. 세상은 신학적 논증보다, 그 소망이 당신의 영혼을 어떻게 견디게 했는지를 알고 싶어합니다. 그러므로 준비된 대답은 성경 지식뿐 아니라, 그리스도 안에서 변화된 당신의 삶이어야 합니다. 말씀이 뿌리가 되고, 삶이 열매 맺을 때, 전도는 자연스럽게 흘러나오는 향기가 됩니다.

주님, 제 삶이 말보다 강한 복음의 향기가 되어, 소망의 이유를 조용히 증언하게 하소서.

10월 **15**일

주의 사랑으로 사람을 낚는 어부

마태복음 4:19

"말씀하시되 나를 따라오라 내가 너희로 사람을 낚는 어부가 되게 하리라 하시니"

전도는 기술이 아니라 존재입니다. 예수께서는 제자들에게 무엇을 하라고 지시하기에 앞서 "나를 따라오라" 하셨습니다. 이는 삶의 방향이 먼저 바뀌어야 한다는 부르심입니다. 함께 걷고, 함께 먹고, 함께 침묵하고, 함께 말씀을 나누는 일상 속에서 제자들은 점차 그분의 마음을 배우고, 그 시선으로 사람을 바라보는 자로 변화되었습니다. 전도는 '무엇을 전할까'에 앞서 '누구를 따르는가'의 문제이며, 말보다 먼저 드러나는 삶입니다. 어부는 고기를 다그치지 않고 기다립니다. 그물은 조용히 물속에 잠기고, 인내는 깊은 곳으로 향합니다. 한 영혼을 기다리는 시간은 때론 길고 텅 비어 보이지만, 주님을 따르는 걸음 속에 이미 은혜의 파도가 일고 있습니다. 그분이 준비하신 때, 준비하신 자리엔 반드시 '많은 고기'가 있습니다. 전도는 성공이 아니라 순종이며, 결실은 내가 아닌 주님의 손에 있습니다.

주님, 제 능력이 아닌 주님의 뒤를 따르는 믿음으로 오늘도 사람을 향한 사랑의 그물을 던지게 하소서.

10월 16일

하나님의 동역자요 밭이요 집으로 부름받은 교회

고린도전서 3:9

"우리는 하나님의 동역자들이요 너희는 하나님의 밭이요 하나님의 집이니라"

전도자는 하나님의 경작지와 건축물 위에 함께 일하는 동역자입니다. 이 부름은 주인이 아니라는 전제에서 시작됩니다. 동역자는 결코 결과를 장악하거나 자신이 주된 역할을 한다 생각하지 않습니다. 그는 오직 주인의 마음과 뜻을 가슴에 품고, 씨를 뿌리고 물을 주며, 기초를 따라 벽돌 하나를 올립니다. 어떤 날은 햇볕 아래서 땀을 흘리며 물을 주고, 또 어떤 날은 아무런 변화 없이 기다리는 시간 속에 묵묵히 자리를 지킵니다. 그러나 기억해야 할 것은, 내가 뿌린 씨앗을 다른 이가 거두고, 내가 거둔 열매는 또 다른 이가 심은 것이라는 사실입니다. 모든 수고는 주 안에서 맞물리고, 은혜로 완성됩니다. 전도는 경쟁이 아니라 연합된 사역입니다. 시대가 달라지고, 방법이 달라져도 한 가지는 변하지 않습니다. 우리는 주님의 일에 부름받은 자들이며, 그분의 마음으로 그분의 방식대로 감당하는 것이 참된 동역이라는 점입니다. 이 부르심은 은혜이자 책임입니다.

주님, 주인의 마음으로 주님의 복음을 섬기는 참된 동역자가 되게 하소서.

10월 **17**일

복음은 하나님의 능력

로마서 1:16
16 내가 복음을 부끄러워하지 아니하노니 이 복음은 모든 믿는 자에게 구원을 주시는 하나님의 능력이 됨이라 먼저는 유대인에게요 그리고 헬라인에게로다

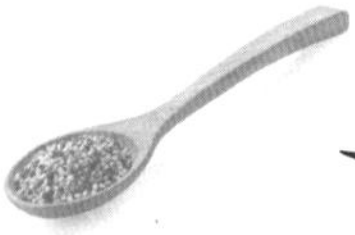

복음은 단순한 사상이 아니라, 죽은 자를 살리는 하나님의 능력입니다. 그러나 우리는 때로 이 복음을 부끄러워하고 숨기고 싶어집니다. 세상의 냉소, 조롱, 불필요한 논쟁을 피하고자 입을 닫습니다. 하지만 그것은 생명을 전하는 일을 멈추겠다는 선택과 같습니다. 바울은 로마의 중심, 문화와 권력의 심장부에서조차 복음을 담대히 선포했습니다. 그는 복음이 사람을 살리는 하나님의 능력임을 믿었기 때문입니다. 진정한 믿음은 자신의 평판보다 영혼의 구원을 우선시하게 만듭니다. 어떤 이는 "복음을 부끄러워하는 순간, 우리는 가장 위대한 선물을 감추는 어리석음을 범한다"고 했습니다. 복음은 약한 자를 강하게 하고, 잃은 자를 찾으며, 죄인을 자녀로 삼는 하늘의 힘입니다. 우리가 담대히 복음을 전할 수 있는 이유는, 그것이 우리의 능력이 아닌 하나님의 능력이기 때문입니다. 오늘도 한 영혼 앞에서 조용히 그러나 확고히 말할 수 있다면, 그것이야말로 복음을 부끄러워하지 않는 삶입니다.

주님, 제 안의 두려움을 넘어서 담대히 복음을 전하게 하소서.

10월 **18**일

하나님의 말씀으로 거듭난 교회

베드로전서 1:23

"너희가 거듭난 것은 썩어질 씨로 된 것이 아니요 썩지 아니할 씨로 된 것이니 살아 있고 항상 있는 하나님의 말씀으로 되었느니라"

거듭남은 하늘의 신비이자 말씀의 기적이다. 인간의 설득도, 눈물겨운 감정도 새 생명을 낳을 수 없습니다. 오직 썩지 않는 하나님의 말씀이 영혼 깊은 곳에 심겨질 때, 그곳에 생명의 싹이 자라납니다. 농부가 씨를 뿌릴 때 땅이 즉시 응답하지 않듯, 전도자가 심는 말씀의 씨도 오랜 침묵 속에 뿌리를 내립니다. 그러나 말씀은 잠들지 않습니다. 어두운 토양 아래에서도, 아무도 보지 않는 시간 속에서도 말씀은 일하고 있습니다. 마르틴 루터는 "말씀이 일을 하고 나는 잠을 잔다"고 고백했습니다. 하나님의 말씀은 살아 있고 항상 있으며, 언젠가는 반드시 자라 꽃을 피웁니다. 말씀 안에는 이미 하나님의 생명력이 있기에 우리의 사명은 재촉이 아니라 인내로 씨를 심는 일이며, 성령께서 그 씨를 물 주시도록 기도하는 것입니다. 그것이 전도의 본질이며 소망입니다.

주님, 말씀의 씨앗이 영혼 깊은 곳에 뿌리 내려 새 생명을 맺게 하소서.

10월 **19**일

약한 데서 온전하여지는 하나님의 능력

고린도후서 12:9

"나에게 이르시기를 내 은혜가 네게 족하도다 이는 내 능력이 약한 데서 온전하여짐이라 하신지라 그러므로 도리어 크게 기뻐함으로 나의 여러 약한 것들에 대하여 자랑하리니 이는 그리스도의 능력이 내게 머물게 하려 함이라"

우리는 전도를 위해 강하고 준비된 자신을 원하지만, 하나님은 종종 우리가 가장 약할 때 복음의 통로로 사용하십니다. 그분은 부족한 자를 통해 충만을 드러내시고, 깨어진 자를 통해 온전한 능력을 펼치십니다. 진정한 설득은 논리보다 고백에서 나오며, 능숙한 말보다 상처를 지나온 진심에서 깊은 울림을 얻습니다. 마치 상처 입은 치유자가 가장 깊은 위로를 전하듯, 나의 연약함은 은혜를 입증하는 증거가 됩니다. 한 선교사는 말하길, "강한 자가 세상을 구한 것이 아니라, 십자가에 달린 약함이 세계를 구했다"고 했습니다. 전도는 승자의 외침이 아니라, 회복된 자의 속삭임이며, 누군가의 손을 잡고 그리스도의 길로 함께 걸어가는 일입니다. 복음은 능력으로 전해지는 것이 아니라, 은혜로 스며듭니다. 그러므로 우리는 부끄러워하지 않고, 한없이 약한 내 안에, 무엇보다 강하신 주님이 계신단 것을 기꺼이 드러낼 수 있습니다.

주님, 저의 연약함 속에 머무시는 주님의 은혜가 오늘도 누군가의 삶에 위로와 소망이 되게 하소서.

10월 **20**일

복음을 위해 스스로 사랑의 종이 되는 교회

고린도전서 9:19

"내가 모든 사람에게서 자유로우나 스스로 모든 사람에게 종이 된 것은 더 많은 사람을 얻고자 함이라"

복음은 권리를 주장하는 자리에서가 아니라, 내려놓는 자리에서 시작됩니다. 바울은 본래 자유인이었으나, 자발적으로 종이 되었다. 억압이 아닌 사랑의 선택이었다. 그는 자신의 자아를 높이기보다, 상대의 언어를 배우고 문화의 옷을 입으며, 그들의 삶에 들어갔다. 전도는 이처럼 관계 속에서 이루어진다. 빛은 높은 곳에서 쏟아지는 것이 아니라, 어둠 속으로 내려와야 한다. 바울은 그 어둠 속에 기꺼이 들어갔다. 사람들은 진리를 말하는 입보다, 함께 울어주는 마음에 마음을 연다. 현대의 복음 전도도 마찬가지다. 예수께서 하늘의 영광을 버리고 우리 가운데 거하시며 종의 형체를 입으신 것처럼, 전도자는 상대의 아픔에 귀 기울이고, 그의 현실에 발을 들여놓아야 한다. 격언에 이르기를 "사랑은 이해의 다른 이름이다." 복음을 전한다는 것은 먼저 상대를 이해하려는 노력이요, 그 안에서 하나님의 마음을 담는 것이다. 그럴 때 비로소 복음은 문자에서 인격으로, 주장에서 동행으로 번역됩니다.

주님, 모든 사람에게 종이 되어 복음을 전하게 하소서.

10월 **21**일

잃어버린 한마리 양을 찾는 목자의 마음

누가복음 15:4

"너희 중의 어떤 사람이 양 백마리가 있는데 그 중의 하나를 잃으면 아흔아홉 마리를 들에 두고 그 잃은 것을 찾아내기까지 찾아다니지 아니하겠느냐"

전도는 목자의 마음을 지닌 이들의 발걸음이다. 잃어버린 양은 결코 스스로 돌아오지 못한다. 그 한 마리를 향해 산을 넘고 어둠을 뚫으며, 목자는 이름을 부르며 길을 찾는다. 이것이 주님의 심장이다. 복음의 길은 언제나 다수가 아닌 '한 사람'에서 시작된다. 99마리를 두고도 단 한 마리를 포기하지 않으시는 주님의 사랑은, 통계가 아니라 존재의 가치를 따진다. 우리는 수많은 사람 앞에서의 사역을 성공이라 여기지만, 하나님은 이름을 부르는 일, 얼굴을 마주하는 일, 다시 품에 안는 일을 하늘의 잔치로 여긴다. 오래전 주님께서 내 이름을 부르셨던 그 음성을 기억하는가? 이제 우리도 세상의 들판에 흩어진 영혼의 이름을 부르며 찾아 나서야 한다. 그 사랑은 집요하고, 그 구원은 위대하다.

주님, 한 영혼을 향한 목자의 마음을 제게 주소서.

10월 **22**일

너희는 세상의 소금이라

마태복음 5:13

"너희는 세상의 소금이니 소금이 만일 그 맛을 잃으면 무엇으로 짜게 하리요 후에는 아무 쓸 데 없어 다만 밖에 버려져 사람에게 밟힐 뿐이니라"

소금은 조용히 존재하지만, 그 부재는 즉시 감지된다. 그것이 없으면 음식의 본래 맛은 살아날 수 없고, 부패는 멈추지 않는다. 복음을 지닌 자의 삶도 이와 같다. 전도자의 진가는 요란한 말이나 겉모습이 아니라, 일상의 자리에 배어든 생명의 맛에서 드러난다. 주님과의 깊은 교제에서 비롯된 기도와 말씀의 삶은 썩어가는 세상 속에 은밀한 생명력을 흘려보낸다. 마치 겨울에 길가의 얼음을 녹이며 보이지 않게 깔린 소금처럼, 우리의 삶이 그리스도의 향기를 은근히 발할 때 세상은 질문하게 된다. 왜 그는 다를까? 그 다름은 바로 십자가에서 흘러나온 사랑과 희생의 맛이다. 고대 로마의 격언 중에는 "소금이 없는 식사는 영혼 없는 몸과 같다"는 말이 있다. 오늘 우리의 전도도, 우리의 신앙도, 복음의 맛을 잃지 않기 위해 주님의 임재 안에 머물러야 한다. 우리가 세상에 섞이되 녹아 없어지지 않고, 오히려 그 속에서 맛을 낼 때, 사람들은 복음의 문을 두드리게 된다.

주님, 제 삶이 주님을 드러내는 소금의 맛으로 세상에 복음을 전하게 하소서.

10월 **23**일

거저 받은 것을 거저 나누는 하나님의 나라

마태복음 10:8

“병든 자를 고치며 죽은 자를 살리며 나병환자를 깨끗하게 하며 귀신을 쫓아내되 너희가 거저 받았으니 거저 주라”

복음은 값을 치를 수 없는 은혜요, 우리의 공로나 자격과는 무관하게 주어진 선물이다. 그러나 우리는 이 은혜를 나눌 때 무의식적으로 조건을 붙인다. 친절한 이에게, 감사할 줄 아는 이에게, 변화의 열매가 보이는 이에게만 복음을 전하고 싶은 마음이 스멀거린다. 하지만 예수님은 “거저 받았으니 거저 주라”고 하신다. 전도는 보상의 대가를 기대하며 손익을 따지는 일이 아니다. 그것은 흐르는 은혜의 순환이며, 생명의 강물이 메마른 땅에 스미듯 흘러가는 하나님의 역사다. 은혜는 흘러야만 살아 있다. 받은 은혜를 나누는 자는 결코 가난해지지 않는다. 오히려 나눌수록 은혜는 넓어지고 깊어진다. 전도의 기쁨은 상대의 반응이 아니라, 내가 받은 복음을 누군가에게 건넸다는 사실 자체에서 비롯된다. 오늘도 마음을 닫은 이들, 차가운 말로 거절하는 이들, 아직 믿음의 길에 들어서지 못한 이들조차 하나님의 사랑 안에 있다. 그들에게 거저 받은 복음을 거저 나누는 것이 바로 하나님 나라의 시작이다.

주님, 값없이 받은 은혜를 오늘 누군가에게 거저 나누는 삶이 되게 하소서.

10월 **24**일

두려움 없는 온전한 사랑

요한일서 4:18

:사랑에는 두려움이 없고 온전한 사랑이 두려움을 내쫓나니 두려움에는 형벌이 있음이라 두려워하는 자는 사랑 안에서 온전히 이루지 못하였느니라:

전도의 자리 앞에서 발이 멈추는 이유는 대부분 '두려움'이다. 거절당할까, 오해받을까, 관계가 소원해질까. 그러나 진실로 사랑한다면, 그 사랑은 두려움을 이기게 만든다. 사랑은 상대의 반응보다 그의 영혼의 안식을 바란다. 전도는 성취해야 할 과제가 아니라, 사랑에 이끌린 사람의 자연스러운 고백이다. 예수께서 우리를 사랑하시되 끝까지 사랑하셨듯, 우리도 그 사랑을 품고 나아간다. 두려움은 계산하고 머뭇거리지만, 사랑은 기꺼이 손을 내민다. 그 사랑은 논리를 넘어서고, 결과를 초월하여 생명을 붙든다. 복음을 전한다는 것은 사랑을 나눈다는 것이며, 사랑은 더 이상 침묵할 수 없는 이유가 된다. 깊은 사랑일수록 큰 담대함을 낳는다. 사랑은 두려움의 그림자를 걷어내며, 한 사람의 영혼을 향한 하나님의 열심에 동참하게 한다. 그러므로 전도는 부담이 아니라 사랑의 자연스러운 언어가 된다.

주님, 제 안에 있는 두려움을 몰아낼 사랑으로 저를 채워주소서.

10월 **25**일

하나님의 때와 시간

전도서 3:1

"범사에 기한이 있고 천하 만사가 다 때가 있나니"

전도에는 하나님의 때가 있습니다. 우리는 열매를 조급히 원하지만, 하나님은 각 사람의 마음에 맞는 계절을 정하십니다. 어떤 날은 씨를 뿌리는 자로, 또 어떤 날은 물을 주는 자로 우리를 부르십니다. 그러나 자라게 하시는 이는 오직 하나님이십니다[고전 3:6]. 하나님의 시간표는 우리의 시계보다 깊고 넓습니다. 어머니가 자식을 품에 안고 기다리듯, 하나님의 사랑은 인내와 기다림 속에 열매를 맺게 합니다. 마치 겨울 밭에 묻힌 씨앗이 봄이 되어야 움트듯, 지금은 보이지 않아도 하나님의 시간은 이미 흘러가고 있습니다. 영국의 복음 전도자 찰스 스펄전은 "전도는 문을 두드리는 것이지, 부수는 것이 아니다"라고 말했습니다. 그분의 문은 우리가 아닌 성령이 여시는 문입니다. 전도는 믿음으로 씨를 뿌리고, 신뢰로 기다리는 순종의 여정입니다. 지금 당신의 기도가 닿는 곳에서 하나님의 시간이 일하고 있습니다.

주님, 하나님의 때를 신뢰하며 오늘도 복음을 품고 걷게 하소서.

10월 **26**일

하나님의 구원을 증언하는 증인들

이사야 43:10-11

"나 여호와가 말하노라 너희는 나의 증인, 나의 종으로 택함을 입었나니 이는 너희가 나를 알고 믿으며 내가 그인 줄 깨닫게 하려 함이라 나의 전에 지음을 받은 신이 없었느니라 나의 후에도 없으리라 11 나 곧 나는 여호와라 나 외에 구원자가 없느니라"

전도는 논리의 싸움이 아니다. 전도자는 변호인이 아니라 증인이다. 변호인은 상대를 설득하려 애쓰지만, 증인은 단지 자기가 본 것을 말할 뿐이다. 하나님이 내 삶에 어떻게 찾아오셨는지, 그 은혜가 나를 어떻게 바꾸었는지를 나누는 것, 그것이 전도의 출발점이다. 이는 성경의 박식함이나 화려한 언변보다, 살아 있는 만남의 기억에서 흘러나온다. 어떤 법정에서도 진실한 증언만큼 강한 설득은 없다. 내가 거짓 없이 본 것을 전하면, 그 자체로 능력이 있다. 어느 날 갑작스레 찾아온 평안, 절망 가운데서 들은 위로의 음성, 나도 모르게 흘러나온 회개의 눈물… 그 모든 순간이 복음이 된다. 우리가 말할 수 있는 가장 강력한 증언은 바로 "나는 주님을 만났다"는 고백이다. 이것은 부인할 수 없는 진실이며, 세상 어떤 철학도 이 고백 앞에서는 힘을 잃는다. 예수 그리스도를 만난 사람은, 누구든지 증인이다.

주님, 제 삶의 걸음 하나하나가 주님의 살아 계신 증거가 되게 하소서.

10월 27일

보내신 분과 보냄을 받은 자들

요한복음 20:21

"예수께서 또 이르시되 너희에게 평강이 있을지어다, 아버지께서 나를 보내신 것 같이 나도 너희를 보내노라"

예수님의 이 말씀은 부활하신 후 가장 먼저 제자들에게 주신 사명 선언이었습니다. 부활의 기쁨은 단지 영광의 회복이 아니라, 다시 세상으로 파송되는 시작이었습니다. '보냄을 받는다'는 것은 우리의 삶이 더 이상 우리 스스로의 것이 아님을 의미합니다. 전도자는 자신의 의지와 계획이 아니라, 하나님의 뜻과 말씀에 근거하여 살아갑니다. 마치 편지가 자기를 말하지 않고 보낸 이의 마음을 전하듯, 우리도 복음을 통해 하나님의 마음을 전해야 합니다. 때로는 우리의 부족함과 실수, 상처까지도 복음의 통로가 됩니다. 성 프란시스는 말했습니다. "항상 복음을 전하라. 필요하면 말을 써라." 우리의 존재 자체가 복음의 메시지가 될 수 있도록, 오늘도 보내신 주님의 얼굴을 닮아가야 합니다. 전도는 단지 행위가 아니라 존재의 방향이며, 하나님 나라를 향한 걸음입니다.

주님, 저를 보내신 뜻을 따라 충실히 복음을 전하게 하소서.

10월 **28**일

세상의 어둠을 밝히는 빛의 자녀들

빌립보서 2:15

15 이는 너희가 흠이 없고 순전하여 어그러지고 거스르는 세대 가운데서 하나님의 흠
없는 자녀로 세상에서 그들 가운데 빛들로 나타내며

빛은 어둠 속에서 가장 선명해집니다. 복음의 빛은 대낮보다 자정에 더 긴요하기에, 전도는 이미 밝은 곳보다 짙은 어둠 속에서 더 간절히 요구됩니다. 그러나 많은 이들이, 어둠은 피하려 하면서도 우리 안의 등불은 스스로 빛나지 않는다는 사실은 망각하고 살아갑니다. 우리 안의 등불, 그 빛은 오직 십자가와 부활의 복음에서 비롯됩니다. 예수께서 우리를 세상에 보내신 목적은 바로 이 빛을 들고 가라 하신 것입니다. 그런데 우리가 세상 속에서 복음의 자리를 지키지 못할 때, 빛은 가려지고 사람들은 길을 잃게 됩니다. "한 개의 촛불이 천 개의 어둠을 몰아낸다."는 어느 유대인의 말처럼, 우리는 거대한 횃불이 되기를 꿈꾸는 것이 아니라, 누군가의 밤을 비추는 한 자루의 등불이 되기를 꿈꾸어야 할 것입니다. 예수께서도 무리보다는 한 사람의 밤길에 함께하셨던 것처럼 그 작은 빛들이 이어질 때 세상을 밝힐 것입니다.

주님, 제 작은 빛이 어두운 곳에서 꺼지지 않게 하소서.

10월 29일

세상의 어둠을 밝히는 빛의 자녀들

고린도후서 2:15

"우리는 구원받는 자들에게나 망하는 자들에게나 하나님 앞에서 그리스도의 향기니"

향기는 억지로 퍼지는 것이 아니라 굳이 애쓰지 않아도 존재 그 자체로 공간을 물들입니다. 이처럼 그리스도의 향기란, 단지 교회에서나 전도지에서 흘러나오는 소리가 아니라, 복음을 품은 이의 삶에서 자연스레 흘러나오는 것입니다. 그래서 전도자는 외치기 전에 다가가야 하고, 가르치기 전에 들어야 하며, 설득하기 전에 사랑해야 합니다. 우리가 누군가 곁에 다가서고, 그들의 눈을 바라보고, 손을 맞잡고, 함께 울고 웃을 때 비로소 복음의 향기가 퍼집니다. 그래서 전도는 정보 전달이 아니라 향기 전달입니다. 그런데 복음의 그 향기를 누군가는 생명의 향기로 맡지만, 또 어떤 이는 불편해합니다. 그러나 향기의 본질은 변하지 않습니다. 복음은 생명을 품은 향기이기에, 전도자는 한 송이 꽃처럼, 조용하지만 확실하게 그리스도의 향기를 풍기는 삶을 살겠다는 선택을 매일 새롭게 해야 합니다. 그리고 그것이 이 땅에서의 진짜 전도입니다.

주님, 제 삶이 가까이 있는 이들에게 그리스도의 향기로 스며들게 하소서.

10월 30일

예수의 이름으로 진리를 증언하는 교회

골로새서 3:17

"또 무엇을 하든지 말에나 일에나 다 주 예수의 이름으로 하고 그를 힘입어 하나님 아버지께 감사하라"

복음은 단지 말로 전하는 선언이 아니라, 삶으로 드러나는 증언입니다. 말과 행실이 따로 노는 전도는 사람들의 마음을 닫게 합니다. 아무리 위대한 설교라도, 그 말과 어긋난 삶은 복음의 신뢰를 잃게 합니다. 고대 로마의 한 철학자는 "너의 삶이 너의 말보다 더 크게 말하게 하라"고 말했습니다. 복음 전파의 능력은 말이 아닌 삶의 향기에서 비롯됩니다. 그러나 이것은 완벽함을 뜻하지 않습니다. 오히려 진실함과 회개의 삶, 은혜받은 자의 모습으로 사는 모습에서 말의 진정성이 생겨납니다. 넘어졌을 때 일어서는 용기, 잘못했을 때 인정하는 겸손, 용서받았기에 용서하는 사랑—이 모든 것이 복음을 살게 합니다. 우리는 전도의 언어를 말뿐 아니라 손끝, 발걸음, 표정, 태도로도 써 내려가는 편지입니다. 전도란 '사는 설교'입니다.

주님, 제 삶이 복음을 말하는 혀가 되게 하시고, 행실이 그 진리를 증언하게 하소서.

10월 **31**일

쉬지 않고 기도하는 교회

데살로니가전서 5:17

"쉬지 말고 기도하라"

전도는 지식이나 열정만으로 되는 일이 아닙니다. 기도 없는 전도는 뿌리 없는 나무와 같고, 씨앗 없는 밭과 같습니다. 우리가 말로 사람을 설득할 수 있을지 몰라도, 영혼의 문을 여는 이는 성령이십니다. 그래서 전도자는 말보다 먼저 무릎을 꿇어야 합니다. 위대한 선교사 허드슨 테일러는 "하나님의 일은 하나님의 방법으로 하나님의 시간에 이루어진다"고 고백했습니다. 기도는 전도를 이루는 유일한 길인데, 눈물로 이름을 부르며 드리는 기도는, 그 사람을 사랑하기 시작했다는 표지이며, 이미 하나님께 그 영혼을 의탁했다는 신앙의 증거가 되기 때문입니다. 때로는 말할 용기를 내지 못해 뒤에서 울며 기도할 때도 있지만, 그 기도는 하늘 문을 여는 열쇠가 됩니다. 그래서 기도는 전도의 시작이자 과정이며 끝입니다. 그러므로 전도자의 가장 깊은 열정은, 쉬지 않고 기도하는 데서 솟아납니다.

주님, 말보다 기도가 먼저이게 하시고, 전도의 길 위에 기도를 멈추지 않게 하소서.

N o v e m b e r

11월

순종하는 교회

11월 **1**일

말씀에 순종하는 교회

사도행전 9:6

"너는 일어나 시내로 들어가라 네가 행할 것을 네게 이를 자가 있느니라 하시니"

빛 앞에 무릎 꿇은 사울은 더는 자신의 계획을 고집하지 않았습니다. 그는 길 위에서 쓰러졌고, 그곳에서 다시 일어났습니다. 주님의 음성은 명확했습니다. "일어나 가라." 구체적인 행선지도, 다음 단계도 없었습니다. 다만 가라는 명령이 있었고, 사울은 일어섰습니다. 전도는 바로 이 지점, 완벽한 설계도도 없이 확신보다 말씀에 대한 믿음으로 나아가는 발걸음에서 시작됩니다. 우리는 진리를 다 이해하려 하기 전에 순종해야 합니다. 주님은 우리가 모든 것을 이해한 뒤에 따르길 원하시지 않습니다. 하나님께서는 불확실한 어둠 속에서도 그분의 음성 하나면 충분하다고 말씀하십니다. 처음부터 끝까지 보이지 않아도, 말씀 위에 발을 내딛는 것이 믿음이며, 그렇게 순종하는 자를 하나님은 한 걸음씩 인도하십니다. 오늘도 전도는 위대한 전략보다 즉시 순종하는 한 사람의 발걸음으로부터 시작됩니다.

주님, 오늘 주신 말씀에 즉시 순종하게 하소서.

11월 **2**일

하나님의 말씀은 살아있는 생명의 말씀

이사야 55:11

"내 입에서 나가는 말도 이와 같이 헛되이 내게로 되돌아오지 아니하고 나의 기뻐하는 뜻을 이루며 내가 보낸 일에 형통함이니라"

하나님의 말씀은 창조의 언어요, 생명의 씨앗입니다. 인간의 말은 허공에 흩어질 수 있으나, 하나님의 말씀은 그분의 뜻을 따라 반드시 열매를 맺습니다. 전도자는 때로 아무 응답도 없는 들판에 서 있는 듯한 고독을 겪지만, 하나님의 말씀은 그런 침묵 속에서도 자라납니다. 찰스 스펄전은 "하나님의 말씀은 망치다. 아무리 단단한 마음도 그 말씀 앞에 깨어진다"라고 말했습니다. 농부는 즉시 열매를 보지 못해도 땅을 믿고 씨를 뿌리듯, 전도자는 약속을 믿고 오늘도 말씀을 전합니다. 우리의 전도는 인간의 성과를 추구하는 일이 아니라, 하나님의 신실하심을 신뢰하는 순종의 고백입니다. 보이지 않는 뿌리 아래에서도 말씀은 살아 있습니다. 하나님은 한 사람의 마음 깊은 곳에 심긴 복음의 씨를 결코 외면하지 않으십니다. 그러므로 우리는 환경보다 약속을 바라보며, 열매보다 말씀의 능력을 의지합니다. 그 믿음 위에서, 오늘도 다시 씨를 뿌립니다.

주님, 말씀의 약속을 믿고 전도를 멈추지 않게 하소서.

11월 **3**일

자기를 낮춰 섬기는 자리에 서는 교회

마가복음 10:45

"인자가 온 것은 섬김을 받으려 함이 아니라 도리어 섬기려 하고 자기 목숨을 많은 사람의 대속물로 주려 함이니라"

예수님의 전도는 말이 아니라 삶이었습니다. 그분은 하늘의 권세를 지니셨지만, 무릎을 꿇고 제자들의 발을 씻기셨습니다. 그 사랑은 높은 데서 내려온 것이 아니라, 낮고 낮은 자리에 몸을 낮추어 다가간 사랑이었습니다. 이처럼 전도는 섬김의 옷을 입고 다가가는 것입니다. 어느 시인은 "가장 깊은 진리는 낮은 자리에 머문다"고 노래했습니다. 진심 어린 섬김은 복음의 문을 여는 열쇠입니다. 길 잃은 영혼은 위대한 말보다 작은 친절에 감동하며 마음을 엽니다. 누군가의 고단한 하루에 건네는 미소, 묵묵히 들어주는 귀, 조용히 함께 있어주는 존재감 속에 복음은 살아 움직입니다. 전도는 '알려주는 일'이 아니라 '함께 살아주는 일'이며, 복음은 사랑을 품은 섬김으로 전해질 때 진정한 의미를 지닙니다. 우리 삶이 그리스도의 손과 발이 되어 누군가의 마음에 복음을 심기를 원합니다.

주님, 말 보다 섬김으로 복음의 문을 열게 하소서.

11월 **4**일

주께 받은 사명을 기쁨으로 감당하는 교회

사도행전 20:24

"내가 달려갈 길과 주 예수께 받은 사명 곧 하나님의 은혜의 복음을 증언하는 일을 마치려 함에는 나의 생명조차 조금도 귀한 것으로 여기지 아니하노라"

사도 바울은 수많은 고난 속에서도 사명을 기쁨으로 감당했습니다. 그에게 전도는 억지로 감내하는 책임이 아니라, 기쁨의 특권이었습니다. 주께 받은 사명은 생명을 내어줄 만큼 값진 것이며, 그 사명을 이루는 길은 곧 주님과 동행하는 길이었습니다. 삶의 고난이 클수록 그는 더욱 기뻐했습니다. 왜냐하면, 사명의 중심에는 그리스도가 계셨기 때문입니다. 우리는 때때로 전도를 무거운 의무로 여기기 쉽습니다. 그러나 복음은 짐이 아니라 선물이며, 사랑하는 이에게 가장 귀한 것을 전하는 감격입니다. "기쁨은 복음의 언어다"라는 말처럼, 억눌린 얼굴이 아니라 기쁨으로 빛나는 얼굴이 복음을 전합니다. 오늘 우리가 주님과 동행하며 사명을 기쁨으로 완주한다면, 그것은 가장 복된 인생의 경주가 될 것입니다.

주님, 제게 맡기신 사명을 억지로가 아니라 기쁨으로 달려가게 하소서.

11월 **5**일

주께서 오실 때까지 복음을 전하는 교회

요한계시록 22:20

"이것들을 증언하신 이가 이르시되 내가 진실로 속히 오리라 하시거늘 아멘 주 예수여 오시옵소서"

전도의 최종 목적은 잃은 자를 채우는 것이 아니라, 다시 오실 주님을 위한 거룩한 신부를 준비하는 것입니다. 복음은 단순히 교회의 수적 성장을 위한 전략이 아닙니다. 그것은 세상의 종말을 향해 외치는 하나님의 호소이며, 사랑의 초대입니다. '마라나타'라는 외침은 단순한 감정의 표현이 아니라, 복음 전도의 출발점이자 종착점이다. 예수의 재림을 사모하는 마음은 영적 무기력을 용납하지 않습니다. 오늘 전한 복음의 씨앗이, 그날 한 영혼을 주님의 혼인 잔치 자리에 인도할 수 있다는 믿음은 전도자의 발걸음을 더욱 간절하게 만듭니다. 18세기 영국의 부흥운동가 존 웨슬리는 "나는 내일 주님이 오신다 해도 오늘 한 사람에게 복음을 전할 것"이라고 고백했습니다. 이 사명은 세월의 흐름에 희미해질 수 없는 영광의 불꽃입니다. 종말을 사는 우리는 종말을 전하며 살아야 한다. 전도는 끝이 아니라 시작이며, 마침내 모든 민족이 주 앞에 무릎 꿇게 될 그날을 향한 준비입니다.

주님, 다시 오실 그날까지 복음을 담대히 전하게 하소서.

11월 **6**일

상처 속에서 부르는 생명의 노래

이사야 53:5

"그가 찔림은 우리의 허물 때문이요 그가 상함은 우리의 죄악 때문이라 그가 징계를 받으므로 우리는 평화를 누리고 그가 채찍에 맞으므로 우리는 나음을 받았도다"

십자가에 달리신 주님께서 무결한 완벽함으로가 아니라, 피 흘리고 찢긴 육체로 우리에게 다가오셨던 것처럼. 복음은 상처에서 시작합니다. 그러나 그 상처는 패배의 흔적이 아니라, 구원의 문이기에, 주님은 부활하신 후에도 못 자국을 감추지 않으셨습니다. 그 상처가 여전히 그 자리에 있었기 때문에, 도마는 손가락을 넣고 믿음을 회복할 수 있었다. 바로 이 상처의 자리를 기억하는 공동체, 아픔을 감추고 웃는 사람이 아니라, 상처를 드러내며 함께 우는 사람들이 모인 곳이 선교적 교회라 할 것입니다. 한 목회자는 "가장 깊은 상처는 가장 진한 위로의 언어가 된다."라고 말했습니다. 우리 안의 상처는 무능의 징표가 아니라, 공감과 사랑의 길이 됩니다. 교회는 무결함의 증명이 아니라, 회복을 위한 공간이어야 합니다. 서로의 눈물을 닦으며, 주님의 자국 난 손길로 다시 일어서는 자리입니다. 세상은 성공에 박수를 보내지만, 복음은 상처 속에서 생명을 노래합니다.

주여, 우리의 상처로 세상의 상처를 감싸게 하소서.

11월 **7**일

섬김으로 그리스도의 향기를 내는 교회

마가복음 10:45

"인자가 온 것은 섬김을 받으려 함이 아니라 도리어 섬기려 하고 자기 목숨을 많은 사람의 대속물로 주려 함이니라"

하늘의 영광을 뒤로하고 이 땅에 오신 예수 그리스도의 길은 섬김의 길이었습니다. 목적이 섬김이라는 이 말씀은, 인간 중심의 세상 논리를 근본부터 뒤흔듭니다. 세상은 힘과 효율, 눈에 띄는 업적을 추구하지만, 하나님 나라는 보이지 않는 손과 발의 수고로 확장됩니다. 진정한 섬김은 드러나지 않아도 향기를 남깁니다. 어떤 이는 섬김을 '희생'이라 부르지만, 그리스도 안에서의 섬김은 생명을 살리는 창조의 행위입니다. 예수님은 제자들의 발을 씻기셨고, 침묵 속에서도 십자가를 지셨으며, 무너진 이들을 일으키셨습니다. 교회는 이 섬김의 유산을 이어가는 공동체입니다. 소리 없는 헌신이 결국 역사를 바꾸는 씨앗이 되듯, 오늘 우리의 낮아짐이 하나님의 영광을 드러내는 가장 위대한 방법일 수 있습니다. "가장 큰 자는 너희를 섬기는 자니라"[마 23:11]라고 하신 말씀처럼, 높아짐은 오히려 낮아짐을 통해 완성됩니다. "위대한 지도자는 발아래 먼지를 본다."라는 말이 있습니다. 주님의 길은 화려한 꽃길이 아니라, 발바닥에 묻은 먼지를 품은 사랑의 길이었습니다. 우리 또한 오늘, 말보다 손을, 논리보다 눈물을, 주장 보다 섬김을 택할 수 있다면 그 순간 우리는 주님을 닮아가는 것입니다.

주여, 우리의 손과 발로 세상을 섬기게 하소서.

11월 **8**일

하늘의 시민권을 가지고 이 땅에 사는 교회

빌립보서 3:20

"그러나 우리의 시민권은 하늘에 있는지라 거기로부터 구원하는 자 곧 주 예수 그리스도를 기다리노니"

선교적 교회는 이 땅에 발을 딛고 있지만, 시선은 하늘을 향해 있습니다. 시선을 하늘로 향한다는 것은 현실로부터의 도피가 아니라, 하늘 시민으로서 이 땅을 섬기기 위한 정체성의 선언입니다. 로마 시민권이 특권이었던 시대에, 바울은 그보다 더 영광스러운 시민권이 하늘에 있다고 고백합니다. 하늘 시민은 세상의 기준으로 살지 않습니다. 그들은 하늘의 언어로 말하고, 하늘의 법으로 사랑하며, 하늘의 가치로 결정하며, 하늘의 꿈을 꾸며 살아갑니다. 이는 현실을 무시하거나 부정하는 것이 아니라, 더 깊이 품고 더 책임 있게 살아가는 삶을 말합니다. 하늘의 도성에 속한 우리는 이 땅의 불의 앞에서 침묵하지 않으며, 이웃의 고통을 외면하지 않는다. "이 땅에 속하지 않음"은 세상을 떠나는 이유가 아니라, 세상을 더욱 사랑할 이유가 됩니다. 우리는 세상의 빛과 소금이 되어 이 땅을 살리고, 하늘나라의 문화를 이 땅 가운데 미리 살아냄으로써 하나님의 나라를 증언합니다. 마치 먼 타국에서 고향을 그리워하는 이가 고향의 말과 음식을 잊지 않듯, 우리도 이 땅에서 하늘의 기쁨과 진리를 살아가는 것입니다.

주여, 하늘의 시민으로서 이 땅을 하늘의 사랑과 빛으로 섬기게 하소서.

11월 **9**일

세상 속으로 파송된 교회

요한복음 20:21

"예수께서 또 이르시되 너희에게 평강이 있을지어다 아버지께서 나를 보내신 것 같이 나도 너희를 보내노라"

교회는 단순히 예배당 안에 머무는 공동체가 아닙니다. 예수님께서 아버지께로부터 보내심을 받은 것처럼, 교회는 세상 속으로 파송된 존재입니다. 하나님의 선교는 창세 전부터 시작된 의지이며, 교회는 그 영원한 계획 속에 포함된 살아 있는 증인들입니다. 우리의 존재 이유는 복음을 소유하는 데 있지 않고, 그것을 세상에 드러내는 데 있다. 존 스토트는 "교회는 사명을 위해 존재하며, 사명을 잃은 교회는 존재 의미를 잃는다"고 했습니다. 마치 어두운 밤을 밝히는 등불처럼, 교회는 세상의 어두움 속으로 걸어 나가 하나님의 빛을 비추어야 합니다. 모이는 것은 흩어지기 위함이며, 예배는 파송의 준비입니다. 자기 보존에 급급한 교회는 결국 생명을 잃습니다. 그러나 세상 한복판에서 사랑과 진리를 들고 살아내는 교회는 주님의 약속대로 결코 혼자가 아닙니다. "내가 세상 끝날까지 너희와 항상 함께 있으리라"는 주님의 숨결이 그들의 심장을 뛰게 합니다. 믿음으로 그 숨결에 동참합시다.

주님, 교회가 모이기 위해 존재하는 것이 아니라 흩어지기 위해 존재함을 잊지 않게 하소서. 세상 속에서 당신의 손과 발이 되게 하소서.

11월 **10**일

세상의 소금과 빛으로 사는 교회

마태복음 5:13-14

"너희는 세상의 소금이니 소금이 만일 그 맛을 잃으면 무엇으로 짜게 하리요 후에는 아무 쓸 데 없어 다만 밖에 버려져 사람에게 밟힐 뿐이니라 14 너희는 세상의 빛이라 산 위에 있는 동네가 숨겨지지 못할 것이요"

예수께서는 교회를 세상의 소금과 빛이라 부르셨습니다. 이는 도피하거나 고립된 공동체가 아니라, 세상 속으로 스며드는 존재로의 부르심입니다. 소금은 부패를 막기 위해 녹고, 빛은 어둠을 밝혀 존재를 드러냅니다. 본질은 희생입니다. 자기 자신을 온전히 드러내기 위해 소금은 녹아야 하고, 빛은 자신을 소모해야 합니다. 그래서 교회는 존재 자체로 세상을 위해 섬기며 헌신하는 존재여야 합니다. 무명의 친절, 고통을 함께하는 침묵, 불의 앞에 선 조용한 저항—이 모든 것 속에 복음의 빛은 살아납니다. 때론 세상은 교회를 무력하고 불필요하게 여길지 모르나, 참된 교회는 말없이 어둠을 가르고, 썩는 세상을 지키는 깊은 생명의 힘입니다. 교회의 사명은 눈에 띄는 크기보다, 눈에 보이지 않아도 스며드는 능력에 있습니다. 빛은 어둠 속에서 더 밝고, 소금은 사라지며 맛을 내듯, 우리도 사라져야 참된 맛이 드러납니다. 이 길은 고독하고 낭비처럼 보이지만, 가장 거룩한 헌신입니다. 오늘도 우리 존재가 복음이 되기를, 한 줌의 소금으로, 한 줄기 빛으로, 세상을 살리는 생명으로 살아가기를 바랍니다.

주님, 우리의 삶이 세상 속에 스며드는 복음의 향기 되게 하소서.

11월 **11**일

잃은 자를 찾아가는 교회

누가복음 19:10

"인자가 온 것은 잃어버린 자를 찾아 구원하려 함이니라"

예수님의 발걸음은 언제나 중심에서 바깥을 향했습니다. 회당보다 길거리, 성안보다 성 밖, 의인보다 죄인을 찾아가셨습니다. 그분의 사랑은 찾아오기를 기다리는 수동적인 호의가 아니라, 잃은 자를 향해 먼저 걸어가는 능동적인 구원이었습니다. 교회의 존재 이유도 이와 같습니다. 우리 안에 있는 안전한 울타리에 머물기보다, 복음이 필요한 이들을 향해 불편을 감수하며 나아가는 발걸음. 그것이 주님의 마음입니다. 사마리아 수가성 여인을 만나신 주님처럼, 우리는 교회의 경계를 넘어 사람을 향해야 합니다. '찾아가는 교회'란 결국 먼저 우리를 찾아오신 하나님의 사랑에 응답하는 공동체입니다. 독일의 신학자 디트리히 본회퍼는 "은혜는 값없이 주어지지만, 그것을 따르는 삶에는 모든 것을 요구한다."라고 말했습니다. 잃은 자를 향한 사랑은 늘 대가를 요구하지만, 그 길 끝에 진짜 교회가 있습니다.

주여, 잃은 자를 향해 먼저 걸어가신 당신처럼, 우리도 그 사랑을 따라 걷게 하소서.

11월 **12**일

세상을 품고 기도하는 교회

요한복음 17:15

"내가 비옵는 것은 그들을 세상에서 데려가시기를 위함이 아니요 다만 악에 빠지지 않게 보전하시기를 위함이니이다"

예수님의 기도는 제자들이 고난에서 벗어나는 것이 아니라, 고난 속에서도 보호받고 사명을 다하기를 구하는 간구였습니다. 이는 곧 교회의 정체성이자 존재 이유입니다. 하나님은 우리를 세상 밖으로 부르신 것이 아니라, 세상 속으로 다시 보내셨습니다. 선교적 교회는 세상과의 대결 구도에 머무르지 않고 세상으로 깊이 들어가 그곳을 향해 울고, 품고, 기도하는 교회입니다. 18세기 런던의 부흥을 이끈 요한 웨슬리는 "세상은 나의 교구이다."라고 말했습니다. 이 말은 단순한 활동 범위가 아니라, 그가 세상을 바라보는 기도의 시선을 말합니다. 오늘날 우리도, 세상을 외면할 권리는 없습니다. 세상이 우리를 거부할 수는 있어도, 우리의 기도는 결코 거부당하지 않습니다. 기도는 사람을 바꾸고, 도시를 움직이며, 문화를 회복시킨다. 교회의 사명은 세상과 싸우기보다, 세상을 향해 무릎 꿇는 것입니다. 무릎 꿇은 사람만이 세상을 바로 세울 수 있습니다.

주여, 세상을 향한 당신의 사랑이 우리 기도 속에 흘러넘치게 하소서.

11월 **13**일

믿음을 심는 교회

마태복음 13:31

"또 비유를 들어 이르시되 천국은 마치 사람이 자기 밭에 갖다 심은 겨자씨 한 알 같으니"

겨자씨는 지극히 작고 보잘것없는 존재이지만, 예수님께서는 이 작은 씨앗 하나에 천국의 비밀을 담아 비유하셨습니다. 이처럼 하나님 나라의 시작은 언제나 작고 눈에 띄지 않지만, 그 안에는 하늘의 생명이 숨겨져 있습니다. 세상은 큰 성과와 화려한 시작을 추구하지만, 하나님은 한 사람의 눈물, 한 가정의 회개, 한 마을의 조용한 봉사를 통해 역사를 이루십니다. 마치 작은 등불이 어둠을 몰아내듯, 겨자씨 같은 믿음이 밭에 심길 때 교회는 세상을 향해 자라나기 시작합니다. 한 어린 소년이 도시 뒷골목에서 무릎 꿇고 기도하는 장면에서 부흥이 시작되었고, 한 여인이 이름 모를 나라의 문을 두드리며 복음을 전할 때 선교의 불꽃이 타올랐습니다. 선교적 교회는 거대한 계획보다 작은 순종, 숨은 헌신에 뿌리를 둡니다. 오늘 우리가 베푸는 친절, 누구도 주목하지 않는 봉사, 외로움을 안고 드리는 기도가 바로 하나님 나라의 시작입니다. 겨자씨는 땅속에 묻히고 썩는 듯하지만, 그 썩음 안에 생명이 솟아납니다. 그러므로 교회는 먼저 작은 씨앗을 심는 자로 살아야 합니다.

주여, 겨자씨 한 알 같은 믿음을 심는 교회가 되게 하소서.

11월 **14**일

그리스도의 증인으로 살아가는 교회

사도행전 1:8

"오직 성령이 너희에게 임하시면 너희가 권능을 받고, 예루살렘과 온 유대와 사마리아와 땅 끝까지 이르러 내 증인이 되리라 하시니라"

예루살렘의 한 다락방에 모여 떨던 제자들에게 성령이 임한 후, 그들은 세상을 향해 나아갔습니다. 오늘날의 '땅끝'은 단지 지리적 경계가 아니라, 아직 복음의 위로와 진리가 닿지 못한 모든 자리입니다. 그래서 '땅끝'은 타인의 상처 깊은 골짜기일 수 있고, 도시 외곽의 소외된 이웃일 수도 있으며, 하나님을 알지 못하는 내 곁의 친구일 수 있습니다. 복음은 국경을 모르는 사랑이기에, 성령은 우리를 가만히 머물게 두지 않으십니다. 그분의 임재는 마음의 경계를 무너뜨리고, 내 안에 복음의 불꽃을 지펴 타인에게 옮기게 하십니다. 누군가에겐 우리가 마지막 기회일 수도 있기에, 증인의 삶은 선택이 아니라 존재 이유입니다. "진리는 전해져야 빛난다."라는 말처럼, 복음은 전할 때 그 능력을 드러냅니다. 복음의 증인은 말보다 삶으로, 교리보다 사랑으로, 자기주장보다 십자가로 말하는 이들입니다. 오늘 나의 삶은 과연 그런 증인의 삶인지 돌아봅시다.

주님, 성령의 능력으로 땅끝까지 당신의 증인이 되게 하소서.

11월 **15**일

나그네를 대접하는 교회

히브리서 13:2

"나그네를 대접하기를 잊지 말라 이로써 부지중에 천사들을 대접한 이들이 있었느니라"

하나님 나라의 문은 언제나 닫히지 않은 채, 낯선 이를 향해 활짝 열려 있습니다. 마찬가지로 믿음의 공동체는 익숙한 얼굴만을 반기는 것이 아니라, 우리 삶의 경계 너머에 있는 사람들에게로 발걸음을 옮기는 용기를 품습니다. 우리가 길 위의 나그네일 때 누군가의 따뜻한 식탁과 잠자리에서 받은 작은 환대가 평생의 위로가 되었던 것처럼, 교회는 이 세상 속에서 그런 기억을 선물하는 곳이어야 합니다. 언어가 다르고, 피부 빛이 다르고, 신앙의 경험이 전혀 없는 이들이라 할지라도, 복음의 환대는 그 모든 차이를 껴안고도 남습니다. 한 유랑객이 어느 마을에서 성도의 문을 두드렸을 때, "우리도 하늘의 나그네입니다"라며 침상과 식탁을 내어준 이야기는 우리에게 오늘도 예언처럼 다가옵니다. 그것은 단순한 선행이 아니라, 하나님 나라의 미래를 미리 살아내는 성도의 지표라 할 것입니다. 교회는 길 잃은 자가 돌아올 수 있는 이정표이며, 세상 속 가장 따뜻한 피난처가 되어야 합니다.

주여, 낯선 이를 환영하는 당신의 집이 되게 하소서.

11월 **16**일

온전한 헌금은 마음을 드리는 것

마태복음 6:21

"네 보물이 있는 그 곳에는 네 마음도 있느니라"

사람이 무엇을 사랑하는지 알고 싶다면, 무엇에 투자하는지를 보면 됩니다. 그래서 헌금은 돈의 문제가 아니라 마음의 문제입니다. 세상은 재물을 안전장치로 삼지만, 하나님의 백성은 그것을 하늘에 심는 씨앗으로 봅니다. "너희 보물을 하늘에 쌓아 두라 거기는 좀이나 동록이 해하지 못하며 도둑이 구멍을 뚫지도 못하고 훔치지도 못하느니라"[마 6:20]. 초대교회 성도들은 로마의 불안정한 경제 속에서도 복음 전파와 구제에 자신들의 재산을 기꺼이 내놓았습니다[행 4:34-35]. 하나님께 드린 헌금은 사라지지 않고 영원한 나라에서 열매 맺습니다. 은행 잔고를 늘리는 것보다 천국의 보화를 쌓는 일이 더 안전합니다. 헌금은 억지가 아니라 사랑의 방향을 확인하는 고백이며, "나의 가장 큰 기쁨은 주님이십니다"라고 고백하는, 예배의 일부라고 할 것입니다. 영국 복음주의 지도자 존 웨슬리는 "네 지갑이 회심하지 않으면 네 영혼도 회심한 것이 아니다."라고 말했습니다. 우리의 마음이 하나님께 있으면 재물도 하나님 나라를 위해 흘러갑니다.

주여, 제 마음이 오직 주께 향하게 하소서.

11월 **17**일

마음으로 드리는 헌신의 예물

누가복음 21:3

"이르시되 내가 참으로 너희에게 말하노니 이 가난한 과부가 다른 모든 사람보다 많이 넣었도다"

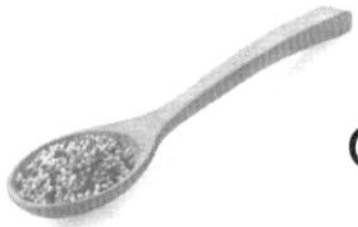

예수님께서는 부자들의 크고 화려한 헌금보다, 과부의 작고 조용한 두 렙돈을 귀하게 여기셨다. 렙돈은 하루 품삯의 64분의 1에 불과한 가장 작은 동전이었지만, 그것은 그녀의 전부였습니다. "그들은 그 풍족한 중에서 넣었거니와 이 과부는 그 가난한 중에서 자기의 있는 바 생활비 전부를 넣었느니라"[눅 21:4]라는 말씀은 양자를 단순히 비교한 것이 아니라, 헌금의 본질이 '얼마'가 아니라 '어떻게' 드리느냐에 있음을 밝히신 것입니다. 마르틴 루터는 "믿음이란 내일을 하나님 손에 맡기는 것"이라 했듯, 이 과부의 헌금은 물질이 아닌 전적인 신뢰의 고백이었습니다. 하나님께는 액수가 아니라 마음의 중심이 귀합니다. 남는 것을 드리는 것이 아니라, 먼저 드리는 결단이 믿음을 깊게 하고, 하나님을 가장 소중한 분으로 인정하는 행위가 됩니다. 오늘 우리의 손에 쥔 작고도 귀한 것을 주께 드릴 때, 그것은 단순한 돈이 아니라 사랑의 향기이며 신뢰의 씨앗이 됩니다.

주여, 제 헌금이 액수가 아니라 전적인 신뢰의 고백이 되게 하소서.

11월 **18**일

받는 기쁨, 주는 행복

사도행전 20:35

"범사에 여러분에게 모본을 보여준 바와 같이 수고하여 약한 사람들을 돕고 또 주 예수께서 친히 말씀하신 바 주는 것이 받는 것보다 복이 있다 하심을 기억하여야 할지니라"

세상은 늘 '받는 것'에 초점을 맞춘다. 더 많이 얻고, 더 많이 소유하면 행복해질 것이라 말합니다. 그러나 복음은, 주는 자는 잃는 것이 아니라, 하늘의 기쁨을 소유하게 된다는 정반대의 길을 가르칩니다. 그래서 사도 바울은 에베소 장로들에게 "주는 것이 받는 것보다 복이 있다"라는 예수께서 친히 하신 말씀을 증언했고, 누가복음 6장 38절도 "후히 주라 그리하면 너희에게 후히 주실 것이니"라며 이 복된 순환을 약속합니다. 19세기 조지 뮬러는 기도와 나눔만으로 수천 명의 고아들을 돌보면서도 모자람이 없었습니다. 오히려 그는 채워주시는 하나님을 더 깊이 경험했습니다. 하나님 나라는 베푸는 사랑을 통해 확장되기에, 우리가 베푸는 것은 소유를 줄이는 것이 아니라, 더 깊은 하늘의 풍요에 참여하는 것입니다. 그래서 헌금은 단순한 겸손이 아니라 하나님의 일을 위한 통로가 됩니다.

주여, 제 마음이 드림으로 더욱 넓어지게 하시고, 주는 복 속에 하늘의 기쁨을 누리게 하소서.

11월 **19**일

감사의 마음으로 드리는 온전한 십일조

말라기 3:10

"만군의 여호와가 이르노라 너희의 온전한 십일조를 창고에 들여 나의 집에 양식이 있게 하고 그것으로 나를 시험하여 내가 하늘 문을 열고 너희에게 복을 쌓을 곳이 없도록 붓지 아니하나 보라"

십일조는 단순한 의무가 아니라, 하나님과의 신뢰 관계에서 피어나는 사랑의 응답입니다. 아브라함이 전쟁에서 승리한 후 멜기세덱에게 십일조를 드렸을 때[창 14:17-20], 그는 그 승리가 자신의 힘이 아니라 하나님의 은혜임을 고백하며 하나님을 찬송한 것입니다. 십일조는 '내 것이 아니라 주의 것입니다'라는 고백이며, 내가 받은 모든 은혜가 주님께로부터 왔음을 믿는 자의 드림입니다. 그래서 십일조는 단순히 물질을 드리는 것이 아니라, 감격과 찬양, 감사와 믿음의 향기를 하나님께 올려 드리는 것입니다. 미국의 대각성운동 당시, 수많은 그리스도인이 십일조와 구제에 헌신했을 때, 그 불길은 단순한 경제적 순종을 넘어 영혼의 부흥으로 이어졌고, 마침내 온 민족이 하나님께 찬송을 올리는 은혜의 물결이 되었습니다. 하나님은 오늘도 그 마음을 가진 자에게 하늘 창고를 여시며, 복을 쌓을 곳이 없도록 부어주십니다. 드림은 찬양을 낳고, 찬양은 다시 드림으로 이어지는 생명의 선순환 속에서, 우리의 삶은 하나님께 올려지는 살아 있는 제사가 됩니다.

주여, 제 마음을 다해 드리는 십일조가 온전한 찬송이 되게 하시고,
그로 인해 하늘 문이 열리는 은혜를 경험하게 하소서.

11월 20일

기쁨으로 드리는 감사의 예물

고린도후서 9:7

"각각 그 마음에 정한 대로 할 것이요 인색함으로나 억지로 하지 말지니 하나님은 즐겨 내는 자를 사랑하시느니라"

헌금은 단지 돈을 드리는 행위가 아니라, 하나님께 대한 사랑과 감사의 표현입니다. 억지로 내는 손은 무겁지만, 기쁨으로 드리는 손은 가볍고도 자유롭습니다. 하나님은 우리의 헌금을 통해 마음을 보시기에, 그분께서 바라시는 것은 헌금의 액수가 아니라 마음의 중심입니다. "후히 주고 꾸짖지 아니하시는 하나님"약 1:5은 우리 안의 즐거이 내는 마음을 귀하게 여기십니다. 초대교회 시대, 터툴리안은 로마인들이 헌금에 대해 조롱하자 "우리의 헌금은 세금이 아니라 사랑의 기부입니다"라고 말하며 그 본질을 증언했다. 그들의 드림은 공동체의 생명줄이 되었고, 고아와 과부, 나그네와 병든 이에게 하늘의 손길이 되었습니다. 오늘날도 마찬가지입니다. 우리가 기쁨으로 드릴 때, 우리의 손에서 떠난 것은 하나님 나라의 밭에 뿌려지고, 다시 은혜와 기쁨으로 되돌아옵니다. 또한, 헌금은 우리에게 자원함의 기쁨을 알게 하며 우리가 재물의 주인이 아니라 청지기임을 고백하게 합니다.

주여, 드릴 때마다 기쁨이 넘치게 하소서.

11월 **21**일

하나님의 나라를 맡은 자의 충성

고린도전서 4:2

"그리고 맡은 자들에게 구할 것은 충성이니라"

우리는 재물의 주인이 아니라, 주께서 잠시 맡기신 것을 관리하는 청지기입니다. 예수님은 "네가 작은 일에 충성하였으매 내가 많은 것을 네게 맡기리니"라 하셨습니다[마 25:21]. 작은 것에 대한 충성이 곧 하나님 나라의 큰일을 맡는 자격입니다. 그래서 우리가 소유라고 여기는 것은 사실 하나님의 것이며, 우리는 그분의 뜻을 따라 사용할 책임이 있습니다. 재물은 하나님께서 우리를 시험하시고 훈련하시는 도구입니다. 그래서 헌금은 단지 물질의 문제가 아니라, 신뢰와 사랑의 표현이기도 합니다. 충성된 청지기는 맡은 것을, 주인을 위해 아낌없이 사용하고, 주인의 기쁨에 참여합니다. 반면 게으른 청지기는 두려움과 탐욕으로, 맡은 것을 숨기기에, 결국 책망받습니다. 19세기 스코틀랜드의 목사 토머스 채머스는 "돈을 쓰는 방식이 곧 그 사람의 신앙을 말해준다"라고 했습니다. 우리가 유한한 재물보다, 영원한 하나님의 기쁨을 바라보며 사용한다면, 그 사용은 하늘의 장부에 기록될 것입니다. 충성은 사라지지 않는 믿음의 열매입니다.

주여, 제 삶과 재물을 맡기신 주님 앞에 충성된 청지기로 살게 하소서.

11월 **22**일

마음으로 잠잠히 지키는 하나님과의 약속

마태복음 6:4

"네 구제함을 은밀하게 하라 은밀한 중에 보시는 너의 아버지께서 갚으시리라"

헌금은 단지 물질을 드리는 행위가 아니라, 우리 마음의 중심을 드리는 영적 제사입니다. 하나님은 보이지 않는 곳에서 행한 것도 보시는 분이시기에, 예수님은 사람에게 보이려는 의를 삼가라고 하셨습니다[마 6:1]. 바리새인들은 헌금함 앞에서 나팔을 불며 자기를 드러냈지만, 그들의 중심은 하나님이 아닌 사람의 박수를 갈망했습니다. 그러나 주님은 조용히, 들키지 않게 드리는 손길 속에서 하나님을 향한 진실한 사랑을 찾으십니다. 윌리엄 블레이크는 "가장 순수한 선행은 아무도 모르게 행하는 것이다"라고 했고, 초대교회의 성도들 역시 이름 없이, 얼굴 없이 구제하며 하늘에만 자신을 드러냈습니다. 은밀한 헌금은 인간의 시선을 벗어난 곳에서 하나님과의 관계를 단단히 세우며, 믿음을 훈련하고, 마침내 보이지 않는 하나님의 손이 보이는 은혜로 갚아 주십니다. 그 갚음은 때로 물질의 형상이 아니라 평안과 충만함으로 오며, 그리스도의 흔적처럼 마음에 새겨집니다.

주여, 사람보다 주님께 보이기를 원합니다. 제 중심이 오직 주님께 향하게 하소서.

11월 **23**일

이웃을 돌보는 일이 곧 하나님을 섬기는 일

잠언 19:17

"가난한 자를 불쌍히 여기는 것은 여호와께 꾸어 드리는 것이니 그 선행을 그에게 갚아 주시리라"

헌금은 단지 건물을 유지하거나 조직을 운영하기 위한 수단이 아니라 하나님 나라의 사랑이 세상 속으로 흘러가는 통로이며, 하늘의 손이 이 땅에 닿는 방식입니다. "네 이웃을 네 자신과 같이 사랑하라" [막 12:31]는 예수님의 명령은 우리의 물질에도 적용됩니다. 18세기 영국의 감리교 부흥은 단지 복음을 전하는 데에 그치지 않았습니다. 거리의 아이들을 위한 빈민학교, 부모 없는 아이들을 위한 고아원, 병든 자를 위한 진료소가 함께 세워졌습니다. 복음과 사랑은 함께 움직였고, 가난한 이들은 말씀과 함께 따뜻한 식사 한 끼로 하나님의 사랑을 경험했습니다. 찰스 스펄전은 "가난한 자에게 베푸는 손은 하늘 창고의 열쇠를 돌리는 손"이라 했고, 이는 단지 시적 표현에 불과한 것이 아닙니다. 하나님께서는 우리가 드리는 작은 물질의 손길을 거룩한 투자로 간주하십니다. 그래서 우리가 누군가의 눈물을 닦을 때, 그것은 곧 하나님의 얼굴을 어루만지는 일이며, 드림은 하나님의 긍휼에 참여하는 순례자의 걸음이 되고, 그 끝에는 하나님의 웃음과 우리의 감사가 어우러진 기쁨의 잔치가 기다립니다.

주여, 가난한 자를 기억하며 드릴 수 있는 마음과 손을 제게 허락하소서.

11월 **24**일

하늘에 쌓는 영원한 보물

마태복음 6:20

"오직 너희를 위하여 보물을 하늘에 쌓아 두라 거기는 좀이나 동록이 해하지 못하며 도둑이 구멍을 뚫지도 못하고 훔치지도 못하느니라"

이 땅의 모든 재물은 언젠가는 빛을 잃고 사라질 운명에 처해 있습니다. 아무리 단단히 지켜도 좀이 먹고, 녹이 슬며, 도둑의 손길을 피할 수 없습니다. 그러나 예수께서는 우리에게 하늘에 보물을 쌓으라고 말씀하십니다. 이는 곧 영원의 창고에 우리의 신뢰를 두라는 초대입니다. 순교자 저스틴은 "하늘의 창고는 도둑도, 불도 빼앗을 수 없다"라고 했습니다. 헌금은 단순한 금전의 이동이 아니라, 오늘의 유한함을 하나님의 영원한 뜻으로 바꾸는 거룩한 전환입니다. C.S. 루이스는 "영원을 위해 투자하지 않는 것은, 사라질 것에 전부를 거는 어리석음"이라고 했습니다. 재물이 있는 곳에 우리의 마음이 있고, 결국 우리의 신앙도 거기에 향합니다. 그러므로 우리는 "너희는 먼저 그의 나라와 그의 의를 구하라"마 6:33는 말씀을 붙잡아야 합니다. 하늘에 쌓인 보물은 하나님과 함께 누릴 기쁨이며, 그 가치는 이 세상의 어떤 보상과도 비교할 수 없는 영광입니다.

주여, 영원히 남을 보물을 하늘에 쌓는 지혜로운 삶을 살게 하소서.

11월 **25**일

감사는 우리에게 두신 하나님의 마음

데살로니가전서 5:18

"범사에 감사하라 이는 그리스도 예수 안에서 너희를 향하신 하나님의 뜻이니라"

감사는 좋은 일이 생겨야만 생기는 감정이 아닙니다. 그것은 하나님의 주권과 선하심을 믿는 믿음에서 피어나는 영혼의 결단입니다. 믿음은 눈물 속에서도 하나님의 손길을 보는 눈을 갖게 합니다. "너희 염려를 다 주께 맡기라 이는 그가 너희를 돌보심이라"벧전 5:7라는 말씀처럼, 감사는 염려를 내어 맡긴 자에게 열리는 또 다른 시선입니다. 감사는 현실을 외면하는 긍정이 아니라, 현실 너머를 바라보는 믿음의 초점입니다. 삶은 때로 우리를 설명할 수 없는 골짜기로 데려가지만, 그 골짜기에도 "내가 세상 끝날까지 너희와 항상 함께 있으리라"마 28:20라는 주님의 약속은 유효합니다. 한 고난받던 시인이 쓴 시구처럼, 감사는 고통을 통과한 자의 언어이다. 또한, "그리하면 모든 지각에 뛰어난 하나님의 평강이 그리스도 예수 안에서 너희 마음과 생각을 지키시리라"빌 4:7라는 말씀처럼 감사는 환경을 바꾸지 않아도 내면의 계절을 봄으로 바꾸는 하나님의 은혜입니다.

주여, 어떤 순간에도 주님의 선하심을 신뢰하며 감사의 시선을 잃지 않게 하소서.

11월 **26**일

감사는 은혜의 기억이며 응답의 신뢰

빌립보서 4:6

"아무 것도 염려하지 말고 다만 모든 일에 기도와 간구로 너희 구할 것을 감사함으로 하나님께 아뢰라"

감사는 이미 받은 은혜를 기억하는 동시에, 아직 보이지 않는 응답에 대한 신뢰의 표현입니다. 기도는 때로 눈물 섞인 간청일지라도, 감사는 그 기도 안에 담긴 믿음의 향기입니다. 염려는 미래를 끌어다 현재를 짓누르지만, 감사는 미래를 하나님께 맡기고 현재를 가볍게 걷게 합니다. "너희 하늘 아버지께서 이 모든 것이 너희에게 있어야 할 줄을 아시느니라"[마 6:32]라는 말씀은, 모든 필요를 아시는 하나님께 우리가 쉬 의탁하도록 부릅니다. "감사는 두려움을 쫓고, 기도는 하늘을 연다."는 말처럼, 응답이 오기 전에도 우리는 "구하거나 생각하는 모든 것에 더 넘치도록 능히 하시는 이"[엡 3:20]를 신뢰하기에 감사할 수 있습니다. 하나님께 시선을 두는 자는 문제보다 크신 하나님의 성품을 바라보며, 오늘을 평안히 살아갈 수 있습니다.

주여, 염려 대신 감사로 오늘을 채우게 하소서.

11월 27일

감사는 영혼의 깊은 찬양

시편 95:2

"감사함으로 그 앞에 나아가며 시를 지어 즐거이 그를 노래할지어다"

감사는 단지 예의가 아니라 영혼의 깊은 찬양입니다. 참된 감사는 십자가 앞에서 더욱 깊어진다. "그가 찔림은 우리의 허물 때문이요 그가 상함은 우리의 죄악 때문이라"사 53:5라는 고백은, 우리가 받은 은혜가 얼마나 큰지를 깨닫게 합니다. 이 은혜는 세상의 어떤 선물과도 비교할 수 없는 구원의 선물입니다. 십자가는 우리의 불평을 잠재우고, 우리가 처한 현실의 억울함을 하나님의 사랑 안에서 녹여내며, 영혼의 눈을 열어 감사할 수 있는 능력을 부어줍니다. "우리를 사랑하사 그의 피로 우리 죄에서 우리를 해방하시고"계 1:5라는 말씀처럼, 그리스도의 피로 인해 우리는 더 이상 죄에 매인 자가 아니라 자유와 기쁨 안에 사는 자가 되었습니다. 이 사실 하나만으로도 우리는 날마다 감사의 찬양을 올려드릴 수 있습니다. 감사는 환경을 넘어서고, 상황을 초월하며, 영원으로 이어지는 믿음의 노래가 된다. 감사의 사람은 하나님의 은혜를 기억하는 사람입니다.

주여, 십자가의 은혜를 기억하며 환경을 넘어 감사하게 하소서.

11월 28일

결핍은 간절함으로, 간절함은 은혜로

빌립보서 4:19

"나의 하나님이 그리스도 예수 안에서 영광 가운데 그 풍성한 대로 너희 모든 쓸 것을 채우시리라"

감사는 풍족할 때보다, 오히려 부족할 때 가장 깊어집니다. 그렇기에 소유와 충족에서 만족을 찾는 세상과 달리, 믿음은 결핍 가운데서 하나님을 붙드는 기쁨을 배웁니다. 예수님께서는 '너희는 먼저 그의 나라와 그의 의를 구하라 그리하면 이 모든 것을 너희에게 더하시리라'마 6:33라고 말씀하셨습니다. 하나님은 단지 물질을 채우시는 분이 아니다. 우리를 더 깊이 그분 자신으로 채우시는 분이시기 때문이다. 그래서 부족함은 그분을 더 가까이 경험하게 하는 은혜의 틈이다. 하나님은 그분의 것을 빈손에만 담으십니다. 그러므로 우리가 가진 결핍은 하나님을 향한 갈망이 되고, 갈망은 결국 은혜로만 채워질 수 있습니다. "여호와는 나의 목자시니 내게 부족함이 없으리로다"시 23:1라는 시편 기자의 고백은 물질적 풍요의 선언이 아니라 하나님 한 분으로 충분하다는 영적 충만의 고백입니다. 하나님이 채우시는 방식은 우리의 계산을 넘어서는 방식이며, 그분의 때는 결코 늦지 않고, 그분의 손길은 결코 모자람이 없습니다.

주여, 부족함 속에서도 주님을 더욱 깊이 의지하며 감사하게 하소서.

11월 **29**일

감사는 천국의 문을 여는 열쇠

시편 136:1

“여호와께 감사하라 그는 선하시며 그 인자하심이 영원함이로다”

감사는 하루아침에 꽃피지 않습니다. 우리의 마음은 본능적으로 결핍과 불만에 기울기 쉬우며, 세상의 소음은 감사의 소리를 덮습니다. 그러므로 감사는 의도적이며 반복적인 영혼의 훈련입니다. 아침의 햇살에 눈을 뜨는 것, 따뜻한 차 한 잔의 위로, 가족의 눈빛 하나에도 감사를 담아내려는 노력은 믿음의 근육을 단련하는 일입니다. “이는 날마다 너희를 위하여 우리 짐을 지시는 주 곧 우리의 구원이신 하나님이시로다”시 68:19라는 고백은, 그분의 자비가 매일 새롭다는 사실을 상기시킵니다. 마치 숨을 쉬는 것처럼, 감사를 세는 습관은 일상을 찬양의 제단으로 바꾸며, 고난 속에서도 여호와의 인자하심이 여전히 선포됩니다. 영국 시인 조지 허버트는 “감사는 천국의 문을 여는 열쇠”라고 했습니다. 날마다 감사를 세는 삶은 결국 하나님을 더 깊이 신뢰하게 하고, 그 선하심의 영원을 노래하게 만듭니다.

주여, 상황이 아닌 주님의 인자하심을 바라보며 날마다 감사의 숨을 쉬게 하소서.

11월 **30**일

하나님이 받으시는 감사의 제사

시편 50:23

“감사로 제사를 드리는 자가 나를 영화롭게 하나니 그의 행위를 옳게 하는 자에게 내가 하나님의 구원을 보이리라”

하나님은 우리에게 번제나 제물보다 더 귀한 제사를 요구하십니다. 그것은 바로 ‘감사’입니다. 감사는 단지 예의나 도덕적 태도를 넘어, 하나님을 영화롭게 하는 영적인 제사입니다. 성경은 우리에게 “너희 몸을 하나님이 기뻐하시는 거룩한 산 제물로 드리라”[롬 12:1]라고 권면합니다. 이는 단지 예배당 안에서 행하는 것뿐 아니라, 우리의 일상 전체가 감사로 물들어 하나님께 드려질 수 있음을 말해줍니다. 매일의 아침을 맞이하며, 누군가와 인사를 나누며, 실패와 고난을 겪으면서도 우리는 감사함으로 하나님을 예배할 수 있습니다. 감사는 마음의 시선을 하나님께 향하게 하며, 자신을 낮추고 하나님을 높이는 가장 순전한 경배의 형태입니다. 조용한 묵상 속에 흐르는 감사는 우리의 영혼을 정화하고, 시끄러운 세상의 소음 속에서 하나님을 인식하게 한다. 한 철학자는 “감사는 기억의 가장 깊은 형식이며, 소유보다 존재를 더 귀히 여기는 영혼의 태도다”라고 말했습니다. 감사하는 자는 자신의 삶을 하나님 앞에 온전히 맡기며, 받은바 모든 은혜를 반추하고, 그 은혜의 무게 앞에 무릎 꿇습니다.

주여, 제 감사가 삶 전체를 드리는 제사가 되어 주를 영화롭게 하게 하소서.

D e c e m b e r

12월

감사와 기도생활

12월 1일

환난이 소망을 이루는 은혜의 초대장

로마서 5:3-4

"3 다만 이뿐 아니라 우리가 환난 중에도 즐거워하나니 이는 환난은 인내를, 4 인내는 연단을, 연단은 소망을 이루는 줄 앎이로다"

감사는 고요한 평온보다 고난의 불 속에서 더욱 빛납니다. 고요한 바다 위에서도 감사는 가능하지만, 폭풍 속에서도 여전히 감사할 수 있는 영혼은 하나님을 아는 자만이 가질 수 있는 특권을 누립니다. 사도 바울은 감옥이라는 차가운 현실 속에서도 "항상 기뻐하라"라고 외쳤습니다[살전 5:16]. 이것은 현실 도피적인 긍정이 아니라, 전능하신 하나님의 손길을 신뢰하는 신앙의 고백입니다. "내 은혜가 네게 족하도다"[고후 12:9]라는 말씀은 고난 중에도 꺼지지 않는 등불이며, 눈물 속에도 하나님을 찬송하게 하는 위로입니다. 요셉이 감옥에서 좌절하지 않고, 다니엘이 사자 굴에서도 감사의 기도를 올린 것은, 그들이 상황보다 더 크신 하나님을 보았기 때문이다[단 6:10]. 고난은 때때로 우리를 무릎 꿇게 하지만, 바로 그 자리에서 우리는 하나님의 은혜의 깊이를 경험한다. 감사는 그 은혜의 길을 걷게 하는 걸음이며, 시련은 우리를 더욱 하나님께 가까이 이끄는 초대장입니다.

주님, 고난 중에도 감사의 눈을 열어 주시고, 그 속에서 주의 은혜를 보게 하소서.

12월 **2**일

그리스도의 평강은 감사로 채워진다

골로새서 3:15

"그리스도의 평강이 너희 마음을 주장하게 하라 너희는 평강을 위하여 한 몸으로 부르심을 받았나니 너희는 또한 감사하는 자가 되라"

감사는 마음의 질서를 회복시키는 은총의 통로입니다. 바울은 공동체 안에서 평강이 주장되기 위해 감사가 흘러야 한다고 말합니다. 감사는 단순한 예절이 아니라, 우리의 시선을 고정하는 방식입니다. 감사는 사람 사이에 세워진 벽을 허물며, 굳은 마음을 부드럽게 녹입니다. 시편 기자가 노래했듯이 "형제가 연합하여 동거함이 어찌 그리 선하고 아름다운고"[시 133:1], 그 아름다움은 감사의 언어에서 시작됩니다. 가까운 이들에게 감사하기란 오히려 더 어렵지만, 짧은 인사가 마음의 문을 여는 열쇠가 됩니다. 성경은 편지마다 "내가 너희로 말미암아 내 하나님께 감사한다"[롬 1:8]라고 고백하며, 관계를 복음 위에 세워갔습니다. 하나님께 드리는 감사가 마음을 채울 때, 그것은 이웃에게로 흘러갑니다. 감사는 사람을 하나님의 선물로 보게 하며, 비판의 눈을 사랑의 눈으로 바꾸는 신비한 힘을 가졌습니다. 감사가 흘러넘치는 공동체에는 자연스럽게 그리스도의 평강이 머뭅니다.

주여, 사람들에게 감사의 말을 아끼지 않게 하소서.

12월 **3**일

감사는 강당할 힘을 일으키는 은총의 불꽃

빌립보서 4:13

"내게 능력 주시는 자 안에서 내가 모든 것을 할 수 있느니라"

감사는 사명의 여정을 끝까지 감당하게 하는 보이지 않는 능력입니다. 불평은 마음을 무겁게 하고 발걸음을 늦추지만, 감사는 눈을 들어 하나님께 향하게 하여 다시금 걸을 힘을 더해줍니다. 모세는 이스라엘 백성의 끊임없는 원망 속에서도 "여호와는 나의 힘과 노래시며 나의 구원이시로다"[출 15:2]라고 노래하며 하나님을 찬양했습니다. 감사는 단지 예의 바름의 표현이 아니라, 과거의 은혜를 기억하는 신앙의 감각이며, 아직 도달하지 않은 미래에 대한 담대한 신뢰입니다. "주는 나의 도움이시라"[시 70:5]라는 고백이 우리 안에 살아 있을 때, 사명은 짐이 아니라 특권이 되고, 고단함은 원망이 아니라 기쁨으로 바뀝니다. 바울이 감옥에서도 찬송하며 복음을 전할 수 있었던 이유는 환경이 아니라 하나님께 시선을 고정했기 때문입니다. 감사는 헌신의 길을 포기하지 않게 만드는 영혼의 연료이며, 우리를 다시 일으키는 은총의 불꽃입니다.

주여, 어떤 상황에서도 감사함으로 사명을 감당하게 하소서.

12월 **4**일

감사는 영원을 준비하는 지혜

베드로전서 5:10

"모든 은혜의 하나님 곧 그리스도 안에서 너희를 부르사 자기의 영원한 영광에 들어가게 하신 이가 잠깐 고난을 당한 너희를 친히 온전하게 하시며 굳건하게 하시며 강하게 하시며 터를 견고하게 하시리라"

고린도전서 13:12

"우리가 지금은 거울로 보는 것 같이 희미하나 그 때에는 얼굴과 얼굴을 대하여 볼 것이요 지금은 내가 부분적으로 아나 그 때에는 주께서 나를 아신 것 같이 내가 온전히 알리라"

시편 23:6

"내 평생에 선하심과 인자하심이 반드시 나를 따르리니 내가 여호와의 집에 영원히 거하리로다"

감사는 하나님의 은혜를 인식하는 깊은 영적 반응이며, 결국 하나님을 더 깊이 아는 길로 우리를 이끕니다. 지금의 감사는 장차 마주할 그날을 준비하는 예배입니다. 우리가 오늘 드리는 감사는 미래의 영광을 미리 맛보는 전주곡이며, 시간 속에서 영원을 바라보는 훈련입니다. 감사는 일시적인 감정이 아니라, 고난 속에서도, 평안 속에서도 하나님을 향한 삶의 방향입니다. 키르케고르는 "감사는 삶을 순례하게 만드는 지혜다"라고 말했습니다. 다윗의 고백처럼, 하나님의 선하심과 인자하심을 따라 사는 이에게 감사는 단지 반응이 아니라 존재의 중심이 됩니다. 마치 바다를 향해 흘러가는 강물처럼, 우리의 감사도 결국 하나님을 향해 흘러갑니다. 그 감사가 관계를 단단히 묶고, 우리의 영혼을 굳게 세워 줍니다. 우리는 날마다 드리는 작은 감사 속에서, 얼굴과 얼굴을 마주할 그날의 예배를 준비합니다.

주여, 오늘의 감사로 영원을 준비하게 하시고, 그 감사로 주님께 더 가까이 가게 하소서.

12월 **5**일

기도는 사랑의 대화

창세기 5:24

"에녹이 하나님과 동행하더니 하나님이 그를 데려가시므로 세상에 있지 아니하였더라"

기도는 단지 말을 올리는 행위가 아니라, 하나님과 함께 걷는 생의 여정입니다. 에녹이 특별한 의식을 통해 하나님과 동행한 것이 아니라, 일상의 숨결마다 주님과 연결된 삶을 살았다는 성경의 이 한 구절은 기도의 본질을 드러냅니다. 우리는 종종 기도를 문제 해결의 열쇠로만 인식하지만, 그것은 하나님과 친밀한 사귐의 자리이자 존재의 방향을 바로잡는 시간입니다. 기도는 예배의 연장선이며, 그 자체로 하나님을 향한 순례입니다. 고요한 새벽길을 걷는 듯한 기도의 순간들 속에서, 우리는 하나님의 숨결과 동행합니다. 종교적 언어가 없어도 괜찮습니다. 피곤한 하루의 끝자락에서 올리는 한숨마저 하나님께는 동행의 시작이 될 수 있습니다. 프란시스 드 살은 "기도는 사랑의 대화"라 했고, 사랑은 늘 함께하려는 것입니다.

주님, 오늘도 제 발걸음이 당신과의 동행이 되게 하소서.

12월 **6**일

진정한 기도는 마음을 드리는 것

시편 5:1

"여호와여 나의 말에 귀를 기울이사 나의 심정을 헤아려 주소서"

기도는 말을 잘하는 기술이 아니라, 마음을 여는 용기입니다. 마음의 깊은 상처는 언어를 잃게 만들고, 절망은 입을 닫게 하지만 하나님은 귀로만 듣지 않으시고, 마음으로 들으십니다. 시편 기자는 입술보다 심정을 헤아려 달라고 기도했습니다. 이것은 말이 아닌 존재 전체로 드리는 기도입니다. 우리는 가끔, 기도해야 한다는 의무감에 눌려 유창한 말을 찾아 헤매지만, 진정한 기도는 말이 아니라 진실입니다. 말 없는 고백, 눈물 어린 침묵, 가슴속 깊은 탄식조차도 하나님께는 선명한 음성입니다. 한나가 입술로만 기도드렸을지라도 하나님께서는 들으셨고, 요셉은 감옥에서도 주님께 말했고, 엘리야는 동굴에서도 속삭였습니다. 하나님은 말이 없어도, 우리를 듣고 계십니다. 귀를 기울이시는 분이 아니라 마음을 기울이시는 분이기 때문입니다.

주님, 말할 수 없는 침묵 속에서도 저를 들으소서.

12월 7일

감사함으로 하나님께 아뢰는 기도

빌립보서 4:6

"아무것도 염려하지 말고 오직 모든 일에 기도와 간구로, 너희 구할 것을 감사함으로 하나님께 아뢰라"

감사는 기도의 문을 여는 열쇠입니다. 우리는 종종 염려 속에서 기도의 자리로 나아가지만, 감사는 그 염려의 어둠을 밀어내는 빛입니다. 성경은 기도와 간구만 말하지 않고, '감사함으로' 아뢰라 했습니다. 이는 기도의 시작이 감사이어야 함을 뜻합니다. 감사는 상황이 좋아서 하는 반응이 아니라, 하나님이 여전히 선하시다는 믿음의 표현입니다. 아직 응답받지 못했지만, 하나님이 나를 떠나지 않으신다는 확신에서 시작되는 고백입니다. 고통 중에도 감사하는 이는 현실을 부정하는 자가 아니라, 현실 너머 하나님의 손길을 믿는 사람입니다. 감사는 기도를 무릎 꿇게 하지만, 동시에 일어서게 합니다. 감사로 시작한 기도는 끝에서 평안을 낳습니다. 헬무트 틸리케는 "감사는 천국의 언어"라 하였습니다. 그 언어를 말할 때, 우리는 이미 하나님의 나라에 서 있는 것입니다.

주님, 오늘도 감사로 기도의 문을 열게 하소서.

12월 **8**일

기도는 성도의 호흡

데살로니가전서 5:17

"쉬지 말고 기도하라"

기도는 하루 중 특정 시간에만 하는 행위가 아니라, 삶 전체를 관통하는 중심입니다. 성경은 '쉬지 말고 기도하라'라고 했습니다. 이는 끊임없이 입을 움직이라는 뜻이 아니라, 삶의 방향이 언제나 하나님께로 향해 있으라는 명령입니다. 기도는 눈을 감고 손을 모을 때만 가능한 것이 아닙니다. 운전 중에도, 설거지하면서도, 사람을 만날 때도 우리의 내면은 하나님을 향할 수 있습니다. 기도는 습관이 아니라 존재의 자세인 것입니다. 아우구스티누스는 "기도는 숨 쉬는 것이다"라고 했습니다. 호흡을 멈출 수 없듯, 기도 없이 사는 삶은 곧 죽은 신앙입니다. 기도가 끊어질 때 우리는 중심을 잃고 흔들리기 쉽지만, 다시 기도의 중심을 붙잡을 때, 삶은 제자리로 돌아옵니다. 기도는 하나님께로 이어진 끈입니다. 그 끈이 이어져 있을 때 우리는 어둠 속에서도 길을 잃지 않습니다.

주님, 오늘도 당신을 중심으로 살아가게 하소서.

12월 **9**일

기도는 내가 하나님께로 다가가는 길

누가복음 17:5

"사도들이 주께 여짜오되 우리에게 믿음을 더하소서"

기도는 하나님을 바꾸는 수단이 아니라, 나를 변화시키는 통로입니다. 예수님의 제자들은 기도할 때 큰 능력이나 기적을 구한 것이 아니라 믿음을 더해 달라 기도했습니다. 이는 외적인 변화보다 내적인 성숙을 바란다는 의미입니다. 진정한 기도는 나의 뜻을 주장하기보다, 하나님의 뜻에 나를 순종시킬 준비를 하는 일입니다. 오스왈드 챔버스는 "기도는 하나님을 움직이려는 시도가 아니라, 내가 하나님께 맞춰지는 일"이라 했습니다. 우리는 기도 속에서 마음의 완고함을 내려놓고, 하나님의 마음을 조금씩 닮아갑니다. 그리고 기도할 때 기도하던 문제의 해결보다 더 큰 기적을 누리게 되는데, 그것은 그 문제를 견디는 나의 내면이 자라는 일입니다. 하나님은 기도를 통해 환경보다 나 자신을 먼저 다듬으십니다. 그래서 기도의 시간은 그분의 손안에서 다시 빚어지는 시간이자 내가 날마다 새로운 피조물로 살아나는 은혜의 시간입니다.

주님, 오늘도 기도를 통해 저를 새롭게 빚어주소서.

12월 **10**일

기도는 사랑의 속삭임

요한복음 14:13

"너희가 내 이름으로 무엇을 구하든지 내가 행하리니 이는 아버지로 하여금 아들로 말미암아 영광을 받으시게 하려 함이라"

기도는 단절된 하나님과의 관계를 회복하는 거룩한 통로입니다. 인간은 타락 이후 자신을 숨기며 하나님을 피했지만, 하나님은 "아담아, 네가 어디 있느냐"[창 3:9]라고 먼저 부르셨습니다. 기도는 우리가 문을 두드리는 것이 아니라, 먼저 두드리시는 주님의 초대에 응답하는 일입니다[계 3:20]. 하나님은 우리의 요구보다 우리 자신을 원하십니다. 기도는 사랑의 관계를 다시 세우는 거룩한 동행의 시작입니다. 사랑은 늘 기다림으로 증명됩니다. "진정한 사랑은 반복된 용서 위에 세워진다"라는 말처럼, 하나님은 우리가 다시 돌아오기를 날마다 기다리십니다. 기도는 내 영혼이 집으로 돌아가는 길이고, 아버지의 품 안에 안기는 시간입니다. 그분은 우리가 무릎 꿇는 그 순간을 가장 깊은 기쁨으로 맞이하십니다.

주님, 잃어버린 신뢰가 다시 이어지고 사랑이 살아나게 하소서

12월 **11**일

기도는 나를 버리고 주를 찾는 영혼의 샘

시편 32:5

"내가 이르기를 내 허물을 여호와께 자복하리라 하고 주께 내 죄를 아뢰고 내 죄악을 숨기지 아니하였더니 주께서 내 죄악을 사하셨나이다"

기도는 영혼의 샘입니다. 죄는 감출 때 썩어들어가지만, 고백할 때 정결하게 됩니다. 다윗이 죄를 숨길 때 뼈가 쇠하였으나, 자복할 때 하나님의 사하심이 임했습니다. 그래서 회개는 죄의 무게를 하나님께 넘겨드리는 일이며, 기도는 내가 나를 세우는 시간이 아니라, 하나님 앞에 무너지는 시간입니다. 그러나 그 무너짐 안에 진정한 새로움이 숨어 있습니다. 죄는 우리를 정죄하지만, 기도는 은혜를 기억하게 합니다. 그래서 우리는 기도 중에 가장 연약하고 가장 진실한 모습이 되며, 이 때 고백은 두려운 일이 아니라, 다시 사는 일이 됩니다. 하나님은 가식과 과장으로 포장된 모습보다 깨어진 심령을 기뻐하십니다[시 51:17]. "내가 너를 정죄하지 아니하노니 가서 다시는 죄를 범하지 말라"[요 8:11] 하신 그분의 음성이 기도 속에 울립니다.

주님, 제 안의 어둠을 비추시고 은혜로 씻어 주소서.

12월 **12**일

마음 속 깊은 교제의 시작

시편 19:14

"나의 반석이시오 나의 구속자이신 여호와여 내 입의 말과 마음의 묵상이 주님 앞에 열납되기를 원하나이다"

진정한 기도는 말이 아닌 마음의 중심에 달려 있습니다. 많은 말이 기도를 깊게 하는 증거가 아닙니다. 고요한 눈물 한 방울이 천 마디 말보다 더 깊은 울림이 될 수 있습니다. 하나님의 언어는 침묵도 들으시며, 사색도 받으시기 때문입니다. "가장 깊은 대화는 침묵으로 이루어진다."라는 말처럼, 기도는 마음의 시선이 머무는 곳에서 시작됩니다. 예수님께서도 무성한 기도보다 골방에서 드리는 간절한 마음을 기뻐하셨습니다[마 6:6]. 침묵은 도망이 아니라 기다림이며, 하나님께 다가가는 가장 조용한 걸음입니다. 기도는 행동이 아니라 존재의 문제다. 하나님의 임재 앞에서 말이 멈출 때, 오히려 가장 깊은 교제가 시작됩니다. 기도는 그분을 바라보는 눈빛 속에, 머물러 있는 숨결 속에 있습니다.

주님, 말보다 마음을 올려드리는 기도가 되게 하소서.

12월 **13**일

하나님의 집으로 향하는 순례의 길

창세기 35:1

"하나님이 야곱에게 이르시되 일어나 벧엘로 올라가서 거기 거주하며 네가 네 형 에서의 낯을 피하여 도망하던 때에 네게 나타났던 하나님께 거기서 제단을 쌓으라 하셨더라"

야곱은 인생의 어둠 속에 있었습니다. 도망자, 속임수의 인생, 가족의 갈등으로 그의 걸음은 지쳐 있었습니다. 그러나 하나님은 그에게 그가 하나님을 처음 만난 자리, 벧엘로 다시 올라가라 명하셨습니다. 이처럼 기도는 잊힌 첫사랑의 장소에의 귀환이며, 무너진 자를 다시 일으키는 부르심입니다. "사람은 벧엘에서 일어선다. 하나님은 기억보다 회복에 관심이 많다." 낙심으로 인해 무릎을 꿇었어도 기도는 그 무릎에 다시 일어서는 힘을 줍니다. 그래서 기도는 상처를 묻는 시간이 아닌 새 출발을 선언하는 순간입니다. 이사야 60장 1절 "일어나라 빛을 발하라 이는 네 빛이 이르렀고 여호와의 영광이 네 위에 임하였음이니라"라는 말씀을 기억합시다. 기도는 영혼이 다시 벧엘로 올라가는 순례의 시작입니다.

주님, 제 영혼이 다시 첫사랑의 자리로 돌아가게 하소서.

12월 **14**일

하나님의 숨결을 들이쉬는 영혼의 호흡

골로새서 4:2

"기도를 계속하고 기도에 감사함으로 깨어 있으라"

우리는 끼니를 거르면 배고픔을 느끼지만, 기도를 거르면 영혼이 메말라감을 느낍니다. 기도는 신앙생활의 수단이 아니라 생명 그 자체를 유지하는 '영혼의 호흡'입니다. 성경이 '항상 힘쓰라'라고 말한 것은 억지로 기도하라는 명령이 아니라, 기도 없이는 살 수 없다는 절절한 고백입니다. 숨을 멈추면 생명이 끝나듯, 기도를 멈추면 영혼은 생기를 잃습니다. 호흡이 무의식중에 지속하는 것처럼, 기도도 우리의 일상 깊숙이 자연스럽게 스며들어야 합니다. 감사의 기도는 영혼을 깨우고, 하나님과 끊임없는 교제를 이어가며, 내면의 평안을 회복하게 합니다. 마치 새벽 공기를 들이쉬는 듯한 고요함 속에서 우리는 하나님을 느끼고, 그분의 숨결 안에서 살아납니다. 기도하는 사람은 삶의 풍랑 속에서도 무너지지 않습니다. 하나님의 숨결을 들이쉬는 이들은 오늘도 다시 일어납니다.

주님, 오늘도 당신 안에서 숨 쉬는 기도를 하게 하소서.

12월 **15**일

하나님의 뜻이 이루어지기를 원하나이다

누가복음 22:42

"아버지여 만일 아버지의 뜻이거든 이 잔을 내게서 옮기시옵소서. 그러나 내 원대로 마시옵고 아버지의 원대로 되기를 원하나이다 하시니"

겟세마네 동산에서 드린 예수님의 기도는 고요하지만, 인간 역사상 가장 치열한 영혼의 전투였습니다. 땀이 피처럼 흘러내릴 만큼의 고뇌 속에서 예수님은 자기 뜻보다 하나님의 뜻에 자신을 맡기셨습니다. 우리는 종종 고난 앞에서 간절히 부르짖지만, 기도의 궁극은 "내 뜻이 아니라 주님의 뜻이 이루어지이다"라는 고백에 있습니다. 그것은 패배나 체념이 아니라, 하나님의 선하심과 주권을 신뢰하는 성숙한 순종입니다. 진정한 기도란, 나의 의지를 관철하는 것이 아니라 그분의 뜻에 나를 녹여드리는 일입니다. 예수께서 그 고통을 껴안고 십자가를 향해 나아가신 것처럼, 우리도 기도 속에서 하나님의 인도하심을 따라 살아가야 합니다. 하나님께 순종을 드리는 기도는 눈물 속에서 피어나는 참된 평안입니다.

주님, 당신의 뜻을 받아들이는 순종의 마음을 제게 주소서.

12월 **16**일

기도는 하나님의 나라의 씨앗

마태복음 6:10

"나라가 임하시오며 뜻이 하늘에서 이루어진 것 같이 땅에서도 이루어지이다"

주님께서 가르치신 기도의 중심은 하나님의 나라였습니다. 그래서 기도는 나의 문제 해결이나 응답만을 구하는 자리가 아니라, 이 땅에 하나님의 뜻이 실현되기를 소망하는 하늘의 꿈을 품는 자리입니다. 세상의 질서가 무너지고 사랑이 식어가는 시대, 우리는 기도 속에서 하나님의 공의와 자비를 갈망하게 됩니다. 그래서 '나라가 임하시오며'라는 기도는 단순한 반복이 아니라, 우리가 하나님의 통치를 갈망하고, 그분의 사랑이 이 땅에 흐르기를 바라는 영혼의 떨림입니다. 이 기도를 드릴 때, 우리는 세상을 바꾸는 것이 아니라, 하나님의 나라를 이루기 위한 도구로 내 삶을 드리게 됩니다. 기도는 헌신, 즉 하나님의 시선으로 세상을 바라보며, 오늘 내가 작은 순종으로 그분의 나라를 살아내게 되는 것입니다. 이처럼 기도할 때 기도는 단순한 말이 아닌, 하나님 나라의 씨앗이 됩니다.

주님, 오늘도 당신의 나라가 제 삶을 통해 임하게 하소서.

12월 **17**일

고난을 통해 부르시는 하나님의 음성

시편 50:15

"고난 날에 나를 부르라 내가 너를 건지리니 네가 나를 영화롭게 하리로다"

고난은 예고 없이 찾아옵니다. 원인을 알 수 없는 고통 앞에서 우리는 무력감을 느끼지만, 성경은 시편을 통해 우리에게 말씀합니다. "고난 날에 나를 부르라." 기도는 고통의 순간에 우리를 하나님께 붙들어 매는 줄이며, 눈물로 드리는 기도는 하늘의 위로를 불러옵니다. 그래서 기도는 고난을 없애 주는 마법이 아니라, 그 고난을 이겨낼 힘을 주는 생명의 끈입니다. 하나님은 고난 속 기도를 외면하지 않으십니다. 오히려 그 눈물을 병에 담으시고, 고통 속에서도 하나님을 부르는 자를 통해 자신의 영광을 드러내십니다. 때로 기도의 응답이 곧장 나타나지 않더라도, 하나님께서는 그 과정을 통해 우리 믿음을 더 단단하고, 깊게 하십니다. 그래서 가장 약한 순간이 오히려 가장 강한 순간이 되게 하시는 분이십니다. 그분 앞에 무릎 꿇을 때, 우리는 다시 일어설 수 있습니다.

주님, 고난의 날에 주를 부르게 하시고, 인내하게 하소서.

12월 **18**일

영혼을 연결하는 사랑의 줄

누가복음 22:32

"그러나 내가 너를 위하여 네 믿음이 떨어지지 않기를 기도하였노니 너는 돌이킨 후에 네 형제를 굳게 하라"

예수께서 베드로를 위해 기도하셨다는 이 한마디는 깊은 사랑의 증거입니다. 기도는 가장 순수하고도 강력한 사랑의 표현입니다. 우리가 사랑하는 이들을 위해 할 수 있는 일이 아무것도 없는 것 같을 때조차, 기도는 그 누구도 막을 수 없는 능력이 됩니다. 기도는 그 사람의 삶에 하나님의 손길이 닿게 하는 통로이며, 시간과 공간을 넘어 사랑을 전달하는 줄입니다. 말은 때로 부족하고 감정은 어긋날 수 있지만, 기도는 언제나 참된 사랑을 담아낼 수 있습니다. 예수님께서 우리를 위하여 지금도 기도하신다는 사실은, 우리가 서로를 위해 기도할 이유이자 능력이 됩니다. 기도는 단지 말을 하는 것이 아니라, 영혼과 영혼을 하나로 연결하는 영적 줄인데, 이 줄은 하나님 안에서 결코 끊어지지 않습니다.

주님, 제가 사랑하는 이들을 위해 기도하게 하소서.

12월 **19**일

침묵은 거룩한 은혜의 시간

마태복음 15:28

"이에 예수께서 대답하여 이르시되 여인이여 네 믿음이 크도다 네 소원대로 되리라 하시니 그 때로부터 그의 딸이 나으니라"

예수께 도움을 구한 수로보니게 여인의 외침 앞에 주님은 처음엔 아무 말씀도 하지 않으시고 침묵하셨습니다. 제자들도 그녀를 돌려보내려 했지만, 그녀는 포기하지 않았습니다. 우리는 기도할 때 침묵에 맞닥뜨리면 너무도 쉽게 마음을 접습니다. 그러나 하나님의 침묵은 거절이 아니라, 믿음의 깊이를 재는 시험이자 초대이며 하나님의 침묵은 하나님의 무관심을 뜻하는 것이 아니라 하나님을 향한 우리의 신뢰를 훈련하는 은밀한 손길입니다. "말하지 않는 사랑이 가장 깊은 사랑이다"라는 옛 격언처럼, 하나님은 말없이도 우리를 이끄십니다. 수로보니게 여인은 개들도 상에서 떨어지는 부스러기를 먹는다고 말하며, 예수님께 긍휼을 구했습니다. 그리고 그 겸손한 믿음이 응답을 열었습니다. 이처럼 기도는 말이 아니라 믿음으로 하나님께 드리는 응답입니다. 그래서 때로는 아무 소리도 들리지 않는 어두운 밤이 믿음을 가장 깊이 자라게 합니다.

주님, 침묵 중에도 믿음으로 나아가게 하소서.

12월 **20**일

하나님을 간절히 찾는 생명의 호흡

시편 63:1

"하나님이여 주는 나의 하나님이시라 내가 간절히 주를 찾되 물이 없어 마르고 황폐한 땅에서 내 영혼이 주를 갈망하며 내 육체가 주를 앙모하나이다"

다윗은 광야에 있었습니다. 모든 것이 사라진 자리, 사람도 예배도 없는 그 자리에서 그는 더욱 간절히 하나님을 찾았습니다. 광야는 본질을 드러내는 자리입니다. 기도는 말을 많이 하는 것이 아니라, 내 영혼의 갈망을 드러내는 시간입니다. 우리가 기도하지 않는 이유는 하나님을 향한 갈증을 잃어버린 까닭입니다. "기도는 사랑에 목마른 자들의 호흡"이라 했습니다. 갈증은 욕망의 방향을 바꿉니다. 우리는 하나님의 선물을 구하지만, 정작 그분 자신을 갈망하지 않습니다. 다윗은 말합니다. 주의 인자하심이 생명보다 낫다고. 하나님 그분 자신이 목적이 될 때, 기도는 단순한 부탁을 넘어서 전 존재의 호흡이 됩니다. 목마름은 생명의 징후입니다. 기도는 내가 여전히 하나님을 찾는 사람이라는 증거입니다.

주님, 내 안에 주를 향한 갈망을 다시 일으켜 주소서.

12월 **21**일

나의 진실한 마음을 주께 드리나이다

시편 57:7

“하나님이여 내 마음이 확정되었고 내 마음이 확정되었사오니 내가 노래하고 내가 찬송하리이다”

불안정한 세상에서 마음을 확정한다는 것은 곧 믿음의 닻을 내리는 일입니다. 시편은 고난 중에도 두 번 반복하며 고백합니다. “내 마음이 확정되었고, 확정되었사오니.” 기도는 마음을 주께로 고정하는 거룩한 선택입니다. “인간은 외부 환경보다 내면의 방향에 의해 결정된다.”라고 합니다. 기도는 방향의 재설정이며, 중심의 회복입니다. 세상은 흔들리고 감정은 요동치지만, 기도는 하나님을 바라보며 내 마음을 정돈합니다. 하나님은 우리의 감정이 아니라 중심을 보십니다. 기도는 오늘의 흔들림 속에서도 ‘나는 흔들려도 주님은 변함없다’라고 고백하는 내면의 외침입니다. 삶의 중심을 하나님께 기울일 때, 우리 마음은 노래로 가득 찹니다.

주님, 제 마음이 오늘도 주님께 고정되게 하소서.

12월 **22**일

인내 속에서 피어나는 기도응답

누가복음 18:1

"예수께서 그들에게 항상 기도하고 낙심하지 말아야 할 것을 비유로 말씀하여"

예수께서는 불의한 재판장과 과부의 비유로 기도를 가르치셨다. 응답 없는 현실 속에서도 포기하지 않고 계속 간청한 여인의 모습은 기도의 본질을 보여줍니다. 기도는 즉시 열매를 맺지 않습니다. 하나님은 속히 응답하지 않으심으로 우리를 자신께 더 가까이 끌어당기십니다. 기도는 기다림 속에서 깊어지고, 인내 속에서 꽃핍니다. 낙심은 기도를 중단하게 하지만, 믿음은 멈추지 않게 합니다. 오늘 뿌린 기도가 내일 열매 맺지 않는다고 해도, 하나님의 시간 속에서 반드시 응답받습니다. 기도는 천천히 그러나 확실하게 하나님의 역사를 준비하는 씨앗입니다. 무성하지 않아도, 기도는 이미 자라고 있습니다.

주님, 낙심치 않고 기도의 씨앗을 뿌리게 하소서.

12월 **23**일

기도로 나오는 성도를 받으시는 하나님

이사야 57:15

"지극히 존귀하며 영원히 거하시며 거룩하다 이름하는 이가 이와 같이 말씀하시되 내가 높고 거룩한 곳에 있으며 또한 통회하고 마음이 겸손한 자와 함께 있나니 이는 겸손한 자의 영을 소생시키며 통회하는 자의 마음을 소생시키려 함이라"

기도는 단지 어떤 말을 주님께 드리는 것이 아니라, 나 자신을 드리는 것입니다. 성경은 이사야 선지자를 통해 기도를 제사로 표현했는데, 구약의 제사는 늘 피와 눈물이 동반된 것으로서 전인격의 드림이었습니다. "참된 제물은 마음의 진실함, 즉 진실한 마음이다"라고 한 고대 현자의 말처럼, 기도는 회개의 제사이자 헌신의 제단이며, 감사의 향기입니다. 그래서 기도는 시간과 마음, 뜻과 계획을 내려놓는 제사여야 하고, 이것은 오늘날의 기도도 마찬가지입니다. 그래서 기도하는 순간, 우리는 하나님의 주권을 인정하고 내 인생의 중심을 그분께 내어드려야 합니다. 그때, 기도는 상하고 통회痛悔하는 심령으로 주께 나아가는 가장 아름다운 제사입니다. 하나님은 외형보다 진심을 받으십니다.

주님, 오늘도 저 자신을 기도의 제물로 드리게 하소서.

12월 24일

침묵은 간절한 자에게 주시는 깊은 속삭임

마태복음 15:28

"이에 예수께서 대답하여 이르시되 여자여 네 믿음이 크도다 네 소원대로 되리라 하시니 그 때로부터 그의 딸이 나으니라"

수로보니게 여인의 기도는 깊은 절망 속에서도 멈추지 않는 끈질긴 신앙의 외침이었습니다. 예수님은 처음에 아무 말씀도 하지 않으셨고, 제자들은 그녀를 외면하려 했습니다. 그러나 하나님의 침묵은 무관심이 아니라 믿음을 연단하는 도구이며, 응답의 지연은 불응이 아니라 하나님과 깊은 만남을 위한 초대입니다. 여인은 오히려 더 가까이 나아갔습니다. "주여 옳소이다 마는 개들도 제 주인의 상에서 떨어지는 부스러기를 먹나이다"라는 그녀의 말은, 전능하신 자 앞에서 스스로 낮추는 겸손의 진술이자 간절한 소망의 고백이었습니다. 때로, 우리의 기도가 어둠 속의 반향 없는 메아리처럼 공허하게 느껴지지만, 믿음은 바로 그 어둠을 가르며 자랍니다. 그래서 "하나님의 침묵은 하나님의 부재가 아니라, 가장 섬세한 음성의 자리다"라는 말처럼, 침묵은 곧 하나님과 가장 깊은 사귐일 수 있습니다.

주여, 주님의 침묵 속에서 자라는 믿음을 주소서.

12월 **25**일

심령이 가난한 자에게 허락된 천국의 복

마태복음 5:3

"심령이 가난한 자는 복이 있나니 천국이 그들의 것임이요"

심령이 가난하다는 것은 단순히 물질이 없는 상태가 아니라, 하나님 없이는 살 수 없다는 영혼 깊은 곳의 고백입니다. "나는 가난하고 궁핍하오니 하나님이여 속히 내게 임하소서"라고 기도한[시 70:5] 시편 기자처럼, 마음이 가난한 자는 자기 의를 내려놓고 은혜로 살아가는 자입니다. 고요한 밤, 모든 소리가 멈춘 순간에 울리는 기도는 세상의 부요를 다 가진 자의 고백이 아니라, 심령이 가난한 자의 절규입니다. 어머니의 헌신적 기도, 병상에서 울부짖는 중보의 기도, 자녀를 위한 눈물 어린 기도 … 모두 가난한 심령에서 비롯됩니다. 하나님은 이런 기도를 외면하지 않으시고, 천국을 약속하십니다. 모든 것이 무너진 자리에 무릎 꿇는 그 사람에게, 하나님은 다시 나라를 세우십니다.

주여, 가난한 마음으로 주님만을 찾게 하소서.

12월 **26**일

주님을 만나는 길은 전심으로 드리는 기도

예레미야 29:13

"너희가 온 마음으로 나를 구하면 나를 찾을 것이요 나를 만나리라"

하나님은 형식적인 기도를 원하지 않으십니다. 전심으로 부르는 자를 찾으시고, 그들의 기도에 귀 기울이십니다. 하늘은 마음의 진실함에 민감하십니다. 한나가 성전에서 통곡하며 기도할 때, 그녀의 입술만 움직였고 소리는 들리지 않았습니다. 그러나 하나님은 그 전심의 기도를 보셨고, 응답으로 사무엘을 주셨습니다. 이처럼 기도는 영혼이 옷을 찢는 행위이며, 단지 말이 아니라 눈물과 침묵과 고백의 총체입니다. 전심全心은 내면의 골방을 열고 하나님의 뜻 앞에 무릎 꿇는 자세를 말합니다. "하나님은 꿰뚫어 보는 눈을 가지셨기에, 꾀부리는 기도엔 귀를 막으신다."라는 말처럼, 진실하지 않은 기도는 아무 소리도 되지 못합니다. 오늘도 마음 깊은 곳에서 우러나는 기도가 하늘에 닿기를 기원합니다.

주여, 거짓 없는 마음으로 주님을 찾게 하소서. 아멘

12월 **27**일

세상의 소금으로 살아가기

마태복음 5:13

"너희는 세상의 소금이니 소금이 만일 그 맛을 잃으면 무엇으로 짜게 하리요 후에는 아무 쓸 데 없어 다만 밖에 버려져 사람에게 밟힐 뿐이니라"

소금은 작고 눈에 잘 띄지 않지만, 음식의 맛을 결정짓는 결정적인 존재입니다. 소금이 없다면 아무리 풍성한 재료도 제맛을 낼 수 없습니다. 예수께서 우리를 '세상의 소금'이라 부르셨다는 것은, 우리가 이 세상 가운데 썩음을 막고, 생명을 보존하며, 하나님의 맛을 드러내는 존재로 부름받았다는 뜻입니다. 초대교회는 권세나 세상의 인정을 받지 못했지만, 그 순전함과 본질을 지킨 믿음으로 세상의 어둠을 밝히는 소금의 사명을 감당했습니다. 교회는 수적으로 크냐 작으냐가 아니라, 맛을 내는가가 중요하다. 오늘날 교회가 세상의 가치와 타협하고 소금의 맛을 잃는다면, 존재 이유마저 잃고 땅에 버려질 뿐입니다. 참된 영향력은 권세가 아니라 거룩함과 진실함에서 나옵니다. 소금의 진가는 보이지 않는 곳에서도 그 본질을 지켜낼 때 드러납니다. 일상 속에서 묵묵히 주님의 뜻을 따르는 삶, 그것이 곧 세상의 소금으로 사는 길입니다.

주님, 타협하지 않고 본질을 지켜 소금의 맛을 잃지 않는 삶을 살게 하소서.

12월 **28**일

서로 사랑하라는 예수님의 새계명

요한복음 13:34

"새 계명을 너희에게 주노니 서로 사랑하라 내가 너희를 사랑한 것 같이 너희도 서로 사랑하라"

예수님께서 우리에게 주신 새 계명은 '서로 사랑하라'는 말씀입니다. 이는 단순한 윤리적 권면이 아니라, 주님께서 먼저 보여주신 사랑의 삶으로의 부르심입니다. 주님의 사랑은 조건 없고 끝까지 견디는 사랑이었습니다. 가룟 유다조차도 발을 씻기신 그 밤, 예수님의 사랑은 가장 어두운 밤을 가장 밝은 사랑으로 비추셨습니다. 우리가 받은 이 사랑은 그저 느끼고 감상할 감정이 아니라, 실천하고 흘려보낼 책임이기도 합니다. 교회가 세상에서 복음을 증거할 수 있는 가장 강력한 언어는 사랑입니다. 감동적인 설교나 찬란한 건축물이 아니라, 고통 중에 서로를 감싸 안는 사랑, 다름을 끌어안는 인내, 상처를 씻어주는 자비가 진정한 제자도의 증표입니다. 세상은 교회의 설교보다 성도의 삶을 통해 예수를 본다. 사랑은 선택이 아닌 정체성입니다. 우리가 주께 받은 사랑으로 서로를 사랑할 때, 그 사랑은 세상의 상처를 싸매고, 잃어버린 영혼을 하나님께로 이끌어가는 길이 됩니다.

주님, 제가 주께 받은 사랑으로 오늘도 누군가를 따뜻하게 품게 하소서.

12월 **29**일

항상 기뻐하라

데살로니가전서 5:16

“항상 기뻐하라”

기쁨은 교회의 얼굴이며, 신자의 영혼에서 피어나는 빛입니다. 그것은 상황이 평탄해서 생기는 감정이 아니라, 그리스도의 임재에서 솟아나는 생명의 기운입니다. 바울은 감옥에서도 기뻐했고, 초대교회는 박해 중에도 찬송했습니다. 기쁨은 현실을 외면하는 맹신이 아니라, 하나님이 지금 여기 계신다는 믿음의 고백입니다. 어떤 외부 조건도 하나님이 우리와 함께하신다는 사실을 지울 수 없다. 그러므로 기뻐하는 삶은 현실 도피가 아니라, 가장 깊은 현실 인식에서 오는 응답입니다. 루터는 “기쁨 없는 신앙은 이미 병든 신앙”이라 했고, 본회퍼는 “기쁨은 하나님이 우리 안에 살아 계신다는 증거”라고 말했습니다. 기쁨은 성령의 열매이며, 절망과 싸우는 가장 강한 무기입니다. 오늘도 교회는 이 세상 한복판에서 근심 대신 기쁨을 택함으로, 절망하는 이들에게 살아 계신 주님을 증언합니다.

주님, 환경이 아닌 주님의 임재로 인해 항상 기뻐하는 교회 되게 하소서.

12월 **30**일

믿음으로 온전케 하시는 예수를 바라보자

히브리서 12:2

"믿음의 주요 또 온전하게 하시는 이인 예수를 바라보자"

신앙의 길을 걸을 때 우리의 시선이 머무는 곳은 그 여정 전체를 좌우합니다. 히브리서는 고난과 흔들림 속에서 우리를 향해 분명히 말합니다. 믿음의 시작도, 끝도, 온전함도 오직 예수께 있다는 것입니다. 사람을 바라보면 그들의 한계에 실망하게 되고, 환경을 바라보면 그 불확실성에 흔들립니다. 하지만 예수는 변치 않으시는 분입니다. 그분은 십자가의 길을 끝까지 걸으심으로 우리에게 믿음의 모범을 보이셨고, 지금도 여전히 우리를 온전하게 하시는 분으로 역사하고 계십니다. 교회는 그 예수를 바라보는 공동체여야 합니다. 사역의 방향도, 계획의 중심도, 삶의 의미도 예수로부터 출발하고 그분께 도달해야 합니다. 마치 바람 속에서도 등대만을 바라보며 항해하는 선장처럼, 우리는 눈을 들어 주님을 바라보아야 합니다. 오직 예수를 바라볼 때만이 교회는 흔들리지 않고, 성도는 길을 잃지 않습니다.

주님, 제 시선을 오직 주님께 고정하게 하소서. 흔들리는 세상 속에서 눈을 들어 예수만을 바라보며 걷게 하소서.

12월 **31**일

주여, 어서 오시옵소서

요한계시록 22:20

"이것들을 증언하신 이가 이르시되 내가 진실로 속히 오리라 하시거늘 아멘 주 예수여 오시옵소서"

그분이 오신다. 성경은 끝자락에서 이 확신을 우리 마음에 새깁니다. 교회는 이 선언 속에서 살아가는 신부이며, 이 마지막 고백은 단지 미래에 대한 예언이 아니라 현재를 살아가는 방식이기도 합니다. 주님의 재림을 사모하는 마음은 곧 삶의 방향을 정하는 나침반이 되고, 기다림은 막연한 환상이 아니라 구체적인 삶의 태도가 됩니다. 거룩은 재림을 기다리는 삶의 옷이며, 사랑은 그 기다림의 숨결입니다. "너희가 이날이 가까운 것을 볼수록 더욱 그리하자"히 10:25는 말씀처럼, 기다림은 점점 더 간절해지는 순결한 그리움입니다. 어떤 노목사는 죽기 전, 구두를 닦아 문 앞에 두고 잠들곤 했다고 합니다. 혹시라도 주님이 오실 때 단정한 모습으로 맞이하고 싶어서였다. 오늘도 깨어 복음을 전하고, 더럽고 혼탁한 세상 속에서 거룩을 지키는 이유는 단 하나, "주여, 오시옵소서"라는 고백 때문입니다.

주님, 재림을 사모하며 거룩과 사랑으로 준비된 교회가 되게 하소서.